COPYRIGHT:

শিরোনাম (Title): ***অর্থ এক সহজ সমীকরণ (Money Is Easy) - Law of Attraction– বুঝে প্রাচুর্য ও সমৃদ্ধির পথ***
লেখক (Author): আশীষ বিশ্বাস (Asish Biswas)

সংস্করণ (Edition): প্রথম সংস্করণ (First Edition)

প্রকাশনার বছর (Year of Publication): **2026**

অস্বীকৃতি (DISCLAIMER):

এই বইটি আধ্যাত্মিক উপলব্ধি এবং শক্তিগত দৃষ্টিভঙ্গি উপস্থাপন করে, যার উদ্দেশ্য হলো স্বচ্ছতা, সঙ্গতি এবং ব্যক্তিগত রূপান্তরের অনুপ্রেরণা দেওয়া।আপনি যদি প্রচলিত অর্থগত, চিকিৎসাগত, আইনগত তথা মনস্তাত্ত্বিক পরামর্শকে বেশি বিশ্বাস করেন, তবে এই বইটি আপনার জীবনের সমৃদ্ধিতে খুব একটা সহায়ক হবেনা।

প্রতিটি পাঠকের যাত্রা অনন্য।এখানে ভাগ করে নেওয়া বোধ, ধারণা ও প্রক্রিয়াগুলো পাঠকের অভ্যন্তরীণ বিকাশ, আত্মিক উন্নতি এবং সচেতনতার বিস্তারের সহায়তার জন্য দেওয়া হয়েছে, কিন্তু পাঠকের জীবনে যে ফলাফল প্রকাশ পাবে তা নির্ভর করবে তার নিজের কম্পন, মনোযোগ, আবেগ এবং তার নির্বাচিত জীবনপথের উপর।

এই উপাদানের প্রতিক্রিয়ায় পাঠকের যে কোনো ব্যক্তিগত সিদ্ধান্ত, ব্যাখ্যা বা কর্মের জন্য লেখক কোনো ফলাফলের নিশ্চয়তা দেন না এবং কোনো দায়ভার গ্রহণ করেন না।

যা আপনার সাথে অনুরণিত হয়—সঙ্গতিপূর্ণ মনে হয় তা গ্রহণ করুন।
যা সঙ্গতিপূর্ণ মনে হয় না তা ছেড়ে দিন।
নিজের অন্তর্দিকনির্দেশনায় আস্থা রাখুন।

— ∞ নিবেদন ∞ —

"সবার উদ্দেশ্যে–এবং সবকিছুর প্রতি নিবেদিত,
কারণ এই বইটি লেখার পথে এমন কোনো মানুষ বা কিছুই খুঁজে পাইনি,
যা আমাকে কোনোভাবে সহায়তা করেনি।"

সূচীপত্র :-

ভূমিকা

মানুষের আকাঙ্ক্ষার মধ্যে অর্থের মতো প্রভাবশালী কিছু নেই।
আধুনিক সমাজের প্রেক্ষাপটে এটি সম্পূর্ণ যৌক্তিকও বটে।
অর্থ যেন নানান অভিজ্ঞতার দ্বার খুলে দেয়, এবং পছন্দের স্বাধীনতাকে শক্তিশালীভাবে প্রতিনিধিত্ব করে।
তবুও বিস্ময়করভাবে, অধিকাংশ মানুষের জীবনে সবচেয়ে অনুপস্থিত জিনিসটিই হলো অর্থ।
প্রায়ই এমন মনে হয়—যত বেশি অর্থ আসে, তত সহজেই তা অভিজ্ঞতা থেকে বেরিয়ে যাওয়ার পথ খুঁজে নেয়,
আর আপনাকে আটকে রাখে একটানা অভাবের অবস্থায়।

এই বইটি লেখা হয়েছে আপনাকে সেই অবস্থা থেকে সহজ ও স্বাভাবিকভাবে বের করে আনার জন্য।

এই বইয়ের ভেতর দিয়ে এগোতে গিয়ে আপনি পাবেন:

- অর্থ সম্পর্কে একটি পরিষ্কার ও মৌলিক উপলব্ধি
- কেন অর্থ পাওয়া আসলে সহজ—এবং কতটা স্বাভাবিকভাবে তা আপনার কাছে আসতে পারে
- আপনার আর্থিক জীবনের সাথে বৃহত্তর মহাজগতের পারস্পরিক যোগাযোগ কীভাবে কাজ করে—তার প্রয়োজনীয় জ্ঞান
- সমৃদ্ধিকে খুজে পেতে ও ধরে রাখতে সহায়ক সহজ প্রক্রিয়া ও চর্চা
- মহাজাগতিক আকর্ষণের সূত্র (Law Of Attraction) কে আপনার স্বাভাবিক অর্থ-ব্যবস্থাপক হিসেবে গভীরভাবে বোঝা
- আপনি যে সীমাহীন সমৃদ্ধির অবস্থাটি সবসময় চেয়েছেন—সেখানে পৌঁছানোর একটি পরিষ্কার পথ

এই বইটি অর্থকে বৈজ্ঞানিক, আধ্যাত্মিক এবং অর্থনৈতিক—এই তিনটি দৃষ্টিকোণ থেকেই দেখেছে।
এর ফলে আপনার ভেতরে একটি প্রকৃত দৃষ্টিভঙ্গির পরিবর্তন ঘটবে।

এই বই শেষ করার সময় অর্থ আর আপনার কাছে দুর্লভ বলে মনে হবে না।
এটি বাতাসের মতো লাগবে–সবসময় উপস্থিত, সবসময় উপলভ্য।

আপনি যত এগোবেন, প্রতিটি অধ্যায় আপনাকে নতুন উপলব্ধি দেবে–
শুধু অর্থ নিয়ে নয়, জীবন ও নিজেকে নিয়েও।
প্রতিটি অন্তর্দৃষ্টি স্বচ্ছতা গড়ে তুলবে।
প্রতিটি উপলব্ধি মনোযোগকে দৃঢ় করবে।
আর স্বচ্ছতাই তৈরি করে আত্মবিশ্বাস।
আপনি ধীরে ধীরে নিজেকে অনুভব করবেন:

- নিজের ব্যাপারে নিশ্চিত
- নিজের জীবনের ব্যাপারে স্থির
- চারপাশের পৃথিবী সম্পর্কে স্পষ্ট

আপনি আর নিজেকে ছোট বা তুচ্ছ মনে করবেন না।
আপনি নিজেকে অনুভব করবেন জীবন্ত, সক্ষম এবং অদম্য।

সবকিছু বদলে দেওয়া একটি বাক্য

এই বই থেকে যদি আপনি কেবল একটি বাক্য নিয়ে সেটিকে সম্পূর্ণভাবে বাঁচতে পারতেন, তবে আর কিছুই প্রয়োজন হতো না:

"ভালো অনুভব করা ছাড়া আর কিছুই বেশি গুরুত্বপূর্ণ নয়।"

এই বাক্যটি যদি সত্যিই আপনার ভেতরে একীভূত হয়ে যেত, গেথে যেত ,
তবে আপনাকে আর ছুটতে হতো না।
অপছন্দের কাজ করতে হতো না।
সংগ্রামও প্রয়োজন হতো না।
কিন্তু এটাও সত্য–হঠাৎ করেই নিজের বিশ্বাস বা আস্থা বদলে ফেলা,
অর্থ নিয়ে আপনার অতীত অভিজ্ঞতাগুলো ভুলে যাওয়া,
এবং কোনো 'বৈজ্ঞানিক যুক্তি' বা 'ব্যবহারিক ভিত্তি' ছাড়া ভালো অনুভব করার চর্চা শুরু করা–

এটা সম্ভব নয়।
ঠিক সেই কারণেই এই বইয়ের অস্তিত্ব।

আপনি ধীরে ধীরে পরিষ্কারভাবে দেখতে শুরু করবেন:

- কেন আবেগই সমৃদ্ধির প্রকৃত চাবিকাঠি
- কীভাবে মহাজাগতিক আকর্ষণের সূত্রের একটি সহজ উপলব্ধিই আপনাকে অন্যদের থেকে অনেক অনেক এগিয়ে রাখে
- কেন আপনি যা চান–তা করা, হওয়া বা পাওয়া–সবই সম্ভব
- কীভাবে ইতিবাচকতা, আশাবাদ এবং ভালো অনুভব জীবনে সত্যিকারের মূল্য সৃষ্টি করে

আপনি কিছুটা অনুভব করেন যে অপছন্দের কাজ বা ক্লান্তিকর রুটিন ছাড়াও অর্থ আসতে পারে।
আপনি কিছুটা জানেন যে ভালো অনুভবের গুরুত্ব আছে।
যা হয়তো এখনও পুরোপুরি জানেন না, তা হলো:

- কীভাবে এটিকে স্থায়ী করা যায়
- এর শক্তি আসলে কতটা গভীর
- এটার ওপর ভর করে জীবন গড়ে তোলা কতটা যুক্তিসঙ্গত

প্রতিটি অধ্যায়ের শেষে আপনি একটি প্রক্রিয়া পাবেন।
এই প্রক্রিয়াগুলো কোনো সংযোজন নয়–এগুলো অন্তস্থ:করণ,
এগুলো উপলব্ধিকে শক্ত করে।
অন্তর্দৃষ্টিকে স্থিতিশীল করে।
জ্ঞানকে রূপ দেয় জীবিত পার্থিব অভিজ্ঞতায়।
এই বই আপনি স্বচ্ছতা নিয়ে পড়লে এবং অল্প অল্প করে অনুশীলন করলে, ভেতরে থেকে কিছু গভীর পরিবর্তন ঘটে।

আপনি হয়ে উঠতে শুরু করেন সেই মানুষটি, যে হয়ে উঠতেই আপনি এখানে এসেছিলেন:
নিজের জীবন ও নিজের জগতের সচেতন স্রষ্টা।
আর সেই অবস্থান থেকে, সমৃদ্ধি আর এমন কিছু থাকে না যাকে তাড়া করতে হয়।
এটি হয়ে ওঠে এমন কিছু–যাকে আপনি

নিজের জীবনে **অনুমতি দেন**।

∞

লেখকের উক্তি-

“যখন অদৃশ্য আপনার কাছে দৃশ্যমান হয়ে যায়, তখন অসম্ভব আপনার কাছে সম্ভব হয়ে যায়।”

– আশীষ বিশ্বাস

অধ্যায় ১

বিশ্বব্রহ্মাণ্ড, আকর্ষণের সূত্র, এবং অর্থ

কোনো কিছু সৃষ্টির জন্য বা কোনো সৃষ্টিকে বোঝার জন্য আমাদের ওই বিষয়ে কিছু মৌলিক ভিত্তি মূলক জ্ঞানের প্রয়োজন হয়।

এই প্রথম অধ্যায়ে আপনি মহাবিশ্বের সেই মৌলিক ভিত্তিগুলো সম্বন্ধে জানতে পারবেন।মহাবিশ্বের সেই মৌলিক ভিত্তি গুলি আপনার অর্থ এবং ঐশ্বর্যেরও মৌলিক ভিত্তি।

এই অধ্যায়ে আপনি পাবেন:

অনুশীলন

১. কম্পন (Vibration) – মহাবিশ্ব ও অর্থের নির্মাণ-ইট

আমরা চোখে যে পৃথিবী দেখি—এবং এর ভেতরে যা কিছু অনুভব করি—সবই কঠিন, স্থিতিশীল ও স্পষ্টভাবে অস্তিত্বশীল বলে মনে হয়। এগুলো স্পর্শযোগ্য মনে হয়, সহজে চেনা যায়।
কিন্তু একটু গভীরে তাকালেই আমরা একটি গুরুত্বপূর্ণ সত্য বুঝতে শুরু করি:
যত কঠিনই কিছু দেখাক না কেন, তা সবসময়ই ছোট ছোট অংশ দিয়ে গঠিত।

কঠিনতার ভ্রম

একটি ভবন দেখতে শক্ত ও অচল মনে হতে পারে, কিন্তু তার শক্তি আসে—

- ছোট ছোট ইট থেকে
- অতিক্ষুদ্র পাথর থেকে
- বালি ও কণা থেকে
- ভেতরে লুকিয়ে থাকা লোহার রড থেকে

একইভাবে, আপনি যে পোশাক পরেন—আরামদায়ক ও সুন্দর—সেগুলোকেও আমরা তাদের প্রকৃত রূপে দেখি না, যা হল:
অসংখ্য সূক্ষ্ম সুতো একসাথে বোনা।
এই তৈরীই মহাজগতের সর্বত্র বিদ্যমান।

বিজ্ঞান কী আবিষ্কার করেছে

এই বিষয়টি ব্যাখ্যা করতে গিয়ে বিজ্ঞানীরা আবিষ্কার করলেন পরমাণু।
পরবর্তীতে তারা দেখলেন, পরমাণুও আবার আরও ছোট কণায় গঠিত:

- প্রোটন
- নিউট্রন
- ইলেকট্রন

আর সাম্প্রতিক দশকগুলোতে—বিশেষ করে কোয়ান্টাম পদার্থবিদ্যার মাধ্যমে—বিজ্ঞানীরা বুঝতে পারলেন, এই কণাগুলিও মৌলিক নয়।
সেগুলিও আরও সূক্ষ্ম কিছুর সমন্বয়ে গঠিত।

সবচেয়ে ক্ষুদ্র ভিত্তি

পর্যবেক্ষণ ও পরীক্ষার মাধ্যমে বিজ্ঞান ধীরে ধীরে একটি সিদ্ধান্তের দিকে এগোচ্ছে : কম্পন(Vibration)ই হলো মহাজগতের সবচেয়ে ক্ষুদ্র মৌলিক উপাদান। সবকিছুই কম্পনের সংমিশ্রিত রূপে অস্তিত্বশীল।

কম্পন ও কম্পাঙ্ক (ফ্রিকোয়েন্সি)

যেহেতু কম্পন সবকিছুর মধ্যেই আছে, তাই ফ্রিকোয়েন্সি(কম্পাঙ্ক)ও সবকিছুর মধ্যেই আছে।

- প্রতিটি কম্পনের নিজস্ব বৈশিষ্ট্য রয়েছে
- কম্পনগুলো একত্র হলে একটি অনন্য ফ্রিকোয়েন্সি তৈরি হয়
- প্রতিটি ফ্রিকোয়েন্সি আলাদা

এই কারণেই মহাজগতের প্রতিটি জিনিস অনন্য।
কিছুই একেবারে একরকম নয়।
সবকিছুই তার নিজস্ব স্বাক্ষর বহন করে।

অর্থও এর ব্যতিক্রম নয়

অর্থও একই সার্বজনিক নীতির অনুসরণ করে। অর্থেরও রয়েছে–

- নিজস্ব কম্পন
- নিজস্ব ফ্রিকোয়েন্সি
- নিজস্ব অনন্য শক্তিগত স্বাক্ষর

অর্থ মহাজগতের কাঠামো থেকে আলাদা কোনো বিষয় নয়।

মূল উপলব্ধি

কম্পনই হলো অস্তিত্বের সবচেয়ে ক্ষুদ্র "ইট"।
এটাই সৃষ্টির মৌলিক নির্মাণ-উপাদান।
এটি প্রতিটি জিনিসে অনন্যভাবে বিদ্যমান।
এবং এটি সবসময়ই উপস্থিত।

এটি বোঝাই হলো অর্থ, সমৃদ্ধি এবং সৃষ্টিকে বোঝার সূচনা।

∞

২. মহাজাগতিক "আকর্ষণের সূত্র (Law of Attraction)" – আপনার অর্থ ও সবকিছুর ব্যবস্থাপক

মহাজাগতিক আকর্ষণের সূত্র হলো একটি চিরন্তন সার্বজনিক আইন, যার চারপাশে পুরো মহাজগৎ গঠিত।
এই সূত্র একটি সহজ কিন্তু নিরেট নীতি ঘোষণা করে:
একই কম্পনযুক্ত ফ্রিকোয়েন্সি সবসময় একে অপরের দিকে আকৃষ্ট হয়।
সমজাতীয় ফ্রিকোয়েন্সিগুলোকে ধারাবাহিকভাবে সংমিশ্রণে এনে, মহাজাগতিক আকর্ষণের সূত্র পুরো মহাজগৎ এবং তার ভেতরের সবকিছু ব্যবস্থাপিত করে।

মহাজাগতিক আকর্ষণের সূত্র কীভাবে কাজ করে

মহাজাগতিক আকর্ষণের সূত্র সবসময় সক্রিয়।
এটি নিরবচ্ছিন্নভাবে–

- সবকিছুর ফ্রিকোয়েন্সি স্ক্যান করে
- সাদৃশ্য চিহ্নিত করে
- একইরকম কম্পনগুলোকে একত্র করে

এই নিরন্তর কার্যকলাপের মাধ্যমেই মহাজাগতিক শৃঙ্খলা বজায় থাকে।
কিছুই আকস্মিক নয়।
কিছুই ভুল জায়গায় থাকেনা।

একটি সহজ পার্থিব তুলনা

এটি ছোট, পার্থিব পরিসরে বোঝার জন্য ভাবুন–একটি LED টেলিভিশন কীভাবে কাজ করে।
একটি টেলিভিশন স্ক্রিন অসংখ্য LED দিয়ে তৈরি–
যেমন করে মহাজগৎ ভরা অসংখ্য কম্পনযুক্ত ফ্রিকোয়েন্সিতে।

স্ক্রিনটি নিজেকে একটি নির্দিষ্ট হারে রিফ্রেশ(refresh)করে, যা হার্টজ (Hz) দিয়ে মাপা হয়:

- ৬০ Hz মানে প্রতি সেকেন্ডে ৬০ বার রিফ্রেশ
- ৯০ Hz মানে প্রতি সেকেন্ডে ৯০ বার রিফ্রেশ
- ১২০ Hz, ১৪৪ Hz এবং তার ঊর্ধ্বেও একই নীতি অনুসরণ করে

রিফ্রেশের মাঝখানে কী ঘটে

প্রতিটি রিফ্রেশ চক্রের মাঝখানে স্ক্রিন তথ্য পায়–

- কোন LED জ্বলবে
- কোন LED নিভবে

এই আসা তথ্যের ভিত্তিতে স্ক্রিন স্থির ছবি ও গতিশীল ছবি–অর্থাৎ ভিডিও–সংগঠিত করে এবং প্রদর্শন করে।

মহাজাগতিক সমান্তরালতা

ঠিক একইভাবে, মহাজাগতিক আকর্ষণের সূত্র সার্বক্ষণিকভাবে মহাজগৎ স্ক্যান করে।
এটি সবকিছুর ফ্রিকোয়েন্সি শনাক্ত করে এবং যেগুলো একে অপরের সাথে মেলে সেগুলোকে একত্র করে।
যেহেতু সবকিছুর মধ্যেই কম্পন আছে, তাই মহাজাগতিক আকর্ষণের সূত্র সবকিছুকেই প্রভাবিত করতে পারে–
সবচেয়ে ক্ষুদ্র কণা থেকে শুরু করে সবচেয়ে বৃহৎ কাঠামো পর্যন্ত।

এই সূত্রের ভেতরে আপনি ও অর্থ

আপনি কম্পনযুক্ত।
অর্থও কম্পনযুক্ত।
এর মধ্যে কোনো পার্থক্য নেই।

মহাজাগতিক আকর্ষণের সূত্র দ্বারা পরিচালিত এক মহাজগতে,
অর্থের সাথে আপনি কেবল তখনই সংমিশ্রিত হতে পারেন, যখন আপনি তার কম্পনের সাথে মিলে যান।

এইভাবেই মহাজাগতিক আকর্ষণের সূত্র আপনাকে অর্থের সাথে যুক্ত করে–
এবং আপনার জীবনের প্রতিটি অভিজ্ঞতার সাথেও।

মূল নির্বাচন

মহাজাগতিক আকর্ষণের সূত্র সবসময়ই কাজ করছে।
আপনি ঠিক করুন:

- আপনি এটি সচেতনভাবে ব্যবহার করবেন
- নাকি অবচেতনভাবে ব্যবহার করবেন

যেভাবেই হোক–
এটি আপনার কম্পনের প্রতি নিখুঁতভাবেই সাড়া দেয়।

∞

৩. "চিন্তা (Thoughts)"– মহাজগতের শক্তিগত জ্বালানি

একই ধরনের কম্পনের সম্মিলিত রূপ হলো চিন্তা।যখন আকর্ষণের সূত্র সমজাতীয় কম্পনযুক্ত ফ্রিকোয়েন্সিগুলো খুঁজে পায় এবং পর্যাপ্ত পরিমাণে একত্র করে, তখন সেই সম্মিলিত কম্পনই আমাদের কাছে একটি চিন্তা হিসেবে ধরা দেয়।
চিন্তা হলো যেকোনো কম্পনের প্রথম দৃশ্যমান চিহ্ন–যেটা আপনি শারীরিকভাবে অনুভব করতে পারেন।

আকর্ষণের সূত্র পর্যাপ্ত পরিমাণে একই ধরনের কম্পনযুক্ত ফ্রিকোয়েন্সি একত্র না করা পর্যন্ত কোনো কম্পনকে আলাদা করে চিহ্নিত করা যায় না।
এত বিশাল এক মহাজগতে প্রতিটি অতি সূক্ষ্ম কম্পনকে আলাদা করে ধরারও কোনো প্রয়োজন নেই।

যেটা বোঝা সবচেয়ে জরুরি, তা হলো:
আপনার কাছে যখন কোনো চিন্তা আসে, ঠিক সেই মুহূর্তেই আপনি তার সাথে কম্পনগতভাবে মিলে গেছেন।

আপনার অনন্য কম্পনগত স্বাক্ষর

এটা কখনো ভুলবেন না–মহাজগতের প্রতিটি বিষয় ও প্রতিটি চিন্তার মতো আপনারও সবসময় একটি অনন্য কম্পন রয়েছে, এবং সেই সঙ্গে একটি অনন্য কম্পনগত ফ্রিকোয়েন্সিও।

আপনার কাছে যখন কোনো চিন্তা আসে, তার মানে হলো:

- আকর্ষণের সূত্র আপনার কম্পন শনাক্ত করেছে
- সে কোনো চিন্তার কম্পনের সাথে একটি নিখুঁত মিল খুঁজে পেয়েছে
- দুটোকে একত্র করেছে

এই বিশাল কম্পনভিত্তিক মহাজগতে কিছুই এলোমেলো নয়।
সবকিছুই আকর্ষণের সূত্র দ্বারা সুন্দরভাবে সাজানো।

চিন্তা-শক্তির বৃদ্ধি

আকর্ষণের সূত্র যখন বারবার কোনো বিষয়ের সমজাতীয় কম্পনগুলোকে একত্র করে, তখন সেই বিষয়ের কম্পন ক্রমে আরও শক্তিশালী হয়ে ওঠে।
প্রতিটি চক্রের সাথে তার শক্তি বাড়ে।

এই বাড়তে থাকা, শনাক্তযোগ্য শক্তিকেই আমরা চিন্তা-শক্তি হিসেবে অনুভব করি। এটি সম্মিলিত কম্পন থেকে জন্ম নেয় এবং সীমাহীন মহাজগৎ জুড়ে প্রবাহিত হয়।

এটাই সেই শক্তি–

- যার কোনো সীমানা নেই
- যা মহাজগতের সর্বত্র বিদ্যমান
- যা সবকিছুর ভেতরেই উপস্থিত

বিজ্ঞান ইতিমধ্যেই প্রমাণ করেছে–সবকিছুর মধ্যেই শক্তি আছে।
আর যে শক্তি সবকিছুর মধ্যে আছে, সেটাই চিন্তা-শক্তি।

কম্পনগত তরঙ্গ বোঝা

এই ধারণাটি পুরোপুরি যুক্তিসঙ্গত, কারণ কম্পন সবসময়ই তরঙ্গ তৈরি করে।
যত বেশি কম্পন যোগ হয়, তরঙ্গ তত শক্তিশালী হয়।

আপনি এটা সহজেই বুঝতে পারেন–একটি খোলা বৈদ্যুতিক সার্কিটে স্পর্শ করলে। হঠাৎ যে ঝাঁকুনি লাগে, তা আসে শক্তিশালী তরঙ্গের কারণেই।
তবে মনে রাখবেন:

- সব চিন্তা-শক্তি বৈদ্যুতিক নয়
- চিন্তা-শক্তিকে সবসময় শারীরিকভাবে মাপা যায় না
- ভিন্ন ভিন্ন কম্পন ভিন্ন ভিন্ন ধরনের শক্তি তৈরি করে

চিন্তা-শক্তির রূপ ও কাজ

মহাজগতে যেমন বহু ধরনের সম্মিলিত চিন্তা আছে, তেমনি চিন্তা-শক্তিরও বহু রূপ আছে। প্রতিটি শক্তির রূপ ভিন্ন উদ্দেশ্যে কাজ করে এবং ভিন্ন ফল তৈরি করে।

এই বইয়ে আপনি যত এগোবেন, এই উপলব্ধি তত পরিষ্কার এবং তত অর্থবহ হয়ে উঠবে।

∞

৪. "চেতনা (Consciousness)" – মহাবিশ্বের স্বাভাবিক ভারসাম্যরক্ষক

এখন পর্যন্ত আমি চিন্তার কোনো "চিন্তক"-এর কথা বলিনি।
যদি চিন্তার কোনো চিন্তক না থাকে–
যদি কেউ কম্পন বদল না করে বা নতুন কম্পন সৃষ্টি না করে–
তাহলে এই মহাজগৎ চলছেই বা কীভাবে?

আকর্ষণের সূত্র যখন কাজ করে, তখন এটি পুনরাবৃত্ত একটি চক্রের ভেতর দিয়ে পুরো মহাজগতে সদৃশ কম্পনগুলোকে পরিচালনা করে।
যদি এটিই একমাত্র প্রক্রিয়া হতো, তাহলে মহাজগৎটা খুব সাধারণ অঙ্কের মতো চলত:

- একটি নির্দিষ্ট সংখ্যক কম্পন থাকবে
- আকর্ষণের সূত্র সাদৃশ্য খুঁজে পাবে
- মিলে যাওয়া কম্পনগুলো একত্র হবে
- সবকিছু স্থায়ীভাবে স্থির হয়ে যাবে

তারপর আকর্ষণের সূত্রের আর কিছু করার থাকত না।
কিন্তু বাস্তবে তো আমরা এমন কিছু দেখছি না।

অবিরাম শক্তি প্রবাহের প্রয়োজন

সবকিছুর মধ্যেই শক্তি আছে–মানে সবকিছুর মধ্যেই কম্পন আছে।
আর যেহেতু কম্পন স্থির নয়, তাই আকর্ষণের সূত্র সবসময়ই সমজাতীয় কম্পনযুক্ত ফ্রিকোয়েন্সি একত্র করছে।

এতেই একটি গুরুত্বপূর্ণ প্রশ্ন উঠে আসে:
সম্মিলিত চিন্তার কম্পনগুলো বদলাচ্ছে কে?
আকর্ষণের সূত্র নতুন নতুন কম্পন খুঁজে পায় কীভাবে?
শক্তি কীভাবে টিকে থাকে, যাতে মহাজগৎকে শনাক্ত করা যায়, দেখা যায়, অনুভব করা যায়?

অবিরাম শক্তি প্রবাহ না থাকলে মহাজগতের কিছুই দেখা, বোঝা বা অভিজ্ঞতা করা সম্ভব হতো না।

বিজ্ঞান ইতিমধ্যেই নিশ্চিত করেছে–মহাজগতের সবকিছুর মধ্যেই শক্তির নিরবচ্ছিন্ন চলাচল আছে।
সেখান থেকেই বিজ্ঞানীরা এই সিদ্ধান্তে পৌঁছেছেন:
"শক্তি সবসময়ই গতিশীল।"

কিন্তু এই নিরবচ্ছিন্ন গতি আসে কোথা থেকে?

চেতনা (Consciousness): স্বাভাবিক ভারসাম্যকারক

এখানেই আমরা মহাজগতের আরেকটি মৌলিক নির্মাণ-উপাদানের কাছে পৌছই–চেতনা (Consciousness)।

চেতনাই হলো মহাজগতের স্বাভাবিক ভারসাম্যকারক।
এটি জন্মগতভাবেই বিদ্যমান–

- প্রতিটি কণার ভেতরে
- প্রতিটি কম্পনের ভেতরে
- শক্তির প্রতিটি সম্মিলিত রূপের ভেতরে

কিন্তু এই চেতনা আসলে কী বিষয়ে সচেতন?
এটি সচেতন থাকে বিপরীত অংশটি সৃষ্টি করার ব্যাপারে।

ভারসাম্যের জন্য বিপরীতের সৃষ্টি

যখনই আকর্ষণের সূত্রের মাধ্যমে কম্পনগুলো একত্র হয়, চেতনা সঙ্গে সঙ্গে ভারসাম্য রক্ষার কাজ শুরু করে।
যদি কোনো কম্পন-সংমিশ্রণ উচ্চমাত্রার ইতিবাচক কম্পন তৈরি করে,
তাহলে একই সঙ্গে তার সমমানের নিম্নমাত্রার নেতিবাচক কম্পনও সৃষ্টি হয়–
যাতে সেই কম্পন-ব্যবস্থার ভেতরে ভারসাম্য বজায় থাকে।

উদাহরণ হিসেবে ধরুন:

- +৫ কম্পন আরেকটি +৫ কম্পনের সাথে মিলল
- দুটো মিলে তৈরি হলো +১০ কম্পন
- একই মুহূর্তে তৈরি হলো তার সমমানের -১০ কম্পন

এই বিপরীতের সৃষ্টি কোনো দুর্ঘটনা নয়।
এটা মহাজগতের প্রতিটি কণার ভেতরে থাকা চেতনার স্বাভাবিক কাজ।

এই নিরবচ্ছিন্ন বিপরীত-সৃষ্টি না থাকলে মহাজগৎ তার ভারসাম্যপূর্ণ অস্তিত্ব ধরে রাখতে পারত না।

বিদ্যুতের উদাহরণে ভারসাম্য

এই নীতিটি বিদ্যুতের মাধ্যমে সহজেই বোঝা যায়।

- যদি কোনো বৈদ্যুতিক সার্কিটে শুধু ধনাত্মক চার্জ থাকত, তাহলে তা অনবরত আলো তৈরি করত এবং একসময় পুড়ে যেত
- ঋণাত্মক স্থান না থাকলে প্রবাহ থামানোর কোনো উপায় থাকত না
- আবার যদি শুধু ঋণাত্মক চার্জ থাকত, তাহলে থাকত কেবল অন্ধকার

ধনাত্মক ও ঋণাত্মক–দুটোই প্রয়োজন ভারসাম্য, কার্যকারিতা ও স্থায়িত্বের জন্য।

মহাজগতের স্থিতি হিসেবে চেতনা

একইভাবে, কম্পনের দুই দিকই মহাজগতের স্থিতিশীল অস্তিত্বের জন্য প্রয়োজনীয়।
যে চেতনা বিপরীত অংশ সৃষ্টি করে, সেটাই নিশ্চিত করে–
কোনো একটি কম্পন-ব্যবস্থা যেন পুরো ব্যবস্থাকে গ্রাস না করে। তাই–

- চেতনা মহাজগৎ থেকে আলাদা নয়
- চেতনা প্রতিটি কম্পনের ভেতরেই বিদ্যমান
- চেতনা বিপরীতের মাধ্যমে ভারসাম্য বজায় রাখে

এই কারণেই চেতনাই হলো মহাজগতের স্বাভাবিক ভারসাম্যকারক।

∞

৫. মহাজগতে “আপনি ও আপনার শরীর”-এর অপরিসীম গুরুত্বপূর্ণ ভূমিকা

কম্পন, ফ্রিকোয়েন্সি ও চিন্তার অ-পার্থিব জগৎ থেকে এবার আমরা মনোযোগ দিই পার্থিব জগতের অসাধারণ গুরুত্বের দিকে।
আপনি ইতিমধ্যেই বুঝেছেন—চিন্তা নিজের অস্তিত্ব বজায় রাখতে সক্ষম। আকর্ষণের সূত্র যখন সমমানের দুটি চিন্তাকে একত্র করে, তখন সেগুলো মিলিত হয়ে একটি নতুন সম্মিলিত চিন্তার রূপ নেয়, এবং একই সঙ্গে সচেতনভাবে তার সমমানের একটি বিপরীত চিন্তার রূপও সৃষ্টি করে—যাতে ভারসাম্য বজায় থাকে।

কিন্তু একটি আলাদা **মনোযোগ দেওয়ার জায়গা** না থাকলে—
পরিচয় ও ব্যবহার না থাকলে—
এই কম্পনগত সংমিশ্রণগুলোকে মহাজগতের ভেতরে **বাঞ্ছিত** বা **অবাঞ্ছিত** হিসেবে চিহ্নিত করা যায় না।

সংক্ষেপে বললে:
পরিচয় ও ব্যবহার ছাড়া শক্তি বাস্তবে অস্তিত্বশীল হয়ে ওঠে না।

একটি প্রকাশস্থানর প্রয়োজন

একটি বৈদ্যুতিক সার্কিটের কথা ভাবুন।
যদি সেখানে কোনো বাল্ব না থাকে, কোনো পার্থিব বা যান্ত্রিক পারস্পরিক যোগাযোগ না থাকে, তাহলে সেই সার্কিটে বিদ্যুৎ আছে কি নেই—তা বোঝারই উপায় থাকে না।

একইভাবে, শক্তির উপস্থিতি চেনার জন্য একটি প্রকাশস্থান প্রয়োজন।
এখানেই মহাজগতের ধারাবাহিক অস্তিত্বের ছবিতে আপনি প্রবেশ করেন।

পার্থিব জগতের সৃষ্টি

চিন্তা-শক্তিকে পার্থিব রূপে বিদ্যমান করার জন্য একটি স্থানর প্রয়োজন থেকেই, মহাজগতের সচেতন, অ-পার্থিব সৃজনশীল শক্তিগুলো চিন্তা-শক্তির একটি ঘনীভূত রূপ তৈরি করল।

এই ঘনীভূত রূপটাই হলো—

- **সময়-স্থান বাস্তবতা (time-space reality)**
- পার্থিব জগৎ

সব বাস্তবতায় আকর্ষণের সূত্র

আকর্ষণের সূত্রকে কখনো ভুলবেন না।
কারণ সবকিছুর মধ্যেই কম্পন আছে—পার্থিব রূপে বিদ্যমান হোক বা অ-পার্থিব—সবকিছুই এর আওতায় থাকে।
এই সূত্র মহাজগতের সর্বত্র এবং সবকিছুর ক্ষেত্রেই প্রযোজ্য।

আপনি কোনো অন্য কম্পনের সাথে থাকতে পারবেন না,
যদি আপনি তার সাথে কম্পনগত মিল না রাখেন।

এটা বোঝা খুব জরুরি, কারণ এখানে দুটি জগতের মধ্যে বিশাল কম্পনগত পার্থক্য আছে:

- সময়হীন, স্থানহীন কম্পনভিত্তিক চিন্তা-শক্তির জগৎ
- সময় ও স্থানে সম্পূর্ণভাবে পার্থিব রূপে বিদ্যমান পার্থিব জগৎ

এই পার্থক্যের কারণেই অ-পার্থিব চিন্তা-শক্তি সরাসরি ঘনীভূত পার্থিব জগতে থাকতে পারে না।
আকর্ষণের সূত্র কখনোই অসামঞ্জস্যপূর্ণ কম্পনকে একসাথে থাকতে দেয় না।

ঘনীভবন বোঝা: বাষ্প ও বরফ

এই পার্থক্যটা একটি সহজ উদাহরণে বোঝা যায়।
বাষ্প আর বরফ—দুটোর ভেতরেই জল আছে, কিন্তু রূপ ও আচরণে তাদের পার্থক্য বিশাল।
বাষ্প কম ঘনীভূত, আর বরফ বেশি ঘনীভূত।
সম্পর্ক থাকা সত্ত্বেও, ঘনত্বের পার্থক্যের কারণে তারা একই অবস্থায় একই সময়ে এক জায়গায় থাকতে পারে না।

ঠিক একইভাবে—

- পার্থিব জগৎ হলো কম্পনভিত্তিক চিন্তা-শক্তির জগতের আরও ঘনীভূত রূপ
- এই সময়-স্থান বাস্তবতার সাথে পার্থিব অভিজ্ঞতার জন্য, অ-পার্থিব সচেতন চিন্তা-শক্তিগুলো নিজেকে পার্থিব জগতের মিলযুক্ত কম্পনে ঘনীভূত করেছে

অনুবাদক যন্ত্র হিসেবে শরীর

আরও স্পষ্ট অনুভব ও পারস্পরিক যোগাযোগের জন্য, অ-পার্থিব সচেতন চিন্তা-শক্তিগুলো ভৌত শরীর সৃষ্টি করেছে–
একটি এমন রূপ, যা পাঁচটি ভিন্ন উপায়ে কম্পন অনুবাদ করতে পারে:

- দৃষ্টি
- শ্রবণ
- স্বাদ
- গন্ধ
- স্পর্শ

এই অনুবাদের পার্থক্যই তৈরি করে–
পাঁচ-অনুবাদক পার্থিব জগৎ ও অ-পার্থিব চিন্তা-শক্তির জগতের ভেদরেখা।
দুটোই মূলত কম্পন হলেও, এদের অভিজ্ঞতা সম্পূর্ণ আলাদা।

ঘনীভূত শক্তি হিসেবে আপনি

আপনি শক্তির একটি ঘনীভূত রূপ–
পাঁচটি কম্পন-অনুবাদক অঙ্গসহ একটি শরীর হিসেবে পার্থিব রূপে বিদ্যমান।
এই কারণেই আপনি চিন্তা-শক্তিকে অত্যন্ত স্পষ্ট ও নির্দিষ্টভাবে অভিজ্ঞতা করতে পারেন।

এই সক্ষমতার ফলেই মহাজগতে আপনার অস্তিত্ব থেকে দুটি মৌলিক বিষয় ঘটে:

- চিন্তা-শক্তির নির্দিষ্ট অনুবাদের মাধ্যমে, আপনি চিন্তাকে পার্থিব অভিজ্ঞতায় ঘনীভূত করেন
- মনোযোগের মাধ্যমে, আপনি চিন্তার অস্তিত্ব বজায় রাখা নিশ্চিত করেন–নতুন কম্পন, নতুন চিন্তা-শক্তির রূপ তৈরি হয়, যা মহাজগতের অস্তিত্বের জ্বালানি

মহাজগতের বিস্তারে আপনার ভূমিকা

মহাজগতের অস্তিত্ব ও বিস্তারে–
আপনি এবং আপনার শরীর ঠিক এই অপরিসীম মাত্রার গুরুত্ব বহন করেন।

আপনি কেবল সৃষ্টির একজন অংশগ্রহণকারী নন–
আপনি তার ধারাবাহিকতাকে ধরে রাখা শক্তিগুলোর একটি।

———— ∞ ————

৬. আপনি স্বাভাবিকভাবেই আপনার বাস্তবতা ও অর্থ সৃষ্টি করেন

এটি একটি আকর্ষণ-ভিত্তিক কম্পনমূলক মহাজগৎ, যেখানে কেবল সমজাতীয় কম্পনই একসাথে থাকতে পারে বা একে অপরের সাথে পারস্পরিক যোগাযোগ করতে পারে।

আপনি ইতিমধ্যেই উপলব্ধি করেছেন—আপনি চিরন্তন চিন্তা-শক্তির একটি ঘনীভূত অংশ, যা পাঁচটি কম্পন-অনুবাদক অঙ্গসহ একটি শরীর হিসেবে পার্থিব রূপে বিদ্যমান।এই অঙ্গগুলোর মাধ্যমে আপনি সম্মিলিত কম্পনভিত্তিক চিন্তার রূপগুলোকে গভীরভাবে স্পর্শযোগ্যভাবে অনুবাদ ও অনুভব করেন।আপনি ঘনীভূত পার্থিব রূপে থাকলেও, সেই চিরন্তন শক্তি থেকে আপনি কখনোই পুরোপুরি বিচ্ছিন্ন নন।

অভিজ্ঞতা ও ভারসাম্যের জন্য বিচ্ছিন্নতা

যেমন অস্তিত্ব টিকিয়ে রাখতে ধনাত্মক ও ঋণাত্মক—দুটোই প্রয়োজন, তেমনি সম্পূর্ণ চিন্তা-শক্তির রূপ থেকে আংশিক বিচ্ছিন্নতা ভারসাম্য বজায় রাখতে সাহায্য করে।
আপনি যখন সেই সামগ্রিক শক্তি থেকে আংশিকভাবে বিচ্ছিন্ন থাকেন, তখন চিরন্তন চিন্তা-শক্তিই হয়ে ওঠে আপনার **বৃহদাংশ**—একটি এমন পরিসর, যেখানে আপনার ইতিবাচক কম্পনগুলো ধরে রাখা হয়।
এর ফলে আপনি আরও ঘনীভূত ও প্রতিরোধী পার্থিব বাস্তবতায় প্রবেশ করতে পারেন এবং আপনার অস্তিত্বকে সমস্যায় না ফেলে নেতিবাচক কম্পনও সৃষ্টি করতে পারেন।

সৃষ্টিশীল প্রক্রিয়া হিসেবে প্রতিরোধ

এই সময়-স্থান বাস্তবতায় (time-space reality), আপনি যখন অন্যান্য ঘনীভূত চিন্তা-শক্তির রূপগুলোর সাথে পারস্পরিক যোগাযোগ করেন, তখন প্রতিরোধের মুখোমুখি হন।

যত বেশি কোনো কিছু ঘনীভূত হয়, তত বেশি তা বাইরের প্রভাবের প্রতি প্রতিরোধী হয়ে ওঠে।
এই প্রতিরোধ আকস্মিক নয়—এটি অপরিহার্য।

এই পারস্পরিক যোগাযোগের মাধ্যমেই আপনি স্বাভাবিকভাবে সৃষ্টি করেন—

- নতুন নতুন প্রতিরোধ
- নতুন প্রতিরোধী কম্পন

ঠিক যে মুহূর্তে একটি প্রতিরোধী কম্পন তৈরি হয়, সেই একই মুহূর্তে আপনার ভেতরের জন্মগত **চেতনা** তার সমমানের বিপরীতটি সৃষ্টি করে–গ্রহণযোগ্য কম্পন।

বাঞ্ছিত শক্তির জন্ম

এই প্রক্রিয়াটি স্বয়ংক্রিয়ভাবে ঘটে:

- আপনি যখন প্রতিরোধের মুখোমুখি হন, তখন অবচেতনভাবে গ্রহণযোগ্যতা সৃষ্টি করেন
- আপনি যখন অবাঞ্ছিত শক্তির অভিজ্ঞতা পান, তখন অবচেতনভাবেই বাঞ্ছিত শক্তি সৃষ্টি করেন

এই গ্রহণযোগ্য, বাঞ্ছিত বা ইতিবাচক কম্পনগুলো এরপর ধরে রাখা ও টিকিয়ে রাখা হয় সেই কম্পনভিত্তিক চিন্তা-শক্তির রূপ দ্বারা, যেখান থেকে আপনার উদ্ভব–আপনার বৃহদাংশ।
এই বৃহদাংশই হয়ে ওঠে সেই জায়গা, যেখানে প্রতিরোধ বা অবাঞ্ছিত অভিজ্ঞতা থেকে জন্ম নেওয়া সব নতুন ইতিবাচক কম্পনগত ফ্রিকোয়েন্সি সংরক্ষিত থাকে।

মহাজাগতিক গতির ধারাবাহিকতা

এই নতুনভাবে সৃষ্ট ইতিবাচক ফ্রিকোয়েন্সিগুলোকে ধরে রেখে এবং তাদের সাথে সংমিশ্রিত হয়ে, আপনার বৃহদাংশ নিজের গতিশীলতা ও বিস্তার বজায় রাখে।
চিরন্তন চিন্তা-শক্তির এই নিরবচ্ছিন্ন গতি-ই মহাজগৎকে তার সীমাহীন ধারাবাহিকতা দেয়।

পার্থিব অভিজ্ঞতার উপহার

এখানেই আপনার জন্য রয়েছে এক গভীরভাবে সুন্দর বিষয়।
আপনি যে ইতিবাচক, বাঞ্ছিত কম্পনগুলো অবচেতনভাবে সৃষ্টি করেন, সেগুলোকে এই ঘনীভূত সময়-স্থান বাস্তবতায় আপনার মাধ্যমেই ব্যবহার করতে হয়।
এই ব্যবহার সম্ভব করে–

- নতুন ইতিবাচক কম্পনের আরও সৃষ্টি
- মহাজাগতিক শক্তির নিরবচ্ছিন্ন গতি
- অস্তিত্বের চলমান বিস্তার

এইভাবে কম্পনগতভাবে ধারণ করা ইতিবাচক ফ্রিকোয়েন্সিগুলো অ-পার্থিব চিন্তা-শক্তির জগৎ থেকে আপনার মাধ্যমে পার্থিব জগতে প্রবাহিত হয় এবং সেগুলো **পার্থিব অভিজ্ঞতা** হিসেবে প্রকাশপায়।

এর ফল হিসেবে–

- আপনি ক্রমাগত নতুন, সুন্দর বাস্তবতার অভিজ্ঞতা পান
- আপনার জীবন স্বাভাবিকভাবেই, কোনো জোর না করেই বিকশিত হয়

বাস্তবতা ও অর্থের স্বাভাবিক সৃষ্টি

এইভাবেই আপনি স্বাভাবিকভাবে নতুন নতুন বাস্তবতা সৃষ্টি করেন–অন্য সত্তা ও বিষয়গুলোর সাথে পর্যবেক্ষণ ও পারস্পরিক যোগাযোগের মাধ্যমে।
এইভাবেই আপনি স্বাভাবিকভাবে অর্থও সৃষ্টি করেন।

- আপনি যখন অর্থের অভাবের সাথে পারস্পরিক যোগাযোগ করেন, তখন আপনি প্রাচুর্য সৃষ্টি করেন
- আপনি যখন দারিদ্র্যের অভিজ্ঞতা পান, তখন আপনি সমৃদ্ধি সৃষ্টি করেন

সৃষ্টি করতে সংগ্রাম লাগে না।
এটি কম্পনগত পারস্পরিক যোগাযোগের স্বাভাবিক ফল।

———— ∞ ————

৭. "আবেগ (Emotions)"–আপনার সৃষ্টির নিখুঁত নির্দেশক

আগের আলোচনায় আপনি এক ঝলক দেখেছেন–আপনি কীভাবে আপনার বাস্তবতা সৃষ্টি করেন।পার্থিব জগতে নতুন নতুন কম্পনগত সংমিশ্রণের সৃষ্টি স্বাভাবিকভাবেই ঘটে, আর আপনার বৃহদাংশও আপনার নতুনভাবে সৃষ্ট ইতিবাচক কম্পনগুলো স্বাভাবিকভাবেই ধরে রাখে।এই পুরো প্রক্রিয়াটাই আপনার কোনো সচেতন প্রচেষ্টা ছাড়াই ঘটে।

কিন্তু যখন আপনার উৎস–আপনার বৃহদাংশ–আপনার পছন্দের, বাঞ্ছিত, ইতিবাচক কম্পনগুলোকে আবার আপনার ভেতর দিয়ে প্রবাহিত করতে শুরু করে, যাতে আপনি সেগুলোকে আপনার নতুন পার্থিব অভিজ্ঞতা হিসেবে পার্থিব জগতে খুজে পেটে পারেন–

তখন একটি খুব গুরুত্বপূর্ণ কাজ আপনাকে করতেই হয়।
এটা না হলে, আপনার নতুনভাবে সৃষ্ট চিন্তার রূপগুলো পার্থিব রূপে বিদ্যমান হতে পারে না।

একটি অপরিহার্য শর্ত: কম্পনগত মিল

আপনাকে যা করতে হবে, তা সহজ–কিন্তু মৌলিক:
আপনাকে আপনার নতুনভাবে সৃষ্ট চিন্তার রূপগুলোর সাথে কম্পনগতভাবে মিলতে হবে।

তবেই আপনি সেগুলোর সাথে পারস্পরিক যোগাযোগ করতে পারবেন এবং সেগুলোকে নতুন চিন্তা, নতুন বুদ্ধি এবং নতুন সৃষ্টির রূপে আপনার ভেতর দিয়ে প্রবাহিত হতে দিতে পারবেন।

এটি আকর্ষণের সূত্র দ্বারা পরিচালিত একটি কম্পনমূলক মহাজগৎ।এই মহাজগতে–

- দুটি কম্পন কেবল তখনই পারস্পরিক যোগাযোগ করতে পারে, যখন তারা একে অপরের সাথে মেলে
- কম্পনগুলো যদি মিলে না যায়, আকর্ষণের সূত্র পারস্পরিক যোগাযোগ হতে দেয় না

সৃষ্টির একটি মৌলিক ভিত্তি হিসেবে আবেগ

এখানে আমরা আপনার বাস্তবতা–এবং আপনার অর্থ–কীভাবে সৃষ্টি হয়, তা বোঝার আরেকটি মৌলিক ভিত্তির কাছে পৌঁছাই।
সেটি হলো **আবেগ**।

আপনার আবেগ হলো আপনার উৎস–আপনার বৃহদাংশ–থেকে পাওয়া একটি নির্ভুল সংকেত।
এই সংকেত আপনাকে বলে দেয়, এই মুহূর্তে আপনার শক্তি কোন দিকে প্রবাহিত হচ্ছে।

কেন আবেগ এত গুরুত্বপূর্ণ

এটা অত্যন্ত গুরুত্বপূর্ণ, কারণ আপনার পরবর্তী পার্থিব অভিজ্ঞতা ঠিক সেই দিকেই ঘটবে, যেদিকে আপনার কম্পনগত শক্তি প্রবাহিত হচ্ছে।

আপনি আপনার শক্তিকে পরিচালনা করেন মনোযোগ দিয়ে,
আর মনোযোগই একমাত্র বিষয়, যার ওপর আপনার পুরো নিয়ন্ত্রণ আছে।

মনোযোগ একটি সচেতন সিদ্ধান্ত:

- আপনি যখন কোনো বিষয়ের সাথে পারস্পরিক যোগাযোগ করেন, আপনি কি সেটার দিকে গ্রহণযোগ্যতা নিয়ে যাবেন?
- নাকি প্রতিরোধ নিয়ে যাবেন?

পার্থিব জগতের চ্যালেঞ্জ

এই পার্থিব জগৎ হলো চিন্তা-বাস্তবতার একটি পার্থিব রূপে বিদ্যমান, ঘনীভূত রূপ–এবং এর প্রকৃতি প্রধানত প্রতিরোধী।
কম্পন অনুবাদের পাঁচটি উপায় থাকার কারণে, আপনার শরীর এই প্রতিরোধকে খুব স্পষ্ট করে তোলে এবং উপেক্ষা করা কঠিন করে দেয়।

এই জায়গাতেই আপনার উৎস–আপনার বৃহদাংশ–আপনাকে সহায়তা করে।
এটি আপনার আবেগের মাধ্যমে আপনার সাথে নিরবচ্ছিন্নভাবে যোগাযোগ রাখে, এবং মুহূর্তে মুহূর্তে আপনার শক্তি প্রবাহের দিক নির্দেশ করে।

কাজের ভেতরে আবেগীয় দিকনির্দেশ

আপনি যখন কোনো বিষয়ের সাথে পারস্পরিক যোগাযোগের সময় গ্রহণযোগ্যতার দিকে মনোযোগ দেন, তখন আপনি ভালো লাগার আবেগ অনুভব করেন।
এই আবেগগুলো ইঙ্গিত দেয়–আপনি সেই বিষয়ের গ্রহণযোগ্য শক্তির দিকের সাথে কম্পনগতভাবে সংমিশ্রিত হচ্ছেন।

এটা হলে–

- আপনি আপনার বৃহদাংশের সাথে কম্পনগত মিল হয়ে যান
- আপনার নতুনভাবে সৃষ্ট ইতিবাচক চিন্তার রূপগুলো আপনার দিকে প্রবাহিত হতে পারে
- সেগুলো আপনার ভেতর দিয়ে চিন্তা, বুদ্ধি/ধারণা ও সৃষ্টির রূপ নেয়
- আপনার কাঙ্ক্ষিত পার্থিব বাস্তবতা নিজে থেকেই গড়ে উঠতে শুরু করে

প্রতিরোধ ও অস্বস্তিকর আবেগ

আপনি যখন খারাপ অনুভব করেন, তার মানে হলো–আপনার মনোযোগ সেই বিষয়ের প্রতিরোধী দিকের দিকে সরে গেছে।

সেই মুহূর্তে–

- আপনি আর কম্পনগতভাবে মিলে থাকেন না
- আপনার বৃহদাংশ থেকে আসা চিন্তা-শক্তি আপনার ভেতর দিয়ে প্রবাহিত হতে পারে না
- প্রতিরোধের কারণে ভালোলাগা পার্থিব অভিজ্ঞতার প্রকাশআটকে যায়

এই আটকে যাওয়া ঘটে না এই কারণে যে সৃষ্টি থেমে গেছে,
বরং ঘটে এই কারণে যে অনুমতি দেওয়া থেমে গেছে।

দৈনন্দিন চর্চা হিসেবে আবেগ-সচেতনতা

পার্থিব বাস্তবতায় আপনি দৃষ্টি, শ্রবণ, গন্ধ, স্বাদ ও স্পর্শের মাধ্যমে জিনিসের সাথে পারস্পরিক যোগাযোগ করেন।
কিন্তু প্রতিটি যোগাযোগে এগুলোর থেকেও বেশি গুরুত্বপূর্ণ হলো–আপনার আবেগীয় প্রতিক্রিয়া।

আপনার আবেগ আপনাকে বলে দেয়–

- আপনি কি আপনার সৃষ্ট বাস্তবতাকে পার্থিব রূপে বিদ্যমান হতে দিচ্ছেন
- নাকি আপনি সেটার প্রতি প্রতিরোধ তৈরি করছেন

পার্থিব অভিজ্ঞতায় আবেগের ভূমিকা

চিন্তাকে পার্থিব অভিজ্ঞতাতে রূপান্তর করার প্রক্রিয়ায়, আবেগই সবচেয়ে গুরুত্বপূর্ণ ভূমিকা পালন করে।

- ভালো লাগার আবেগ ইঙ্গিত দেয়–আপনি আপনার আকাঙ্ক্ষাগুলোকে পার্থিব রূপে বিদ্যমান হতে দিচ্ছেন
- খারাপ লাগার আবেগ ইঙ্গিত দেয়–আপনি প্রতিরোধের মাধ্যমে আপনার আকাঙ্ক্ষাগুলো আটকে দিচ্ছেন

আপনার আবেগ কোনো বাধা নয়।
এগুলোই হলো দিকনির্দেশ–প্রতিটি মুহূর্তে–যা আপনাকে দেখায়, আপনি সৃষ্টির সাথে সংমিশ্রণে আছেন, নাকি তার পথে দাঁড়িয়ে আছেন।

∞

৮. “চিন্তার গতি (Momentum of Thought)”–আপনার শক্তি অথবা আপনার দুর্বলতা

মহাজাগতিক আকর্ষণের সূত্র প্রতি ১৫ সেকেন্ডে সবকিছু স্ক্যান করে। যখনই এটি একই ধরনের কম্পন খুঁজে পায়, সেগুলোকে একত্র করে। সমমানের কম্পনগুলোর এই সংমিশ্রণ মহাজগতের সর্বত্র নিরবচ্ছিন্নভাবে ঘটে চলেছে।

যখন একটি কম্পনভিত্তিক চিন্তা-শক্তি আরেকটি সমমানের কম্পনভিত্তিক চিন্তা-শক্তির সাথে মিলিত হয়, তখন সেই চিন্তা আরও শক্তিশালী হয়ে ওঠে।
পরবর্তী ১৫ সেকেন্ডে, এই শক্তিশালী চিন্তাটি আবার আরেকটি সমমানের চিন্তার সাথে যুক্ত হয় এবং আরও শক্তি পায়।

ষাট সেকেন্ডের শক্তি

এই চক্রটি চলতে চলতে যখন প্রায় ৬০ সেকেন্ড অতিক্রম করে, তখন সেই চিন্তাটি এতটাই শক্তিশালী হয়ে ওঠে যে তা ঘনীভূত হয়ে পার্থিব রূপে অনুবাদ হওয়ার উপযোগী হয়।

কোনো বিষয় সম্পর্কে কোনো চিন্তার ওপর প্রায় ৬০ সেকেন্ড ধারাবাহিক মনোযোগ রাখলে, আপনি সেই চিন্তা-শক্তির পার্থিব প্রমাণ পেতে শুরু করতে পারেন।

এই মাত্রার শক্তির একটি চিন্তার সাথে আপনি যখন ধারাবাহিক মনোযোগের মাধ্যমে কম্পনগতভাবে মিলে যান, তখন সেই চিন্তাকে ছেড়ে দেওয়া কঠিন হয়ে পড়ে।এর কারণ হলো–

- পরবর্তী প্রতি ১৫ সেকেন্ডে আকর্ষণের সূত্র আরও একটি সমমানের চিন্তা নিয়ে আসে
- প্রতিটি নতুন চিন্তা আগেরটির শক্তি বাড়িয়ে দেয়
- চিন্তাটি স্বয়ংক্রিয়ভাবেই আরও শক্তিশালী হতে থাকে

চিন্তার গতি (Momentum of Thought)

সমমানের কম্পনগুলোর এই নিরবচ্ছিন্ন একত্র হওয়া—যা প্রতি ১৫ সেকেন্ডে শক্তি বাড়ায়—এটাই চিন্তার গতি।

কোনো চিন্তার গতি যত বেশি হয়—

- তার আকর্ষণক্ষমতা তত বেশি শক্তিশালী হয়
- সেই ধরনের চিন্তা আবার ভাবা তত সহজ হয়ে যায়

চিন্তার গতি আপনার বর্তমান চিন্তার ধারা বজায় রাখা সহজ করে তোলে।

চিন্তার গতি কীভাবে অভিজ্ঞতা গড়ে তোলে

চিন্তার গতি আপনাকে সবসময়ই সমজাতীয় চিন্তার সাথে মিলিয়ে দেয়।এই কারণেই—

- আপনি যদি বারবার দারিদ্র্য বা অর্থের অভাব নিয়ে ভাবেন, সেই ধরনের চিন্তাই আপনার কাছে সহজে আসে
- আপনি যদি বারবার সমৃদ্ধি বা প্রাচুর্য নিয়ে ভাবেন, সেই ধরনের চিন্তাই আপনার কাছে সহজে আসে

এই নীতিটি শুধু অর্থের ক্ষেত্রেই নয়—আপনার জীবনের প্রতিটি বিষয়ের ক্ষেত্রেই প্রযোজ্য। আপনি যত বেশি কোনো কিছু নিয়ে ভাবেন, সেটি নিয়ে আবার ভাবা তত সহজ হয়ে যায়।

সচেতনভাবে চিন্তার গতি ব্যবহার করা

আপনার অভিজ্ঞতায় চিন্তার গতি এই বিশাল শক্তি বহন করে।
এটাকে বুঝে ও সচেতনভাবে ব্যবহার করলে আপনি আরও শক্তিশালী ও আরও সমৃদ্ধ হতে পারেন,
আর এটাকে না বুঝলে আপনি দুর্বল হয়ে পড়তে পারেন এবং অভাবের অভিজ্ঞতা পেতে পারেন।

যেভাবেই হোক, চিন্তার গতি আকর্ষণের সূত্রের একটি স্বাভাবিক ফল।
এটি সবসময়ই কাজ করছে।

যেটা সবকিছু বদলে দেয়, তা হলো—
আপনার সবসময়ই একটি নির্বাচন থাকে:
আপনি গতিকে সচেতনভাবে ব্যবহার করবেন,
নাকি করবেন না।

∞

৯. "বিশ্বাস (Belief)"– কেন যেকোনো কিছু পাওয়ার ক্ষেত্রে এটি সবচেয়ে গুরুত্বপূর্ণ উপাদান

এই মহাজগতের সবকিছুর মূলেই রয়েছে কম্পন।আপনি ইতিমধ্যেই উপলব্ধি করেছেন–কম্পনই মহাজগতের নির্মাণের সবচেয়ে ক্ষুদ্র ইট। আপনার বিশ্বাসও এর ব্যতিক্রম নয়।

আকর্ষণের সূত্রের প্রভাবে প্রতি ১৫ সেকেন্ডে সমমানের কম্পন একত্র হয়।এই প্রক্রিয়াটি যখন ৬০ সেকেন্ড অতিক্রম করে, তখন সেই সম্মিলিত কম্পনগুলো এতটাই শক্তিশালী হয়ে ওঠে যে তারা একটি বৃহত্তর, সমমানের কম্পনগত কাঠামো গঠন করে–যেটাকে আপনি একটি চিন্তা হিসেবে অনুভব করতে পারেন।

চিন্তা থেকে বিশ্বাস

যখন একই ধরনের চিন্তাগুলো বারবার একত্র হয় এবং একটি একক চিন্তার চেয়ে বেশি শক্তি সঞ্চয় করে, তখন সেগুলোই হয়ে ওঠে একটি বিশ্বাস।

সহজভাবে বললে:
একটি বিশ্বাস হলো এমন একটি চিন্তা, যেটা আপনি ধারাবাহিকভাবে ভাবতে থাকেন।

বিশ্বাস কীভাবে কাজ করে এবং কীভাবে গঠিত হয়–এটা বোঝা সমৃদ্ধির জন্য অত্যন্ত জরুরি।কারণ বিশ্বাস হলো সম্মিলিত কম্পনের সবচেয়ে শক্তিশালী ঘনীভূত রূপ, যার পার্থিব প্রতিফলনই হয়ে ওঠে আপনার পার্থিব অভিজ্ঞতা।

বিশ্বাস কীভাবে বাস্তবতা গড়ে তোলে

আপনি আসলে সেটাই বিশ্বাস করেন, যেটা আপনি বারবার ভাবতে থাকেন–সেই চিন্তার পেছনে কারণ যাই থাকুক না কেন।এখানে আসল বিষয়টি হলো:

- পুনরাবৃত্ত চিন্তা আপনার ভেতরে একটি ধারাবাহিক কম্পন সক্রিয় করে
- আকর্ষণের সূত্র আপনাকে সমজাতীয় চিন্তার সাথে মিলিয়ে দেয়
- ধারাবাহিক মনোযোগ সেই চিন্তাগুলোকে ঘনীভূত করে বিশ্বাসে রূপ দেয়
- বিশ্বাস সমমানের অভিজ্ঞতা ও পার্থিব ফলাফল তৈরি করে

এইভাবেই আপনার ভেতরের কম্পন আপনার বাইরের বাস্তবতায় রূপ নেয়।

একটি বিষয়ের ভেতরে বিশ্বাসের একাধিক স্তর

পৃথিবীর সবকিছুর মধ্যেই বহু স্তরে কম্পন কাজ করে, আর কোনো একটি বিষয় সম্পর্কে আপনার বিশ্বাসও একটিমাত্র নয়–এগুলো স্তরবদ্ধ।

উদাহরণ হিসেবে অর্থের কথা ধরুন।একই বিষয়ের ভেতরেই আপনার ভিন্ন ভিন্ন মাত্রার

গ্রহণযোগ্যতা ও প্রতিরোধ থাকতে পারে:

- ফল কেনার জন্য অর্থ খরচ করা বাঞ্ছিত মনে হতে পারে
- পোশাক কেনার জন্য অর্থ খরচ করা তুলনামূলক অস্বস্তিকর লাগতে পারে
- কঠোর পরিশ্রমের বিনিময়ে অর্থ পাওয়া ন্যায্য মনে হতে পারে
- উপহার হিসেবে অর্থ পাওয়া অস্বস্তিকর লাগতে পারে
- শিক্ষার জন্য অর্থ খরচ করা সঠিক মনে হতে পারে
- শুধু আনন্দের জন্য অর্থ খরচ করা অপ্রয়োজনীয় মনে হতে পারে

এই সবগুলোই একই বিষয়ের ভেতরে একসাথে কাজ করা ভিন্ন ভিন্ন বিশ্বাস।

চিন্তার ধারা ও জীবিত অভিজ্ঞতা

এইভাবেই আপনি একই বিষয়ের বিষয়ে একইধরণের চিন্তার ধারা ধারণ করেন, যা ভিন্ন ভিন্ন পরিস্থিতিতে ভিন্নভাবে প্রকাশপায়।এর ফল হিসেবে, একই জীবনের কোনো নির্দিষ্ট ক্ষেত্রের ভেতরেই আপনি ভিন্ন ভিন্ন অভিজ্ঞতার সম্মুখীন হন।

সহজ করে বললে:
কোনো বিষয়ের বিষয়ে আপনার বিশ্বাসই হলো সেই বিষয়ের প্রতি আপনার সক্রিয় কম্পন।

আকর্ষণের সূত্র ও বিশ্বাসের মিল

যেহেতু আকর্ষণের সূত্র কেবল কম্পনের প্রতিক্রিয়াই দেয়, তাই এটি ধারাবাহিকভাবে আপনাকে মিলিয়ে দেয়–

- চিন্তা
- বুদ্ধি/ধারণা

- পরিস্থিতি
- অভিজ্ঞতা

যেগুলো আপনাকে আপনার বর্তমান বিশ্বাসের সাথে সংমিশ্রণে রাখে।
আকর্ষণের সূত্রই হলো সেই সার্বজনিক ব্যবস্থাপক, যা কেবল আপনার কম্পনের ভিত্তিতেই আপনাকে আপনার অভিজ্ঞতার প্রতিটি কিছুর সাথে যুক্ত করে।

সমৃদ্ধির দ্বার হিসেবে বিশ্বাস

আপনি যদি আপনার বর্তমান বিশ্বাস বদলাতে না পারেন, তাহলে আপনি আপনার বর্তমান পার্থিব বাস্তবতাও বদলাতে পারবেন না।

তাই–
বিশ্বাসই হলো সমৃদ্ধ জীবনকে অনুমতি দেওয়ার সবচেয়ে গুরুত্বপূর্ণ উপাদান।

বিশ্বাসের কম্পন বদলান,
বাস্তবতাকে বদলাতেই হবে।

∞

১০. "প্রত্যাশা (Expectation)"–আপনার ভবিষ্যৎ ও অর্থের পূর্বাভাস

আপনি যখন কোনো একটি চিন্তা ধারাবাহিকভাবে ভাবতে থাকেন, তখন সেটাই হয়ে ওঠে আপনার বিশ্বাস।আপনি ইতিমধ্যেই উপলব্ধি করেছেন–কোনো বিষয় সম্পর্কে আপনার বিশ্বাসই হলো সেই বিষয়ের প্রতি আপনার সক্রিয় কম্পন।আকর্ষণের সূত্র এই কম্পনকে পর্যবেক্ষণ করে এবং আপনাকে একইধরণের চিন্তা, অভিজ্ঞতা, পরিস্থিতি ও ফলাফলের সাথে মিলিয়ে দেয়।

এই পার্থিব জগতে–আপনার শরীর এবং এর পাঁচটি কম্পন-অনুবাদক অঙ্গের মাধ্যমে–একইধরণের অভিজ্ঞতার পুনরাবৃত্তি ধীরে ধীরে কোনো বিষয় সম্পর্কে আপনি কী আশা করবেন, সেটাকে গড়ে তোলে।
এইভাবেই **প্রত্যাশা** তৈরি হয়।

প্রত্যাশার সংজ্ঞা

প্রত্যাশাকে সহজভাবে বলা যায়:
প্রত্যাশা হলো কোনো নির্দিষ্ট বিষয় সম্পর্কে আপনার চলমান বিশ্বাসের জন্য পাওয়া পার্থিব প্রমাণ।

প্রত্যাশা হলো আপনার ভবিষ্যৎ অভিজ্ঞতার একটি ঝলক, কারণ আপনি মানুষ ও পরিস্থিতি থেকে ধারাবাহিকভাবে ঠিক সেটাই পান–যেটা আপনি তাদের কাছ থেকে আশা করেন।

অর্থের উদাহরণে প্রত্যাশা বোঝা

এটা পরিষ্কারভাবে বোঝার জন্য অর্থের উদাহরণ ধরা যাক।
স্কুল বা কলেজ জীবনে আপনি প্রায়ই শুনে থাকেন–অর্থ উপার্জনের জন্য চাকরি দরকার, আর চাকরি পাওয়ার জন্য ভালো নম্বর বা ডিগ্রি দরকার।আপনার চারপাশের বেশিরভাগ মানুষ এই পথেই এগোয়, তাই স্বাভাবিকভাবেই আপনার মনোযোগও সেই দিকেই যায়।

আপনি এই চিন্তাটা ধরে রাখতে শুরু করেন:
ভালো নম্বর আর ডিগ্রি আমাকে চাকরি পেতে সাহায্য করবে।

প্রমাণের মাধ্যমে বিশ্বাস গড়ে ওঠা

আপনি যখন এই চিন্তার ওপর মনোযোগ ধরে রাখেন, তখন ধীরে ধীরে এর পক্ষে ইতিবাচক প্রমাণ পেতে শুরু করেন।সময়ের সাথে সাথে এই পুনরাবৃত্ত চিন্তার ধারা আপনার বিশ্বাসে রূপ নেয়।

একবার বিশ্বাস গড়ে উঠলে–

- আপনি নির্দিষ্ট কিছু ক্ষেত্রে চাকরির সুযোগ লক্ষ্য করতে শুরু করেন
- সেই ক্ষেত্রগুলোতে ইতিমধ্যেই কর্মরত মানুষের সাথে আপনার পরিচয় হয়
- আপনি আপনার বিশ্বাসের পক্ষে পার্থিব প্রমাণ পেতে থাকেন

প্রত্যাশা ফলাফল তৈরি করে

এই প্রমাণগুলো চলতে থাকলে, বিশ্বাস ধীরে ধীরে প্রত্যাশায় রূপ নেয়।

এই পর্যায়ে–

- ইন্টারভিউ বা পরীক্ষার সময় আপনি নিজেকে স্পষ্ট ও আত্মবিশ্বাসী অনুভব করেন
- আপনার প্রত্যাশা আপনার কম্পনকে কাঙ্ক্ষিত ফলাফলের সাথে সংমিশ্রণে আনে
- সুযোগগুলো স্বাভাবিকভাবেই আপনার আত্মবিশ্বাসের প্রতি সাড়া দেয়

এর ফল হিসেবে, আপনি চাকরি পান–জোর করে নয়, বরং সংমিশ্রণের মাধ্যমে।

সৃষ্টির সম্পূর্ণ চক্র

এই উদাহরণটি সৃষ্টির স্বাভাবিক অগ্রগতিটা দেখায়:

- একটি চিন্তার ওপর ধারাবাহিকভাবে মনোযোগ দেওয়া হয়
- চিন্তাটি বিশ্বাসে রূপ নেয়
- বিশ্বাস পার্থিব প্রমাণ তৈরি করে
- প্রমাণ প্রত্যাশা গড়ে তোলে
- প্রত্যাশা অভিজ্ঞতাকে পার্থিব রূপে বিদ্যমান করে

যেকোনো বিষয়ের ক্ষেত্রে প্রয়োগ

এই একই প্রক্রিয়া যেকোনো বিষয় সম্পর্কে যেকোনো চিন্তার ক্ষেত্রেই প্রযোজ্য। আপনি যখন কোনো চিন্তার ওপর ধারাবাহিকভাবে মনোযোগ দেন–

- সেটি আপনার বিশ্বাসে পরিণত হয়
- তারপর সেটি আপনার প্রত্যাশায় রূপ নেয়
- আপনার অভিজ্ঞতা সেই প্রত্যাশার সাথে মিলিয়ে যায়

প্রত্যাশা আশা নয়।
এটি এমন বিশ্বাস–যা ইতিমধ্যেই কম্পনগত ভাবে স্পষ্ট দৃশ্যমানতা লাভ করেছে।

—— ∞ ——

১১. "আকাঙ্ক্ষা (Desire)"– মহাজগতে আপনি যে নতুনত্ব সৃষ্টি করেন

এই বইয়ে উপস্থাপিত মহাজাগতিক প্রজ্ঞার গভীরে যাওয়ার আগে, আকাঙ্ক্ষা সম্পর্কে একটি সহজ উপলব্ধিই হলো আপনার প্রয়োজনীয় শেষ মৌলিক জ্ঞান।এই উপলব্ধি নিয়ে আপনি বাকি অধ্যায়গুলো পার হতে পারবেন, আর শেষে আপনার হাতে থাকবে সোনা ও মুক্তোর মতো মূল্যবান অন্তর্দৃষ্টি।

সচেতন চিন্তা-শক্তি হিসেবে আপনার উৎস

আপনি এই শরীরে প্রবেশ করার আগে, আপনি ছিলেন সচেতনভাবে সম্মিলিত এক কম্পনভিত্তিক চিন্তা-শক্তির রূপ।এই জগৎকে অভিজ্ঞতা করার জন্য–যা চিন্তা-শক্তির আরও ঘনীভূত ও বেশি প্রতিরোধী রূপ–আপনি নিজেই এই পার্থিব শরীরে পার্থিব রূপে বিদ্যমান হওয়ার নির্বাচন করেছেন।

এই পার্থিব বাস্তবতা আপনাকে নতুন নতুন প্রতিরোধের রূপের সাথে পারস্পরিক যোগাযোগের সুযোগ দেয়,
আর সেই যোগাযোগের মধ্য দিয়েই আপনি নতুন কম্পনগত সংমিশ্রণ সৃষ্টি করেন।

প্রতিরোধ থেকেই পছন্দের জন্ম

আপনি যখন প্রতিরোধী কম্পনের মুখোমুখি হন–যদিও তা মাত্র ১৫ সেকেন্ডের জন্যই হয়–আপনি সেই প্রতিরোধের সাথে সংমিশ্রিত হতে শুরু করেন।ভারসাম্য ও অস্তিত্ব বজায় রাখার জন্য, আপনি অবচেতনভাবে তার সমমানের একটি বিপরীত কম্পন–গ্রহণযোগ্যতা–সৃষ্টি করেন।

সহজভাবে বললে:
আপনি যখনই এমন কিছু অভিজ্ঞতা করেন যা আপনি চান না, তখনই আপনি সেই বিষয় থেকেই স্বয়ংক্রিয়ভাবে সৃষ্টি করেন–যা আপনি চান।

আকাঙ্ক্ষার ধারক হিসেবে আপনার উৎস

যেহেতু আপনি আপনার উৎস থেকে আংশিকভাবে বিচ্ছিন্ন অবস্থায় এই জগতে প্রবেশ করেছেন, তাই আপনার উৎসই হয়ে ওঠে আপনার সব পছন্দের, ইতিবাচক কম্পনগত সৃষ্টির ধারক।

এর ফল হিসেবে–

- আপনি নিরবচ্ছিন্নভাবে বাঞ্ছিত কম্পন সৃষ্টি করে চলেন
- এই সৃষ্টিগুলোর ব্যাপারে আপনি অনেক সময়ই সচেতন থাকেন না
- আপনার বৃহদাংশ আপনার সব পছন্দকে সম্পূর্ণভাবে বোঝে

আপনার জীবনের অভিজ্ঞতার মধ্য দিয়ে আপনি যে প্রতিটি পছন্দ তৈরি করেন, সেগুলো সবই ধরে রাখে আপনার বৃহদাংশ।
এই কারণেই প্রতিটি বিষয়ের ক্ষেত্রে আপনি ঠিক কী চান–তা সবসময় নির্ভুলভাবে জানে কেবল আপনার বৃহদাংশই।

আকর্ষণের সূত্র ও আপনার দুই কম্পনগত দিক

আকর্ষণের সূত্র আপনার অস্তিত্বের দুই দিকের প্রতিই সমানভাবে সাড়া দেয়–

- আপনার পার্থিব, ঘনীভূত শক্তি
- আপনার অ-পার্থিব বৃহদাংশ

আপনি এই দুই রূপেই নিরবচ্ছিন্নভাবে কম্পন করছেন।
আপনার বৃহদাংশ কেবল ইতিবাচক কম্পনেই কম্পিত হয়।তাই এটি কেবল ইতিবাচক কম্পনকেই আকর্ষণ করে।যেহেতু এটি চিরন্তন ইতিবাচক কম্পন ধরে রাখে, আকর্ষণের সূত্র মহাজগতের সর্বত্র থেকে ধারাবাহিকভাবে আরও বাঞ্ছিত কম্পন এর দিকে নিয়ে আসে।

এর ফলে আপনার বৃহদাংশ পায়–

- বিশাল গতি
- শক্তিশালী আকর্ষণক্ষমতা
- ক্রমবর্ধমান কম্পনগত শক্তি

পছন্দ থেকে আকাঙ্ক্ষায় রূপান্তর

প্রতিটি পছন্দের চিন্তা এবং অবচেতনভাবে সৃষ্ট ইতিবাচক কম্পন আপনার বৃহদাংশের সাথে সংমিশ্রিত হয়ে ক্রমে গতি সঞ্চয় করে।

ধীরে ধীরে–

- নতুন, ছোট ছোট পছন্দ
- শক্তিশালী সম্মিলিত কম্পনগত রূপে পরিণত হয়
- এবং দৃঢ় চিন্তা-শক্তির কাঠামোতে রূপ নেয়

এই শক্তিশালী কম্পনগুলো যখন কম্পনগত মিলের মাধ্যমে আপনার কাছে গ্রহণযোগ্য হয়ে ওঠে, তখনই সেগুলোকে বলা হয়–আকাঙ্ক্ষা।

অর্থের উদাহরণে আকাঙ্ক্ষা

আকাঙ্ক্ষাকে পরিষ্কারভাবে বুঝতে অর্থের উদাহরণ ধরা যাক।
আপনি যখন মাত্র ১৫ সেকেন্ডের জন্যও ভালো লাগার অভিজ্ঞতা পান–যেমন কোনো অনুপ্রেরণাদায়ক সিনেমা দেখা, আপনার পছন্দের উপায়ে অর্থ পাওয়া, বা সুন্দর কিছু কল্পনা করা–তখন হঠাৎ করেই আপনার ভেতরে কিছু আকাঙ্ক্ষা জেগে উঠতে পারে, যেমন:

- একটি সুন্দর বাড়ির মালিক হওয়া
- একটি দারুণ জায়গায় ভ্রমণ করা
- নিজের বা প্রিয়জনের জন্য অর্থবহ কিছু কেনা

এই আকাঙ্ক্ষাগুলো এলোমেলোভাবে আসে না।
এগুলো কোনো দুর্ঘটনাও নয়।
এগুলোই হলো আপনার নিজের সৃষ্টি–আপনার জীবিত অভিজ্ঞতা ও পছন্দ থেকে গড়ে ওঠা।

আকাঙ্ক্ষার উদ্দেশ্য

আপনার প্রতিটি আকাঙ্ক্ষা–যেটা আপনার আছে, বা ভবিষ্যতে কখনো থাকবে–তা আপনার দ্বারাই পার্থিব অভিজ্ঞতা হিসেবে প্রকাশপাওয়ার জন্যই।

আকাঙ্ক্ষা কোনো প্রলোভন নয়।
আকাঙ্ক্ষা হলো দিকনির্দেশ।

আপনি কীভাবে আপনার আকাঙ্ক্ষাগুলোকে পার্থিব অভিজ্ঞতায় রূপ নিতে দেবেন–তা পরের অধ্যায়গুলোতে সহজ ও ব্যবহারিক উপায়ে আপনার সামনে আসবে।

∞

✦ অধ্যায়ের শেষের প্রক্রিয়া - ১ ✦

"এই জ্ঞানের কোনো বিপরীত প্রমাণ নেই"—তা উপলব্ধি করার প্রক্রিয়া

এই বইয়ের প্রথম প্রক্রিয়ায়, আমি আপনাকে আমন্ত্রণ জ্ঞানই—আকর্ষণের সূত্রের উপলব্ধির মাধ্যমে আপনার নিজের বাস্তবতাকে একটি সহজ পরীক্ষার ভেতর দিয়ে দেখার জন্য।

এই প্রক্রিয়াটি আপনাকে সুযোগ দেয়—এই বইয়ে থাকা মহাজাগতিক জ্ঞানের সত্যতা আপনি নিজেই নিজের কাছে প্রমাণ করার।

আপনি যত বেশি এই জ্ঞানকে বিশ্বাস করতে শুরু করবেন,
আপনি তত দ্রুত এবং তত সুন্দর ফলের অভিজ্ঞতা পাবেন।

এখানে যে সবচেয়ে গুরুত্বপূর্ণ সত্যটি স্বীকার করা দরকার, তা হলো:
মহাজগতের সবকিছুর মূলেই রয়েছে কম্পন।

আকর্ষণের সূত্র সেই মূল কম্পনের প্রতিক্রিয়া জানায় এবং সেই অনুযায়ী মহাজগৎকে পরিচালনা করে।

আপনার বাস্তবতা পরীক্ষা করার দুইটি উপায়

আপনি এই পরীক্ষাটি দুইভাবে করতে পারেন:

- আপনার ভেতরের আবেগীয় অবস্থাকে পর্যবেক্ষণ করে
- আপনার বাইরের পার্থিব রূপে বিদ্যমান অভিজ্ঞতাগুলো পর্যবেক্ষণ করে

এই দুইটি সবসময়ই একে অপরের সাথে সংযুক্ত।

পরীক্ষা এক: আপনার আবেগ পর্যবেক্ষণ করা

এই প্রথম পরীক্ষায় আপনি আপনার আবেগ ব্যবহার করবেন, কারণ আবেগ হলো মুহূর্তে মুহূর্তে আপনার কম্পনগত প্রবাহের সবচেয়ে নির্ভুল সূচক।

আপনার জীবনের কোনো একটি আনন্দময় ও স্মরণীয় দিনের কথা মনে করুন।
স্মৃতির ভেতরে ফিরে গিয়ে খেয়াল করুন—সেই সুন্দর দিনে কীভাবে একটির পর একটি মনোরম ঘটনা ঘটেছিল।
সবকিছু যেন স্বাভাবিকভাবেই, স্বস্তিতে এগোচ্ছিল।

এবার এমন একটি অভিজ্ঞতার কথা মনে করুন, যখন আপনি একটি ভান করা আবেগ ধরে রেখেছিলেন।
উদাহরণ হিসেবে ধরুন—কোনো প্রিয় মানুষ, বন্ধু বা আত্মীয়কে কিছু বোঝাতে গিয়ে আপনি রাগের ভান করেছিলেন।
এমনকি যদি আপনি সেই ভান করা রাগ মাত্র এক মিনিটের জন্যও ধরে রাখেন, তবুও হয়তো খেয়াল করবেন—খুব দ্রুতই আপনার মনে আসতে শুরু করেছিল:

- পুরোনো খারাপ অভিজ্ঞতা
- আগের ভুল বোঝাবুঝি
- অবাঞ্ছিত অভিজ্ঞতা

অল্প সময়ের মধ্যেই, সেই রাগ বাস্তব হয়ে উঠেছিল।

কী ঘটেছিল—তা উপলব্ধি করা

এটা কীভাবে ঘটল?

এটা ঘটেছিল, কারণ—

- আপনি সচেতনভাবে একটি আবেগ নির্বাচন করেছিলেন
- সেই আবেগ আপনার ভেতরে একটি নির্দিষ্ট কম্পন সক্রিয় করেছিল
- ১৫ সেকেন্ডের মধ্যেই আকর্ষণের সূত্র প্রতিক্রিয়া জানাতে শুরু করেছিল
- এক বা দুই মিনিটের মধ্যেই সেই কম্পন গতি সঞ্চয় করেছিল
- আপনি আবেগের সাথে মিল থাকা চিন্তা স্পষ্টভাবে পেতে শুরু করেছিলেন

আবেগ কম্পনের দিকে নিয়ে গিয়েছিল।
কম্পন একইধরণের চিন্তাকে আকর্ষণ করেছিল।

পরীক্ষা দুই: আপনার পার্থিব অভিজ্ঞতা পর্যবেক্ষণ করা

দ্বিতীয় পরীক্ষায়, আপনি আপনার বর্তমান অভিজ্ঞতাগুলোকে আপনার আবেগীয় অবস্থার সাথে মিলিয়ে দেখবেন।

শুধু লক্ষ্য করুন–

- আপনি কী অনুভব করছেন
- আপনি কী অভিজ্ঞতা পাচ্ছেন

এবং দেখুন–দুটো কি একে অপরের সাথে মিলে যাচ্ছে কি না।

ধীরে ধীরে আপনি একটি স্পষ্ট ধারা দেখতে শুরু করবেন:

- আপনি যত ভালো অনুভব করেন, তত বেশি মনোরম অভিজ্ঞতা, সাক্ষাৎ, পরিস্থিতি ও চিন্তা আপনার দিকে আসে
- আপনি যত খারাপ অনুভব করেন, তত বেশি অবাঞ্ছিত, অস্বস্তিকর ও অসন্তুষ্টিকর অভিজ্ঞতা সামনে আসে

প্রমাণের পেছনের সূত্র

এর কারণটি খুবই সহজ।
আকর্ষণের সূত্র সবসময়ই আপনার কম্পনের প্রতিক্রিয়া জানায়।আপনার আবেগ সেই কম্পনটাকে আপনাকে তাৎক্ষণিকভাবে দেখিয়ে দেয়।

আপনি যখন আপনার আবেগ পর্যবেক্ষণ করতে শুরু করেন,
তখন আপনি উপলব্ধি করতে পারেন–আকর্ষণের সূত্র কীভাবে মুহূর্তে মুহূর্তে আপনার জীবনকে গড়ে তুলছে।

এই প্রথম প্রক্রিয়াটি বিশ্বাসের বিষয় নয়।
এটি পর্যবেক্ষণের বিষয়।
আর পর্যবেক্ষণই নিয়ে যায় উপলব্ধির দিকে।

∞

লেখকের উক্তি-

“আপনিই বিশ্বব্রহ্মাণ্ডের জাদু, আর বিশ্বব্রহ্মাণ্ড কেবল আপনার মাধ্যমেই জাদুকরী কাজগুলো করতে পারে।”

অধ্যায় ২

আপনি, আপনার শরীর, এবং আপনার অর্থ

আপনার শরীর হচ্ছে সেই একমাত্র জিনিস, যা দিয়ে আপনি এই ভৌত পার্থিব জগতের সবকিছু অনুভব, অনুধাবন, পর্যবেক্ষণ এবং উপলব্ধি করেন।তাই আপনার শরীর সম্পর্কে একটি সহজ, কিন্তু বিস্তৃত জ্ঞান থাকা খুবই প্রয়োজনীয়।

এই অধ্যায়ে আপনি আপনার শরীর সম্পর্কে একটি বিশদ তথা সর্বব্যাপী জ্ঞান পেতে যাচ্ছেন।
কারণ, এই চমৎকার - উজ্জ্বল - অসাধারণ - যন্ত্রটি, যাকে আপনি শরীর বলেন, বেশিরভাগ সময়েই তার প্রয়োজনীয় কাজকর্ম গুলো, আপনার সচেতন সিদ্ধান্ত অন্তর্ভুক্ত না করে, নিজেই পরিচালনা করে।
আর তাই, এটি কীভাবে কাজ করে তার একটি প্রাথমিক মৌলিক ধারণা, আপনাকে দ্রুত এবং সহজভাবে আপনার সমৃদ্ধির দিকে নিয়ে যাবে।

এই অধ্যায়ে আপনি পাবেন:

অনুশীলন

১. আপনি আপনার শরীর নন

এটি একটি সচেতন কম্পনমূলক মহাজগৎ, যা আকর্ষণের সূত্র দ্বারা পরিচালিত।সমমানের নতুন কম্পনের সাথে ধারাবাহিকভাবে সংমিশ্রিত না হলে কোনো কম্পনই তার অস্তিত্ব বজায় রাখতে পারে না।
সব কম্পনই স্বাভাবিকভাবে তাদের বিপরীত অংশ সৃষ্টি করার ব্যাপারে সচেতন, কিন্তু ব্যবহার না হলে এই কম্পনগত শক্তিগুলোর কোনো শনাক্তযোগ্য অস্তিত্ব বা বিস্তার থাকে না।

কম্পনকে অভিজ্ঞতা করা, চেনা এবং বিস্তৃত করার জন্য–এটির ব্যবহার অপরিহার্য।

প্রকাশএকটি স্থানের প্রয়োজন

যেহেতু কম্পনগত শক্তির ব্যবহার প্রয়োজন, তাই একটি পার্থিব ভৌত রূপ নেওয়ার স্থান অপরিহার্য।
এই প্রকাশজায়গায় –

- কম্পনগত শক্তি নতুনভাবে ব্যবহৃত হয়
- কম্পনগুলো একত্র হয়ে নতুন কম্পনগত কাঠামো গঠন করে
- শনাক্তযোগ্য অস্তিত্ব ও বিস্তার সম্ভব হয়ে ওঠে

তবে এই প্রকাশজায়গাটি অবশ্যই অভৌত কম্পনগত জগত থেকে মৌলিকভাবে ভিন্ন হতে হবে।
এই ভিন্নতার কারণেই শক্তি এক জগত থেকে অপর জগতে গেলে - অভিজ্ঞতা করা, চিহ্নিত করা এবং অনুসরণ করা সম্ভব হবে।

শক্তি শনাক্ত করতে ভিন্নতা কেন অপরিহার্য

এটা বোঝার জন্য বিদ্যুতের উদাহরণ ধরা যাক।
বৈদ্যুতিক প্রবাহ তারের ভেতর দিয়ে চলে, কিন্তু বাইরে থেকে তাকে শনাক্ত বা অনুভব করা যায় না।
কিন্তু যখন সেই একই বিদ্যুৎ কোনো ফিলামেন্ট তার বা সেমিকন্ডাক্টরের ভেতর দিয়ে প্রবাহিত হয়–

- বিদ্যুতের উপস্থিতি আলো হিসেবে পার্থিব রূপ নেয়
- বিদ্যুতের অনুপস্থিতি অন্ধকার হিসেবে পার্থিব রূপ নেয়

যদি ফিলামেন্ট বা সেমিকন্ডাক্টর ঠিক বৈদ্যুতিক তারের মতো করেই তৈরি হতো, তাহলে কোনো দৃশ্যমান পার্থক্য থাকত না–বিদ্যুৎ আছে না নেই, তা চেনার কোনো উপায়ই থাকত না।

এটাই একটি মৌলিক নীতি দেখায়:
শক্তির প্রবাহ কেবল মাধ্যমের ভিন্নতার মাধ্যমেই শনাক্ত করা যায়।

সময়-স্থান বাস্তবতার সৃষ্টি

এই কারণেই সচেতন অ-পার্থিব কম্পনগত শক্তিগুলো একটি ভৌত প্রকাশজায়গা হিসেবে সময়-স্থান বাস্তবতা(time-space reality) সৃষ্টি করেছে।
এর পাশাপাশি, তারা নিজেদেরই একটি আংশিকভাবে বিচ্ছিন্ন ও ঘনীভূত রূপ তৈরি করেছে–যা এই পরিসরের ভেতরে কাজ করতে পারে।

এই ঘনীভূত রূপটিই হলো এই জায়গার ভেতরে কোনো চিন্তার প্রকাশমাধ্যম।

অনুবাদক যন্ত্র হিসেবে শরীর

অ-পার্থিব কম্পনভিত্তিক চিন্তা-শক্তির জগৎ এবং পার্থিব রূপে বিদ্যমান পার্থিব জগতের মধ্যে স্পষ্ট পার্থক্য তৈরি করার জন্য, সচেতন চিন্তা-শক্তি একটি কম্পনগতভাবে সম্মিলিত, জৈব এবং অত্যন্ত স্পষ্ট অনুবাদক যন্ত্র সৃষ্টি করেছে–আপনার ভৌত শরীর।

আপনার শরীর এমনভাবে তৈরী করা হয়েছে যেন এটি–

- অপার্থিব কম্পনকে পার্থিব অভিজ্ঞতায় অনুবাদ করতে পারে
- সময় ও স্থানের ভেতরে কাজ করতে পারে
- পার্থিব সৃষ্টি সমূহকে অনুবাদ করতে পারে

আপনি এবং শরীর

আপনি হলেন এই শরীরের :

- নিয়ন্ত্রক
- নির্দেশদাতা
- শক্তির উৎস

আপনার শরীর সবসময় আপনার চলমান কম্পনের অনুসরণ করে এবং সেই অনুযায়ী নিজেকে সাজিয়ে নেয়।
আপনি যখন শরীরে প্রবেশ করেন, তখন এটি আপনার কম্পনগত নির্দেশনার মাধ্যমে কাজ করে।
আপনি যখন শরীর ছেড়ে যান, তখন নির্দেশনা ও শক্তির উৎস না থাকায় শরীরের কার্যক্রম থেমে যায়।

পার্থিব অভিজ্ঞতা সৃষ্টিতে শরীরের ভূমিকা

আপনার শরীরই হলো সেই যন্ত্র, যার মাধ্যমে আপনি চিন্তা-শক্তিকে পার্থিব জগতে পার্থিব অভিজ্ঞতায় রূপান্তর করেন।

শরীর ছাড়া–

- চিন্তা-শক্তি পার্থিব অভিজ্ঞতায় রূপ নিতে পারে না
- কম্পনকে স্পর্শযোগ্য রূপে শনাক্ত করা যায় না
- কম্পনের বিস্তারকে অভিজ্ঞতা করা সম্ভব হয় না

আপনার শরীর আপনি নন।
আপনার শরীর হলো–আপনি যার দ্বারা পার্থিব জগতের অভিজ্ঞতা লাভ করেন।

∞

২. আপনার মস্তিষ্ককে বুঝুন—যাতে সেটি সমৃদ্ধির জন্য সম্পূর্ণভাবে ব্যবহার করতে পারেন

সমগ্র বিশ্বজুড়ে একটি প্রচলিত বিশ্বাস আছে—মস্তিষ্ক হলো স্মৃতি, আচরণ ও বিভিন্ন প্রক্রিয়ার সংরক্ষণাগার, এবং শরীরের প্রধান নির্দেশদাতা।
কিন্তু আপনি যদি এই বইয়ের এই অংশ পর্যন্ত এসে থাকেন, তাহলে আপনি ইতিমধ্যেই মহাজগতের কম্পনমূলক প্রকৃতি উপলব্ধি করেছেন।সবকিছুই কম্পনগতভাবে সম্মিলিত চিন্তা-শক্তি দিয়ে গঠিত, আর শক্তির শনাক্তযোগ্য অস্তিত্ব থাকতে হলে তাকে গতিশীল থাকতে হয়।
এর ফল হিসেবে, মহাজগতের সবকিছুই নিরবচ্ছিন্নভাবে এগিয়ে চলছে ও বিস্তৃত হচ্ছে।

এমন একটি গতিশীল ও বিস্তৃতিশীল কম্পনমূলক মহাজগতে, কোনো কিছুই প্রকৃত অর্থে সংরক্ষণ করা সম্ভব নয়।

কম্পনমূলক মহাজগতে সংরক্ষণ কেন অসম্ভব

আকর্ষণের সূত্র অনুযায়ী—

- একটি কম্পনভিত্তিক চিন্তার রূপ কেবল আরেকটি একইধরণের কম্পনভিত্তিক চিন্তার রূপের সাথেই মিলতে পারে
- সবকিছুই গতি, পারস্পরিক যোগাযোগ ও বিস্তারের মধ্য দিয়ে অস্তিত্বশীল
- স্থিরতা বা স্থায়ী সংরক্ষণ সম্ভব নয়

এখানেই আমরা মস্তিষ্কের প্রকৃত কাজের কাছে পৌছই।

কম্পন গ্রহণকারী ও প্রেরক হিসেবে মস্তিষ্ক

আপনার মস্তিষ্ক কোনো সংরক্ষণ যন্ত্র নয়।
এটি একটি কম্পন-নিঃসরণকারী ও কম্পন-গ্রহণকারী ব্যবস্থা।

যদিও আপনার পুরো শরীরই একটি সম্মিলিত কম্পনগত রূপ—যা কম্পন গ্রহণ ও প্রেরণ করতে সক্ষম—তবুও মস্তিষ্ককে বিশেষভাবে তৈরী করা হয়েছে যেন এই কাজটি আরও নিখুঁত ও কার্যকরভাবে করতে পারে।

আকর্ষণের সূত্র যখন আপনাকে মহাজগতের যেকোনো স্থান থেকে কোনো একটি চিন্তার রূপের সাথে মিলিয়ে দেয়, তখন আপনার মস্তিষ্ক অনেকটা একটি ইন্টারনেট মডেমের মতো কাজ করে–

- এটি কম্পনগতভাবে সম্মিলিত চিন্তার রূপ গ্রহণ করে
- সেই কম্পনকে এমন রূপে রূপান্তর করে, যেটা আপনি চিনতে পারেন
- এবং সেটাকে এমন একটি চিন্তা হিসেবে আপনার সামনে আনে, যেটা আপনি অনুবাদ ও উপলব্ধি করতে পারেন

কম্পনগত মিল ও চিন্তা গ্রহণ

আপনি কেবল সেই চিন্তার রূপগুলোই গ্রহণ করতে পারেন, যেগুলোর সাথে আপনি কম্পনগতভাবে মিলে যান, অথবা যেগুলো আপনার কম্পনের খুব কাছাকাছি।
যেসব চিন্তা আপনার কম্পনগত সীমার অনেক বাইরে, সেগুলো আপনার কাছে পৌঁছাতে পারে না।

উদাহরণ হিসেবে–

- আপনি যখন আনন্দিত, তৃপ্ত বা উৎফুল্ল অনুভব করেন, তখন দুঃখজনক বা ভীতিকর চিন্তা আপনার কাছে আসে না
- আপনি যখন দুঃখিত বা উদ্বিগ্ন অনুভব করেন, তখন একই কম্পনের স্মৃতি ও চিন্তায় সহজেই পৌঁছে যান

এই কারণেই–

- দুঃখ দুঃখজনক স্মৃতিকে আকর্ষণ করে
- আনন্দ আনন্দময় স্মৃতিকে আকর্ষণ করে

মস্তিষ্ক কোনো সংরক্ষিত স্মৃতি বের করে আনে না–
এটি কেবল কম্পনগত মিল গ্রহণ করে।

চিন্তার অনুবাদ, সংরক্ষণ নয়

আপনি যখন মস্তিষ্ককে একটি কম্পন-স্থানান্তর প্রক্রিয়া হিসেবে বুঝতে শুরু করেন, তখন একটি বিষয় পরিষ্কার হয়ে যায়–

- প্রত্যেকে তার বর্তমান মনোযোগ ও কম্পনের ভিত্তিতে চিন্তা গ্রহণ করে
- এই চিন্তাগুলো সমস্যা, সমাধান, দুশ্চিন্তা, বুদ্ধি বা অন্তর্দৃষ্টি হিসেবে অনুবাদ হয়

এই অনুবাদের পর, চিন্তাগুলো সংরক্ষিত থাকে না।
বরং, মানুষ অবচেতনভাবে তাদের সিদ্ধান্তগুলো আবার মহাজগতের দিকে নিঃসরণ করে।

এই কারণেই আপনি অন্য মানুষের চিন্তাও গ্রহণ করতে পারেন–
শুধু তাদের দুশ্চিন্তা, সমাধান, বুদ্ধি বা উদ্বেগের সাথে কম্পনগতভাবে মিলে গেলেই হল।

(কম্পনগত মিল কীভাবে ঘটে–তা বইয়ের পরের অংশে আপনার সামনে আসবে)

আসলে শরীরকে কে নির্দেশ দেয়

মস্তিষ্ক আপনার শরীরের প্রক্রিয়াগুলোর প্রধান নির্দেশদাতা নয়–
আপনার সচেতন মনও নয়।

প্রকৃত নির্দেশদাতা হলো আপনার উৎস-শক্তি–আপনার বিশুদ্ধ ইতিবাচক সত্তা-আপনার বৃহদাংশ।
আপনার শরীর সরাসরি এই উৎস-শক্তি থেকেই নির্দেশনা নেয়।
যতক্ষণ সচেতন পার্থিব চিন্তার মাধ্যমে প্রতিরোধ সৃষ্টি না হয়, ততক্ষণ আপনার শরীর স্বাভাবিকভাবেই সুস্থতা ও স্বাস্থ্য-এর অবস্থায় থাকে।

ভাবুন তো–কোনো সচেতন প্রচেষ্টা ছাড়াই শরীরে কী কী ঘটে:

- আপনার হৃদ্স্পন্দন চলতে থাকে
- রক্ত স্বয়ংক্রিয়ভাবে প্রবাহিত হয়
- ত্বক ও চুল পুনর্গঠিত হয়
- ক্ষত নিজে থেকেই সেরে ওঠে

সবকিছুই পরিচালিত হয় আপনার বৃহদাংশ দ্বারা–ভাবনাশীল মস্তিষ্ক দ্বারা নয়।

কম্পিউটারের উদাহরণ

এটা আরও পরিষ্কারভাবে বোঝার জন্য শরীরকে একটি কম্পিউটারের সাথে তুলনা করা যায়–

- কম্পিউটারটি হলো আপনার শরীর
- সেন্ট্রাল প্রসেসিং ইউনিট (CPU) হলো আপনার মস্তিষ্ক
- ব্যবহারকারী হলেন আপনি–পার্থিব মনোযোগে
- কম্পিউটার কোম্পানিটি হলো আপনার বৃহদাংশ–আপনার উৎস-শক্তি

কোম্পানিটি কম্পিউটারকে তৈরী করে, রক্ষণাবেক্ষণ করে এবং সহায়তা দেয়–যাতে ব্যবহারকারী এটি সর্বোত্তমভাবে ব্যবহার করতে পারে।

ঠিক একইভাবে–

- আপনার বৃহদাংশ শরীরকে পরিচালনা ও নির্দেশনা দেয়
- আপনার মস্তিষ্ক কম্পনগত তথ্য গ্রহণ, প্রেরণ ও অনুবাদ করে
- আপনার শরীর সেই কম্পনগত নির্দেশনা অনুসরণ করে

মস্তিষ্কের প্রকৃত কাজ

আপনার মস্তিষ্ক আপনি নন।
আপনার মস্তিষ্ক আপনার নিয়ন্ত্রকও নয়।

আপনার মস্তিষ্ক হলো একটি অত্যন্ত উন্নত কম্পন গ্রহণকারী, প্রেরক ও অনুবাদক–
যা আপনার উৎস-শক্তির সাথে সামঞ্জস্য রেখে কাজ করে,
যাতে আপনি এই পার্থিব জগৎকে আপনার মত করে অভিজ্ঞতা করতে পারেন।

∞

৩. আপনার আছে ৬টি ইন্দ্রিয়—যেগুলো এই পার্থিব জগৎ ও পার্থিব অর্থকে আপনার কাছে বাস্তব করে তোলে

আপনার পার্থিব শরীর মহাজগতের সবচেয়ে উন্নত যন্ত্র।
এটি মূলত আপনার অ-পার্থিব উৎস-শক্তির দ্বারা সৃষ্টি—কম্পনকে পাঁচটি স্পষ্ট ও ভিন্ন উপায়ে অনুবাদ করার জন্য।
আপনার শরীরের প্রতিটি ইন্দ্রিয় একটি বিশেষায়িত কম্পন-অনুবাদক হিসেবে কাজ করে।

পাঁচটি পার্থিব কম্পনগত ইন্দ্রিয়

দৃষ্টি – দৃশ্যমান স্পেকট্রাম
আপনার চোখ কম্পনকে দৃষ্টিতে অনুবাদ করে।
স্বাভাবিক দৃশ্যমান পরিসর: ৩৮০-৭৫০ ন্যানোমিটার
ফ্রিকোয়েন্সির হিসেবে: আনুমানিক ৪০০-৭৯০ টেরাহার্টজ
বিজ্ঞান এই পরিসরকে বলে *দৃশ্যমান স্পেকট্রাম*।

শ্রবণ – অডিও স্পেকট্রাম
আপনার কান কম্পনকে শব্দে অনুবাদ করে।
স্বাভাবিক ভাবে শোনা যায় এমন ফ্রিকোয়েন্সি পরিসর: ২০ Hz থেকে ২০,০০০ Hz
এই পরিসরটি *অডিও স্পেকট্রাম* নামে পরিচিত।

ঘ্রাণ – ওলফ্যাকশন
আপনার নাক কম্পনকে গন্ধে অনুবাদ করে।
আনুমানিক কম্পনগত পরিসর: ১,৪০০ থেকে ৩,৫০০ cm^{-1}
এই ইন্দ্রিয়গত প্রক্রিয়াকে বলা হয় *ওলফ্যাকশন*।

স্বাদ – গাস্টেশন
আপনার জিহ্বা পার্থিব পদার্থের অণুগত কম্পনকে স্বাদের অভিজ্ঞতায় অনুবাদ করে।

- যে অণুগুলো আমাদের স্বাদের অনুভূতি সৃষ্টি করে, সেগুলো টেরাহার্টজ (Terahertz) পরিসরের ফ্রিকোয়েন্সিতে কম্পিত হয় (সাধারণত ০.৫ থেকে ৫ THz-এর মধ্যে)।

এই ইন্দ্রিয়গত প্রক্রিয়াটি বৈজ্ঞানিকভাবে পরিচিত *গাস্টেশন* নামে।

স্পর্শ – হ্যাপটিক পারসেপশন

আপনার ত্বক, যা আপনার সমগ্র শরীরকে আবৃত করে রেখেছে, কম্পনকে স্পর্শের অনুভূতিতে অনুবাদ করে।

- আপনার ত্বকের বিশেষায়িত গ্রাহক কোষগুলো (receptors) ১০ Hz থেকে ১,০০০ Hz-এর মধ্যে থাকা কম্পন অনুভব করার জন্য বিশেষভাবে সুরাবদ্ধ।

এই প্রক্রিয়াটি পরিচিত *হ্যাপটিক পারসেপশন* নামে।

বিজ্ঞান ও কম্পনগত অনুবাদ

এই বৈজ্ঞানিক নাম ও আবিষ্কারগুলোর মাধ্যমে এটা স্পষ্ট–বিজ্ঞান ইতিমধ্যেই চিহ্নিত করেছে যে আপনার ইন্দ্রিয়গুলো কম্পন অনুবাদের মাধ্যমেই বাইরের জগতের সাথে যোগাযোগ করে।
বিজ্ঞান হয়তো এখনো পুরোপুরি জানে না–এই অনুবাদগুলো ঠিক কীভাবে ঘটে।কিন্তু সেগুলো ব্যবহার করার জন্য সেই পূর্ণ ব্যাখ্যা জ্ঞান জরুরি নয়।

যেটা বোঝা সবচেয়ে গুরুত্বপূর্ণ, তা হলো:
আপনি যা দেখেন, শোনেন, গন্ধ নেন, স্বাদ নেন ও স্পর্শ করেন–সবই আপনার শরীরের মাধ্যমে অনুবাদ হওয়া কম্পন।
এই অনুবাদ ছাড়া, আপনার জন্য কিছুই পার্থিবভাবে বাস্তব হতে পারে না।
আপনার ইন্দ্রিয় ছাড়া কোনো পার্থিব অভিজ্ঞতাই নেই।

ষষ্ঠ ইন্দ্রিয়: আবেগ

আপনার আরও একটি অত্যন্ত গুরুত্বপূর্ণ ইন্দ্রিয় আছে–
যেটা কোনো পার্থিব অঙ্গ নয়, কিন্তু আপনার শরীরের ভেতরেই গভীরভাবে অনুভূত হয়।
সেই ইন্দ্রিয়টি হলো আবেগ।

আপনি ইতিমধ্যেই জানেন–আবেগ আপনার শক্তির প্রবাহ কোন দিকে যাচ্ছে, তার নির্ভুল সূচক।
এই কারণেই আবেগ হলো সব ইন্দ্রিয়ের মধ্যে সবচেয়ে গুরুত্বপূর্ণ।

কেন আবেগ সবচেয়ে গুরুত্বপূর্ণ ইন্দ্রিয়

আপনার পাঁচটি পার্থিব ইন্দ্রিয় দিয়ে আপনি কেবল পার্থিব রূপে বিদ্যমান বিষয়গুলোর সাথে পারস্পরিক যোগাযোগ করতে পারেন।
উদাহরণ হিসেবে, অর্থের ক্ষেত্রে আপনি–

- দেখতে পারেন
- ছুঁতে পারেন
- গন্ধ পেতে পারেন

কিন্তু আপনার আবেগীয় প্রতিক্রিয়া লক্ষ্য না করলে, আপনি বুঝতে পারবেন না–

- আপনি কি অর্থের গ্রহণযোগ্য দিকের সাথে সংমিশ্রিত হচ্ছেন
- নাকি প্রতিরোধী দিকের সাথে সংমিশ্রিত হচ্ছেন

আপনার আবেগই আপনাকে জানায়–আপনি কোন কম্পনগত দিকের সাথে যোগাযোগ করছেন।

আবেগ ও অর্থের পার্থিব অভিজ্ঞতা

আবেগ সম্পর্কে এই উপলব্ধিই ভবিষ্যতে আপনার অর্থের পার্থিব অভিজ্ঞতার সবচেয়ে গুরুত্বপূর্ণ উপাদান।
আবেগ আপনার সামনে তুলে ধরে –

- আপনি কি প্রাচুর্যকে অনুমতি দিচ্ছেন
- নাকি প্রতিরোধের মাধ্যমে তা আটকে দিচ্ছেন

ইন্দ্রিয়ের মাধ্যমে বাস্তবতার অনুবাদ

আপনার–

- পাঁচটি পার্থিব ইন্দ্রিয়, এবং
- একটি আবেগীয় ইন্দ্রিয়–

এই ছয়টির মাধ্যমে আপনি ঘনীভূত কম্পনভিত্তিক চিন্তা-শক্তিকে অনুবাদ করেন–

- সময়-স্থান বাস্তবতায়
- পার্থিব অভিজ্ঞতায়
- অর্থ ও বস্তুগত ফলাফলে

এইভাবেই কম্পন বাস্তবতায় রূপ নেয়।
এইভাবেই শক্তি অভিজ্ঞতায় পরিণত হয়।
এইভাবেই চিন্তা উপলব্ধির রূপ পায়।

∞

৪. আপনার কম্পন অনুবাদের একটি বৈজ্ঞানিক উদাহরণ – "ফোরিয়ার নীতি (The Fourier Principle)"

এখন আপনি একটি ব্যবহারিক গাণিতিক ও বৈজ্ঞানিক উদাহরণ দেখবেন, যা দেখায়–কীভাবে একটি খুব সাধারণ তরঙ্গরূপ অন্য তরঙ্গরূপের সাথে যুক্ত হয়ে সহজেই জটিল রূপ তৈরি করতে পারে।
এই উদাহরণটি আপনাকে বুঝতে সাহায্য করবে–কম্পন কীভাবে অস্তিত্বে রূপ নেয়।

একটি সাধারণ তরঙ্গরূপের সৃষ্টি

যদি আপনি একটি বৃত্তাকার গতিতে চলমান বস্তুর সঙ্গে একটি পেন্সিল বা কলম যুক্ত করেন এবং তিনটি বিষয় নিশ্চিত করেন:

- বৃত্তটি সমবেগে বৃত্তাকার গতিতে চলবে
- বৃত্তটি নিজে অনুভূমিকভাবে একটি ধ্রুব গতিতে এগোবে
- কলমটি ধারাবাহিকভাবে পৃষ্ঠের উপর দাগ রেখে যাবে

এবং যখন আপনি সেই বস্তুটিকে অনুভূমিকভাবে টেনে নিয়ে যান, তখন এটি যে চিহ্ন রেখে যায় তা একটি মসৃণ, গোলাকার, তরঙ্গসদৃশ আকৃতি তৈরি করে।

বৈজ্ঞানিক ভাষায় এই সাধারণ তরঙ্গরূপকে বলা হয় **সাইন তরঙ্গ (sine wave)**।

অতএব, বৃত্তাকার গতিকে স্থান জুড়ে টেনে নিয়ে গিয়ে এবং তাকে একটি চিহ্ন রেখে যেতে দিলে একটি মৌলিক তরঙ্গরূপ সৃষ্টি হয়।

ফোরিয়ার সংশ্লেষণ (Fourier Synthesis) বোঝা

গণিতবিজ্ঞানে যে নীতির মাধ্যমে জটিল আকার ও চিত্র তৈরি হয়–সাধারণ তরঙ্গরূপগুলোর, যেমন সাইন তরঙ্গের, একটির উপর আরেকটি আরোপ বা একীভূত হওয়ার মাধ্যমে–তাকে বলা হয় **ফোরিয়ার সংশ্লেষণ (Fourier synthesis)** (যা **ফোরিয়ার ধারা (Fourier series)** ব্যবহার করে গণনা করা হয়)।
এই নীতিটি আবিষ্কার করেছিলেন **জোসেফ ফোরিয়ার (Joseph Fourier)**।

এটিকে ঠিক এমনভাবে ভাবুন যেমন একটি রান্নাতে ভিন্ন খাদ্য দ্রব্যের মিশ্রণ করা হয়:
আপনি আলাদা আলাদা খাদ্য দ্রব্য নিয়ে সেগুলোকে একত্রিত করতে পারেন
এবং এর ফলে একটি সমৃদ্ধ, সুন্দর ও জটিল চূড়ান্ত খাদ্য বস্তু তৈরি হয়।

এই নীতির সাহায্যে বহু সরল বৃত্তাকার গতি, যা সময়ের সঙ্গে তাদের চিহ্ন রেখে যায়, একত্রিত করে যেকোনো আকৃতি, শব্দ বা চিত্র পুনর্নির্মাণ করা সম্ভব।

এই গণিতগত নীতিটি আমাদের মহাবিশ্ব সম্পর্কে একটি গভীর সত্য প্রতিফলিত করে:
সরল বৃত্তাকার পুনরাবৃত্ত গতিই জটিল রূপের ভিত্তি।

- পরমাণুর ভেতরের কম্পন থেকে
- পৃথিবীর চলাচল পর্যন্ত
- সৌরজগতের কক্ষপথ থেকে
- ছায়াপথের সর্পিল বিন্যাস পর্যন্ত

বৃত্তাকার গতিই জটিল রূপের ভিত্তি।

এখানে এটি কেন গুরুত্বপূর্ণ

এই বইটি অর্থ ও সমৃদ্ধি সম্পর্কে,
তাই আমরা ফোরিয়ার নীতির গণিতের গভীরে প্রবেশ করব না।

তবে আমি দৃঢ়ভাবে পরামর্শ দিই–
আপনি নিজে থেকে এর মৌলিক ব্যাখ্যাগুলো অনুসন্ধান করুন।
এটি বাস্তবতা কীভাবে গঠিত হয় সে সম্পর্কে আপনার সৃজনশীল উপলব্ধিকে অনেক প্রসারিত করতে পারে।

তবে এই অংশে আপনার জন্য গুরুত্বপূর্ণ উপলব্ধি হলো এটি:

সাধারণ তরঙ্গরূপগুলো যখন একত্রিত হয়, তখন তারা অসীম জটিল আকার বা ফলাফল তৈরি করতে পারে।

এটি কোনো দর্শন নয়।
এটি **গণিত।**

কম্পন সংমিশ্রণের পার্থিব প্রমাণ

এই বৈজ্ঞানিক নীতিগুলোর মাধ্যমে আমরা গণিতগত ও দৃশ্যমানভাবে প্রমাণ করতে পারি যে সাধারণ তরঙ্গরূপগুলোর সমন্বয় সৃষ্টি করতে পারে:

- জটিল শব্দ
- সূক্ষ্ম ও বিস্তারিত চিত্র
- বৈদ্যুতিক সংকেত
- পুনরাবৃত্ত পার্থিব / ভৌত বিন্যাস

এই সব জটিল ঘটনাকেই ভেঙে সূক্ষ রূপ দিলে দেখা যায়—এই সব কিছু সরল, একটির উপর একটি আরোপিত সাইন তরঙ্গগুলোর সমন্বয়।

একটি **অসিলোস্কোপ (oscilloscope)** ব্যবহার করলে আপনি সরাসরি দেখতে পারেন—কীভাবে বিভিন্ন শব্দ বিভিন্ন দৃশ্যমান বিন্যাস তৈরি করে।

একটি অসিলোস্কোপ স্পষ্টভাবে দেখায় যে জটিল চিত্রগুলো সরাসরি সরল কম্পনের সমন্বয় থেকেই উদ্ভূত হয়।

আকর্ষণের সূত্রের সাথে সংযোগ

এখন মনে করুন, আপনি এই বইয়ে ইতিমধ্যেই কী শিখেছেন।

যেমন একটি অসিলোস্কোপ দেখায়—সরল শব্দ তরঙ্গ একত্রিত হয়ে একটি জটিল অডিও বা শব্দ বাস্তবতা তৈরি করে,
তেমনি **আকর্ষণের সূত্র (Law of Attraction)** নির্দেশ করে যে আপনার সরল শক্তিগত কম্পনগুলো একত্রিত হয়ে আপনার পার্থিব বাস্তবতাকে নির্মাণ করে।

আপনি দেখেছেন কীভাবে:

- আপনার ঘনীভূত পার্থিব রূপে, প্রতিটি প্রতিরোধী পারস্পরিক ক্রিয়ার সময় আপনি অবচেতনভাবে নতুন কম্পনগত ফ্রিকোয়েন্সি—অর্থাৎ নতুন তরঙ্গরূপ—সৃষ্টি করেন
- শক্তিগত স্তরে, আকর্ষণের সূত্র প্রতি **১৫ সেকেন্ডে** সমজাতীয় কম্পনগুলোকে একত্রিত করে
- এই একত্রিত কম্পনগুলো সময়ের সঙ্গে আরও শক্তিশালী ও জটিল হয়ে ওঠে

মহাজাগতিক নকশাটিও ঠিক এই একইরকম।

এইভাবেই মহাবিশ্বে নতুন নকশা—এবং পার্থিব জগতে নতুন বাস্তবতা—ক্রমাগতরূপে সৃষ্টি হয়।

এই একত্রিত ফ্রিকোয়েন্সিগুলো নতুন কম্পনগত সমন্বয় তৈরি করে,
যেগুলো পরে আপনার কাছে ধারণা, বুদ্ধি, ইচ্ছা, অনুপ্রেরণা বা তাগিদ হিসেবে ধরা দেয়–
যা শেষ পর্যন্ত আপনার ঘর, আপনার গাড়ি, মানুষের নতুন যোগাযোগ বা সম্পর্ক তথা
যেকোনো কল্পনাযোগ্য জটিল বাস্তবতা নির্মাণ করতে পারে।

এটার সম্ভাবনাগুলো অসীম।

মহাজাগতিক ফোরিয়ার নীতি (Fourier Principle) হিসেবে আকর্ষণের সূত্র

এখন আপনি স্পষ্টভাবে দেখতে পারেন–আকর্ষণের সূত্র মহাবিশ্বের স্তরে একটি স্বাভাবিক **ফোরিয়ার নীতির (Fourier Principle)** মতোই কাজ করে।

যেমন ফোরিয়ার ধারা (Fourier series) প্রতিটি কম্পনগত ফ্রিকোয়েন্সিকে
পৃথকভাবে শনাক্ত করে,
এবং ফোরিয়ার সংশ্লেষণ (Fourier synthesis) সমজাতীয় কম্পনগুলোকে একত্রিত করে,

তেমনি এই প্রক্রিয়া অনুমতি দেয়:

- সরল কম্পনগত সমন্বয়গুলোকে
- জটিল পার্থিব বাস্তবতায় পরিণত হতে

এই কারণেই সরল কম্পনগত রূপের অনুবাদ থেকে এত সমৃদ্ধ ও সূক্ষ্ম পার্থিব জগতের উদ্ভব সম্ভব।

কম্পন রূপ নেয় নকশায়।
নকশা থেকে রূপ নেয় আকার।
আকার রূপান্তরিত ও অনুবাদিত হয় বাস্তবতায়।

——————— ∞ ———————

৫. যা কিছু আপনি অনুবাদ করতে পারেন—সবই বাস্তব

কখনো কি আপনি ভেবে দেখেছেন—বাস্তবতা আসলে কী?
এই বিশাল মহাজগতে, কোনো কিছু কীভাবে সত্যিকার অর্থে বাস্তব হয়ে ওঠে?

বাস্তবতা ও অনুবাদ

এই পার্থিব জগতে আপনি আপনার শরীরের মাধ্যমে জীবনকে অভিজ্ঞতা করেন—
যে শরীরটি ছয়টি কম্পন-অনুবাদকের সাথে সজ্জিত।

এবার কল্পনা করুন—একটি মুহূর্তে যদি এই সব অনুবাদক কাজ করা বন্ধ করে দেয়:

- আপনি দেখতে পারেছেন না
- আপনি শুনতে পারেছেন না
- আপনি স্বাদ নিতে পারেছেন না
- আপনি গন্ধ পেতে পারেছেন না
- আপনি স্পর্শ করতে পারেছেন না
- আপনি অনুভব করতে পারেছেন না

এমন অবস্থায় আপনি কীভাবে জানবেন—আপনি কোথায় আছেন?
আপনি কীভাবে বাস্তবতা আর অবাস্তবতার মধ্যে পার্থক্য করবেন?
আপনি কীভাবে আপনার জীবনের প্রবাহ লক্ষ্য করবেন?

তখন আপনি নিজেকে এক শূন্যতায়—একটি শূন্য স্থানে —পাবেন।

অবশ্যই, এই সম্পূর্ণ ভারসাম্যপূর্ণ মহাজগতে এমনটা বাস্তবে কখনোই ঘটে না।
আপনি যখন শরীর ছেড়ে আপনার সম্পূর্ণতায় ফিরে যান, তখনও আপনার জন্মগত চেতনার মাধ্যমে আপনি আপনার চিরন্তন জীবনপ্রবাহের উপলব্ধি ধরে রাখেন।

তবু এই চিন্তানুশীলনটি একটি অত্যন্ত গুরুত্বপূর্ণ বিষয় উন্মোচন করে।

অনুবাদই বাস্তবতাকে সম্ভব করে

একটি কম্পনমূলক মহাজগতে, অনুবাদ ছাড়া আপনার জন্য কিছুই বাস্তব হতে পারে না।
অস্তিত্বে থাকা সবকিছুই বিভিন্ন কম্পনগত সংমিশ্রণ।তাই—

- আপনি যা কিছু আপনার পার্থিব যন্ত্রের মাধ্যমে অনুবাদ করতে পারেন
- আপনি যা কিছু যেকোনোভাবে অনুভব করতে পারেন

তা বাস্তব।

কেন?
কারণ মহাজগতে কম্পনগত সংমিশ্রণ ছাড়া আর কিছুই নেই–আর কম্পন নিজেই বাস্তব। আপনার কাছে যা কিছু উপলব্ধিযোগ্য, তার প্রতিটিই একটি কম্পনগত কাঠামো–এবং তাই আপনার জন্য বাস্তব।

সাধারণ আপত্তি

আপনি বলতে পারেন–
কোনো কিছু যদি পার্থিব রূপে বিদ্যমান না হয়, যদি তা দেখা, শোনা বা স্পর্শ করা না যায়–তাহলে সেটি কীভাবে বাস্তব হতে পারে?

এটি একটি যৌক্তিক যুক্তি, এবং বেশিরভাগ মানুষই এভাবেই ভাবে।
এই চিন্তাধারা আসে তখনই, যখন মানুষ তাদের 'সম্পূর্ণসত্তা' কে ভুলে যায়।
তারা কম্পনগত বাস্তবতাকে ভুলে গিয়ে নিজেকে শুধু রক্ত, মাংস আর হাড় হিসেবে দেখে।

কিন্তু একটু ভেবে দেখুন।

ভালোবাসা: পাঁচ ইন্দ্রিয়ের বাইরে থাকা প্রমাণ

শুধু আপনার পাঁচটি পার্থিব ইন্দ্রিয় ব্যবহার করে আপনি ভালোবাসাকে কীভাবে খুজে পাবেন?
আপনি একে–

- দেখতে পারেন না
- শুনতে পারেন না
- গন্ধ পেতে পারেন না
- স্বাদ নিতে পারেন না
- স্পর্শ করতে পারেন না

তবু কেউ অস্বীকার করতে পারে না–ভালোবাসা বাস্তব।
এর অস্তিত্ব অস্বীকার করা অসম্ভব, আর তা সর্বজন জ্ঞাত - সর্বত্র বিদ্যমান।

ভালোবাসা বাস্তব হয়ে ওঠে, কারণ আপনি একে অনুভব করতে পারেন—
এবং এত গভীরভাবে অনুভব করতে পারেন যে এর অস্তিত্ব অস্বীকার করার কোনো জায়গা থাকে না।

এটা আমাদের একটি গভীর সত্য দেখায়:
পার্থিব রূপ না থাকলেও কিছু কিছু বিষয় সম্পূর্ণভাবে বাস্তব হতে পারে।

বাস্তবতার নতুন সংজ্ঞা

এখন বাস্তবতাকে সহজ ও স্পষ্টভাবে এভাবে সংজ্ঞায়িত করা যায়:
আপনি আপনার ছয়টি ইন্দ্রিয়ের মাধ্যমে যা কিছু উপলব্ধি বা অনুবাদ করতে পারেন—
সেটাই আপনার বাস্তবতা।

কম্পনমূলক মহাজগতে কিছুই অবাস্তব নয়

একটি কম্পনমূলক মহাজগতে প্রকৃত অর্থে কোনো বিভ্রম বা অবাস্তবতা নেই।

আপনার মনের ভাবনা
আপনার হৃদয়ের আকাঙ্ক্ষা
আপনার কল্পনার সৃষ্টি
আপনার দিবাস্বপ্নের দৃশ্য

এগুলোর সবই বাস্তব—ঠিক ভালোবাসার মতোই।

কম্পনগত অনুবাদ ছাড়া কোনো উপলব্ধি নেই, আর কম্পন সর্বার্থেই বাস্তব।
তাই আপনি অনুবাদের মাধ্যমে যা কিছু উপলব্ধি করেন—সবই সম্পূর্ণ বাস্তব।

তা হতে পারে—

- কল্পনা
- রূপকথা
- আকাঙ্ক্ষা
- দৃশ্যায়ন (visualization)
- দিবাস্বপ্ন
- পার্থিব অভিজ্ঞতা

সবই বাস্তব, কারণ সবই অনুবাদ হওয়া কম্পন।

উপলব্ধি থেকে পার্থিব বাস্তবতায়

আপনি যদি মেনে নেন যে কম্পন বাস্তব,
তাহলে আপনাকে এটাও মেনে নিতে হবে–
আপনি অনুবাদের মাধ্যমে যা কিছু উপলব্ধি করেন, তা-ও বাস্তব।

এবং এখানেই আসে সবচেয়ে শক্তিশালী উপলব্ধি:
ধারাবাহিক মনোযোগের মাধ্যমে, আপনি কম্পনগতভাবে বাস্তব যেকোনো কিছুকেই আপনার অভিজ্ঞতায় সম্পূর্ণভাবে পার্থিব রূপে বিদ্যমান হতে দিতে পারেন।

এইভাবেই বাস্তবতা গঠিত হয়।
এইভাবেই সৃষ্টির শুরু হয়।

∞

৬. আপনি একটি অনন্য সত্তা–একটি অনন্য শরীরে, এই জগতকে দেখার একটি অনন্য উপলব্ধি নিয়ে

এই মহাজগতে প্রকৃত অর্থে কিছুই এক নয়।আকর্ষণের সূত্র প্রতি ১৫ সেকেন্ডে প্রতিটি কম্পনকে তার একইধরণের কম্পনের সাথে সংমিশ্রিত করে, আর প্রতিবারই একটি নতুন কম্পনের জন্ম হয়।

আপনি যদি এটাকে বৃহত্তর মহাজাগতিক দৃষ্টিতে দেখেন, তাহলে উপলব্ধি করবেন–প্রতি ১৫ সেকেন্ডে পুরো মহাজগৎই নতুন হয়ে ওঠে।
কম্পনই মহাজগতের ভিত্তি, আর কোনো কম্পনগত রূপই অপরিবর্তিত থাকে না।
এটি নিরবচ্ছিন্নভাবে সংমিশ্রিত হয়, রূপান্তরিত হয়, এবং নতুন কিছুর সৃষ্টি করে।

এইভাবেই মহাজগৎ সত্যিকার অর্থে গতিশীল, জীবন্ত এবং অনন্য।

আপনার উৎস ও আপনার শক্তিগত স্বাক্ষর

এখন মনে করুন–আপনি কে।
আপনি আপনার উৎস ইতিবাচক সত্তা –আপনার কম্পনগত চিরন্তন অস্তিত্ব –থেকে আগত একটি ঘনীভূত, আংশিকভাবে বিচ্ছিন্ন চিন্তা-শক্তির রূপ।
এই উৎসটাই এখন আপনার অ-পার্থিব বৃহদাংশ, যা আপনার নতুন করে সৃষ্টি করা ইতিবাচক কম্পনগুলো ধরে রাখে।

এটা সবার ক্ষেত্রেই প্রযোজ্য।
পার্থিব জগতের প্রতিটি সত্তা ও প্রতিটি বস্তুরই একটি অ-পার্থিব বৃহদাংশ রয়েছে।
আপনি যেমন ইতিমধ্যেই উপলব্ধি করেছেন–সবকিছুই কম্পনের সংমিশ্রণ, আর তাই কোনো দুইটি সংমিশ্রণ এক নয়।
এই কারণেই প্রতিটি চিন্তা-শক্তির রূপ তার নিজস্ব অনন্য শক্তিগত স্বাক্ষর বহন করে।

যখন কোনো সত্তা বা বস্তু পার্থিব জগতে ঘনীভূত হয়ে পার্থিব রূপে বিদ্যমান হয়, তখনও সেই অনন্য কম্পনগত স্বাক্ষরটি বজায় থাকে।

পার্থিব রূপে প্রকাশিত অনন্যতা

এই অনন্যতাকে আপনি দেখতে পারেন–

- আপনার আঙুলের ছাপে
- আপনার কণ্ঠস্বর ও কণ্ঠের সুরে
- আপনার হাঁটার ভঙ্গিতে
- আপনার DNA এর গঠনে

আপনার এই নির্দিষ্ট বিন্যাস আর কারও নেই।
এমন যেন–কোটি কোটি ভিন্ন রঙ একে অপরের সাথে মিথস্ক্রিয়া করছে, আর আপনি তাদের মধ্যে একটি আলাদা, স্বতন্ত্র রঙ।
আপনি যখন অন্য কোনো রঙের সাথে মিথস্ক্রিয়া করেন, তখন যে নতুন বর্ণচ্ছটা তৈরি হয়–তা কেবল আপনিই তৈরি করতে পারেন।
আর কোনো সংমিশ্রণ সেই ফল তৈরি করতে পারে না।

অনন্য মিথস্ক্রিয়া থেকে অনন্য বাস্তবতা

যেহেতু আপনি একটি অনন্য কম্পনগত সংমিশ্রণ ও ফ্রিকোয়েন্সি বহন করেন, তাই আপনার প্রতিটি মিথস্ক্রিয়াই এমন একটি কম্পন সৃষ্টি করে–যা পুরোপুরি আপনার নিজস্ব।

আপনি যখন যেকোনো বিষয় বা পরিস্থিতির সাথে পারস্পরিক যোগাযোগে আসেন–

- একটি নতুন কম্পন তৈরি হয়
- সেই কম্পনটি আপনার জন্যই অনন্য
- একইভাবে আর কোনো সত্তা সেটিতে পৌঁছাতে বা সেটি সৃষ্টি করতে পারে না

যদিও সব মানুষেরই পাঁচটি পার্থিব কম্পন-অনুবাদক অঙ্গ একইধরণের,
তবুও সেগুলোর মাধ্যমে যে অনুবাদ ঘটে–তা প্রত্যেক মানুষের জন্যই সম্পূর্ণ অনন্য।

প্রকৃতিতে আপনি যে সৌন্দর্য দেখেন–তা আপনার জন্য অনন্য।
আপনি কারও জন্য যে ভালোবাসা অনুভব করেন–তা আপনার জন্য অনন্য।
ভ্রমণে আপনি যে রোমাঞ্চ অনুভব করেন–তা আপনার জন্য অনন্য।
সাফল্যে আপনি যে সন্তুষ্টি অনুভব করেন–তা আপনার জন্য অনন্য।

এইভাবে এগুলো আর কেউ অনুভব করতে পারে না–যেভাবে আপনি করেন।

আপনার অনন্য উপলব্ধি ও অর্থ

এই অনন্য উপলব্ধি আপনার অর্থ ও সমৃদ্ধির ক্ষেত্রেও বিশাল লাভ নিয়ে আসে।
জীবনের সাথে আপনার পারস্পরিক যোগাযোগ যেমন অনন্য,
অর্থের সাথেও আপনার পারস্পরিক যোগাযোগ তেমনই অনন্য।

- অর্থ সম্পর্কে আপনার পছন্দ
- সমৃদ্ধি নিয়ে আপনার আকাঙ্ক্ষা
- প্রাচুর্য নিয়ে আপনার স্বপ্ন

এসবই গড়ে ওঠে আপনার ব্যক্তিগত জীবনের অভিজ্ঞতা থেকে,
আর প্রতিটিই বহন করে আপনার অনন্য কম্পনগত স্বাক্ষর।

অর্থের অভাব বা অবাঞ্ছিত অভিজ্ঞতার সাথে মিথস্ক্রিয়ার সময় আপনি যে ইতিবাচক, সমৃদ্ধিমূলক কম্পন সৃষ্টি করেছেন–সেগুলোও কেবল আপনারই।

অনন্যতার মধ্যেই নিরাপত্তা

আপনি যখন সেইসব ইতিবাচক, সমৃদ্ধিমূলক কম্পনের সাথে কম্পনগতভাবে মিলে যান, আপনার বৃহদাংশ সেগুলোকে আপনার দিকে এবং আপনার ভেতর দিয়ে প্রবাহিত করতে পারে।

এর ফল হিসেবে–

- আপনি যে চিন্তাগুলো পান–সেগুলো অনন্য
- আপনি যে বুদ্ধি বা ধারণা খুঁজে পান–সেগুলো অনন্য
- আপনি যে সৃষ্টিগুলোকে অনুমতি দেন–সেগুলো অনন্য

আপনি যদি সত্যিই এটা উপলব্ধি করেন, তাহলে একটি গভীর স্বস্তির জায়গায় পৌঁছাবেন: আপনার জন্য কোনো ঝুঁকি নেই।

কেউ আপনার অর্থ, আপনার বুদ্ধি, বা আপনার সৃষ্টি কেড়ে নিতে পারে না।
এসব সুরক্ষিত থাকে আপনার অনন্য কম্পনগত 'প্যাটার্ন' অর্থাৎ বিন্যাস দ্বারা–আপনার শক্তিগত পাসওয়ার্ডে।
কেউই আপনার ঠিক একই কম্পনগত সংমিশ্রণ নকল করতে পারে না,
আর তাই আপনার সৃষ্টিতে আপনি যেভাবে পৌঁছাতে পারেন–সেভাবে আর কেউ পারে না।

প্রতিযোগিতাহীন একটি মহাজগৎ

প্রতিটি সত্তাই অর্থ, বুদ্ধি ও সমৃদ্ধির নিজের অনন্য ভাণ্ডার বহন করে–
যা সুরক্ষিত থাকে তাদের ব্যক্তিগত কম্পনগত স্বাক্ষরের মাধ্যমে।

কারও কাছ থেকে কিছু নেওয়ার প্রয়োজন কারও নেই।
প্রত্যেকে নিজের জীবন যাপন করেই নিজের প্রাচুর্য সৃষ্টি করে।

আপনি হওয়াটাই উপহার

এইভাবেই জগতের প্রতি আপনার অনন্য অনুবাদ সৃষ্টি করে–

- সৌন্দর্য
- সমৃদ্ধি
- নিরাপত্তা

আপনার অনন্যতা কোনো সীমাবদ্ধতা নয়।
এটাই আপনার সবচেয়ে বড় শক্তি।

∞

৭. আপনি এই জগৎ ও অর্থকে অনুবাদ করেন—ভেতর থেকে বাইরে (inside out), কখনোই বাইরে থেকে ভেতরে নয়

সব কিছু যা কিছু আপনি এই পার্থিব জগতে অভিজ্ঞতা করেন, তার সবই বেছে নেওয়া হয় আপনার মনোযোগের মাধ্যমে। আপনি ইতিমধ্যেই উপলব্ধি করেছেন—আপনি নিরবচ্ছিন্নভাবে কম্পন নিঃসরণ করছেন, আর আকর্ষণের সূত্র সেই কম্পনের প্রতিক্রিয়া জ্ঞানচ্ছে। তবে যেকোনো মুহূর্তে আপনি ঠিক কোন কম্পন নিঃসরণ করবেন—তা নির্ধারণ করে দেয় আপনার মনোযোগই।

আপনার মনোযোগই হলো আপনার অভিজ্ঞতার সক্রিয় নির্বাচক।

মনোযোগ কীভাবে কম্পনকে দিকনির্দেশ দেয়

প্রতিটি মুহূর্তে আপনি কোনো না কোনো বিষয়ের দিকে মনোযোগী থাকেন—তা সেটা সচেতন ভাবে হোক বা অবচেতন ভাবে।
আপনি যেদিকে মনোযোগ দেন তারজন্য –

- আপনার ভেতরে একটি নির্দিষ্ট কম্পন সক্রিয় হয়
- আপনার শক্তির প্রবাহ কোন দিকে যাবে, তা নির্ধারিত হয়
- আকর্ষণের সূত্রকে জানিয়ে দেওয়া হয়—এরপর কী আনতে হবে

মনোযোগ কোনো নিষ্ক্রিয় বিষয় নয়।
এটি নিজেই একটি সৃজনশীল ক্রিয়া।

মনোযোগ ও চিন্তার প্রবাহ

আপনি যখন কোনো বিষয়ের দিকে মনোযোগ দেন, সেই বিষয়ের সাথে সম্পর্কিত চিন্তাগুলো স্বাভাবিকভাবেই আপনার দিকে প্রবাহিত হতে শুরু করে।

এটা ঘটে, কারণ—

- মনোযোগ কম্পনগত সমন্বয় তৈরি করে
- সমন্বয় একইধরণের চিন্তাকে আকর্ষণ করে
- একইধরণের চিন্তা আবার মনোযোগকে আরও শক্ত করে

এইভাবেই গতি তৈরি হয়।

মনোযোগ আবেগের দিক নির্ধারণ করে

আপনার আবেগ সঙ্গে সঙ্গেই আপনার মনোযোগকে প্রতিফলিত করে।
আপনার মনোযোগ যখন গ্রহণযোগ্যতার সাথে সমন্বয়ে থাকে, তখন আপনি ভালো অনুভব করেন।
আপনার মনোযোগ যখন প্রতিরোধের সাথে সমন্বয়ে থাকে, তখন আপনি খারাপ অনুভব করেন।

এই আবেগীয় প্রতিক্রিয়া কোনো এলোমেলো বিষয় নয়।
এটি একটি নির্ভুল সূচক–যা দেখায় আপনার মনোযোগ আপনার সৃষ্ট কম্পনের প্রবাহকে অনুমতি দিচ্ছে, নাকি আটকে দিচ্ছে।

দৈনন্দিন জীবনে মনোযোগ

দৈনন্দিন পারস্পরিক যোগাযোগে আপনি সবসময়ই ঠিক করছেন–আপনার মনোযোগ কোথায় রাখবেন।
উদাহরণ হিসেবে–

- আপনি কদরের দিকে মনোযোগ দিতে পারেন, অথবা সমালোচনার দিকে
- আপনি সম্ভাবনার দিকে মনোযোগ দিতে পারেন, অথবা সীমাবদ্ধতার দিকে
- আপনি প্রাচুর্যের দিকে মনোযোগ দিতে পারেন, অথবা অভাবের দিকে

প্রতিটি নির্বাচন ভিন্ন কম্পনগত পথ সক্রিয় করে
এবং ভিন্ন অভিজ্ঞতা তৈরি করে।

মনোযোগ ও অর্থ

অর্থের সাথে আপনার সম্পর্কও ঠিক একই নীতিতে পরিচালিত হয়।
আপনি যখন মনোযোগ দেন–

- অভাবের দিকে, তখন আপনি প্রতিরোধ সক্রিয় করেন
- সুযোগের দিকে, তখন আপনি অনুমতি সক্রিয় করেন

অর্থ পরিশ্রমকে নয় সবসময় মনোযোগকেই প্রতিফলিত করে।

অর্থ সম্পর্কে আপনি ধারাবাহিকভাবে যেদিকে মনোযোগ দেন,
অর্থের সাথে আপনার অভিজ্ঞতাও ঠিক সেভাবেই গড়ে ওঠে।

মনোযোগ বদলানোর শক্তি

এই উপলব্ধির সবচেয়ে শক্তিশালী দিকটি হলো–
আপনি আপনার অভিজ্ঞতা বদলাতে পারেন, শুধু আপনার মনোযোগ বদলালেই।

আপনাকে প্রতিটি চিন্তা নিয়ন্ত্রণ করতে হবে না।
আপনাকে শুধু আপনার মনোযোগকে দিকের নির্দেশ দিতে হবে।

মনোযোগ বদলালে, কম্পন বদলায়।
কম্পন বদলালে, অভিজ্ঞতা বদলাতেই হয়।

একটি দক্ষতা হিসেবে মনোযোগ

মনোযোগ কোনো প্রতিভা নয়– **মনোযোগ একটি দক্ষতা।**

অন্য যেকোনো দক্ষতার মতোই,
সচেতনতা ও অনুশীলনের মাধ্যমে এটি আরও শক্তিশালী হয়।

আপনি যত সচেতনভাবে আপনার মনোযোগ নির্বাচন করবেন,
আপনি তত ইচ্ছাকৃতভাবে আপনার জীবনের অভিজ্ঞতাগুলো বেছে নেবেন।

∞

৮. আপনার শরীরের, আপনার মনের–এবং এই উপলব্ধির মাধ্যমে আপনি যে সমৃদ্ধি পেতে পারেন–তার কোনো সীমা নেই

যখন আপনি নিজেকে কেবল রক্ত,মাংস ও হাড়ের একটি সমন্বয় হিসেবে দেখেন, যখন আপনি নিজের সর্বব্যাপী অসীম চিরন্তন অস্তিত্বকে স্বীকার করে উঠতে পারেন না, তখন স্বাভাবিকভাবেই নিজেকে সীমাবদ্ধ মনে হয়–

- পুষ্টির জন্য খাবারের ওপর নির্ভরশীল
- অর্থের জন্য কাজের ওপর নির্ভরশীল
- জ্ঞানের জন্য বইয়ের ওপর নির্ভরশীল
- ভালোবাসার জন্য অন্যের ওপর নির্ভরশীল।

কিন্তু আপনি যখন সত্যিকার অর্থে উপলব্ধি করেন–আপনি কে, আপনার শরীর কী করতে সক্ষম, এবং আপনার ভেতরে কী কী সম্ভাবনা বিদ্যমান–তখন আপনি আর কখনোই নিজেকে সীমাবদ্ধ বা কম মনে করবেন না।

আপনি একটি শরীরের ভেতরে থাকা সচেতন, চিরন্তন শক্তি

আপনি একজন সচেতন, চিরন্তন শক্তি–যে একটি পার্থিব শরীরের মাধ্যমে জীবনকে অভিজ্ঞতা করছে।
এই শরীরটির সক্ষমতা আছে অসংখ্য রাসায়নিক ও প্রতিক্রিয়া তৈরি করার, যাতে আপনি আপনার পার্থিব জীবনে প্রায় যেকোনো অভিজ্ঞতাকেই অভিজ্ঞতা করতে পারেন।

আপনার শরীর সরাসরি আপনার উৎস-শক্তির সাথে সংযুক্ত–
সেই কম্পনগতভাবে সম্মিলিত, মনোযোগকেন্দ্রিক চিন্তা-শক্তির সাথে,
যেখান থেকে আপনি আংশিকভাবে বিচ্ছিন্ন হয়ে এই পার্থিব রূপে প্রবেশ করেছেন।

এই জীবনের অভিজ্ঞতা সম্পন্ন হলে, আপনি আবার আপনার বৃহদাংশের সাথে সংযুক্ত হন–
অ-পার্থিব চিন্তা-শক্তি হিসেবে সামগ্রিকতায় ফিরে যান।

আপনি যখনই নির্বাচন করেন,
এই সামগ্রিকতা থেকে আবার একটি অংশ আলাদা করে
সময়-স্থান বাস্তবতার ভেতরে

আরও একবার কোনো শরীরে প্রবেশ করতে পারেন–
কম্পনকে আরও স্পষ্ট, নির্দিষ্ট পার্থিব অভিজ্ঞতায় রূপ দেওয়ার জন্য।

মহাজগতের ধারাবাহিকতা বজায় রাখতে এই চক্রটি চিরকাল চলতেই থাকে।

আপনি যা অর্জন করেন–তা কখনোই হারিয়ে যায় না

আপনি কোনো জীবনে যা কিছু অর্জন করেন–তা কখনোই হারান না।

প্রতিটি পার্থিব জীবনের শেষে আপনি শরীরটি ছেড়ে যান ঠিকই,
কিন্তু আপনি যে সব বাঞ্ছিত ইতিবাচক কম্পন সৃষ্টি করেন–
আপনার পছন্দ, আপনার আকাঙ্ক্ষা, আপনার শক্তিগত বিস্তার–
সবই সম্পূর্ণভাবে সংরক্ষিত থাকে আপনার উৎস-শক্তির কাছে,
আপনার বৃহদাংশের ভেতরে।

প্রতিটি জীবনে আপনি হয়তো আপনার সব আকাঙ্ক্ষাকে পার্থিবভাবে পার্থিব রূপে প্রকাশিত করতে পারেন,
আবার নাও পারেন।
কারণ পার্থিব অভিজ্ঞতার প্রকাশজন্য প্রয়োজন ধারাবাহিক ইতিবাচক মনোযোগ,
আর অত্যন্ত প্রতিরোধী এই পার্থিব জগতে সেই মনোযোগ সবসময় বজায় রাখা আপনার জন্য সম্ভব নাও হতে পারে।

কিন্তু আপনি যখন শরীর ছেড়ে যান,
তখন সমস্ত প্রতিরোধ শরীরের সাথেই থেকে যায়।

আপনার বৃহদাংশের সাথে পুনঃসংযোগ

প্রতিরোধ সরে গেলে, অর্থাৎ ভৌত রূপের ভৌত দেহ ছেড়ে অ-ভৌত রূপে রূপান্তরিত হলে, আপনি আবার সম্পূর্ণ বিশুদ্ধ ইতিবাচক কম্পনগত অবস্থায় ফিরে যান।

এই অবস্থায় আপনি সমন্বয় অর্জন করেন – পার্থিব জীবনে কখনো:

- যে সব আকাঙ্ক্ষা সৃষ্টি করেছেন, সেগুলোর সাথে
- যে সব উত্তর গঠন করেছেন, সেগুলোর সাথে
- যে সব সমাধান কল্পনা করেছেন, সেগুলোর সাথে

এই সবই আপনার বৃহদাংশের ভেতরে বিদ্যমান থাকে,
আর তাই আপনি সেগুলোকে সেই কম্পনগত রূপেই তাৎক্ষণিকভাবে গ্রহণ করেন।

একটি সহজ উদাহরণ: ক্লাউড স্টোরেজ

এই উদাহরণটি ভাবুন–

- স্মার্টফোনটি হলো আপনার শরীর
- ব্যবহারকারীটি হলেন আপনি–একটি আংশিকভাবে বিচ্ছিন্ন চেতনা
- অসীম ক্লাউড স্টোরেজটি হলো আপনার বৃহদাংশ

আপনার জীবনে আপনি বহুবার ফোন বদলাতে পারেন।
প্রতিটি ফোনে আপনি ছবি ও ভিডিও তুলতে পারেন,
কিন্তু আপনার তথ্য কখনোই হারায় না–
কারণ সবকিছুই একই ক্লাউড স্টোরেজ-এ সংরক্ষিত থাকে।

আপনি যত বেশি ফোন ব্যবহার করেন,
আপনার ক্লাউড তত বেশি সমৃদ্ধ হয়।

ঠিক একইভাবে,
প্রতিটি জীবন আপনার উৎস-শক্তিতে
নতুন অভিজ্ঞতা, নতুন উপলব্ধি এবং নতুন বিস্তার যোগ করে।

অভিজ্ঞতার মাধ্যমে গড়ে ওঠা অসীম বুদ্ধিমত্তা

আপনার বৃহদাংশ হলো অসীম বুদ্ধিমত্তা।
অগণিত জীবন ও অভিজ্ঞতার মধ্য দিয়েই এটি এমন হয়ে ওঠে।

আপনি বৈপরীত্যের মাধ্যমেই বিস্তৃত হন–

- সমস্যার মুখোমুখি হলে আপনি সমাধান সৃষ্টি করেন
- প্রশ্নের মুখোমুখি হলে আপনি উত্তর সৃষ্টি করেন
- ঘৃণার মুখোমুখি হলে আপনি ভালোবাসা সৃষ্টি করেন
- অসুস্থতার মুখোমুখি হলে আপনি আরোগ্য সৃষ্টি করেন

এই সব সৃষ্টিই সঞ্চিত থাকে আপনার বৃহদাংশের ভেতরে।

এইভাবেই আপনার উৎস-শক্তি হয়ে ওঠে - অসীমভাবে জ্ঞানী
এবং অসীমভাবে বুদ্ধিমান।

পার্থিব জীবনে অসীম বুদ্ধিমত্তায় প্রবেশাধিকার

এখানেই সবচেয়ে চমকপ্রদ বিষয়টি আসে–
আপনি এই অসীম, অ-পার্থিব বুদ্ধিমত্তায় এই মুহূর্তেই, এই জীবনেই
আপনার পার্থিব শরীরের মাধ্যমেই প্রবেশ করতে পারেন।

আপনার শরীর সরাসরি আপনার উৎস-শক্তির সাথে যুক্ত।
এটি কেবল পার্থিব খাবারের ওপর শক্তির জন্য নির্ভরশীল নয়–
এটি একটি অসীম শক্তির উৎসের সাথে সংযুক্ত।

আপনার শরীরের সক্ষমতা আছে নিজের প্রয়োজন অনুযায়ী যেকোনো রাসায়নিক তৈরি করার, যেমন–

- অঙ্গ-প্রত্যঙ্গ মেরামত বা পুনর্গঠন করা
- নিজেকে বৃদ্ধি ও শক্তিশালী করা
- দীর্ঘায়ু ও প্রাণশক্তিকে অভিজ্ঞতা করা
- বিস্তৃত জ্ঞান ও বুদ্ধিমত্তায় প্রবেশ করা

আপনার শরীরের পক্ষে আপনাকে সহায়তা করা–এমন মৌলিকভাবে অসম্ভব কিছুই নেই।

সীমাহীন সক্ষমতা ও সমৃদ্ধি

এই উপলব্ধির সাথে আপনি স্পষ্টভাবে দেখতে পাবেন–
আপনি এবং আপনার শরীর
অসম্ভবকে সম্ভব করার সীমাহীন সক্ষমতা বহন করেন।

আর আপনি যখন এমন কিছু অর্জন করতে শেখেন, যা অন্যরা অসম্ভব বলে মনে করে–
সমৃদ্ধি স্বাভাবিকভাবেই সেখানে প্রবাহিত হয়।

যেখানে নতুনত্ব জন্ম নেয়,
যেখানে সমাধান উঠে আসে,
যেখানে অসম্ভব সম্ভব হয়ে ওঠে–
সমৃদ্ধি সেখানেই নিজের পথ খুঁজে নেয়।

∞

৯. "ধ্যান (Meditation)"– শরীর ও মনকে আপনার কাঙ্ক্ষিত যেকোনো কিছুর দিকে মনোযোগী করার প্রক্রিয়া

এমন একটি প্রক্রিয়া যদি থাকে, যা আপনি এই জ্ঞান বুঝুন বা না বুঝুন–আপনি সুখী হন বা দুঃখী, সুস্থ হন বা অসুস্থ–সব অবস্থাতেই আপনাকে উপকার দেয়, তাহলে সেটি হলো মেডিটেশন।

আধুনিক বিশ্বে 'মেডিটেশন' শব্দটি অধিকাংশ মানুষের কাছেই পরিচিত।আপনার কাছেও এটি নতুন নয়।
কিন্তু আসল প্রশ্নটি হলো–মেডিটেশন আসলে কী?

ভিন্ন ভিন্ন মানুষ মেডিটেশনকে ভিন্ন ভিন্নভাবে সংজ্ঞায়িত করেন, এবং একটি পর্যায়ে গিয়ে সবাইই ঠিক।
মূলত, মেডিটেশন হলো আপনার চিন্তা-শক্তিকে মনোযোগী করার একটি অনুশীলন।

মেডিটেশন আসলে কী

মেডিটেশন আপনাকে উপলব্ধি করতে সাহায্য করে–আপনি একটি কম্পনগত শক্তিসত্তা।
এটি আপনার মনোযোগ কোন দিকে যাচ্ছে, সে বিষয়ে আপনার সচেতনতা বাড়ায়।
আর আপনি যেমন ইতিমধ্যেই জানেন–
মনোযোগ যেখানে যায়, শক্তি সেদিকেই প্রবাহিত হয়।

সবচেয়ে সহজভাবে বললে, মেডিটেশনকে এভাবে সংজ্ঞায়িত করা যায়:
পার্থিব শরীরের ভেতরে থেকেও আপনার সামগ্রিকতার সাথে সংযোগ স্থাপন করার এবং একটি বিশুদ্ধ ইতিবাচক কম্পনগত সত্তা হয়ে ওঠার সবচেয়ে সহজ উপায়।

মেডিটেশন ও আকর্ষণের সূত্র

এটি একটি আকর্ষণের সূত্রভিত্তিক কম্পনমূলক মহাজগৎ।
আকর্ষণের সূত্র অনুযায়ী, সমমানের কম্পন মাত্র ১৫ সেকেন্ডের জন্যও একে অপরের সাথে পারস্পরিক যোগাযোগে এলে, তারা সংমিশ্রিত হতে শুরু করে এবং আরও শক্তিশালী কম্পনে রূপ নেয়।

পার্থিব জগতের একটি সহজ উদাহরণ বিষয়টি পরিষ্কার করে:

- দুই বা ততোধিক সুখী মানুষ একত্র হলে তারা আরও বেশি হাসে এবং আরও সুখী হয়ে ওঠে
- দুই বা ততোধিক দুঃখী মানুষ একত্র হলে তারা আরও বেশি কাঁদে এবং আরও দুঃখী হয়ে ওঠে

কম্পন কম্পনকেই বৃদ্ধি করে।

মেডিটেশন এত গুরুত্বপূর্ণ কেন

এখন আপনি হয়তো ভাবছেন–সমৃদ্ধ জীবনের সচেতন স্রষ্টা হয়ে ওঠার জন্য মেডিটেশন কেন এত গুরুত্বপূর্ণ।

মেডিটেশন অপরিহার্য, কারণ এটি সবচেয়ে সহজ ও কার্যকর প্রক্রিয়া, যা–

- আপনাকে আপনার মহাজাগতিক, সামগ্রিক সত্তার সাথে সংযোগ করতে প্রশিক্ষণ দেয়
- মহাজগতের সবচেয়ে শক্তিশালী সূত্র–আকর্ষণের সূত্র–স্বাভাবিকভাবে ব্যবহার করতে শেখায়

সবচেয়ে আকর্ষণীয় বিষয়টি হলো–

- আপনি এতে বিশ্বাস করুন বা না করুন, মেডিটেশন আপনাকে আপনার মহাজাগতিক সত্তার সাথে সংযুক্ত করে
- আপনি বুদ্ধিবৃত্তিকভাবে বুঝুন বা না বুঝুন, মেডিটেশন আপনাকে আকর্ষণের সূত্র ব্যবহার করতে সাহায্য করে

পার্থিব বাস্তবতায় প্রতিরোধ

পার্থিব বাস্তবতা হলো কম্পনগত সংমিশ্রণের একটি ঘনীভূত রূপ।
এই কারণেই সময়-স্থান বাস্তবতা সেই অ-পার্থিব কম্পনগত বাস্তবতার তুলনায় অনেক বেশি প্রতিরোধী, যেখান থেকে আপনি এই শরীরে প্রবেশ করেছেন।

জীবনের পথে চলতে চলতে–

- আপনি বহু প্রতিরোধী বিষয়ের সাথে পারস্পরিক যোগাযোগে আসেন
- আপনি যত বেশি মনোযোগ দেন যা খারাপ লাগে বা প্রতিরোধ সৃষ্টি করে
- আপনি তত বেশি প্রতিরোধের সাথে সংমিশ্রিত হন
- আর আপনার অভিজ্ঞতায় তত বেশি প্রতিরোধই পার্থিব রূপ নিয়ে নেয়

কিন্তু এখানেই আসে মোড় ঘোরানোর জায়গাটি।

আপনার বৃহদাংশ সবসময়ই উপলব্ধ

পার্থিব জীবনে আপনি প্রতিরোধ অনুভব করতে পারেন,
কিন্তু আপনি আপনার বৃহদাংশের কেবল একটি আংশিকভাবে বিচ্ছিন্ন দিক।

সেই সর্বজ্ঞ, সর্বস্নেহময়, অ-পার্থিব অবস্থান থেকে আপনার উৎস কখনোই অভিজ্ঞতা প্রত্যাহার করে না।
এটি কেবল অপেক্ষা করে—আপনি একটু হলেও গ্রহণযোগ্যতার দিকে বা ইতিবাচক মনোযোগের দিকে ফিরবেন।

আপনি যেই মুহূর্তে তা করেন—

- আপনি আপনার উৎসের সাথে কম্পনগত সমন্বয়ে আসেন
- যোগাযোগ সম্ভব হয়
- বুদ্ধি, সমাধান, অন্তর্দৃষ্টি ও উত্তর প্রবাহিত হতে শুরু করে

এই কারণেই মেডিটেশন এত শক্তিশালী।

মেডিটেশন কীভাবে আপনার কম্পন বদলায়

মেডিটেশনে আপনি ইচ্ছাকৃতভাবে শান্ত, কোমল বা মৃদু ইতিবাচক কম্পনের দিকে মনোযোগ দেন।
এর ফলে আপনি—

- নেতিবাচক বা প্রতিরোধী ফ্রিকোয়েন্সি থেকে সরে আসেন
- মানসিক ও আবেগীয় অস্থিরতা প্রশমিত করেন
- ধীরে ধীরে ইতিবাচক কম্পনে স্থিত হন

নিয়মিত অনুশীলনের মাধ্যমে,
আপনি স্বাভাবিকভাবেই গ্রহণযোগ্য ও ইতিবাচক ফ্রিকোয়েন্সিতে কম্পিত হতে শুরু করেন।
এর ফল হিসেবে, আপনি আপনার অসীম বুদ্ধিমত্তায়—আপনার বৃহদাংশে—প্রবেশাধিকার পান।

মেডিটেশনের মাধ্যমে সামগ্রিকতার অভিজ্ঞতা

মেডিটেশনের সময়,
সামগ্রিকতার সাথে সংমিশ্রণের অল্প কিছু মুহূর্তও আপনাকে অনুভব করতে দেয়—

- বিস্তৃত সচেতনতা
- উন্নত আবেগীয় অনুভূতি
- গভীর শান্তি ও স্বচ্ছতা

এই সংযোগের প্রমাণ হিসেবে,
আপনি আপনার শরীরজুড়ে সুন্দর, ভালো লাগার অনুভূতি টের পান।
এই অনুভূতিগুলো আপনাকে দেখায়–
বৃহৎ, বিস্তৃত ও সার্বজনীন হয়ে থাকার অনুভূতি কেমন।

মেডিটেশনের মাধ্যমে,
আপনি আপনার সামগ্রিকতার দিকে ফিরে যাওয়ার একটি আবেগীয় পথ তৈরি করেন–
যেটা আপনি ব্যবহার করতে পারেন:

- সিদ্ধান্ত নেওয়ার সময়
- সমস্যা সমাধানে
- অনুপ্রেরণায়
- পুনরুজ্জীবনে

মেডিটেশন ও সমৃদ্ধি

মেডিটেশনের মাধ্যমে আপনার বৃহদাংশের সাথে যে সংযোগ তৈরি হয়,
তা স্বাভাবিকভাবেই আপনাকে করে তোলে–

- স্বচ্ছ
- আত্মবিশ্বাসী
- মনোযোগী

এই সংযোগ যতই দৈনন্দিন অনুশীলনের মাধ্যমে গভীর হয়,
আপনি ততই নতুন বুদ্ধি, অনুপ্রাণিত কর্ম এবং উদ্ভাবনী বুদ্ধি পেতে শুরু করেন।
এই পথগুলোর মাধ্যমেই সমৃদ্ধি আপনার দিকে প্রবাহিত হয়–মহাজগতের প্রতিটি কোণ থেকে।

মেডিটেশন সৃষ্টি জোর করে ঘটায় না।
মেডিটেশন সৃষ্টি করতে অনুমতি দেয়।
আর অনুমতিই হলো প্রাচুর্যের দ্বার।

∞

✦ অধ্যায়ের শেষের প্রক্রিয়া - ২ ✦

"ধ্যান কীভাবে করবেন?" – সবচেয়ে গুরুত্বপূর্ণ প্রক্রিয়ার সহজ ব্যাখ্যা

মনকে কেন্দ্রীভূত করার সবচেয়ে সুন্দর ও শক্তিশালী অনুশীলনগুলোর একটি হলো ধ্যান (Meditation) । আধুনিক সমাজে শারীরিক ব্যায়ামের ওপর অনেক গুরুত্ব দেওয়া হয়।শারীরিক ব্যায়াম কিছু স্তরে সহায়ক হলেও, মানসিক মনোযোগ ছাড়া কোনো স্থায়ী পরিবর্তন সম্ভব নয়–না শরীরে, না জীবনে।

এটি একটি কম্পনময় মহাবিশ্ব, যা আকর্ষণের সূত্র (Law of Attraction) দ্বারা পরিচালিত।আপনি তা স্বীকার করুন বা না করুন–এই সূত্র সবসময়ই আপনার জীবনের অভিজ্ঞতাকে প্রভাবিত করছে।আপনি যখন বাস্তবতার কম্পনগত প্রকৃতি বোঝেন এবং সচেতনভাবে দৈনন্দিন জীবনে ধ্যান যুক্ত করেন, তখন আপনার শরীর ও জীবনের অভিজ্ঞতায় উল্লেখযোগ্য পরিবর্তন দেখা দিতে শুরু করে–অনেক সময় মাত্র কয়েক মাসের মধ্যেই।

ধ্যানের প্রস্তুতি

ধ্যানের জন্য সবচেয়ে গুরুত্বপূর্ণ প্রস্তুতি হলো আরাম।

এমন একটি জায়গা বেছে নিন, যেখানে অন্তত ১৫-২০ মিনিট আপনাকে কেউ বিরক্ত করবে না।এটি আলাদা কোনো ঘর হতে পারে, অথবা ঘরের কোনো শান্ত কোণা।

প্রস্তুতির জন্য–

- হালকা ও আরামদায়ক পোশাক পরুন
- ইচ্ছা হলে স্নান করতে পারেন–জল শরীরকে সতেজ করে
- বিছানা, সোফা, মেঝে বা চেয়ার–যেটি সবচেয়ে আরামদায়ক মনে হয়, সেটি বেছে নিন
- সম্ভব হলে মেরুদণ্ড সোজা রেখে বসুন, তবে এটি বাধ্যতামূলক নয়

ধ্যানের জন্য মাত্র দুটি বাধ্যতামূলক নিয়ম আছে–

- আপনাকে যতটা সম্ভব আরামদায়ক অবস্থায় থাকতে হবে
- আপনাকে সম্পূর্ণ অচেতন ঘুমে চলে যাওয়া যাবে না

(হালকা তন্দ্রাচ্ছন্নতা থাকা সত্ত্বেও সচেতন থাকা সম্পূর্ণ স্বাভাবিক)

আপনি বসে বা শুয়ে–যেটি ভালো লাগে, সেটিই বেছে নিন।

ধ্যান শুরু করা

চোখ বন্ধ করুন এবং ৪-৫ বার গভীর শ্বাস নিন–

- নাক দিয়ে শ্বাস নিন
- মুখ দিয়ে শ্বাস ছাড়ুন

এখন মনোযোগ দেওয়ার সময়।

মনোযোগের বিষয় নির্বাচন

মনোযোগ দেওয়ার জন্য আপনার সামনে কয়েকটি বিকল্প আছে।যেকোনো একটি বেছে নিন–

- কোনো পার্থিব বস্তু, স্থান, আলো বা ছবি
- ফ্যান বা এয়ার কন্ডিশনারের শব্দ
- চারপাশের প্রাকৃতিক শব্দ
- আপনার শ্বাস-প্রশ্বাস
- হেডফোনে ধ্যানের শব্দ বা সঙ্গীত

শেষের বিকল্পটি অনেকের জন্য সবচেয়ে সহজ, কারণ অনলাইনে প্রচুর শান্ত ধ্যান-সঙ্গীত পাওয়া যায়।

আপনি যদি কোনো দৃশ্যমান বস্তুকে মনোযোগের বিষয় করেন, চোখ খোলা রাখুন।অন্য সব ক্ষেত্রে চোখ বন্ধ রাখুন।

শুরুতেই কী ঘটে

আপনি মনোযোগ দেওয়া শুরু করামাত্রই অপ্রাসঙ্গিক বা উদ্বেগজনক চিন্তা আসতে পারে। এটি একেবারেই স্বাভাবিক।

ধ্যানে আপনার একমাত্র কাজ হলো–কোমলভাবে, বিনা প্রতিরোধে, আবার মনোযোগ ফিরিয়ে আনা।

চিন্তার সঙ্গে যুদ্ধ করবেন না।তাদের এমনভাবে নিন, যেন তারা একজন বন্ধু–যার সঙ্গে এই মুহূর্তে কথা বলা যাচ্ছে না।মনে মনে বলতে পারেন–

"তোমাকে ধন্যবাদ, কিন্তু এই মুহূর্তে আমি এটিতেই মনোযোগ দিচ্ছি।"

তারপর মনোযোগে ফিরে আসুন।

আরও শিথিল হতে চাইলে কোমলভাবে বলতে পারেন–

"ঠিক আছে... শান্ত হও... আরাম কর..."

অথবা ৩-৪ বার গভীর শ্বাস নিতে পারেন।

মনোযোগের কম্পনগত প্রভাব

আপনার উদ্দেশ্য হলো–শান্ত ও স্নিগ্ধ কম্পনের সঙ্গে মিশে যাওয়া–

- আপনার শ্বাসের
- স্থির কোনো বস্তুর
- শান্ত কোনো শব্দের

আপনি যখন ১৫ সেকেন্ডের বেশি সময় ধরে কোনো স্নিগ্ধ-শান্ত বিষয়ের ওপর মনোযোগ দেন, তখন আকর্ষণের সূত্র কাজ শুরু করে।আপনার বিচ্ছিন্ন কম্পন ধীরে ধীরে সেই শান্ত কম্পনের সঙ্গে মিশে যেতে থাকে।

এই কারণেই ধ্যানের পর আপনি অনুভব করেন–

- প্রশান্তি
- সতেজতা
- পুনরুজ্জীবন

এটি আপনাকে দিনের সরবাঙ্গীন অভিজ্ঞতার জন্য প্রস্তুত করে।

মনে রাখার মতো গুরুত্বপূর্ণ নির্দেশনা

অনুশীলনের সময় নিচের বিষয়গুলো মনে রাখুন–

• ১৫-২০ মিনিটের বেশি ধ্যান করবেন না, চিন্তা পুরোপুরি থেমে না গেলেও। স্বস্তি না এলে বুঝবেন–এই মুহূর্তটি উপযুক্ত নয়। প্রায় ছয় ঘণ্টা পর আবার চেষ্টা করুন।
• নিজেকে কখনো দোষ দেবেন না। মনোযোগ হারালে কোমলভাবে, নিজেকে বিচার ছাড়াই মনোযোগে ফিরে আসুন।
• শরীরে ঝিনঝিনে আবেগ বা হালকা স্বতঃস্ফূর্ত নড়াচড়া ইতিবাচক লক্ষণ।এগুলো আপনার বিশুদ্ধ ইতিবাচক সত্তার সঙ্গে সংযোগের ইঙ্গিত।
• প্রতিদিন ধ্যান করুন–সম্ভব হলে দিনের অন্য কাজ শুরু করার আগে।
• ধ্যান ধীরে ধীরে উন্নত হয়।যত নিয়মিত করবেন, তত সহজ হবে।
• কোনো কোনোদিন এটি তুলনামূলক কম স্বস্তি মূলক লাগতে পারে।

নিরুৎসাহিত হবেন না।প্রক্রিয়ায় সন্দেহ করবেন না।নিয়মিত অনুশীলনের জন্য নিজেকে সাধুবাদ দিন এবং পরের দিন ইতিবাচক প্রত্যাশা নিয়ে আবার বসুন।

একটি আলতো স্মরণিকা

মেডিটেশন নীরবতা জোর করে আনার চেষ্টা নয়।
মেডিটেশন হলো বৃহদাংশের সাথে সংমিশ্রণকে অনুমতি দেওয়া।

একটু ধৈর্য ও নিয়মিত অভ্যাসের মাধ্যমে,
মেডিটেশন হয়ে ওঠে–
স্বচ্ছতা, অনুপ্রেরণা, সুস্থতা ও স্বাস্থ্য, এবং সমৃদ্ধির দিকে যাওয়ার দ্বার।

∞

লেখকের উক্তি-

"সাধারণ চিন্তা করে আপনি কখনোই এক অসাধারণ জীবন যাপন করতে পারবেন না।"

অধ্যায় ৩

অর্থ সম্পর্কে একটি সহজ উপলব্ধি

সংখ্যাধিক সময়ই আপনি আপনার জীবনের বিভিন্ন বিষয় গুলোকে খুব জটিল করে ফেলেন, যা প্রকৃতক্ষেত্রে কখনোই জটিল নয়। "অর্থ বা টাকা" তাদের মধ্যে একটি।

তাই "ল অফ অ্যাট্রাকশান"এর মহাজাগতিক জ্ঞানকে মাধ্যম করে, অর্থ বিষয় সম্পর্কে একটি স্পষ্ট তথা সহজ ধারণা আপনার অবশ্যই তৈরী করতে হবে।

এই অধ্যায়ে আপনি এই বিষয়টিকেই পাবেন।

অর্থ বিষয় সম্পর্কে এই সহজ - সরল ধারনা ছাড়া আপনি সর্বদা বিদ্যমান, সর্বদা চলমান, ল অফ অ্যাট্রাকশান অর্থাৎ 'মহাজাগতিক আকর্ষণের সূত্র' কে কখনোই আপনার ইচ্ছে অনুসারে ব্যবহার করতে পারবেন না।

আর সেক্ষেত্রে জীবনে অর্থ যথেষ্ট পরিমাণে পাওয়ার জন্য আপনার প্রচণ্ড প্রতিরোধের সম্মুখীন হতে হবে।

এই অযাচিত প্রতিরোধ–জীবনের অবাঞ্ছিত সংঘর্ষ–খুব সহজেই আপনি এরিয়ে যেতে পারেন,

অর্থ সম্পর্কে এই অধ্যায়ে আলোচিত মহাজাগতিক জ্ঞানকে জানার মধ্য দিয়ে,

এবং সমৃদ্ধি - ঐশ্বর্য্য - উন্নতিকে খুব সহজেই আপনার জীবনে জায়গা দিতে পারেন।

এই অধ্যায়ে আপনি পাবেন:

অনুশীলন

১. অর্থ আসলে কী?

কম্পনই এই মহাজগতের ভিত্তি।অস্তিত্বে থাকা সবকিছুই কম্পন, আর কোনো বিষয়ের কম্পনগত প্রকৃতি আপনি যত গভীরভাবে উপলব্ধি করেন, সেই বিষয়টি নিয়ে আপনার অভিজ্ঞতাও তত বিস্তৃত ও সমৃদ্ধ হয়ে ওঠে।

এই জগতের সবকিছুর মতোই, অর্থও হলো একটি ঘনীভূত, কম্পনগতভাবে সম্মিলিত চিন্তা-শক্তির রূপ।

অর্থকে কম্পন হিসেবে বোঝা কেন জরুরি

অর্থের কম্পনগত প্রকৃতি বোঝা অত্যন্ত গুরুত্বপূর্ণ।এই উপলব্ধি না থাকলে আপনি কেবল পার্থিবভাবে দৃশ্যমান অর্থের ওপর–যেমন কাগুজে নোটের ওপর, গাঁটের টাকার ওপর–নির্ভরশীল হয়ে পড়েন।

এই সীমিত দৃষ্টিভঙ্গি কয়েকটি সমস্যার জন্ম দেয়:

- আপনি মনে করেন অর্থ কেবল কাগুজে নোট হিসেবেই বিদ্যমান, তাই আপনাকে তা পেতে হবে তাদের কাছ থেকেই–যাদের কাছে আগে থেকেই ওই অর্থ আছে।
- আপনি অর্থকে সীমিত বলে ভাবেন, ফলে বিশ্বাস করেন–কারও কাছে বেশি অর্থ থাকলে আপনার কাছে কম থাকতেই হবে।
- আপনি আপনার নিজের কম্পনের চেয়েও অর্থের মূল্যকে বেশি গুরুত্ব দেন, যদিও মহাজাগতিক ব্যবস্থাপক আসলে কম্পনের প্রতিক্রিয়াই জানায়।
- আপনি পৃথিবীতে অর্থের বণ্টনকে অন্যায্য বলে দেখতে শুরু করেন।
- আপনি বিশ্বাস করেন সমৃদ্ধি আছে "নদীর ওপারে"–কিছু নির্দিষ্ট কোম্পানি, দেশ, বা অতি ধনী মানুষের হাতে, যাদের কাছে পৌঁছানো আপনার পক্ষে অসম্ভব মনে হয়।

কম্পনমূলক মহাজগতে অর্থ

আপনি যখন অর্থকে তার বিস্তৃত কম্পনগত রূপে বুঝতে শুরু করেন, তখন উপলব্ধি করেন–একটি কম্পনমূলক মহাজগতে কিছুই বন্ধ, সীমিত বা অপ্রাপ্য নয়।
প্রতিটি কম্পন সবার জন্যই উপলব্ধ।
আপনাকে শুধু তার সাথে কম্পনগত সমন্বয়ে আসতে হবে।

আপনি যখন তা করেন তখন কম্পন -

- আপনার জীবনে অর্থ হয়ে
- আপনার সম্পর্কে ভালোবাসা হয়ে
- শরীরে সুস্থতা ও স্বাস্থ্য হয়ে - প্রতিফলিত হয়।

অর্থ বস্তু নয়

এক সময় সমাজে কাগুজে মুদ্রা ছিল না। মানুষ তখন বিনিময় প্রথার মাধ্যমে মূল্য আদান-প্রদান করত–ছাগল, গরু, পশুর ছাল , লবণ, মসলা এবং আরও নানা জিনিস ব্যবহার করে।
অর্থ কখনোই প্রকৃত অর্থে সেই পশু, বস্তু বা কাগজ ছিল না।

অর্থ সবসময়ই ছিল–

- আপনি যে মূল্য উপলব্ধি করেন
- যে অভিজ্ঞতাকে আপনি বিনিময়ের সাথে যুক্ত করেন

আপনি যদি কোনো কিছুর মধ্যে মূল্য বা অভিজ্ঞতা উপলব্ধি না করেন, তাহলে সেটি আপনার কাছে কখনোই সত্যিকার অর্থে অর্থ হয়ে ওঠে না–অন্য কারও কাছে তা মূল্যবান মনে হলেও।

অর্থের উৎস আপনি নিজেই

এখান থেকেই আসে একটি শক্তিশালী উপলব্ধি:
এই জগতে আসল অর্থ হলো–আপনি নিজেই।

শুধু আপনিই পারেন–

- কোনো কিছুকে মূল্য দিতে
- কোনো কিছু থেকে মূল্য তুলে নিতে

পার্থিব জগতের সাথে আপনার পারস্পরিক যোগাযোগের মধ্য দিয়ে আপনি নতুন নতুন কম্পনগত শক্তি সৃষ্টি করেন। আপনি যেকোনো রূপে থাকা কম্পন উপলব্ধি করতে পারেন এবং সেটিকে ঘনীভূত পার্থিব অভিজ্ঞতায় অনুবাদ করতে পারেন।

অর্থ আসলে কী

তাহলে অর্থ কী?
অর্থ হলো একটি অনন্য কম্পনগত সংমিশ্রণ, যা আগেই আপনার ভেতরে বিদ্যমান।

আপনি যখন এই কম্পনকে আপনার ভেতর দিয়ে প্রবাহিত হতে দেন–

- অর্থবহ শক্তি হিসেবে
- নতুন বুদ্ধি বা ধারণা হিসেবে
- অনুপ্রাণিত সৃষ্টির মাধ্যমে
- মূল্যবান অবদানের রূপে

তখন সেই শক্তি স্বাভাবিকভাবেই আপনার জীবনে মুদ্রা, সমৃদ্ধি ও প্রাচুর্যে রূপ নেয়।

অর্থ আপনার কাছে আসে না।
অর্থ আপনার ভেতর দিয়ে প্রবাহিত হয়।

আর যখন বিশুদ্ধ ইতিবাচক কম্পন প্রবাহিত হতে অনুমতি পায়,
সমৃদ্ধি অনিবার্য হয়ে ওঠে।

———————— ∞ ————————

২. বিশ্ব অর্থনীতি–একটি সহজ ব্যাখ্যা

অর্থনীতি অনেক সময় এমন একটি বিশাল ও জটিল বিষয় বলে মনে হয়–যা আপনার জীবনের জন্য খুবই গুরুত্বপূর্ণ, কিন্তু তার ব্যাপকতার কারণে পুরোটা বোঝা কঠিন। আসুন, অর্থনীতিকে আপনার সঙ্গে সরাসরি সম্পর্কের মধ্যে রেখে বিষয়টিকে সহজ করে বুঝি।

অর্থনীতির একটি সহজ সংজ্ঞা

তাত্ত্বিকভাবে অর্থনীতিকে এভাবে সংজ্ঞায়িত করা যায়–
"কোনো সৃষ্টি তাদের কাছে প্রবাহিত হওয়ার একটি চক্র, যারা সেটিকে চায়–এবং সেই চক্র সম্পূর্ণ করতে যারা যুক্ত থাকে, তাদের সবাইকে পারিশ্রমিক বা পুরস্কার দেওয়ার প্রক্রিয়া।"

সৃষ্টি থেকে ব্যবহার পর্যন্ত এই পুরো চক্রটাই হলো অর্থনীতি।

অর্থনীতি নিয়ে একটি সাধারণ ভুল ধারণা

অর্থনীতি সম্পর্কে সবচেয়ে ভুল ধারণার একটি হলো এই বিশ্বাস–অর্থনীতি নাকি উৎপাদকদের দ্বারা নিয়ন্ত্রিত; অর্থাৎ যারা পণ্য বা সেবা তৈরি করে, তারাই অধিকাংশ অর্থ নিয়ে নেয়, অনেক সময় অন্যদের ক্ষতির বিনিময়েও।

কিন্তু আকর্ষণভিত্তিক কম্পনগত মহাবিশ্বে কেউ অন্যের অভিজ্ঞতা থেকে কিছু নিতে পারে না।
প্রত্যেকে কেবল আকর্ষণই করতে পারে।

আপনি কতটা আকর্ষণ করবেন, তা নির্ধারিত হয়–আপনার মধ্য দিয়ে কতটা কম্পনগত শক্তি প্রবাহিত হচ্ছে তার দ্বারা।

শক্তি, মনোযোগ এবং আকর্ষণ

কখনো ভুলবেন না–সবকিছুর মূলেই রয়েছে কম্পন।
আপনার অসীম শক্তিতে প্রবেশাধিকার আছে, কিন্তু শক্তি কেবল তখনই প্রবাহিত হয় যখন একটি মনোযোগের কেন্দ্র থাকে।

উৎপাদকরা–
যাদের আমরা প্রায়ই অত্যন্ত সফল মানুষ বলে দেখি–তারা অর্থ "নিয়ে নেয়" এমনটি না; তারা কেবল মূল্য প্রদান করার জন্য বিশাল মনোযোগকেন্দ্রে পরিণত হয়।

আর অন্য মানুষরা সেই মূল্য তাদের জীবনের অভিজ্ঞতায় যুক্ত করতে চায়, তাই তারা স্বেচ্ছায় সেই উৎপাদকদের দিকে অর্থ প্রবাহিত করে।

মনে রাখবেন, মনোযোগ ছাড়া:

- শক্তি প্রবাহিত হয় না
- আকর্ষণ ঘটে না

আকর্ষণের সূত্র আপনাকে কেবল সেই কম্পনের সাথেই মিলিয়ে দিতে পারে, যা ইতিমধ্যেই আপনার কম্পনগত প্রবাহে সক্রিয়।

মূল্যই আসল মুদ্রা

আপনি ইতিমধ্যেই বুঝেছেন–অর্থ নিজে কোনো বস্তু নয়; এটি আসলে কোনো কিছুর মধ্যে আপনি যে মূল্য উপলব্ধি করেন, তারই প্রকাশ।

অতএব, এই আকর্ষণভিত্তিক মহাবিশ্বে সমীকরণটি খুব সহজ:

- আপনি যত বেশি মূল্য উপলব্ধি করেন
- তত বেশি মূল্য আপনার দিকে ফিরে আসে

একটি সহজ উদাহরণ

কল্পনা করুন এমন একটি পৃথিবী, যেখানে আপনিই একমাত্র জীবিত মানুষ, এবং পৃথিবীর সব দেশের সমস্ত অর্থ আপনার কাছেই আছে।

তাহলে কি আপনি অর্থনীতির সবচেয়ে গুরুত্বপূর্ণ অংশ হয়ে গেলেন?

আপনার কাছে সব অর্থ থাকবে–কিন্তু তা খরচ করার মতো কোনো জায়গা থাকবে না।

এটি আমাদের একটি গুরুত্বপূর্ণ বিষয় দেখায়:

অর্থনীতির শিরায় যা প্রবাহিত হয়, তা অর্থ নয়।

আসল যে জিনিসগুলো প্রবাহিত হয়, সেগুলো হলো:

- পারস্পরিক যোগাযোগ
- একে অপরের জীবনের উন্নতি
- ভাগাভাগি করে নাওয়া পারস্পরিক উপলব্ধি
- একে অপরকে দেওয়া নতুন অভিজ্ঞতা

এই প্রেক্ষিতে অর্থ কেবল কদরের একটি প্রকাশ–কারো দেওয়া মূল্যের জন্য তাকে ধন্যবাদ জানানোর একটি উপায়।

কম্পনগত অর্থনীতি

এটাই বিশ্ব অর্থনীতির কম্পনগত সংস্করণ।

অর্থনীতিতে আপনার প্রকৃত অবদান অর্থ নিজে নয়, বরং:

- আপনার যোগাযোগের গুণমান
- আপনি যে বোধ তথা উপলব্ধি ভাগ করে নেন
- আপনি যে অভিজ্ঞতা সৃষ্টি করেন
- আপনি অন্যদের জীবনে যে সহজতা নিয়ে আসেন

আপনি যা দেন, তা সবসময়ই ফিরে আসে

আগেই বলা হয়েছে, আকর্ষণভিত্তিক মহাবিশ্বে আপনার মধ্য দিয়ে যা প্রবাহিত হয়, তা বহুগুণে আপনার কাছেই ফিরে আসে।

অতএব:

- আপনি যত বেশি কদর প্রবাহিত করেন
- তত বেশি কদর আপনার কাছে ফিরে আসে

আর অর্থনীতির ভাষায়:

কদর = অর্থ

অর্থ কারণ নয়।
অর্থ হলো প্রতিক্রিয়া।

যখন মূল্য আপনার মধ্য দিয়ে প্রবাহিত হয়,
সমৃদ্ধি তখন অনিবার্যভাবে অনুসরণ করে।

∞

৩. "মুদ্রাস্ফীতি (Inflation)"–এর পেছনের আসল কারণ

একটি বিষয় যা অর্থের সাথে সম্পর্কিত অভিজ্ঞতাগুলোর মধ্যে সম্ভবত সবচেয়ে অস্বস্তিকর বিষয়, তা হল মুদ্রাস্ফীতি (inflation)। অনেক সময় এমন মনে হয়–আপনার জীবনে যত বেশি অর্থ প্রবেশ করে, বাজারে ততই মুদ্রাস্ফীতি বাড়তে থাকে।একটি সত্যিকারের সমৃদ্ধ জীবনের জন্য মুদ্রাস্ফীতি আসলে কী–তা পরিষ্কারভাবে বোঝা অত্যন্ত জরুরি।

আপনি ইতিমধ্যেই উপলব্ধি করেছেন–অর্থনীতি কেবল অর্থের ঘোরাফেরার বিষয় নয়। তাই স্বাভাবিকভাবেই, অর্থনীতির অংশ হিসেবে মুদ্রাস্ফীতিও শুধু দাম বাড়া বা কমার মধ্যেই সীমাবদ্ধ নয়।

অর্থনীতির পার্থিব চক্র

প্রথমে অর্থনীতির মৌলিক পার্থিব চক্রটি স্মরণ করি:

১. উৎপাদন
২. উৎপাদিত পণ্যের স্থানান্তর
৩. ভোগ

সহজেই দেখা যায়–যখন উৎপাদন বৃদ্ধি পায়, তখন দাম স্বাভাবিকভাবেই কমতে শুরু করে।
যেখানে মূল্যস্ফীতি বেশি, সেখানে সাধারণত উৎপাদন কম থাকে।
যখন উৎপাদন কম কিন্তু চাহিদা বেশি, তখন বিদ্যমান অর্থ কেবল কমসংখ্যক পণ্যের পেছনে ধাওয়া করে।
কারণ নতুন মূল্য কম সৃষ্টি হচ্ছে, ফলে অর্থের মূল্যও কমে যায়।

উৎপাদনের কম্পনগত উৎস

এখন চলুন, কম্পনগতভাবে বিষয়টি দেখি।

যদিও অর্থনৈতিক চক্রটি পার্থিব উৎপাদন দিয়ে শুরু হচ্ছে বলে মনে হয়,
আসলে পার্থিব উৎপাদনই সৃষ্টির আসল সূচনা নয়।
সৃষ্টির প্রকৃত সূচনা ঘটে–চেতনায়।

আপনি একজন সচেতন শক্তিসত্তা, যিনি সময়-স্থান বাস্তবতায় সমস্যার বা প্রতিরোধের সাথে পারস্পরিক যোগাযোগে আসেন।
প্রতিটি এমন যোগাযোগে, আপনি অবচেতনভাবেই তার বিপরীত দিকটি সৃষ্টি করেন– সমাধান বা গ্রহণযোগ্যতা।

কোনো বিষয়ই তার বিপরীত ছাড়া অস্তিত্বশীল নয়।

এই নতুন সৃষ্ট সমাধানগুলো সংরক্ষিত থাকে আপনার বৃহদাংশের ভেতরে।
আপনি যত বেশি সমস্যার মুখোমুখি হন,
আপনার ইতিবাচক কম্পনগত অংশে তত বেশি সমাধান জমা হয়।

আকর্ষণের সূত্রের স্বাভাবিক প্রভাবে–

- ইতিবাচক সমাধানমূলক কম্পন একত্রিত হয়
- সেগুলো চিন্তায় রূপ নেয়
- চিন্তাগুলো একত্রিত হয়ে বুদ্ধিতে পরিণত হয়

এই প্রক্রিয়াটি নিরবচ্ছিন্ন ও চিরন্তন।

বুদ্ধির কোনো অভাব নেই

একটি কম্পনমূলক মহাজগতে নতুন ও কার্যকর বুদ্ধির কোনো অভাব নেই।

আপনি যে কোনো পার্থিব উৎপাদন দেখেন,
তার পেছনে থাকে এক বা একাধিক বুদ্ধি।
অ-পার্থিব বুদ্ধি ছাড়া কোনো পার্থিব সৃষ্টি কখনোই সম্ভব নয়।

তাহলে বুদ্ধি যদি অসীম হয়,
মুদ্রাস্ফীতি কেন থাকে?

মুদ্রাস্ফীতি আসলে কেন ঘটে

মুদ্রাস্ফীতি অর্থের অভাব বা বুদ্ধির অভাবের কারণে ঘটে না।

আকর্ষণভিত্তিক এই মহাজগতে, কোনো কিছুকেই জোর করে আপনার অভিজ্ঞতায় ঢোকানো যায় না।
তার সাথে আপনাকে কম্পনগতভাবে সমন্বয়ে আসতে হয়।

আপনি যা উপলব্ধি করতে পারেন,
শুধু সেটাই আপনার জন্য অস্তিত্বশীল হয়।
একজন মানুষ যেখানে সুযোগ স্পষ্টভাবে দেখতে পায়,
অন্যজন সেখানে কিছুই দেখতে পায় না–
কারণ একজন সমন্বয়ে থাকে, অন্যজন থাকে না।

বেশিরভাগ মানুষ জানে–ব্যবসার জন্য উৎপাদনের জন্য
বুদ্ধি দরকার।
কিন্তু তারা বুদ্ধি খোঁজে ভুল জায়গায়।

বুদ্ধি পার্থিব জগতে থাকে না।
বুদ্ধি থাকে অ-পার্থিব কম্পনগত জগতে–আপনার বৃহদাংশের কাছে।

ইতিবাচকতা বজায় না রাখতে পারলে,
অ-পার্থিবভাবে বিদ্যমান প্রাচুর্যের ওপর আস্থা না থাকলে,
আপনি সেই বুদ্ধিগুলোর সাথে সমন্বয়ে আসতে পারেন না।

মুদ্রাস্ফীতির প্রকৃত কারণ

মুদ্রাস্ফীতির প্রকৃত কারণ হলো–
নতুন বুদ্ধির সাথে সমন্বয়ে আসার মতো ইতিবাচক কম্পন বজায় রাখতে না পারা।

অনেক মানুষ প্রতিদিনই বুদ্ধি পায়।
কিন্তু তারা যদি প্রতিরোধী, সমস্যা-কেন্দ্রিক বা নেতিবাচক আবেগীয় অবস্থায় থাকে,
সেই বুদ্ধিগুলো সমৃদ্ধিতে রূপ নেয় না।

বরং–

- সাময়িক স্বস্তি দেয়
- সময়ের সাথে আরও প্রতিরোধ সৃষ্টি করে
- আরও সমস্যার জন্ম দেয়

ইতিবাচক বুদ্ধি প্রবাহ থেকেই সমৃদ্ধি আসে

পার্থিবভাবে সমৃদ্ধ জীবন গড়তে হলে,
আপনাকে আপনার ইতিবাচক কম্পনগত অবস্থা থেকে
অ-পার্থিব বুদ্ধিগুলোকে প্রবাহিত হতে দিতে হবে।

এই বুদ্ধিগুলো আগেই আপনার জন্য প্রস্তুত।
আপনার জীবনের অভিজ্ঞতার মাধ্যমেই এগুলো আপনি নিজেই সৃষ্টি করেছেন।

এই বইয়ের উপলব্ধি ও প্রক্রিয়াগুলো প্রয়োগ করে
আপনি যখন নিজেকে ইতিবাচকতায় স্থিত করেন,
আপনি স্বাভাবিকভাবেই হয়ে ওঠেন–

- নতুন বুদ্ধির গ্রাহক
- মূল্যের স্রষ্টা
- প্রাচুর্যের উৎস

আপনার মাধ্যমেই পৃথিবী পায় নতুন অভিজ্ঞতা।

মুদ্রাস্ফীতির উর্ধ্বে

আপনি যখন এই মহাজাগতিক উপলব্ধি থেকে জীবনযাপন করেন,
বাহ্যিক অর্থনীতিতে যাই ঘটুক না কেন–

মুদ্রাস্ফীতি আপনাকে প্রকৃত অর্থে প্রভাবিত করতে পারে না।

কারণ আপনি সীমিত উৎপাদনের ওপর নির্ভরশীল নন।
আপনি সংযুক্ত আছেন অসীম সৃষ্টির সাথে।

আর অসীম সৃষ্টি
সবসময়ই মুদ্রাস্ফীতিকে ছাড়িয়ে যায়।

∞

৪. অর্থের মধ্যবিত্ততা

ইতিমধ্যেই আপনি বুঝেছেন–প্রতিটি বিষয়ের দুটি দিক থাকে:

- একটি গ্রহণযোগ্য বা ইতিবাচক দিক
- একটি প্রতিরোধী বা নেতিবাচক দিক

যদি কোনো বিষয়ের দুটি বিপরীত প্রান্ত থাকে, তাহলে যৌক্তিকভাবেই তাদের ঠিক মাঝখানে একটি অবস্থানও থাকে–যেটি না ইতিবাচক, না নেতিবাচক।বৈজ্ঞানিক ভাষায় এই মধ্যবর্তী অবস্থানকে বলা হয় নিরপেক্ষ স্থান, বা শূন্য (0)।

নিরপেক্ষ স্থানের প্রকৃতি

যদিও এই মহাবিশ্বের সবকিছুই কম্পনগতভাবে সম্মিলিত চিন্তা-শক্তি এবং সবসময়ই বিস্তারের দিকে অগ্রসর হচ্ছে, তবুও নিরপেক্ষ বিন্দুতে যে গতি ঘটে তা অনুভবযোগ্য নয়।

যদিও প্রতিটি বিষয়ই বিস্তার লাভ করছে:

- ইতিবাচক গতি অনুভবযোগ্য
- নেতিবাচক গতি অনুভবযোগ্য
- নিরপেক্ষ গতি অনুভবযোগ্য নয়

কারণ ইতিবাচক ও নেতিবাচক টান যখন একদম সমান শক্তিতে পরস্পরের বিপরীতে অবস্থান করে, তখন তারা একটি নিখুঁত টানাটানির অবস্থায় আবদ্ধ হয়ে যায়।সেই নির্দিষ্ট স্থানে শক্তি আর অগ্রসর হতে পারে না।তাই প্রতিটি বিস্তৃতিশীল বিষয়ের ভেতর একটি সম্পূর্ণ স্থির, অচল **নিরপেক্ষ স্থান** অবস্থান করে।

অর্থের ক্ষেত্রে নিরপেক্ষ স্থান কেন গুরুত্বপূর্ণ

এই বিষয়টি নিয়ে আলোচনা করার কারণ হলো–পৃথিবীর বেশিরভাগ মানুষই:

- নিজেকে ধনী বলে মনে করেন না
- নিজেকে গরিব বলেও মনে করেন না

এর মানে, তারা অর্থের বিষয়ে না ধারাবাহিকভাবে ইতিবাচক কম্পন ধরে রাখেন—যা সমৃদ্ধিকে আকর্ষণ করে,
না আবার ধারাবাহিকভাবে নেতিবাচক কম্পন ধরে রাখেন—যা চরম অভাব তৈরি করে।

বরং অধিকাংশ মানুষ অর্থকে উপলব্ধি করেন নিরপেক্ষ স্থান থেকেই।

অর্থের মধ্যবিত্ত মানসিকতা

এই নিরপেক্ষ কম্পনগত অবস্থান থেকেই তৈরি হয়, যাকে আমরা সাধারণভাবে বলি—**অর্থের মধ্যবিত্ত স্তর।**

যারা অর্থের বিষয়ে নিরপেক্ষ মানসিকতায় থাকেন, তাদের আর্থিক জীবনে খুব কমই দৃশ্যমান গতি থাকে।

আপনি যদি পৃথিবীর দিকে তাকান, দেখবেন বেশিরভাগ মানুষই অনুভব করেন—

- আটকে থাকার অনুভূতি
- সিদ্ধান্তহীনতা
- সমঝোতা করে চলা
- ভালো-মন্দের মাঝখানে ঝুলে থাকা

আর আপনি যদি সৎভাবে নিজের জীবন দেখেন,
কখনো কখনো হয়তো একই অনুভূতিই আপনি নিজেও অনুভব করে থাকবেন।

শক্তি কীভাবে আটকে আছে বলে মনে হয়

সবসময় চলমান, সবসময় বিস্তৃতমান এই কম্পনমূলক মহাজগতে,
আপনি—একজন শক্তিসত্তা—কীভাবে আটকে আছেন বলে অনুভব করতে পারেন?

শক্তি কখনোই প্রবাহ থামায় না।
কিন্তু নিরপেক্ষ স্থানটিতে গেলে সেই প্রবাহের **অনুভূত গতি** থেমে যায়।

নিরপেক্ষ অর্থ-কম্পন কীভাবে তৈরি হয়

আপনি যখনই অর্থ নিয়ে ভাবেন বা অর্থের সাথে পারস্পরিক যোগাযোগে আসেন,
আপনার ভেতরে হয় ইতিবাচক, নয়তো নেতিবাচক অর্থ-সম্পর্কিত চিন্তা সক্রিয় হয়।

অধিকাংশ সময়ই এগুলো হয় নেতিবাচক বা প্রতিরোধী চিন্তা,
যা হালকা থেকে তীব্র নেতিবাচক আবেগ তৈরি করে।

এই খারাপ অনুভূতি থেকে বেরোতে,
আপনি স্বাভাবিকভাবেই ভালো লাগার অল্প কিছু হলেও চিন্তা খুঁজে নেন - নিজেকে শান্ত করেন।

এর ফলে আপনি আবার ফিরে আসেন নিরপেক্ষ স্থানে –
যেখানে না ইতিবাচক, না নেতিবাচক অর্থ-চিন্তা প্রাধান্য পায়।

নিরপেক্ষ স্থানটিতে–

- আপনি স্বস্তি অনুভব করেন
- কিন্তু বিস্তার অনুভব করেন না
- কারণ সেখানে কোনো গতি নেই

আকর্ষণের সূত্র তখনো কাজ করে

নিজেকে শান্ত করার সময়ও আকর্ষণের সূত্র কাজ করা বন্ধ করে না।

ভালো লাগার চিন্তার দিকে এগোতে আপনি প্রতি ১৫ সেকেন্ড যে সময় দেন–

- আকর্ষণের সূত্র আপনার উন্নত কম্পন ধরে রাখে
- তা সামান্য উপরের দিকে সরায়
- আবেগে ক্ষুদ্র উন্নতি তৈরি করে

আপনি তখন খুব সূক্ষ্ম ইতিবাচক গতি অনুভব করতে শুরু করতে পারেন।

কেন আপনি আবার পিছিয়ে পড়েন

কিন্তু আপনি এবং আপনার অর্থ–দুটোই যেহেতু সবসময় বিস্তৃত হচ্ছে,
তাই ইচ্ছাকৃত মনোযোগ ছাড়া আপনি সামান্য উন্নত ফ্রিকোয়েন্সি পেয়ে গেলেও সেখানে স্থির থাকতে পারেন না।

আপনি আবার নেতিবাচক অর্থ-চিন্তায় ফিরে যান, কারণ–

- আপনি মূল্য ও প্রাচুর্যের দিকে ধারাবাহিক মনোযোগ দেওয়ার সিদ্ধান্ত নেননি
- সমাজ অভাব - সংকট - সমস্যার চিন্তাকে বেশি গতিশীল করে রেখেছে

- নেতিবাচক অর্থের অভিজ্ঞতার গল্প আপনার চারপাশে বেশি শোনা যায়
- নেতিবাচক চিন্তাগুলোর গতি আপনার ভেতরেও আগে থেকেই বেশি শক্তিশালী

গতি ও উপলব্ধি

অর্থ নিয়ে নেতিবাচক চিন্তাগুলো বেশি শক্তিশালী বলে মনে হয়, কারণ–

- আপনি সেগুলোর দিকে বেশি মনোযোগ দেন
- সামাজিকভাবে সেগুলো আরও জোরদার হয়
- পার্থিব বাস্তবতায় সেগুলো বেশি চোখে পড়ে

মনে রাখবেন–
প্রতিটি বিষয়ের দুটি দিকই সমানভাবে বিদ্যমান।

আপনি যদি কেবল ত্রুটি দেখেন, গুণ না দেখেন–
তার মানে এই নয় যে গুণ নেই,
বরং এর মানে হলো আপনি কম্পনগতভাবে ত্রুটির দিকের সাথে সমন্বয়ে আছেন।

নিরপেক্ষ অবস্থান কীভাবে বজায় থাকে

এইভাবেই অর্থের মধ্যবিত্ত মানসিকতা টিকে থাকে।

কিছু সাময়িক ইতিবাচক ঘটনা–যেমন:

- বেতন পাওয়া
- বেতন বৃদ্ধি
- ব্যবসায় একটু বেশি বিক্রি হয়ে যাওয়া
- ঋণ পাওয়া

আপনাকে অল্প সময়ের জন্য নিরপেক্ষতার অবস্থান থেকে ওপরে তুলে আনে।
আকর্ষণের সূত্র সেটাকে সনাক্ত করে আপনাকে সামান্য আরো উপরের দিকে নিয়ে যায়।

কিন্তু আপনি যেহেতু ধারাবাহিকভাবে মনোযোগ দেন না–

- কদরের দিকে
- মূল্যের দিকে
- অর্থের উপস্থিতির দিকে

তাই আপনি আবার নিরপেক্ষ অবস্থায় ফিরে আসেন।

আপনি না গভীরভাবে অভাবে মনোযোগ দেন,
না ইচ্ছাকৃতভাবে প্রাচুর্যের দিকে মনোযোগ দেন–
ফলে আপনার কম্পন স্থির হয়ে যায় সেই অচল নিরপেক্ষ অঞ্চলে।

অর্থের ক্ষেত্রে কেন আপনি আটকে আছেন বলে মনে হয়

আকর্ষণের সূত্রভিত্তিক এই মহাজগতে,
কোনো বিষয়ের প্রতি আপনার কম্পনই আপনার অভিজ্ঞতা নির্ধারণ করে।

আপনার অর্থ-কম্পন যেহেতু বেশিরভাগ সময় নিরপেক্ষ স্থানের কাছাকাছি থাকে, তাই–

- গতি খুব কম
- বিস্তার ধীর
- অভিজ্ঞতা স্থবির মনে হয়

এই কারণেই আপনার মনে হয়– আপনি না ধনী, না গরিব
শুধু আটকে আছেন।

সামনের পথ

নিরপেক্ষ স্থান ভুল নয়–
কিন্তু এটি সৃজনশীলও নয়।

সৃষ্টি শুরু হয় তখনই, যখন আপনি ইচ্ছাকৃতভাবে দিক নির্বাচন করেন।

আর এই বইয়ের পরবর্তী অধ্যায়গুলো
ঠিক সেটাই করতে আপনাকে সহায়তা করার জন্যই প্রস্তুত।

∞

৫. অর্থ আপনাকে সুখী বা দুঃখী করতে পারে না

আমাদের সমাজে একটি প্রচলিত ধারণা আছে–যত বেশি অর্থ থাকবে, তত বেশি সুখী হওয়া যাবে।পার্থিব দৃষ্টিকোণ থেকে এই বিশ্বাসটি যুক্তিসঙ্গতও মনে হয়।অর্থ পছন্দের স্বাধীনতা দেয়, সীমাবদ্ধতা থেকে বেরোনোর সুযোগ তৈরি করে, আর সাফল্যের দৃশ্যমান প্রমাণ হাজির করে। সামাজিকভাবেও অর্থ সম্মান পায়, কারণ এর মাধ্যমে অন্যদের কাছে নিজের অর্জন দেখানো যায়।

অর্থ নিরাপত্তার একটি শক্ত অনুভূতিও তৈরি করতে পারে।যেহেতু বহু পার্থিব অভিজ্ঞতা অর্থের মাধ্যমে পাওয়া যায়, তাই মনে হওয়াটাই স্বাভাবিক যে–অর্থ থাকলে আপনার প্রয়োজন বা চাওয়া সবকিছুরই নিশ্চয়তা থাকবে।অনেক দিক থেকেই, অর্থকে সুখের সরাসরি পথ বলে মনে হয়।

এসবই পার্থিব অর্থকে ঘিরে পার্থিব ব্যাখ্যা।

অর্থের পেছনের কম্পনগত বাস্তবতা

কিন্তু আপনি যদি আপনার সমৃদ্ধি ও জীবনকে সচেতনভাবে গড়তে চান, তাহলে একটি মৌলিক সত্য মনে রাখতে হবে–
সবকিছুর প্রধান উপাদান হলো কম্পন।

কোনো বিষয়ের সাথে আপনি কীভাবে পারস্পরিক যোগাযোগে আসবেন, তা সবসময় আকর্ষণের সূত্র দ্বারা পরিচালিত।অর্থসহ প্রতিটি বিষয়ের দুটি পৃথক দিক থাকে–

- বাঞ্ছিত দিক (যেটা আপনি অভিজ্ঞতা করতে চান)
- অবাঞ্ছিত দিক (যেটা আপনি চান না, অর্থাৎ বাঞ্ছিতটির অনুপস্থিতি)

এই দুটি দিক কম্পনগতভাবে সম্পূর্ণ ভিন্ন।

সমৃদ্ধি ও দারিদ্র্য: দুটি বিপরীত কম্পন

যেকোনো বিষয়ের এই দুটি দিকের পার্থক্য আলো ও অন্ধকারের পার্থক্যের মতো।বিষয়টি এক হলেও পার্থিব রূপ একেবারে বিপরীত।আপনি একই সময়ে দুটোই অভিজ্ঞতা করতে পারেন না।

অর্থও এর ব্যতিক্রম নয়।
অর্থের মধ্যে থাকে–

- সমৃদ্ধির দিক
- সমৃদ্ধির অনুপস্থিতি, যাকে আমরা দারিদ্র্য বলি

এই দুটির কম্পনগত পার্থক্য এতটাই বড় যে, আপনি একই সময়ে দুটির সাথেই সমন্বয়ে থাকতে পারেন না।
অর্থের দিকে মনোযোগ দিলে, আপনি সবসময় এর এক দিকই অভিজ্ঞতা করেন।

কোন দিকটি আপনি অভিজ্ঞতা করছেন–তা আবেগই জানায়

অর্থের কোন দিকটির সাথে আপনি পারস্পরিক যোগাযোগে আছেন, তা জ্ঞানর একমাত্র উপায় হলো আপনার আবেগ–যা আপনার শক্তির প্রবাহের সূচক।

- আপনি যখন অর্থ নিয়ে ভাবেন, খরচ করেন, গ্রহণ করেন বা মনোযোগ দেন এবং ভালো অনুভব করেন–তখন আপনি অর্থের সমৃদ্ধির দিকের সাথে কম্পনগত সমন্বয়ে থাকেন।
    - o আপনি সমৃদ্ধির কম্পন নিঃসরণ করছেন।
    - o আকর্ষণের সূত্র আপনার অভিজ্ঞতায় আরও অর্থ প্রবাহিত করে।
- অর্থের দিকে মনোযোগ দিয়ে আপনি যখন খারাপ অনুভব করেন–তখন আপনি সমৃদ্ধির অনুপস্থিতির দিকের সাথে সমন্বয়ে থাকেন।
    - o আপনি অভাবের কম্পন নিঃসরণ করছেন।
    - o আকর্ষণের সূত্র আপনার ভবিষ্যৎ অভিজ্ঞতায় আরও অনুপস্থিতি নিয়ে আসে।

শুধু পার্থিব অর্থ থাকলেই সমৃদ্ধি হয় না কেন

শুধু পার্থিব দৃষ্টিতে দেখলে মনে হয়–অর্থ থাকলেই সমৃদ্ধি।কিন্তু অধিকাংশ মানুষই জানে না যে, অর্থের ভেতরেই তার বিপরীত দিকটিও সবসময় বিদ্যমান।

তাই আপনার কাছে এই মুহূর্তে কত অর্থ আছে বা নেই–তা আসল বিষয় নয়।
আসল বিষয় হলো–

- আপনি কোন কম্পনের সাথে সমন্বয়ে আছেন
- সমৃদ্ধি, নাকি সমৃদ্ধির অনুপস্থিতি

আপনি যদি অভাবের কম্পনে থাকেন, তাহলে আপনার অ্যাকাউন্টে যত অর্থই থাকুক না কেন–মহাজগৎ আপনাকে সমস্যাই দেবে।

আপনার ব্যাংক ব্যালান্স বড় হতে পারে, তবু আপনি চাপ, অসন্তোষ, ভয় এবং একের পর এক সমস্যার অভিজ্ঞতা পাবেন।কারণ মহাজগৎ সংখ্যায় প্রতিক্রিয়া জানায় না–কম্পনে প্রতিক্রিয়া জানায়।

অভাবের কম্পনে কেন সমস্যা পিছু নেয়

আপনি যখন অর্থ নিয়ে অনুপস্থিতি বা ভয়ের কম্পন নিঃসরণ করেন, আকর্ষণের সূত্র বাধ্য হয় সেই কম্পনের আরও অভিজ্ঞতার সাথে আপনাকে সমন্বয় করাতে।

ফলে–

- সমাধানগুলো অপ্রাপ্য মনে হয়
- শান্ত হওয়া কঠিন হয়ে পড়ে
- সুখ ক্ষণস্থায়ী বা দূরের বলে মনে হয়

এটা ঘটে না এই কারণে যে অর্থ আপনাকে ব্যর্থ করেছে,
বরং ঘটে এই কারণে যে সব অভিজ্ঞতাই কম্পন দ্বারা পরিচালিত।

সমৃদ্ধি আগে ভেতর থেকে আসে

আপনি যখন বুঝতে শুরু করেন–সমৃদ্ধির কম্পনই অর্থকে আকর্ষণ করে–তখন এই মুহূর্তে আপনার কাছে কত অর্থ আছে, তা অনেক কম গুরুত্বপূর্ণ হয়ে যায়।

ভালো লাগার, সমৃদ্ধির কম্পনে থাকলে–

- আপনি অনুপ্রাণিত বুদ্ধি পান
- সমাধান খুঁজে পান
- সুযোগ আবিষ্কার করেন

এই বুদ্ধিগুলো স্বাভাবিকভাবেই পার্থিব অর্থে রূপ নেয়।

এর বিপরীতে, আপনি যদি অভাব, ভয় বা নেতিবাচক কম্পনে থাকেন–

- আপনি এমন বুদ্ধি পান যা ক্ষতির দিকে নিয়ে যায়
- এমন সিদ্ধান্ত নেন যা অনিষ্ট সৃষ্টি করে
- যে পথে হাঁটা শুরু করেন সেখানে বারবার বাধার অভিজ্ঞতা হয়

শুধু অর্থ আপনাকে সুখী করতে পারে না কেন

কম্পন না বদলে শুধু অর্থ জমানো কখনোই সুখ তৈরি করতে পারে না।
খারাপ অনুভূতির জায়গা থেকে আপনি অর্থ পেতেই পারেন–কিন্তু সমান মাত্রায় সমস্যা সঙ্গী হবে।

ভালো অনুভূতির জায়গা থেকে আপনার কাছে সাময়িক ভাবে কম পার্থিব অর্থ থাকতে পারে–তবু আপনি ধারাবাহিক ভাবে সমাধান, স্বচ্ছতা ও অনুপ্রাণিত বুদ্ধি পেতে থাকবেন। এগুলোই দ্রুত প্রাচুর্যের দরজা খুলে দেয়।

সুখ ও সমৃদ্ধির প্রকৃত উৎস

সুতরাং–
আপনার বাইরের অর্থের পরিমাণই সুখ নির্ধারণ করে না।
অর্থ সম্পর্কে আপনার ভেতরের কম্পনই আপনার অভিজ্ঞতাকে গড়ে তোলে।

কম্পন বদলান,
অভিজ্ঞতা বদলাতেই হবে।

এটাই সচেতন সমৃদ্ধির ভিত্তি।

∞

৬. আপনি যদি সহজে ভালোবাসতে পারেন, আপনি সহজেই ধনী হতে পারেন

সন্তুষ্টি বেশিরভাগ মানুষের জীবনেই বিদ্যমান নয়।যদিও বর্তমান আধুনিক সমাজে গতি কর্ম ও ফলাফল কেই সবচেয়ে বেশি প্রাধান্য দাওয়া হয়ে থাকে কিন্তু যা প্রকৃতক্ষেত্রে উঠে আসে তাহল –

- কাজের জায়গায় তারা হতাশ বোধ করেন
- সম্পর্কে বিরক্তি তৈরি হয়
- আর জীবনের একই রকম অভিজ্ঞতার ভেতরে আটকে থাকার অনুভূতি আসে

যা আপনাকে অবাক করতে পারে, তা হলো–
এই সব হতাশা, বিরক্তি আর আটকে থাকার অনুভূতির পেছনে আসলে একটি মাত্র আকাঙ্ক্ষা কাজ করে:
ভালোবাসা প্রবাহিত করার আকাঙ্ক্ষা।

ভালোবাসা হলো বিশুদ্ধ ইতিবাচক শক্তির সবচেয়ে খাঁটি রূপ।

হতাশা কেন তৈরি হয়

মানুষ চায় নিজের কাজকে ভালোবাসতে, কিন্তু সেখানে তারা মুখোমুখি হয়–

- রূঢ় বস (boss) এর
- তিক্ত সহকর্মীদের
- অতিরিক্ত কাজের চাপের

ফলে হতাশা তৈরি হয়।

তারা চায় সঙ্গী, বন্ধু বা আত্মীয়দের ভালোবাসতে,
কিন্তু মতের অমিল বা জীবনের দৃষ্টিভঙ্গির পার্থক্য থেকে বিরক্তি জন্ম নেয়।

তারা চায় নতুন, উত্তেজনাপূর্ণ অভিজ্ঞতা–যেগুলো তারা ভালোবাসবে,
কিন্তু সীমিত অর্থ বা সময় তাদের একই রুটিনে আটকে রাখে–
আর তখন তারা নিজেকে আটকে থাকা মনে করে।

প্রত্যেকেরই তাদের ওই ধরনের জীবনযাপনের পেছনে বাস্তব কারণ আছে।
আপনারও আপনার অভ্যাস, বিশ্বাস আর দৃষ্টিভঙ্গির পেছনে শক্ত যুক্তি আছে।

যুক্তি বাস্তবতা তৈরি করে না—কম্পনই করে

আকর্ষণের সূত্রভিত্তিক এই কম্পনমূলক মহাজগতে,
শুধু যুক্তি আপনার জীবনের অভিজ্ঞতা নির্ধারণ করে না।

যা সত্যিকার অর্থে গুরুত্বপূর্ণ তা হলো–

- আপনি আপনার আকাঙ্ক্ষাগুলোর সাথে কম্পনগতভাবে কতটা **বৃহদাংশের সাথে সংমিশ্রণে** আছেন
- সেগুলো নিয়ে আপনি কতটা ইতিবাচক অনুভব করেন
- আপনার চিন্তা ও কাজে কতটা ভালো লাগা উপস্থিত

আপনার হতাশা, বিরক্তি বা আটকে থাকার অনুভূতি যতই যুক্তিসঙ্গত মনে হোক না কেন,
এই যুক্তিগুলো কখনোই আপনাকে সহায়তা করে না।

আপনি সবসময়ই আকর্ষণ করছেন

এটি একটি আকর্ষণভিত্তিক মহাজগৎ।
এখানে জোর করার কোনো সূত্র নেই—আছে শুধু আকর্ষণ।

আপনি যা কিছু অভিজ্ঞতা করেন,
তা আপনিই আকর্ষণ করেন—কারণ আপনিই সেটি কম্পন হিসেবে নিঃসরণ করছেন।

এই উপলব্ধির ভেতরে রয়েছে বিরাট শক্তি:
কেউ আপনার সাথে কিছু করছে না।
সবকিছু ঘটছে—আপনার কম্পনের মাধ্যমে, আপনার দ্বারাই।

দোষারোপ ছাড়া দায় নেওয়ার শক্তি

আপনি যখন বুঝতে শুরু করেন যে আপনার জীবনের সবকিছুই আপনার কম্পনের ফল,
তখনই আপনি আপনার প্রকৃত শক্তিতে প্রবেশ করেন।

কারণ—যদি কম্পন এটা সৃষ্টি করে থাকে,
তাহলে কম্পনই এটাকে বদলাতে পারে।

আপনার গভীরে আপনি চেয়েই থাকেন—
কাজে ভালোবাসা প্রবাহিত করতে,

সম্পর্কে ভালোবাসা প্রবাহিত করতে,
জীবনে ভালোবাসা প্রবাহিত করতে।

কিন্তু আপনি ত্রুটির দিকে মনোযোগ রেখে ভালোবাসা প্রবাহিত করতে পারেন না।
আপনি একই সঙ্গে সমালোচনা ও ভালোবাসা বজায় রাখতে পারেন না।
এগুলো সম্পূর্ণ ভিন্ন কম্পন।

প্রতিরোধ থেকে ভালোবাসার দিকে সরে আসা

ভালোবাসার কম্পনে যেতে হলে আপনাকে মনোযোগের দিক বদলাতে হবে–

- ত্রুটি থেকে মূল্যের দিকে
- দোষ থেকে গুণের দিকে
- প্রতিরোধ থেকে গ্রহণযোগ্যতার দিকে

আপনি যখন আপনার মনোযোগের দিক বদলান,
আপনার শক্তির প্রবাহ স্বাভাবিকভাবেই আপনার অ-পার্থিব বৃহদাংশের সাথে সংমিশ্রণে আসে–
যে বৃহদাংশ সবসময়ই আপনার দিকে ভালোবাসা প্রবাহিত করছে।

এই সংমিশ্রণে,
ভালোবাসা আপনার ভেতর দিয়ে বাহ্যিক পৃথিবীর দিকে প্রবাহিত হতে শুরু করে।

আপনি যখন ভালোবাসার কম্পনে থাকেন, তখন কী ঘটে

আপনি যখন ভালোবাসার কম্পনে থাকেন–

- আপনি অন্যের মধ্যে মূল্য দেখতে পান
- অন্যরা আপনার কাছ থেকে ভালোবাসা প্রতিফলিত হওয়া অনুভব করে
- উন্নত মানসিকতার মানুষ স্বাভাবিকভাবেই আপনার জীবনে আসে
- সম্পর্কের উন্নতি ঘটে
- কাজ ও ব্যবসা বৃদ্ধি পায়
- সুস্থতা ও স্বাস্থ্য শক্তিশালী হয়
- জীবন বিকশিত হতে শুরু করে

মানুষ আপনার উপস্থিতিতে যে ভালোবাসা ও কদরের অনুভূতি পায়,
তার প্রতিই তারা আকৃষ্ট হয়।

মনোযোগ বদলানোর আসল শক্তি

এই হলো মনোযোগ সামান্য বদলানোর বিরাট শক্তি–
সমালোচনা থেকে কদরের দিকে,
প্রতিরোধ থেকে ভালোবাসার দিকে।

একটি কোমল স্মরণ

এই কম্পনগত পরিবর্তন এক রাতেই ঘটে না।
আকর্ষণের সূত্র এত ভিন্ন কম্পনের মধ্যে হঠাৎ লাফ দিতে দেয় না।
পরিবর্তন আসে ধীরে ধীরে–নিয়মিত অনুশীলনের মাধ্যমে।

এই বইয়ের প্রক্রিয়াগুলো ব্যবহার করে
অল্প অল্প করে আপনার মনোযোগকে ইতিবাচকের দিকে নিয়ে যান।

আপনি যখন তা করেন,
ভালোবাসা স্বাভাবিকভাবেই প্রবাহিত হতে শুরু করে–
প্রথমে আপনার ভেতরে,
তারপর আপনার ভেতর দিয়ে,
এবং শেষ পর্যন্ত আপনার জীবনের প্রতিটি ক্ষেত্রে।

∞

৭. আপনার কাছে যে অর্থ আছে–তা না কম, না বেশি

আপনি আপনার পার্থিব শরীরের সাথে এতদিন ধরে বাস করেছেন, তথা জীবনের অভিজ্ঞতা আপনি মূলত পার্থিব দৃষ্টিভঙ্গি থেকেই নিতে শিখেছেন।এই ধারাবাহিক পার্থিব অভিজ্ঞতাগুলো আপনার ভেতরে একটি বিশ্বাস তৈরি করেছে–শুধু পার্থিব জিনিসই বাস্তব।

এই দৃষ্টিভঙ্গি থেকে দেখলে, আপনার ব্যাংক অ্যাকাউন্টে পার্থিব অর্থ থাকলে আপনি নিজেকে ধনী মনে করেন।আর সেখানে বড় অঙ্ক না থাকলে নিজেকে ধনী মনে করেন না।

কিন্তু এখন আপনি একটি গভীর মহাজাগতিক সত্য উপলব্ধি করতে শুরু করেছেন–সবকিছুরই একটি সমান ও সমতুল্য বিপরীত দিক থাকে, যা ভারসাম্য বজায় রাখার জন্যই বিদ্যমান।

অর্থের অ-পার্থিব ভারসাম্য

আপনার ব্যাংক অ্যাকাউন্টে পার্থিবভাবে বড় অঙ্কের অর্থ থাকতে পারে,
কিন্তু মনে রাখবেন–তার সমতুল্য অর্থের অনুপস্থিতিও অ-পার্থিব কম্পনগত জগতে একই সঙ্গে বিদ্যমান থাকে।

একইভাবে, এই মুহূর্তে আপনার পার্থিব অর্থ খুব কম থাকতে পারে,
তবু অসাধারণ সমৃদ্ধির জন্য আপনার ভেতরে যে তীব্র আকাঙ্ক্ষা অনুভূত হয়–
সেটাই প্রমাণ করে যে আপনার ভেতরে অর্থের একটি বিশাল, সীমাহীন অ-পার্থিব উপস্থিতি ইতিমধ্যেই আছে।

অ-পার্থিব বাস্তবতায় "বেশি" আগে থেকেই না থাকলে,
আপনি কোনো বিষয়ের ক্ষেত্রে "কম" অনুভবই করতে পারতেন না।

আপনিই শক্তির মনোযোগদাতা

সবচেয়ে গুরুত্বপূর্ণ বিষয়টি হলো–
আপনিই শক্তির মনোযোগদাতা।

আপনি যেদিকে মনোযোগ দেন,
সেই দিকটাই আপনার অভিজ্ঞতায় গতি পায়।

প্রতি ১৫ সেকেন্ড আপনি কোনো বিষয়ের দিকে মনোযোগ ধরে রাখলে,
আপনি তার কম্পনের সাথে আরও গভীরভাবে সংমিশ্রিত হন।
এটাই চিন্তার গতি–যা আকর্ষণের সূত্র দ্বারা পরিচালিত।

আপনি যখন কোনো বিষয়ের দিকে মনোযোগ দেন,
একই সময়ে তার দুটো দিকেই মনোযোগ দেওয়া সম্ভব হয়ে ওঠেনা কখনোই।

যখন অর্থ "পর্যাপ্ত নয়" মনে হয়

আপনার ব্যাংক ব্যালান্স বড় হতে পারে,
তবু যদি আপনার ভেতরে "পর্যাপ্ত নয়" এমন অনুভূতি থাকে–যা সবসময়ই খারাপ লাগে–
তার মানে আপনি অর্থের অনুপস্থিতির দিকের সাথে সংমিশ্রিত হচ্ছেন।

আপনি যদি বারবার এই ধারণার দিকেই মনোযোগ দেন যে অর্থ "যথেষ্ট নয়",
তাহলে–

- আপনি যে চিন্তা পান
- আপনি যে বুদ্ধির ওপর কাজ করেন
- আপনি যে অনুপ্রেরণা অনুসরণ করেন

সেগুলো আপনার পার্থিব অর্থ বাড়াতেও পারে, কমাতেও পারে–
কিন্তু আপনার ভেতরের শূন্যতার অনুভূতিকে তারা বাড়িয়েই তোলে।

কেন?
কারণ আপনি নিজের ভেতর থেকেই অর্থের কম্পনগত উপস্থিতি ক্রমশ হারাতে থাকেন।

কেন কিছু ধনী মানুষও শূন্যতা অনুভব করেন

আপনি নিশ্চয়ই এমন মানুষ দেখেছেন–
যাদের ব্যাংক অ্যাকাউন্ট বড়, পার্থিব প্রাচুর্য আছে,
তবু তারা হতাশ, চাপগ্রস্ত, রাগান্বিত বা অসুখী।

তখন আপনার মনে হতে পারে–
"তাদের অভাবটা কোথায়?"

তাদের অভাব হলো–অর্থের কম্পনগত উপস্থিতির।
যে শক্তি একজন মানুষের ভেতর দিয়ে প্রবাহিত হলে পরিপূর্ণতার অনুভূতি তৈরি হয়।

তাদের ধারাবাহিক মনোযোগ থাকে–

- যা কাজ করছে না
- যা অনুপস্থিত
- যা এখনো পার্থিব রূপে বিদ্যমান হয়নি
- যে সমস্যাগুলো রয়ে গেছে

এর ফলে, বিপুল পার্থিব অর্থ থাকা সত্ত্বেও
তারা অর্থের অনুপস্থিতির দিকের সাথেই সংমিশ্রিত হয়ে থাকেন।

সঞ্চয় থেকে পরিপূর্ণতা আসে না

এই ভারসাম্যের নীতি আপনি বুঝুন বা না বুঝুন–
এটি সবসময়ই কাজ করে।

আপনার কাছে ইতিমধ্যেই যে অর্থ আছে,
তার দিকে যদি আপনি ইতিবাচকতা, ভালোবাসা, কদর ও মূল্য দিয়ে মনোযোগ না দেন,
তাহলে আপনি কখনোই পরিপূর্ণতা অনুভব করবেন না–
আপনি যত পার্থিব মুদ্রাই জমা করুন না কেন।

কদর উপস্থিতিকে সক্রিয় করে

আপনি যখন আপনার কাছে থাকা অর্থের কদর করেন,
আর সেই অর্থ যে অভিজ্ঞতাগুলো আপনাকে উপভোগ করতে দেয়–তার কদর করেন,
তখন আপনি অর্থের উপস্থিতির দিকের সাথে সংমিশ্রিত হন।

আর আপনি যখন উপস্থিতির দিকের সাথে সংমিশ্রিত হন,
তখন আরও অর্থের আপনার পার্থিব অভিজ্ঞতায় পার্থিব রূপ নিতেই হয়।

একটি সাধারণ মধ্যবিত্ত জীবনের মধ্যেও রয়েছে বিপুল মূল্য, বৈচিত্র্য ও সমৃদ্ধি–
যেগুলো প্রায়ই চোখ এড়িয়ে যায়,
কারণ মনোযোগ থাকে এমন আকাঙ্ক্ষার দিকে,
যেগুলো এখনো পার্থিব রূপে বিদ্যমান হয়নি।

ধনীরা যা প্রায়ই মিস করেন

আপনি প্রায়ই শুনবেন–বিখ্যাত বা অত্যন্ত ধনী মানুষরা বলেন,
তারা একটি “স্বাভাবিক জীবন” মিস করেন।
তারা মিথ্যে বলেন না।

তারা মিস করেন–

- সহজ ভালোবাসার মুহূর্ত
- সাধারণ পারস্পরিক যোগাযোগের স্বস্তি
- চলাচলের রাস্তার পাশের খাবার উপভোগ করা
- চারপাশে ছড়িয়ে থাকা খাঁটি হাসি

এই আশীর্বাদগুলোর অনেকটাই আপনার জীবনে ইতিমধ্যেই আছে।

ছুটে চলা থামান–গ্রহণ শুরু করুন

আপনার কাছে যে অর্থ আছে,
আর যে জীবন আপনি বেঁচে আছেন–
তার মধ্যেই উপভোগ করার মতো অনেক কিছু রয়েছে।

আর যখন আপনি জীবনের কদর না করে
অবিরাম অর্থের পেছনে ছুটে চলেন,
তখন আপনি নিজেকেই অনেক কিছু থেকে বঞ্চিত করেন।

আপনার চারপাশে যে ভালোবাসা ইতিমধ্যেই আছে–তা খুঁজুন।
অন্যরা আপনার জীবনে যে মূল্য যোগ করছে–তা দেখুন।

আপনি যখন ভালোবাসা ও মূল্য খুঁজে পান,
অর্থের আপনার দিকে আসতেই হয়।

এটা কোনো আশা নয়–
এটা মহাজাগতিক নিয়ম।
এটা না এসে পারে না।

∞

৮. অর্থ পাওয়ার কোনো ঠিক বা ভুল উপায় নেই

সমাজে অর্থ উপার্জনের ‘ঠিক’ ও ‘ভুল’ পথ নিয়ে নানা নিয়ম-কানুন প্রচলিত। বলা হয়–অর্থ কেবল নির্দিষ্ট কিছু উপায়ে উপার্জন করা উচিত, আর অন্য উপায়গুলো কখনোই নয়।এই নিয়মগুলোর পেছনে মূলত দুটি কারণ কাজ করে–

- একটি পার্থিব কারণ
- আরেকটি কম্পনগত কারণ

পার্থিব কারণ

পৃথিবীর প্রায় নিরানব্বই শতাংশ মানুষ জগৎকে কেবল পার্থিব দৃষ্টিতেই দেখে। তাদের কাছে পৃথিবী হলো–

- একটি এমন জায়গা যেখানে সম্পদ ক্রমশ কমে যাচ্ছে
- একটি এমন জায়গা যেখানে অর্থ সীমিত
- একটি এমন জায়গা যেখানে একজন জিতলে অন্যজনকে হারতেই হবে

এই দৃষ্টিভঙ্গি থেকেই অভাবর বিশ্বাস জন্ম নেয়।
এর ফলেই ‘অর্থের রুটি’ নিয়ন্ত্রণ করার জন্য নিয়ম বানানো হয়–যাতে কেউ নাকি নিজের “ন্যায্য অংশের” বেশি না নিয়ে ফেলে।

কম্পনগত কারণ

যেকোনো অভিজ্ঞতা ঘটতে হলে, দুইটি বিষয়ের মধ্যে একইধরণের কম্পনের সংমিশ্রণ ঘটতেই হয়।

অর্থ উপার্জনের পথকে ‘ঠিক’ ও ‘ভুল’–এই ভাগে বিভক্ত করে সমাজ আসলে কম্পনগত - চিন্তাগত সামঞ্জস্যপূর্ণ গোষ্ঠী তৈরি করতে চায় –

- যারা নিয়ম মানে, তারা নিয়মপ্রণেতাদের চিন্তার সাথে - কম্পনের সাথে এক
- আর যারা মানে না, তাদের কম্পনগত বহিরাগত হিসেবে দেখা হয়

এই দৃষ্টিকোণ থেকে নিয়মগুলো তৈরি হয় কে ‘নিরাপদ’ আর কে ‘গোপনে অর্থের বড় অংশ নিয়ে নিতে পারে’–তা চিহ্নিত করার জন্য।

ফলে সমাজে অর্থ ব্যবস্থাপনার জন্য নয়, বরং নিয়মের ভয় ব্যবস্থাপনার জন্যই নিয়মের পর নিয়ম যোগ হতে থাকে।

নিয়ম সম্পর্কে মহাজাগতিক সত্য

যেটা ভুল বোঝা হয়, তা হলো–
এটি একটি কম্পনমূলক মহাজগৎ, যা কেবল আকর্ষণের সূত্র দ্বারাই পরিচালিত।

আকর্ষণের সূত্র ছাড়া, কোনো মানব-নির্মিত নিয়মেরই অভিজ্ঞতা নিয়ন্ত্রণ করার ক্ষমতা নেই।

একমাত্র সার্বজনীন নিয়ম হলো–
প্রতিটি কম্পন একইধরণের অন্যান্য কম্পনকেই আকর্ষণ করে।

কোনো মানবীয় নিয়ম এই সূত্রকে অগ্রাহ্য করতে পারে না।
এই সীমাহীন মহাজগতে আপনি যেকোনো কিছু করতে, হতে বা পেতে পারেন।
আপনাকে থামানোর ক্ষমতা কারও নেই।

"তাহলে কি সবকিছুই ঠিক?"

এখন আপনার মনে প্রশ্ন আসতে পারে–

- "আমি কি চুরি করে ধনী হতে পারি?"
- "আমি কি অবৈধ বা নেশাজাত দ্রব্য বিক্রি করে সমৃদ্ধ হতে পারি?"

এর উত্তর বুঝতে হলে একটি বিষয় পরিষ্কার করতে হবে–
প্রতিটি কাজ, সিদ্ধান্ত, পারস্পরিক যোগাযোগ ও পছন্দের পেছনেই একটি কম্পন থাকে।

এই জগতে কিছুই শুধু পার্থিব নয়।
পার্থিব বাস্তবতা সবসময়ই অ-পার্থিব কম্পনের ঘনীভূত, তাৎক্ষণিক পার্থিব রূপ।

অবাঞ্ছিত কাজের পেছনের কম্পন

আপনি যদি চুরি করার সিদ্ধান্ত নেন, এবং সেটা করতে গিয়ে আপনার ভেতরে যদি ভালো না লাগে বা সন্তুষ্টি না আসে–
তাহলে আপনি প্রতিরোধের কম্পনে অবস্থান করছেন।

এই চুরি ঘটতে হলে–

- যে ব্যক্তি, জায়গা বা পরিস্থিতি জড়িত, সেগুলোকেও প্রতিরোধের কম্পনে থাকতে হয়
- দুটি নেতিবাচক কম্পন একত্রে সংমিশ্রিত হয়ে একে অন্যের নেতিবাচকতা বাড়ায়

আপনি চুরিতে সফল হলে, ভুক্তভোগীর অনুপস্থিতির অনুভূতি বাড়ে।
আপনি ব্যর্থ হলে, আপনার নিজের প্রতিরোধ বাড়ে।

এভাবেই আকর্ষণের সূত্র সবসময় কাজ করে।
নেতিবাচক কম্পনে থাকা কেউ কখনোই ইতিবাচক কম্পনে থাকা কাউকে স্পর্শ করতে পারে না।
তৃপ্ত ও ভালো-লাগা অবস্থায় থাকা মানুষ নেতিবাচক কম্পনের কাছে কার্যত অদৃশ্য।

ইতিবাচকতাই আসল সুরক্ষা

যে ব্যক্তি সন্তুষ্টি ও ইতিবাচকতা বজায় রাখে, তার আলাদা কোনো সুরক্ষার দরকার হয় না।
পরিপূর্ণতার কম্পনগত পরিসরে কোনো অবাঞ্ছিত বিষয় প্রবেশ করতে পারে না।
এটাই কম্পনগত মহাজাগতিক সূত্র।

নেশা, অবৈধ রাসায়নিক পদার্থ এবং স্বস্তির খোঁজ

প্রতিটি সত্তার ভেতরে একটি সহজাত আকাঙ্ক্ষা থাকে–
ভালো অনুভব করা।

ভালো লাগা মানেই আপনার ভেতর দিয়ে ইতিবাচক শক্তির প্রবাহ।

কিন্তু অনেক মানুষ–

- অভাবের দিকে মনোযোগ দেয়
- সমালোচনামুখর, ভীত বা বিষণ্ন হয়ে পড়ে
- নিজেদের বৃহদাংশের সাথে সংযোগ হারায়

এই বিচ্ছিন্নতা শরীরে চাপ, কষ্ট এবং আবেগগত যন্ত্রণা তৈরি করে।

একসময় মানুষ খেয়াল করে–কিছু রাসায়নিক পদার্থ সাময়িকভাবে এই প্রতিরোধকে নিস্তব্ধ করে দেয়।
শরীরের রসায়ন বদলে দিয়ে তারা অল্প সময়ের জন্য স্বস্তি ও প্রবাহ অনুভব করে।

এই অনুভূতি এতটাই আরামদায়ক যে, তারা বারবার সেটার দিকে ফিরে যায়।

তারা জানে না–

- তাদের শরীর ইতিমধ্যেই আনন্দের জন্য প্রয়োজনীয় সবকিছু উৎপন্ন করতে সক্ষম
- এই স্বস্তি রাসায়নিক থেকে আসে না, আসে সাময়িক বৃহদাংশের সাথে সংমিশ্রণ থেকে

যদি তারা নিজেদের কম্পনগত প্রকৃতি বুঝত,
তাহলে নেশা বা অসুস্থতার প্রয়োজনই হতো না।

অর্থ উপার্জনে আসল বিষয়টি কী

এখন আপনি স্পষ্টভাবে বুঝতে পারছেন–
অর্থ উপার্জনের ক্ষেত্রে আসল প্রশ্ন নয়–
আপনি কী করছেন,
কীভাবে করছেন,
বা কার জন্য করছেন।

একমাত্র গুরুত্বপূর্ণ বিষয় হলো–
আপনি সেটা করতে গিয়ে কেমন অনুভব করছেন।

সমৃদ্ধির চূড়ান্ত সূত্র

এই আকর্ষণের সূত্রভিত্তিক কম্পনমূলক মহাজগতে–

- আপনি যদি কাজে সুখী, তৃপ্ত ও ভালো অনুভব করেন, সমৃদ্ধি আসতেই হয়
- আপনি যদি অসুখী, অতৃপ্ত বা খারাপ অনুভব করেন, সমস্যাই আপনার সাথী হয়

অনেক সময় মানুষ নিজের নেতিবাচক কম্পন টের পায় না–
যতক্ষণ না সেটা বড় সমস্যার রূপ নেয়।

সমাজের নিয়ম বনাম মহাজাগতিক সূত্র

সমাজ কোনটিকে অর্থ উপার্জনের ‘ঠিক’ বা ‘ভুল’ পথ বলে—তা গুরুত্বপূর্ণ নয়।

গুরুত্বপূর্ণ হলো—

- আপনার কাছে সেটা কতটা ঠিক মনে হয়
- আপনি কতটা তৃপ্ত বোধ করেন
- আপনি বৃহদাংশের সাথে কতটা সংমিশ্রিত অনুভব করেন

নিজের বৃহদাংশের সাথে সংযুক্ত একজন মানুষ—
এমন লক্ষ মানুষের চেয়েও শক্তিশালী, যারা সংযুক্ত নয়।

এই সংযোগই আপনাকে পুরো মহাজগতের অভিজ্ঞতা দেয়।
অতৃপ্ত কম্পনে থাকা কেউ আপনাকে বাধা দিতে পারে না—
তারা আপনাকে খুঁজেই পায় না।

চূড়ান্ত সিদ্ধান্ত

আপনি যখন নিজের কাজে ভালো অনুভব করেন, তৃপ্ত থাকেন, কদর করেন ও আনন্দ অনুভব করেন—
তখন আপনার বৃহদাংশের সাথে সংযোগ অটুট থাকে,
এবং সমৃদ্ধির পার্থিব রূপে প্রকাশ পেতেই হয়।

অন্যদিকে, সামাজিকভাবে কাজটি যতই ‘ঠিক’ দেখাক না কেন—
আপনি যদি সেটা করতে গিয়ে খারাপ অনুভব করেন,
তাহলে আপনি নিজের উৎস থেকে বিচ্ছিন্ন।

আর এই কম্পনমূলক মহাজগতে—
কঠোর পরিশ্রম অপ্রয়োজনীয়।
বৃহদাংশের সাথে সংমিশ্রণই সবকিছু।

∞

৯. অর্থ সম্পর্কে আপনার মনে কেন অবাঞ্ছিত, অভাবমূলক চিন্তার ধরন তৈরি হয়েছে

সবসময়ই আপনার চিন্তাগুলোর মধ্যে একইধরণের কম্পনের সমন্বয় বর্তমান থাকে।যে কম্পনগুলো আপনার নিজস্ব কম্পনের সাথে সামঞ্জস্যপূর্ণ , কেবল সেগুলিই আপনার সচেতনতায় আসে।

তাই একটি গুরুত্বপূর্ণ প্রশ্ন উঠে আসে–
এই সম্পূর্ণ ভারসাম্যপূর্ণ, আকর্ষণনির্ভর মহাজগতে
আপনি কীভাবে ইতিবাচক, সহায়ক ও সমৃদ্ধিমুখী চিন্তার বদলে
অবাঞ্ছিত, অকার্যকর ও অভাবমুখী চিন্তার সাথে সমন্বয় করলেন?

এটা বুঝতে হলে আমাদের ফিরে যেতে হবে
আপনার পার্থিব জীবনের একেবারে শুরুর দিকে।

আপনার আদিম কম্পনগত অবস্থা

আপনি যখন এই পার্থিব শরীরে প্রবেশ করেছিলেন–জন্মের ঠিক আগে–
তখন আপনি ছিলেন একটি বিশুদ্ধ ইতিবাচক কম্পনগত সমন্বয়।

বিশুদ্ধ কম্পন বলতে বোঝায়–
যে কম্পন তার বিপরীত অংশের সাথে মিশ্রিত নয়।

সহজভাবে বললে,
আপনি যখন জন্মেছিলেন, তখন আপনি ছিলেন বিশুদ্ধ ভালোবাসা।

একটি প্রতিরোধী জগতে প্রবেশ

আপনি জন্ম নিয়েছিলেন একটি ঘনীভূত, তুলনামূলকভাবে বেশি প্রতিরোধী
সময়-স্থান বাস্তবতায়,
যেখানে আপনার চারপাশের অনেক মানুষ ইতিমধ্যেই নেতিবাচক ভাবনায় বা প্রতিরোধের কম্পনে অবস্থান করছিল।

নবজাতক হিসেবে আপনি স্বাভাবিকভাবেই
এই পার্থিব জগৎ বোঝার জন্য আপনার সবচেয়ে কাছের মানুষদের দিকে মনোযোগ

দিলেন–
আপনার বাবা-মা, ভাই-বোন ও আত্মীয়দের দিকে।

কিন্তু আপনার বিশুদ্ধ ইতিবাচক কম্পন
তাদের অধিকাংশের প্রতিরোধী কম্পনের সাথে সামঞ্জস্য খুজে পাচ্ছিল না।

তাই আপনি তাদের সাথে মিশতে, মানিয়ে নিতে
নিরবচ্ছিন্ন চেষ্টা করতে শুরু করলেন।

এ কারণেই–

- শিশুরা বেশি কাঁদে
- শিশুরা তুলনামূলকভাবে বেশি অসুস্থ হয়

তারা চারপাশের মানুষের কম্পনের সাথে সমন্বয় করার চেষ্টা করতেই থাকে।
তবু তাদের কম্পন যেহেতু শক্তিশালী ও ইতিবাচক,
তাই তারা দ্রুত সুস্থও হয়ে ওঠে।

বিশ্বাস কীভাবে গঠিত হতে শুরু করে

চারপাশের মানুষদের প্রতি ধারাবাহিক মনোযোগের মাধ্যমে
আপনি ধীরে ধীরে তাদের কম্পনের সাথে সমন্বয় করতে শুরু করলেন।

আপনি শুরু করলেন–

- তারা যেমন ভাবে, তেমন ভাবতে
- তারা যেমন বিশ্বাস করে, তেমন বিশ্বাস করতে
- তারা যা প্রত্যাশা করে, তাই প্রত্যাশা করতে

শৈশবের শুরুতে এই প্রক্রিয়াটি বেশিরভাগ সময় শব্দের মাধ্যমে নয়,
বরং পুরোপুরি কম্পনগতভাবে ঘটে।

এই কারণেই বেশিরভাগ শিশু স্বাভাবিকভাবেই
তাদের বাবা-মা বা যত্নকারীদের বিশ্বাস গ্রহণ করে নেয়।

শিশুরা আরও একটি গুরুত্বপূর্ণ বিষয় লক্ষ্য করে–
মানুষ যা ভাবে, যা বলে, এবং যা অভিজ্ঞতা করে–
সবকিছুই যেন একে অন্যের সাথে মিলে যায়।

এতে করে তারা সেই বিশ্বাসগুলো নকল করার পক্ষে শক্ত ‘প্রমাণ’ পেয়ে যায়।

পরিবেশ থেকে অভাব শেখা

যদি কোনো শিশু দরিদ্র বা মধ্যবিত্ত পরিবারে জন্মায়,
তাহলে সে প্রায়ই অভাবমুখী কথাবার্তা শোনে
এবং নৈরাশ্যবাদী মনোভাব প্রত্যক্ষ করে।

সে শেখে –

- জীবন কঠোর
- অর্থ পাওয়া কঠিন
- পেতে হলে অন্যের কাছ থেকে নিতে হয়
- কে কী পাওয়ার যোগ্য–তার নির্দিষ্ট নিয়ম আছে

এই অভিজ্ঞতাগুলোর দিকে মনোযোগ দিতে দিতে
শিশুটি অভাবের ওপর বিশ্বাস গড়ে তোলে।

একবার বিশ্বাস তৈরি হয়ে গেলে, কম্পন স্থির হয়ে যায়।

এরপর আকর্ষণের সূত্র শিশুটিকে এমন অভিজ্ঞতার সাথেই সমন্বয় করায়
যেগুলো সেই অভাবকে আরও নিশ্চিত করে।

এই ধরনটি এত দ্রুত কেন তৈরি হয়

এই বিশ্বাস-গঠনের চক্রটি সাধারণত ছয় বছর বয়সের মধ্যেই প্রায় সম্পন্ন হয়ে যায়।এই কারণেই বিজ্ঞানীরা বলেন–
মানুষের প্রায় ৯০% মস্তিষ্ক বিকাশ
প্রথম ছয় বছরের মধ্যেই ঘটে।

কম্পনগত ভাষায়, মস্তিষ্ক বিকাশ মানে–
জগতের সাথে যোগাযোগ করার জন্য স্থিতিশীল কম্পনগত পথ তৈরি হওয়া।

এ কারণেই আপনি হয়তো মনে করতে পারেন না
কবে প্রথম আপনি অর্থ নিয়ে অভাবমুখী চিন্তা শুরু করেছিলেন।

এবং এ কারণেই আপনি সেগুলোকে খুব কমই প্রশ্ন করেন।

অভাবের আত্ম-পুষ্ট চক্র

আপনি আপনার অভাবমুখী বিশ্বাসের পার্থিব প্রমাণ বারবার অভিজ্ঞতা করতে থাকেন।

সেই অভিজ্ঞতাগুলো দেখেই–

- আপনি সেগুলোতে আরও বিশ্বাস করেন
- আপনি সেগুলোর সাথে আরও গভীরভাবে সমন্বয় করেন
- আপনি বারং বার একইধরণের অভিজ্ঞতা আকর্ষণ করেন

ধীরে ধীরে এই চক্রটাই হয়ে ওঠে–
যাকে আপনি বলেন, "আমার জীবন।"

আপনি এই অভিজ্ঞতাই কেন বেছে নিয়েছিলেন

এখন আপনার মনে প্রশ্ন আসতে পারে–
আমি কেন একটি বিশুদ্ধ ইতিবাচক জায়গা থেকে
একটি প্রতিরোধী জগতে এসে অভাবমুখী হয়ে উঠলাম?

কারণ আপনি এখানে এসেছিলেন নতুন ইতিবাচক কম্পন তৈরি করার জন্য।

আর প্রতিরোধের সাথে মিথস্ক্রিয়া ছাড়া গ্রহণযোগ্যতা তৈরি করা যায় না।

প্রতিটি প্রতিরোধী অভিজ্ঞতাই
নিজের বিপরীত অংশ সৃষ্টি করে।

আপনার বৃহদাংশের ভূমিকা

আপনি যখন আপনার পূর্ণতা থেকে আংশিকভাবে বিচ্ছিন্ন হয়ে
এই শরীরে প্রবেশ করেছিলেন,
তখন আপনার পূর্ণতাই হয়ে ওঠে
আপনার তৈরি করা প্রতিটি নতুন ইতিবাচক কম্পনের ধারক।

তাই অর্থ নিয়ে আপনার প্রতিটি অভাবমুখী অভিজ্ঞতাই
আপনাকে সৃষ্টি করতে সাহায্য করেছে–

- সমৃদ্ধি
- প্রাচুর্য
- স্বস্তি
- পরিপূর্ণতা

এই সবকিছুই ইতিমধ্যেই আপনার বৃহদাংশে সম্পূর্ণ রূপে বিদ্যমান।

আবার বৃহদাংশের সাথে সংমিশ্রণে ফেরা

এখন আপনি যখন–

- এই মহাজাগতিক জ্ঞানকে স্বীকার করছেন
- আপনার অসীম বুদ্ধিসম্পন্ন ‘ক্লাউড স্টোরেজ’-এর অস্তিত্বে আস্থা রাখছেন (আপনার বৃহদাংশ)
- এই বইয়ের মেডিটেশন ও অন্যান্য প্রক্রিয়া অনুশীলন করছেন

তখন আপনি ধীরে ধীরে হয়ে উঠছেন–

- স্বচ্ছ
- আত্মবিশ্বাসী
- নিরাপদ
- দক্ষ
- ইতিবাচক

আর এর সাথে সাথেই
আপনি স্বাভাবিকভাবেই আপনার বৃহদাংশের সাথে সমন্বয় করতে শুরু করেন।

সমৃদ্ধির পথ

এই সংমিশ্রণই খুলে দেয় সেই প্রাচুর্যময় ও সমৃদ্ধ জীবনের পথ–
যা আপনি ইতিমধ্যেই সৃষ্টি করেছেন।

কোনোকিছুরই প্রকৃত অভাব নেই।
আপনি কেবল শিখছেন–
যা সবসময়ই আপনার ছিল,
তা কীভাবে গ্রহণ করতে হয়।

—— ∞ ——

✦ অধ্যায়ের শেষের প্রক্রিয়া - ৩ ✦

"অর্থ কৃতজ্ঞতা প্রক্রিয়া"

অর্থ কৃতজ্ঞতা প্রক্রিয়া হলো একটি সুন্দর অনুশীলন, যেখানে আপনি সচেতনভাবে আপনার কাছে থাকা অর্থের জন্য এবং সেই অর্থ আপনার জীবনে যে মূল্য যোগ করছে তার জন্য কৃতজ্ঞতা প্রকাশ করেন। আপনি ইতিমধ্যেই শিখেছেন—আপনার চারপাশে থাকা মূল্যের কদর করা কতটা গুরুত্বপূর্ণ।এই অনুশীলনটি শুধু আপনার জীবনে সমৃদ্ধিকে অনুমতি দেয় না, বরং আপনাকে আপনার বর্তমান জীবন ও বর্তমান আর্থিক অবস্থার প্রতি আন্তরিক কদর করতে শেখায়।

সমৃদ্ধির আকাঙ্ক্ষা থাকা গুরুত্বপূর্ণ—কিন্তু তার থেকেও বেশি গুরুত্বপূর্ণ হলো সমৃদ্ধির কম্পনে থাকা।
আপনি যখন সমৃদ্ধি অনুভব করেন, তখন স্বাভাবিকভাবেই আপনার বৃহদাংশের সাথে সংমিশ্রিত হন।
সেই সংযোগ থেকেই আপনি পান—বুদ্ধি, অনুপ্রেরণা, উপলব্ধি এবং এমন পথ—যার মাধ্যমে আপনার সমৃদ্ধি পার্থিব অভিজ্ঞতায় রূপ নিতে পারে।

প্রক্রিয়াটি কীভাবে করবেন

যেকোনো মনোযোগভিত্তিক অনুশীলনে লেখা বিশেষভাবে শক্তিশালী, কারণ এটি সবচেয়ে মনোযোগপূর্ণ পার্থিব কাজগুলোর একটি।

ধাপ ১: প্রস্তুতি

- একটি কলম ও একটি নোটবুক নিন।
- পাতার উপরে স্পষ্ট করে লিখুন:

"আমার কাছে থাকা অর্থের জন্য ধন্যবাদ।"

ধাপ ২: অর্থের উৎস নির্বাচন করুন

- এমন একটি পার্থিব জায়গা বেছে নিন যেখানে এই মুহূর্তে আপনার অর্থ আছে:

o আপনার মানিব্যাগ
o আলমারি বা ড্রয়ার
o আপনার ব্যাংক অ্যাকাউন্ট

• সেই জায়গায় ঠিক কত টাকা আছে—এই মুহূর্তে—তা দেখেনিন।

ধাপ ৩: এই অর্থ আপনাকে কী দিতে পারে তার তালিকা করুন

• ওই টাকার অঙ্কটি মাথায় রেখে, সর্বোচ্চ ১০টি জিনিস বা অভিজ্ঞতার তালিকা করুন—যেগুলোর জন্য এই অর্থ বিনিময় করা যায়।
• এগুলো অবশ্যই এমন জিনিস বা অভিজ্ঞতা হবে যেগুলো—

o আপনি সত্যিই ভালোবাসেন, অথবা
o অন্তত কিছুটা হলেও পছন্দ করেন

• যেগুলো ভাবতেই আপনার ভালো লাগে

—সেই প্রথম জিনিস বা অভিজ্ঞতাগুলোই লিখুন।

ধাপ ৪: লিখে কদর প্রকাশ করুন

• তালিকাভুক্ত প্রতিটি জিনিস বা অভিজ্ঞতা একে একে নিন।
• প্রতিটির জন্য অন্তত দুইটি বাক্যে লিখুন—

o এতে আপনি কী ভালোবাসেন
o এটি কীভাবে আপনার জীবনে সৌন্দর্য, স্বস্তি বা আনন্দ যোগ করে

• এই প্রক্রিয়ায় অন্তত ১০ মিনিট সময় দিন।
• ১০ মিনিট পরও যদি ভালো লাগতে থাকে, তাহলে চালিয়ে যেতে পারেন।
• যদি আর ভালো না লাগে, খুব কোমলভাবে থামুন।

লেখার উদাহরণ

আমার কাছে থাকা অর্থের জন্য ধন্যবাদ
আজকের অঙ্ক: ১০ টাকা
সম্ভাব্য বিনিময়:

১. এক কাপ চা

২. এক বা দুইটি কলম

৩. একটি রুমাল

৪. একটি টুথব্রাশ

৫. একটি ছোট মোবাইল ডাটা প্যাক

কদরের উদাহরণ

১. এক কাপ চা
এক কাপ চা গভীর সন্তুষ্টি এনে দেয়—শীতের দিনে, বৃষ্টির সময়, বা ভোরবেলায়। বন্ধু, আত্মীয় বা এমনকি অপরিচিত কারও সাথে চা বিভক্ত করে নিলে অভিজ্ঞতাটি উষ্ণ ও অর্থপূর্ণ হয়ে ওঠে। চা চুমুক দিতে দিতে চিন্তা প্রবাহিত হওয়াটা ভীষণ স্বস্তিদায়ক।

২. এক বা দুইটি কলম
কলম আমার দৈনন্দিন জীবনের সাথে এতটাই জড়িয়ে আছে যে এর মূল্য অনেক সময় খেয়ালই করি না।আমার চিন্তা, বুদ্ধি ও আবেগ কাগজে প্রকাশ করতে সাহায্য করার জন্য ধন্যবাদ।প্রতিদিন আমার কাজ ও জীবনকে সহজ করে দেওয়ার জন্য আমি কৃতজ্ঞ।

৩. একটি রুমাল
গরমের দিনে রুমাল দিয়ে মুখ মুছলে সঙ্গে সঙ্গে স্বস্তি আসে।খাবারের পর এটি পরিচ্ছন্নতা ও আরামের অনুভূতি যোগ করে।কারও প্রয়োজন হলে—একজন অপরিচিত মানুষকেও—রুমাল বিভক্ত করে দিতে পারা আমাকে উদার ও সংযুক্ত অনুভব করায়।

৪. একটি টুথব্রাশ
এই ছোট জিনিসটি আমার দৈনন্দিন সতেজতা ও শক্তিতে বড় ভূমিকা রাখে।ভ্রমণে নিয়ে যেতে ভুলে গেলে এর আসল মূল্য বুঝতে পারি।প্রতিটি সকালকে পরিষ্কার, উদ্যমী ও প্রস্তুত করে দেওয়ার জন্য ধন্যবাদ।

৫. একটি ছোট মোবাইল ডাটা প্যাক
ইন্টারনেট ডাটা শেষ হলে জীবন থেমে গেছে বলে মনে হয়।রিচার্জ করলেই আবার স্বস্তির প্রবাহ ফিরে আসে।এটি আমাকে তথ্য, সমাধান, কাজ ও সংযোগের সুযোগ দেয়।আমার এই আধুনিক জীবনকে সহজ ও সাবলীল করে দেওয়ার জন্য ধন্যবাদ।

এই ১০ টাকার মাধ্যমে আমার জীবনে যে মূল্য ও অভিজ্ঞতা আসে–তা চিনে নিতে পেরে আমি নিজের প্রতি গর্ব অনুভব করছি।

মনে রাখার গুরুত্বপূর্ণ বিষয়

- আপনি কত পৃষ্ঠা লিখলেন–তা গুরুত্বপূর্ণ নয়। গুরুত্বপূর্ণ হলো–লিখতে লিখতে আপনার ভালো লাগছে কি না।
- ১০টি জিনিস লিখতেই হবে–এমন কোনো বাধ্যবাধকতা নেই।
একটি জিনিসই যথেষ্ট–যদি তা নিয়ে আপনি ১০ মিনিট ভালো লাগা চিন্তা লিখতে পারেন।
- কোমল বা মেডিটেশন সংগীতসহ হেডফোন ব্যবহার করা অত্যন্ত উপকারী।
এটি মনোযোগ গভীর করে এবং বিভ্রান্তি কমায়।
- টাকার অঙ্ক গুরুত্বপূর্ণ নয়। গুরুত্বপূর্ণ হলো–এই অর্থ যে মূল্য, কদর ও সন্তুষ্টির প্রতীক–তা আপনি কতটা অনুভব করছেন।

এই প্রক্রিয়াটি খুব কোমলভাবে আপনার কম্পনকে
অনুপস্থিতি থেকে উপস্থিতির দিকে,
অভাব থেকে মূল্যের দিকে,
আর চাওয়ার অবস্থা থেকে অনুমতি দেওয়ার অবস্থায় সরিয়ে আনে।

আর এই আকর্ষণনির্ভর মহাজগতে–
আপনি যেটার কদর করেন, সেটাই বাড়তে বাধ্য।

∞

লেখকের উক্তি-

“আপনার ভেতরের সন্তুষ্টি সবকিছুকে আপনার অনুকূলে পরিণত করে।”

অধ্যায় ৪

কম্পনশীল বিশ্বব্রহ্মাণ্ড এবং অর্থের সীমাহীন অস্তিত্ব

আমরা পার্থিব সত্তা–একটি পার্থিব জগতে পার্থিব জীবন যাপন করছি। তবুও অধিকাংশ মানুষের কাছে যে একটি বোধ অনুপস্থিত–যা সবার জন্য গভীরভাবে সহায়ক হতে পারে–তা হলো অ-পার্থিব কম্পনগত জগতকে এবং তা যে প্রতিমুহূর্তে আমাদের সমর্থন করে চলেছে, সেই বাস্তবতাকে চিনতে পারা।

এই অ-পার্থিব বাস্তবতা কোনো বিমূর্ত বা দূরবর্তী কিছু নয়।

এটি সক্রিয়, সাড়া-প্রদানকারী,
এবং অবিরামভাবে আপনার জীবন-অভিজ্ঞতাকে সবরকম ভাবে সহায়তা করে চলেছে।

এই অধ্যায়ে আপনি সীমাহীন অর্থের অফুরন্ত সর্বব্যাপী উপস্থিতি উপলব্ধি করতে পারবেন, এবং বুঝতে পারবেন কীভাবে আপনি এই নতুন বোধ থেকে সহজেই আর্থিকভাবে উপকৃত হতে পারেন।

এই অধ্যায়ে আপনি পাবেন:

অনুশীলন

১. অর্থের কম্পনগত বাস্তবতা

এখন আপনি বুঝতে পারছেন–এটি একটি কম্পনভিত্তিক মহাজগৎ, যা আকর্ষণের সূত্র দ্বারা পরিচালিত।আপনি আপনার চারপাশে যেসব বিষয়ের মুখোমুখি হন, সেগুলোর প্রতিটিই কম্পনগতভাবে সংযুক্ত চিন্তা-শক্তির একটি ঘনীভূত রূপ।অর্থও এর ব্যতিক্রম নয়।

"কম্পনগতভাবে সংযুক্ত চিন্তা-শক্তি" বলতে কী বোঝায়?
সহজভাবে বললে, এর মানে হলো–সমস্ত প্রয়োজনীয় ও একইধরণের কম্পনগত অংশের সমষ্টি, যেগুলো একত্রে এসে পার্থিব অর্থকে তৈরি করে।
প্রতিটি সৃষ্টি শুরু হয় একটি নতুন কম্পন দিয়ে।আর এই নতুন কম্পন সৃষ্টি হয়, যখন আপনি আপনার পার্থিব জীবনে কোনো বিষয়ের প্রতিরোধী অংশের সাথে পারস্পরিক যোগাযোগে আসেন।

কম্পনগতভাবে সমৃদ্ধি কীভাবে সৃষ্টি হয়

আপনি যখন অর্থের সাথে মিথস্ক্রিয়া করেন, তখন প্রায়ই অভাবভিত্তিক কথাবার্তা, বিশ্বাস ও অভিজ্ঞতার মধ্যে থাকেন।এর ফলে, আপনি বারবার অর্থের দিকে অভাবমুখী মনোযোগ দেন।
আপনি যখনই অর্থের দিকে অভাবমুখী মনোযোগ দেন, তখন একটি গুরুত্বপূর্ণ বিষয় ঘটে–

কম্পনের স্বাভাবিক চেতনার কারণে, স্বয়ংক্রিয়ভাবে একটি সমান ও বিপরীত সমৃদ্ধিমুখী কম্পন সৃষ্টি হয়।

মনে রাখবেন–
মনোযোগই শক্তির প্রবাহ।

তাই প্রতিবার–ইচ্ছাকৃত হোক বা অনিচ্ছাকৃত–আপনি যখনই অর্থের অভাবের দিকে মনোযোগ দেন, ঠিক সেই একই মুহূর্তে আপনি অর্থের একটি অ-পার্থিব সমৃদ্ধিমুখী কম্পনও সৃষ্টি করেন।

আপনার বৃহদাংশই আপনার সমৃদ্ধিকে ধারণ করে

জন্ম থেকে আজ পর্যন্ত, অর্থ নিয়ে আপনার প্রতিটি অভাবমুখী মনোযোগ নতুন নতুন ইতিবাচক সমৃদ্ধিমুখী কম্পন সৃষ্টি করেছে।
এই সব নতুনভাবে সৃষ্ট ইতিবাচক কম্পনগুলো–

- আপনার বৃহদাংশ দ্বারা ধারণ করা হয়
- প্রকৃতিতে এরা একে অপরের সমতুল্য
- আকর্ষণের সূত্র দ্বারা একত্রিত

এই সংমিশ্রণের মাধ্যমে, এগুলো একটি নতুন সমৃদ্ধির ফ্রিকোয়েন্সি তৈরি করে—যা আপনার উপলব্ধি ও গ্রহণের জন্য প্রস্তুত।

সবার জন্যই সমৃদ্ধি বাড়ছে

এই নতুন সমৃদ্ধিমুখী কম্পন সৃষ্টির চক্রটি পৃথিবীর প্রতিটি সত্তার ক্ষেত্রেই ঘটছে। প্রতিটি মানুষ নিজের চ্যালেঞ্জ ও প্রতিরোধের মধ্য দিয়ে ধারাবাহিকভাবে নতুন ইতিবাচক কম্পন সৃষ্টি করছে।এর ফলাফল হিসেবে–

মহাজগতে সমৃদ্ধি প্রতিদিনই বাড়ছে।

প্রতিটি পার্থিব সত্তারই শক্তিগত ভারসাম্য বজায় রাখার জন্য একটি অ-পার্থিব প্রতিরূপ থাকে।এই সব বৃহদাংশ একে অপরের সাথে সংযুক্ত, কারণ তারা একইধরণের ইতিবাচক ফ্রিকোয়েন্সিতে কম্পিত হয়।

বুদ্ধির মহাজাগতিক সহযোগিতা

এখন আসে সবচেয়ে উত্তেজনাপূর্ণ অংশটি–
আপনি মহাজগতের যেকোনো প্রান্ত থেকে অন্যদের অসাধারণ বুদ্ধি নিজের একেবারে অনন্য রূপে গ্রহণ করতে পারেন।একইভাবে, আপনার বুদ্ধিও অন্যদের কাছে পৌঁছাতে পারে।
এই সহযোগিতার সম্ভাবনা সীমাহীন।

এটা অনেকটা মোবাইল নেটওয়ার্কের মতো–

- অনেকগুলো নেটওয়ার্ক থাকে
- অনেকগুলো টাওয়ার আলাদাভাবে কাজ করে
- তবু সবকিছু একে অপরের সাথে সংযুক্ত

এই সংযোগের কারণেই, সঠিক নম্বর দ্বারা আপনি যেকোনো নেটওয়ার্কে যোগাযোগ করতে পারেন।
একইভাবে, কম্পনগত জগৎ সব বৃহদাংশকে একত্রে যুক্ত করে।

কম্পন থেকে কর্মে

আপনি ইতিমধ্যেই এই ধারাবাহিকতা বুঝেছেন–

- কম্পন একত্রিত হয়ে → চিন্তা হয়
- চিন্তা একত্রিত হয়ে → বুদ্ধি হয়
- বুদ্ধি একত্রিত হয়ে → তাগিদ বা অনুপ্রাণিত কর্মে রূপ নেয়

এই তাগিদ ও অনুপ্রাণিত কর্মই আপনাকে সমৃদ্ধির দিকে নিয়ে যায়।
এই অ-পার্থিব জগতই হলো–**অর্থের কম্পনগত বাস্তবতা** (vibrational reality of money)।

সমস্ত পার্থিব সম্পদের উৎস

এই কম্পনগত বাস্তবতাই–

- সব অসাধারণ বুদ্ধির জন্মস্থান
- আপনার বৃহদাংশের অবস্থান
- প্রতিটি পার্থিব সৃষ্টির উৎস স্থল

আপনার সমৃদ্ধির সাম্রাজ্যকে অনুমতি দিতে যে প্রতিটি পদক্ষেপ, প্রতিটি কর্ম ও প্রতিটি বুদ্ধির প্রয়োজন–সবকিছুই ইতিমধ্যেই এখানে বিদ্যমান।

এই জগৎ–

- দেখা যায় না
- শোনা যায় না
- গন্ধ নেওয়া যায় না
- স্বাদ নেওয়া যায় না
- ছোঁয়া যায় না

একে কেবল অনুভব করা যায়।

কম্পনগত বাস্তবতাকে উপলব্ধি করতে শেখা

এই কম্পনগত বাস্তবতা হয়তো এখনো আপনার কাছে স্পষ্টভাবে উপলব্ধ নয়।
কিন্তু আপনি যখন ধারাবাহিকভাবে বিশুদ্ধ ইতিবাচক, ভালো-লাগা আবেগগত অবস্থায় নিজেকে স্থির করেন, তখন ধীরে ধীরে আপনি এর উপস্থিতি চিনতে ও অনুবাদ করতে শুরু করবেন।

খুব শিগগিরই, আপনি শুধু বুঝবেন না–
আপনি অনুভব করবেন **অর্থের কম্পনগত বাস্তবতার** নিঃসন্দেহ বাস্তবতা।

∞

২. সমৃদ্ধির জন্য আপনার আকাঙ্ক্ষাই আপনার সমৃদ্ধির অস্তিত্বের সবচেয়ে বড় প্রমাণ

আপনি অস্বীকার করতে পারবেন না—এই জগতে আপনি যেসব বিষয় জানেন, প্রতিটিরই একটি বিপরীত দিক আছে।যেখানে উপস্থিতি আছে, সেখানে অনুপস্থিতিও থাকতেই হয়।এই দুইটি সমান ও বিপরীত অংশ ছাড়া কোনো কিছুই নিজের অস্তিত্ব টিকিয়ে রাখতে পারে না।

এই মহাজগতে সবকিছুর ভিত্তি হলো কম্পন।কোনো বিষয় আপনার পার্থিব ইন্দ্রিয়ের মাধ্যমে সরাসরি ধরা না পড়লেও, আপনি যদি সেটাকে আবেগের মাধ্যমে অনুভব করতে পারেন—তাহলে সেটি আপনার জন্য সম্পূর্ণভাবেই বিদ্যমান।

কারণ এই মহাজগতে কিছুই এককভাবে বিদ্যমান নয়।প্রতিটি মুহূর্তে, প্রতিটি বিষয়েরই একটি সমান উপস্থিতি ও একটি সমান অনুপস্থিতি থাকে—ভিন্ন ভিন্ন কম্পনগত ফ্রিকোয়েন্সিতে।

পাঁচ ইন্দ্রিয়ের বাইরে যা বিদ্যমান

আপনি কি এমন কিছু বিষয়ের নাম বলতে পারেন, যেগুলো আপনার পাঁচটি পার্থিব ইন্দ্রিয় দিয়ে অনুবাদ করতে পারবেন না, তবু আপনি জানেন—সেগুলো বাস্তব?

ভালোবাসা।
সুখ।
সন্তুষ্টি।
রাগ।
ঘৃণা।
ভয়।

জীবনে আপনি যে সব আবেগ অনুভব করেন, তার কোনোটিই দেখা যায় না, শোনা যায় না, গন্ধ নেওয়া যায় না, স্বাদ নেওয়া যায় না বা ছোঁয়া যায় না।
তবু আপনার জীবনে—এবং সবার জীবনে—এগুলোর অস্তিত্ব অস্বীকার করার কোনো উপায় নেই।

এগুলো কোনো বস্তু নয়।
এগুলো কোনো পার্থিব পদার্থ নয়।
এগুলোকে পার্থিবভাবে অন্যের কাছে প্রমাণ করাও যায় না।

তবু এগুলো নিঃসন্দেহে বাস্তব।

কেন?
কারণ আপনি প্রতিদিন, প্রতিটি মুহূর্তে–আপনার পুরো শরীরজুড়ে–এগুলোকে আবেগ হিসেবে অনুবাদ করেন।

আকাঙ্ক্ষার বাস্তবতাকে গ্রহণ করা

এই কম্পনগত মহাজগতে আরও কিছু বিষয় আছে, যেগুলো বিদ্যমান–কিন্তু প্রায়ই বাস্তব বলে স্বীকৃতি পায় না।একমাত্র কারণ, সেগুলো পাঁচটি পার্থিব ইন্দ্রিয় দিয়ে ধরা যায় না।

এর মধ্যে রয়েছে–

- আপনার আকাঙ্ক্ষা
- আপনার ইচ্ছে
- আপনার স্বপ্ন

একটি সমৃদ্ধ ও সুন্দর জীবনের জন্য এগুলোর সম্পূর্ণ অস্তিত্বকে স্বীকার করা অত্যন্ত জরুরি।

আর আপনি কেন এগুলো স্বীকার করবেন?
একই কারণে যেভাবে আপনি ভালোবাসাকে বাস্তব বলে মানেন–
কারণ আপনি এগুলো অনুভব করতে পারেন।

দুটি উপলব্ধি যা সবকিছু বদলে দেয়

আপনি যদি সত্যিকার অর্থে নিচের দুটি উপলব্ধিকে গ্রহণ করতে পারেন, তাহলে আপনার জীবন বিকশিত হতে শুরু করবে–

এক:
যে কোনো বিষয় নিয়ে আপনি যদি আবেগ অনুভব করতে পারেন, সেটি আপনার জন্য সম্পূর্ণ বাস্তব।

দুই:
মহাজগতে যে কোনো বিষয়েরই একই সময়ে একটি সমান বিপরীত অংশ থাকে—ভিন্ন একটি কম্পনগত ফ্রিকোয়েন্সিতে।

আপনার আকাঙ্ক্ষাই তার পূর্ণতার প্রমাণ

এই উপলব্ধির মাধ্যমে আপনি এখন একটি অত্যন্ত শক্তিশালী সত্য চিনতে পারবেন—সমৃদ্ধির জন্য আপনার আকাঙ্ক্ষার অস্তিত্বই আপনার সমৃদ্ধির অস্তিত্বের সবচেয়ে বড় প্রমাণ।

আপনি যখনই আপনার আকাঙ্ক্ষা নিয়ে ভাবেন, কথা বলেন, বা স্বপ্ন দেখেন—আপনি আবেগ অনুভব করেন।
আর যেহেতু আবেগ বাস্তব, তাই আপনার আকাঙ্ক্ষাও বাস্তব।

এটি অত্যন্ত গুরুত্বপূর্ণ জ্ঞান।

কারণ যখনই আপনি আপনার আকাঙ্ক্ষার অনুপস্থিতি অনুভব করবেন, তখন আপনি নিজেকে মনে করিয়ে দিতে পারবেন—
আমি যদি আমার আকাঙ্ক্ষার অনুপস্থিতি অনুভব করি, তার মানে সেই আকাঙ্ক্ষার পূর্ণ উপস্থিতি ইতিমধ্যেই আমার কম্পনগত বাস্তবতায় বিদ্যমান।

আপনার করণীয় শুধু এটুকুই—
নিজেকে একটু ভালো-লাগা অবস্থার দিকে সরানো,
এবং ধীরে ধীরে আপনার আকাঙ্ক্ষাগুলোকে আপনার পার্থিব অভিজ্ঞতায় প্রবাহিত হতে দেওয়া।

এটা কোনো আশা নয়।
এটা ভারসাম্য।
এটা মহাজাগতিক নিয়ম।

∞

৩. আরও বেশি অর্থকে অনুমতি দিতে অর্থের অভাব অপরিহার্য

ঘনীভূত চিন্তা-শক্তির রূপে এই রূপে জন্মগতভাবেই আপনি একজন স্রষ্টা। আপনি ইতিমধ্যেই বুঝেছেন–এই সময়-স্থান বাস্তবতার সবচেয়ে বড় গুরুত্ব হলো, এটি অ-পার্থিব কম্পনগত জগতের তুলনায় অনেক বেশি ঘনীভূত।এই ঘনত্বের কারণেই, এই পার্থিব বাস্তবতা মহাজগতে যে সবচেয়ে বড় অবদান রাখে, তা হলো–**প্রতিরোধ ও বৈপরীত্য**।

মহাজগতের স্বাভাবিক চেতনা

মহাজগতের প্রতিটি কণার স্বাভাবিক চেতনাটি মনে রাখুন–
ভারসাম্য বজায় রাখতে নিজের বিপরীত অংশ সৃষ্টি করা।

মহাজাগতিক আকর্ষণের সূত্র সবসময় একইধরণের কম্পনগত ফ্রিকোয়েন্সিকে একত্রিত করে।
আপনি যখন শরীরে জন্ম নিলেন, তখন আপনি ছিলেন বিশুদ্ধ ইতিবাচক শক্তি–এমন এক জগতে প্রবেশ করলেন, যেখানে চারপাশে ছিল হালকা থেকে তীব্র নেতিবাচক কম্পন। একটি সম্পূর্ণ ইতিবাচক অবস্থা থেকে আপনি নেতিবাচক মানুষ বা পরিবেশের সাথে পুরোপুরি মিথস্ক্রিয়া করতে পারতেন না।তাই আপনার জন্য প্রতিরোধ বা নেতিবাচকতা অনুভব করা প্রয়োজন হয়ে উঠল–যাতে আপনি যে জগতে প্রবেশ করেছেন, তার কম্পনগত গতির সাথে সুর মেলাতে পারেন।

প্রতিরোধ কীভাবে আপনার অভিজ্ঞতায় এলো

জন্মের পর আপনি যত বেশি আপনার চারপাশের দিকে মনোযোগ দিলেন, ততই আপনার কম্পন প্রতিরোধী হয়ে উঠল।
আর আপনি যখন সেই প্রতিরোধী কম্পনগত অবস্থা থেকে জগতের দিকে মনোযোগ দিলেন, তখন আপনার অভিজ্ঞতায় আরও প্রতিরোধী বিষয় আকর্ষিত হতে থাকল।

কিন্তু এখানে একটি বিস্ময়কর সত্য আছে–
এই পুরো প্রতিরোধই আপনার দ্বারাই নির্ধারিত ছিল–আপনার পূর্ণতার দৃষ্টিকোণ থেকে।

আপনার সর্বজ্ঞ, সর্বপ্রেমময়, বৃহত্তর চেতনার অবস্থান থেকে আপনি বৈপরীত্যের অতুলনীয় মূল্য বুঝতেন।আপনি জানতেন–নতুন কম্পন সৃষ্টি না হলে মহাজগৎ বিস্তৃত

হতে পারে না, এবং নতুন ইতিবাচক কম্পন সৃষ্টি হয় কেবল নেতিবাচক বা প্রতিরোধী কম্পনের সাথে পারস্পরিক যোগাযোগের মাধ্যমেই।

আপনি এটাও জানতেন–আপনি কখনোই আপনার বৃহদাংশের শক্তিশালী ইতিবাচক প্রবাহ থেকে সত্যিকারের বিচ্ছিন্ন হবেন না।সেই দৃষ্টিকোণ থেকে আপনার জন্ম ও জীবন-অভিজ্ঞতা ছিল সহজ, নিরাপদ এবং নিখুঁতভাবে তৈরীকৃত।

জন্মের পর অর্থের সাথে আপনার পারস্পরিক যোগাযোগ

এখন এই উপলব্ধিটিকে অর্থের ক্ষেত্রে প্রয়োগ করা যাক।

এই জগতে জন্ম নেওয়ার পর আপনি একটি প্রভাবশালী চিন্তার ধারার মুখোমুখি হলেন, যার কেন্দ্র ছিল–

- অর্থের অভাব
- সম্পদের অভাব
- সম্পদের অন্যায্য বণ্টন

আপনি সমৃদ্ধি নিয়ে এই অভাবভিত্তিক বুদ্ধিগুলোর দিকেই মনোযোগ দিলেন।

কেন?

কারণ আপনার গভীরে আপনি একজন **কম্পনগত সমন্বয়-সাধক**।কম্পনগত সমন্বয় না হলে কোনো অভিজ্ঞতাই সম্ভব নয়।তাই স্বাভাবিকভাবেই আপনি আশপাশের মানুষরা যেদিকে সমন্বয় মিলিয়েছিল, সেদিকেই নিজেকে সমন্নায়িত করলেন।

মহাজাগতিক আকর্ষণের সূত্রের ভূমিকা

আপনি যখন ১৫ সেকেন্ডের বেশি সময় অর্থের অভাবের দিকেই মনোযোগ দিলেন, তখন মহাজাগতিক আকর্ষণের সূত্র সাড়া দিল।এটি আপনার অভিজ্ঞতায় নিয়ে এলো–

- আরও অভাবমুখী চিন্তা
- আরও অভাবমুখী পরিস্থিতি
- আরও অভাবকেন্দ্রিক মানুষ
- আরও অভাবভিত্তিক অভিজ্ঞতা

এটা কোনো দণ্ডাদেশ ছিল না।

এটা ছিল **ধারাবাহিকতা**।

আর এই সব নেতিবাচক পারস্পরিক যোগাযোগের আড়ালে, পর্দার পেছনে একটি শক্তিশালী ঘটনা ঘটছিল।

সমৃদ্ধি কীভাবে সৃষ্টি হলো

কম্পনের স্বাভাবিক চেতনার মাধ্যমে, প্রতিটি অভাবমুখী অভিজ্ঞতাই তার বিপরীত অংশ সৃষ্টি করেছে।
আপনি যখনই অর্থের অভাবের দিকে মনোযোগ দিয়েছেন–

- আপনি প্রাচুর্যের নতুন কম্পন সৃষ্টি করেছেন

আপনি যখনই অর্থের অনুপস্থিতি অনুভব করেছেন–

- আপনি সমৃদ্ধির আরও বৃহত্তর উপস্থিতি সৃষ্টি করেছেন

এই নতুনভাবে সৃষ্ট ইতিবাচক অর্থ-কম্পনগুলো হারিয়ে যায়নি।
এগুলো আপনার বৃহদাংশের দ্বারা ধারণ করা হয়েছে।

অভাব কেন প্রয়োজনীয়

প্রাচুর্যের নতুন কম্পন সৃষ্টি করতে আপনার কিছু মাত্রার অভাব অনুভব করা অপরিহার্য।
বৈপরীত্য ছাড়া–

- কোনো নতুন সমৃদ্ধি সৃষ্টি হতো না
- কোনো বিস্তার ঘটত না
- কোনো নতুন আকাঙ্ক্ষা জন্ম নিত না

একটি সদা-গতিশীল, সদা-বিস্তৃত, সদা-সংমিশ্রণশীল কম্পনগত মহাজগতে–
যদি মিথস্ক্রিয়ার জন্য কোনো অভাবই না থাকত,
তাহলে পৌঁছানোর মতো নতুন কিছুই থাকত না–
আর সমৃদ্ধি স্থবির হয়ে যেত।

কিন্তু এটা কখনোই হতে পারে না।
কারণ অভাব কখনোই আপনার অভিজ্ঞতা থেকে পুরোপুরি হারিয়ে যাবে না।
আর তাই আরও নতুন, আরও সমৃদ্ধ, আরও পরিশীলিত সমৃদ্ধির সৃষ্টি সবসময় চলতেই থাকবে।

সমৃদ্ধির চিরন্তন চক্র

অভাব আপনাকে থামিয়ে দিতে আসে না।
এটি আসে বিস্তারকে অনুপ্রাণিত করতে।

আর সেই কারণেই–

- আপনার সমৃদ্ধির কখনো শেষ নেই
- আপনার প্রাচুর্য প্রতিনিয়ত বাড়ছে
- আপনার আকাঙ্ক্ষা সদা বিকশিত হচ্ছে

আপনি পিছিয়ে নেই।
আপনি দুর্বল নন।
আপনি ঠিক সেটাই করছেন, যা করতে আপনি এখানে এসেছেন–
বৈপরীত্যের মাধ্যমে আরও জীবন, আরও স্বচ্ছতা এবং আরও প্রাচুর্য সৃষ্টি করা।

———— ∞ ————

৪. সমৃদ্ধির পথে আপনার যাত্রা, এবং আপনার বিশাল অ-পার্থিব পরিবারের তাতে অসীম সহায়তা

শক্তি চিরন্তন– এটা আপনি আপনার প্রাতিষ্ঠানিক শিক্ষায় শিখেছেন।এর কোনো শেষ নেই; এটি শুধু এক রূপ থেকে আরেক রূপে রূপান্তরিত হয়।

এই বইয়ে আপনি বুঝেছেন–আপনি কম্পনগতভাবে সংযুক্ত চিন্তা-শক্তি, যা একটি জৈব দেহের মাধ্যমে এই পার্থিব জগতকে অভিজ্ঞতা করছে।আপনি আপনার দেহ নন।আপনি দেহের ব্যবহারকারী–যে দেহকে ব্যবহার করে কম্পনকে পার্থিব অভিজ্ঞতায় অনুবাদ করে, পাঁচটি শারীরিক ইন্দ্রিয় এবং একটি আবেগীয় ইন্দ্রিয়ের মাধ্যমে।

আপনি যদি এখনও এই বইটি পড়ছেন, তার মানে এই মহাজাগতিক জ্ঞান আপনার সঙ্গে গভীরভাবে সুর মিলিয়েছে।এই পর্যায়ে আপনার এই উপলব্ধি অত্যন্ত গুরুত্বপূর্ণ, কারণ এখন আমরা আরও বিস্তৃত ও প্রসারিত জ্ঞানের দিকে এগোচ্ছি।

সবসময় মনে রাখবেন–
আপনি অর্থকে যত বিস্তৃত ও সীমাহীনভাবে বুঝবেন,
অর্থের অভিজ্ঞতাও আপনার জীবনে তত বিস্তৃত ও সীমাহীন হয়ে উঠবে।

আপনার কোনো শেষ নেই – আপনি শুধু রূপান্তরিত হন

কারণ আপনি কম্পনগতভাবে সংযুক্ত চিন্তা-শক্তি, আর শক্তির কখনো শেষ হয় না– আপনারও কোনো শেষ নেই।

আপনি রূপান্তরিত হন–

- অ-পার্থিব বিশুদ্ধ ইতিবাচক শক্তি থেকে
- আংশিকভাবে পৃথক এক পার্থিব শক্তির রূপে
- একটি জীবনকাল সম্পন্ন হওয়ার পর আবার বিশুদ্ধ ইতিবাচক কম্পনে
- এবং পুনরায় আপনার অ-পার্থিব পূর্ণতার সাথে সংমিশ্রণে

এই সমস্ত জীবনচক্র জুড়ে আপনার পরিচয় কখনো হারিয়ে যায় না।
আপনার স্বতন্ত্র শক্তিগত স্বাক্ষর সবসময় সংরক্ষিত থাকে।

যদিও মহাজগতে অসীম সংখ্যক কম্পনগত সংমিশ্রণ রয়েছে, প্রত্যেকটিই আলাদা–যেমন পৃথিবীতে অসংখ্য ফল আছে, অনেকগুলোই মিষ্টি, কিন্তু প্রত্যেকটির মিষ্টতার স্বাদ আলাদা।

এই জ্ঞান আপনার সমৃদ্ধ জীবনের জন্য কী অর্থ বহন করে

এই উপলব্ধি একটি শক্তিশালী সত্যের দিকে নিয়ে যায়–
যাকে আপনি "মৃত" বলে বিশ্বাস করেন, তিনি কখনোই কম্পনগত মহাজগৎ ছেড়ে যাননি।

তাদের কোনো শেষ হয়নি।
তারা শুধু পার্থিব রূপ থেকে অ-পার্থিব রূপে রূপান্তরিত হয়েছেন।

আপনি তাদের শারীরিক চোখে দেখতে পারেন না,
কিন্তু আপনি তাদের সাথে কম্পনগতভাবে যোগাযোগ করতে পারেন–
কারণ তারা এখন বিশুদ্ধ ইতিবাচক শক্তির রূপে বিদ্যমান।

আপনি ইতিমধ্যেই জানেন–সব ধরনের যোগাযোগ ও অভিজ্ঞতা ঘটে কম্পনগত সমন্বয়ের মাধ্যমে।
তাই ধারাবাহিক ইতিবাচক কম্পন বজায় রাখাই তাদের সাথে সংযোগের জন্য যথেষ্ট।

অ-পার্থিব বুদ্ধিমত্তা ও সহায়তার প্রবেশাধিকার

এই মহাজাগতিক জ্ঞান এবং সচেতনভাবে ইতিবাচক, ভালোলাগার কম্পন বজায় রাখার অভ্যাসের মাধ্যমে–
মেডিটেশন ও এই বইয়ের প্রক্রিয়াগুলোর সাহায্যে–
আপনি একটি অসাধারণ সহায়তা ব্যবস্থার সাথে সংযুক্ত হন।

আপনি সংযোগ করতে পারেন–

- যারা পার্থিব রূপ ত্যাগ করেছেন এমন প্রিয়জনদের সাথে
- যে কোনো দক্ষতার গুরুদের সাথে, যা আপনি শিখতে চান
- মহান প্রকৌশলী, শিল্পী, বিজ্ঞানী ও উদ্ভাবকদের সাথে
- আধ্যাত্মিক শিক্ষক ও পথপ্রদর্শকদের সাথে
- তাছাড়াও পার্থিব দেহে আছেন তাদেরও প্রতিভা ও বুদ্ধিগুলোর সাথে–আপনার নিজস্ব স্বতন্ত্র রূপে

এটি সম্ভব, কারণ প্রতিটি পার্থিব সত্তারই একটি বিশুদ্ধ ইতিবাচক অ-পার্থিব বৃহদাংশ রয়েছে।
আপনি যখন ইতিবাচক কম্পন বজায় রাখেন, তখন আপনি এই বিশুদ্ধ ইতিবাচক বৃহদাংশগুলোর সাথে সমন্বয়ে আসেন।

তারা মিলে গঠন করে আপনার অ-পার্থিব পরিবার–
একটি বুদ্ধিমত্তার ক্ষেত্র, যা সবসময় আপনার জন্য উপলব্ধ।

তারা আপনাকে সহায়তা করতে প্রস্তুত–

- সমাধান দিয়ে
- উত্তর দিয়ে
- অভাবনীয় বুদ্ধি দিয়ে
- নতুন দৃষ্টিভঙ্গি দিয়ে
- অনুপ্রাণিত চিন্তার ধারা দিয়ে

একটি অসাধারণ ও সমৃদ্ধ জীবনকে অনুমতি দিতে আপনার যা কিছু প্রয়োজন–
সবকিছুই ইতিমধ্যেই বিদ্যমান।
শুধু আপনার কম্পনগত সমন্বয়ের অপেক্ষায়।

———— ∞ ————

৫. অন্য সব কিছুর মতো অর্থেরও দুটি অংশ আছে–এটা আপনাকে বুঝতেই হবে

আপনি ইতিমধ্যেই বুঝে ফেলেছেন–এই মহাজগতে প্রতিটি বিষয়েরই দুটি সমান ও বিপরীত অংশ থাকে। নামের পার্থক্য থাকলেও এদের প্রকৃতী একই; এগুলোকে আপনি বলতে পারেন–

- ইতিবাচক / নেতিবাচক
- উপস্থিতি / অনুপস্থিতি
- বাঞ্ছিত / অবাঞ্ছিত

এই দুটি অংশ একে অপরের থেকে আলাদা নয়।একটি অন্যটি ছাড়া অস্তিত্ব বজায় রাখতে পারে না, কারণ মহাজগতের স্বাভাবিক ভারসাম্য হলো শূন্য (০)।

মহাজাগতিক শূন্যের স্থান

মহাজাগতিক শূন্যের স্থান ঠিক যেন কোনো বৃত্তাকার গতির সম্পূর্ণ স্থির কেন্দ্রস্থান।

আপনি যদি কোনো বস্তুকে বৃত্তাকার পথে চলতে দেখেন, লক্ষ্য করবেন–তার মাঝখানে একটি নিখুঁত কেন্দ্র আছে, যা একেবারেই নড়ে না।এই না-নড়া কেন্দ্রটাই হলো শূন্যের স্থান।

খেয়াল করলে দেখবেন, মহাজগতে প্রায় সবকিছুই বৃত্তাকার গতিতে চলে–

- পরমাণু
- গ্রহ
- সৌরজগৎ
- ছায়াপথ
- এমনকি ব্ল্যাক হোল

প্রতিটি বৃত্তাকার ব্যবস্থারই একটি নিরপেক্ষ, স্থির কেন্দ্র থাকে।

উদাহরণ–

- পরমাণুর কেন্দ্রে থাকে নিউট্রন
- আমাদের সৌরজগতের কেন্দ্রে আছে সূর্য
- মিল্কিওয়ে ছায়াপথের কেন্দ্রে আছে একটি বিশাল ব্ল্যাক হোল

শূন্য স্থান কেন এত গুরুত্বপূর্ণ

একটি সদা-চলমান, সদা-প্রসারমান মহাজগতে এই স্থির শূন্য স্থান কেন প্রয়োজনীয়?

কারণ–এটি রূপান্তরের সুযোগ দেয়।

যে কোনো চলমান ব্যবস্থা যে কোনো মুহূর্তে তার শূন্য স্থানেতে ফিরে যেতে পারে–সক্রিয় অবস্থা থেকে নিষ্ক্রিয় অবস্থায়।কাজ আর বিশ্রামের মধ্যে এই যাতায়াতই মহাজাগতিক ভারসাম্য বজায় রাখে।

এই কারণেই কৃষ্ণগহ্বরের অস্তিত্ব আছে।
প্রতিটি কৃষ্ণগহ্বর একসময় একটি নক্ষত্র ছিল।পরে তা নিজের শূন্য স্থানতে ফিরে গেছে–নতুন রূপান্তর ও পুনর্গঠনের প্রস্তুতিতে।

বিপরীততার মাধ্যমে ভারসাম্য

সহজভাবে বললে, শূন্য স্থান থাকে +১ আর -১ এর মাঝখানে।

- +১ আরও +১ এর সাথে যুক্ত হয়ে +২ হয়
- -১ স্বাভাবিকভাবেই আরও -১ তৈরি করে -২ হয়

আর–
+২ এবং -২ একসাথে হলে ফল হয় শূন্য (০)

এইভাবেই মহাজগৎ সবসময় ভারসাম্য বজায় রাখে–বিপরীত কম্পনগুলোকে সমানভাবে প্রসারিত হতে দিয়ে, প্রয়োজন হলে আবার শূন্যে ফিরিয়ে এনে।

এই উপলব্ধি অর্থের ক্ষেত্রে প্রয়োগ করলে

অন্য সব কিছুর মতো অর্থেরও দুটি সমান ও বিপরীত অংশ আছে–

- সমৃদ্ধি (উপস্থিতি)
- অভাব (অনুপস্থিতি)

এই দুটি অংশ কম্পনগতভাবে সম্পূর্ণ ভিন্ন, তাই আপনি একসাথে দুটো অভিজ্ঞতা করতে পারেন না।

আপনার অভিজ্ঞতায় কোন অংশটি সক্রিয় হবে, তা পুরোপুরি নির্ভর করে আপনার কম্পনগত মনোযোগের উপর।

• আপনি যদি অর্থের +১ (ইতিবাচক) অংশে মনোযোগ দেন, তাহলে আরও +১ সমৃদ্ধির কম্পন আপনার অভিজ্ঞতায় যুক্ত হয়
• আপনি যদি অর্থের -১ (নেতিবাচক) অংশে মনোযোগ দেন, তাহলে আরও -১ অভাবের কম্পন যুক্ত হয়

আবেগ: আপনার কম্পনগত নির্দেশক

আপনি কোন কম্পন সক্রিয় করছেন, সেটা বোঝার একমাত্র নির্ভরযোগ্য উপায় হলো আপনার আবেগ–

• আপনি যদি +১ সমৃদ্ধির কম্পন সক্রিয় করেন → আপনি ভালো অনুভব করবেন
• আপনি যদি -১ অভাবের কম্পন সক্রিয় করেন → আপনি খারাপ অনুভব করবেন

এখানেই আসে একটি গুরুত্বপূর্ণ উপলব্ধি–
অর্থ নিয়ে আপনি ভাবছেন কি না, সেটা গুরুত্বপূর্ণ নয়।
গুরুত্বপূর্ণ হলো–অর্থ নিয়ে ভাবলে আপনি কেমন অনুভব করছেন।

সমৃদ্ধির পথে অগ্রসর হওয়া

একটি সমৃদ্ধ জীবনকে অনুমতি দিতে হলে–

• অর্থ নিয়ে এমনভাবে মনোযোগ দিন, যাতে ভালো লাগে
• নিজের ভেতরে অর্থের ইতিবাচক কম্পন সক্রিয় করুন
• কৃতজ্ঞতা ও মূল্যবোধের মাধ্যমে সেই কম্পন টিকিয়ে রাখুন

আপনি যখন এটা সহজভাবে করেন, তখন মহাজাগতিক নিয়ম অনুযায়ী আকর্ষণ প্রক্রিয়া স্বাভাবিকভাবেই চারদিক থেকে আপনাকে আরও +১ সমৃদ্ধির কম্পনের সাথে সমন্বয়ে নিয়ে আসে।

সমৃদ্ধি পরিশ্রম থেকে আসে না–
সমৃদ্ধি আসে বৃহদাংশের সাথে সংমিশ্রণ থেকে।

∞

৬. অর্থ–আসলে বাস্তব অর্থে অস্তিত্বশীল নয়

এটি একটি কম্পনভিত্তিক মহাজগৎ।তাই যা কিছু অস্তিত্বশীল, তার মূল ভিত্তি হলো কম্পন।একজন সচেতন মনোযোগদাতা হিসেবে আপনি আপনার দেহের মাধ্যমে এই মহাজাগতিক কম্পনগুলোর অনুবাদক।

আপনি ইতিমধ্যেই বুঝেছেন–কোনো কম্পনই ১৫ সেকেন্ডের বেশি তার মূল অবস্থায় থাকে না, কারণ আকর্ষণের মহাজাগতিক নিয়ম (Law of Attraction) একইধরণের ফ্রিকোয়েন্সির কম্পনগুলোকে ক্রমাগত একত্র করে।কম্পনগুলো একত্রিত হলে সেগুলো শক্তিশালী হয় এবং রূপ নেয় যৌথ শক্তিময় চিন্তা-রূপে।

চিন্তা হলো কম্পনের সেই রূপ, যেটা আপনি আপনার শারীরিক দেহের মাধ্যমে শনাক্ত ও গ্রহণ করতে পারেন।এই বই জুড়ে আপনি শিখেছেন–চিন্তাই হলো মহাজগতের মৌলিক শক্তির উৎস।যেহেতু কম্পনই সবকিছুর কেন্দ্র, আর সেই কম্পন চিন্তার রূপে শনাক্তযোগ্য শক্তি হয়ে ওঠে, তাই সবকিছু শুধু শক্তি দিয়ে তৈরি নয়–সবকিছু নিজেই শক্তি।

অর্থও এর ব্যতিক্রম নয়।

শক্তি হিসেবে অর্থের বিবর্তন

অর্থ হলো চিন্তার যৌথ শক্তিময় রূপ।মানব ইতিহাস জুড়ে এই শক্তি নানা আকারে প্রকাশ পেয়েছে–

- গবাদিপশু যেমন ছাগল ও গরু
- কৃষিজ পণ্য যেমন তুলা ও শস্য
- ধাতব মুদ্রা
- কাগুজে নোট

আজকের দিনে অর্থ আরও বেশি করে অদৃশ্য বা ডিজিটাল রূপে প্রকাশ পাচ্ছে, যা এর শক্তিময় প্রকৃতিকে আরও স্পষ্ট করে।

অর্থ মূলত কোনো দৃশ্যমান বস্তু হিসেবে অস্তিত্বশীল নয়।এটি অস্তিত্বশীল থাকে অনুভবযোগ্য শক্তি হিসেবে, যাকে মানবসমাজ এক রূপ থেকে আরেক রূপে স্থানান্তর করে।

অর্থ নিয়ে সবচেয়ে বড় ভুল বোঝাবুঝি

একটি সমৃদ্ধ পার্থিব জীবন গড়ার পথে সবচেয়ে বড় বাধা হলো—অর্থকে নির্দিষ্ট কোনো বস্তুগত রূপে খোঁজা।বিশেষ করে যখন আপনি শিক্ষাগত ও বৈজ্ঞানিকভাবে জানেন—সব শক্তির মূল প্রকৃতি একই।

শক্তি কেবল ভিন্ন ভিন্ন বিষয়ের মাধ্যমে, ভিন্ন ভিন্ন রূপে নিজেকে প্রকাশ করে।

এই উপলব্ধির মাধ্যমে আপনি এখন একটি শক্তিশালী সত্য বুঝতে পারেন—
যেকোনো কিছুই আপনার জন্য অর্থ হয়ে উঠতে পারে।

আপনার কাজ অর্থের পেছনে দৌড়ানো নয়।
আপনার কাজ হলো মূল্য সৃষ্টি করা।

আপনি যখন কোনো বিষয়ের মধ্যে মূল্য সৃষ্টি করেন, সেই বিষয়টি স্বাভাবিকভাবেই আপনার জন্য অর্থে রূপ নেয়—কারণ আপনিই মূল্য শনাক্তকারী এবং মূল্য বাস্তবায়নকারী।

মহাজগতে সত্যিকারের মূল্য কী

মহাজগতে সবচেয়ে মূল্যবান জিনিস হলো—নতুন কম্পনগত সংমিশ্রণ।

নতুন কম্পনগত সংমিশ্রণ ছাড়া মহাজগৎ তার প্রসার বা অস্তিত্ব বজায় রাখতে পারে না।

আপনি আপনার দৈনন্দিন জীবনে বিপরীত কম্পনের সাথে মিথস্ক্রিয়ার মাধ্যমে অবচেতনে নতুন নতুন কম্পন সৃষ্টি করেন।এই সূক্ষ্ম নতুন কম্পনগুলো অ-পার্থিব কম্পনগত বাস্তবতায় মূল্য যোগ করে—কিন্তু সেগুলো এখনো আপনার জন্য পার্থিব অভিজ্ঞতায় রূপ নেয় না, কারণ সেগুলো অনুবাদ হয়নি।

আপনি যখন সচেতনভাবে এই কম্পনগত সংমিশ্রণগুলোকে নতুন চিন্তা বা বুদ্ধি হিসেবে গ্রহণ করেন এবং কাজ, সৃষ্টি, সেবা বা প্রকাশমাধ্যমে পার্থিব জগতে প্রয়োগ করেন—তখনই সেই মূল্য বাস্তব রূপ পায়।

বুদ্ধি থেকে অর্থে রূপান্তর

মূল্য তৈরি হয় যখন—

- নতুন কম্পনগত সংমিশ্রণ একটি স্পষ্ট বুদ্ধিয় রূপ নেয়
- আপনি সচেতনভাবে সেই বুদ্ধি গ্রহণ করেন

- আপনি তার প্রতি ইতিবাচকতা ও বৃহদাংশের সাথে সংমিশ্রণ বজায় রাখেন
- আপনি সেটিকে পার্থিব বাস্তবতায় প্রয়োগ করেন

আপনি যতক্ষণ আপনার বৃহদাংশের সাথে সংযোগে থাকেন এবং বুদ্ধিটি নিয়ে ভালো অনুভব করেন, সেই বুদ্ধিটি স্বাভাবিকভাবেই অর্থে রূপ নেয়।

সমৃদ্ধি শুধু পরিশ্রমে তৈরি হয় না।
সমৃদ্ধি তৈরি হয়–নতুন কম্পনগত মূল্যের সাথে সমন্বয়ের মাধ্যমে।

—————— ∞ ——————

৭. আপনার সমৃদ্ধির সাম্রাজ্য ইতিমধ্যেই আপনার জন্য ৯৯% প্রস্তুত

আপনি একজন মনোযোগী কম্পনগত চিন্তা-শক্তির সত্তা।আপনার একটি অ-পার্থিব **বিশুদ্ধ ইতিবাচক সত্তা** (pure positive-self) আছে, যা এই পার্থিব বাস্তবতায় সব বিষয়ের সাথে আপনার পারস্পরিক যোগাযোগের মাধ্যমে অবচেতনে সৃষ্টি হওয়া প্রতিটি ইতিবাচক কম্পনের ধারক হিসেবে কাজ করে।

এই দেহে জন্ম নেওয়ার আগে, আপনি এবং এই বিশুদ্ধ ইতিবাচক সত্তাএকীভূত চিন্তা-শক্তির রূপ ছিলেন।এমনকি এখনো, আপনি যখন পার্থিব রূপে বিদ্যমান, তখনও সেই পূর্ণতার সাথে আংশিকভাবে সংযুক্ত আছেন।যেহেতু আপনারা দু'জনে মৌলিকগত ভাবে কম্পন, তাই আকর্ষণের মহাজাগতিক নিয়ম উভয় অংশের প্রতিক্রিয়ায় সমানভাবে কাজ করে।

আপনি ইতিমধ্যেই উপলব্ধি করেছেন—অভাবের সাথে আপনার মিথস্ক্রিয়ার মাধ্যমেই আপনি সমৃদ্ধির কম্পন সৃষ্টি করেন।
যখনই আপনি অর্থ নিয়ে অভাবমুখীভাবে মনোযোগ দেন, তখনই আপনি অবচেতনে সমৃদ্ধির নতুন কম্পন তৈরি করেন।এই সমৃদ্ধির কম্পনগুলো সঙ্গে সঙ্গে আপনার বিশুদ্ধ ইতিবাচক সত্তার সাথে যুক্ত হয়।কারণ সমৃদ্ধির কম্পন ইতিবাচক, আর আপনার অ-পার্থিব সত্তাসম্পূর্ণ ইতিবাচকভাবেই কম্পিত হয়।ফলে আকর্ষণের মহাজাগতিক নিয়ম স্বাভাবিকভাবেই আপনার সদ্য সৃষ্ট সমৃদ্ধির কম্পনগুলোকে আপনার বিশুদ্ধ ইতিবাচক সত্তার সাথে সমন্বয় ও সংযুক্ত করে।

আপনার বিশুদ্ধ ইতিবাচক সত্তাএকটি একক কম্পনগত সংমিশ্রণ—একটি অনন্য শক্তিগত স্বাক্ষরসহ একক ফ্রিকোয়েন্সি, যা কেবল ইতিবাচকভাবেই কম্পিত হয়।এই কারণেই আকর্ষণের মহাজাগতিক নিয়ম মহাজগতের প্রতিটি প্রান্ত থেকে কেবল ইতিবাচক, সমৃদ্ধিমুখী কম্পনই তার কাছে পৌঁছে দেয়।

এর ফলস্বরূপ, আপনার বিশুদ্ধ ইতিবাচক সত্তার ভেতরে এক বিশাল, চিরস্থায়ী ইতিবাচক গতি সঞ্চিত থাকে।

গতি (Momentum) ও তাৎক্ষণিক সমৃদ্ধি-সৃষ্টি

যে কিছুর গতি যত বেশি, তা তত দ্রুত ও শক্তিশালীভাবে ফল সৃষ্টি করতে পারে—এটি সরল পদার্থবিদ্যা।

আকর্ষণের মহাজাগতিক নিয়মের মাধ্যমে, আপনার সমৃদ্ধির জন্য প্রয়োজনীয় সব কম্পন সংগ্রহ করার গতি ও ব্যাপ্তি আপনার বিশুদ্ধ ইতিবাচক সত্তার ক্ষেত্রে তাৎক্ষণিক।এ কারণেই, আপনি যে মুহূর্তে অর্থের অভাব উপলব্ধি করেন, ঠিক সেই একই মুহূর্তে—

- আপনার ভেতরে অবচেতনে একটি নতুন সমৃদ্ধিমুখী কম্পন সৃষ্টি হয়
- সেই কম্পনটি আপনার বিশুদ্ধ ইতিবাচক সত্তার সাথে যুক্ত হয়
- আপনার সমৃদ্ধি কম্পনগতভাবে গঠিত হয়ে যায়
- একটি নতুন ইতিবাচক ফ্রিকোয়েন্সি আপনার দিকে প্রেরিত হয়

আপনার সমৃদ্ধি সঙ্গে সঙ্গেই সৃষ্টি হয়—তবে তখনো তা পার্থিব রূপে বিদ্যমান হয়না।

কেন সমৃদ্ধি জোর করে আপনার অভিজ্ঞতায় ঢোকানো হয় না

এটি একটি আকর্ষণভিত্তিক মহাজগৎ।কেউই—এমনকি আপনার বিশুদ্ধ ইতিবাচক সত্তাও—জোর করে কিছু আপনার অভিজ্ঞতায় প্রবেশ করাতে পারে না।
আপনাকে সেটির সাথে সমন্বয় ঘটিয়ে আকর্ষণ করতে হয়।

এই কারণেই, আপনার সমৃদ্ধির সাম্রাজ্য অ-পার্থিব কম্পনগত জগতে ইতিমধ্যেই ৯৯% সম্পূর্ণ—আপনার বিশুদ্ধ ইতিবাচক সত্তাদ্বারা সৃষ্ট ও সুসংগঠিত।বাকি ১% আপনার ভূমিকা।

আপনি হলেন—

- কম্পনকে পার্থিব রূপে অনুবাদকারী
- চিন্তাকে বাস্তব জিনিসে রূপদানকারী
- বুদ্ধিকে জীবিত অভিজ্ঞতায় প্রকাশকারী

আপনার অনুবাদ ছাড়া, আপনার পার্থিব বাস্তবতায় কিছুই পার্থিব রূপে প্রকাশ পেতে পারে না।

আপনার একমাত্র অপরিহার্য ভূমিকা

আপনার সমৃদ্ধ পার্থিব জীবনের জন্য যা কিছু প্রয়োজন—
প্রতিটি চিন্তা, বুদ্ধি, তাগিদ, কর্ম, সুযোগ ও সঠিক মিলন—
সবই ইতিমধ্যেই অ-পার্থিবভাবে আপনার বিশুদ্ধ ইতিবাচক সত্তাদ্বারা প্রস্তুত।

আপনার একমাত্র দায়িত্ব হলো–

- ইতিবাচক থাকা
- ভালো লাগার চিন্তা দ্বারা বৃহদাংশের সাথে সংমিশ্রণ বজায় রাখা
- আবেগগতভাবে গ্রহণযোগ্য থাকা
- অনুপ্রাণিত চিন্তা ও বুদ্ধি গ্রহণ করা
- যখন তাগিদ স্বাভাবিক ও ঠিক মনে হয়, তখন কাজ করা

আপনি যখন এটি করেন, তখন বাকি ১% নিজে থেকেই, স্বস্তির সাথে সম্পন্ন হয়ে যায়– আর আপনার অ-পার্থিব সমৃদ্ধি পার্থিব বাস্তবতায় রূপ নেয়।

∞

৮. এই প্রাচুর্যপূর্ণ মহাবিশ্বে কোনো অভাব নেই–আছে কেবল তার উপলব্ধি

এই মহাজগতে কিছুই ভারসাম্যহীন অবস্থায় বিদ্যমান নয়।এই বিশাল মহাজগতের প্রতিটি কণা সম্পূর্ণ ভারসাম্য পুনঃস্থাপন ও বজায় রাখতে সক্ষম।

এই বিস্তৃত মহাজাগতিক উপলব্ধি থেকে দেখলে মনে হতে পারে–যে এক মহাজগৎ সব দিক থেকে নিখুঁত ভারসাম্যে আছে, সেখানে অভাব বা দারিদ্র্যের অস্তিত্ব থাকা অসম্ভব।

তবু বাস্তবে তা দেখা যায়।অর্থের অভাব, মূল্যবান সম্পদের অভাব, এবং দারিদ্র্যের যন্ত্রণা–পৃথিবীর নানা প্রান্তে নানা মাত্রায় বিদ্যমান।এই অভাব ও কষ্ট যখন আপনি দেখেন, তখন প্রাচুর্যে বিশ্বাস রাখা কঠিন হয়ে ওঠে।

এই কারণেই একটি **আরও বিস্তৃত মহাজাগতিক দৃষ্টিভঙ্গি** প্রয়োজন।

শুধু শারীরিক, বস্তুবাদী দৃষ্টিকোণ থেকে–অর্থাৎ কেবল আপনার পাঁচটি ইন্দ্রিয়ের অনুবাদের ওপর ভিত্তি করে–আপনি যে কোনো বিষয়ের সর্বোচ্চ প্রায় ৫০%-ই উপলব্ধি করতে পারেন।আর অধিকাংশ ক্ষেত্রেই সেই উপলব্ধ অংশটি হয় অনুপস্থিতির দিক, অভাবর দিক।
এর কারণ হলো–আধুনিক সমাজে অনুপস্থিতির কম্পনের গতি তুলনামূলকভাবে অনেক বেশি।

শুধু পার্থিব দৃষ্টিভঙ্গি থেকে কোনো বিষয়কে তার পূর্ণতায় অনুভব করা কারও পক্ষেই সম্ভব নয়।

কেন আপনি একসাথে দুই দিক দেখতে পারেন না

অর্থকে উদাহরণ হিসেবে ধরুন।
আপনি একই সময়ে অর্থের প্রাচুর্য এবং অর্থের অনুপস্থিতি–দুটোই অনুভব করতে পারেন না।কম্পনগতভাবে এটি অসম্ভব।আকর্ষণের মহাজাগতিক নিয়ম অনুযায়ী, আপনি কেবল সেই দিকটাই অনুভব করতে পারেন, যার সাথে আপনি কম্পনগত সমন্বয়ে আছেন।

তাই অভাবর আসল কারণ সমৃদ্ধির অনুপস্থিতি নয়।
আসল কারণ হলো–বেশিরভাগ মানুষ অভাবর কম্পনের সাথেই সমন্বয়ে থাকে।

আর যেহেতু আপনার প্রতিটি অভিজ্ঞতা কম্পনের অনুবাদ, তাই সমস্যা এই নয় যে প্রাচুর্য নেই–সমস্যা হলো, আপনি আপনার বর্তমান কম্পনগত ফ্রিকোয়েন্সির বাইরে অনুবাদ করতে পারছেন না।ফলে আপনি বারবার কেবল অভাবটাই দেখতে পাচ্ছেন।

বরফখণ্ডের উদাহরণ

ভাবুন, আপনি সমুদ্রের মধ্যে দাঁড়িয়ে একটি বরফখণ্ডের চূড়ার দিকে তাকিয়ে বলছেন– "এত অল্প বরফ দিয়ে জলের সব প্রয়োজন কীভাবে পূরণ হবে?"

আপনি আপনার চোখে যা দেখছেন, তা বরফখণ্ডের খুব ছোট একটি দৃশ্যমান অংশ।জলের নিচে থাকা বিশাল বরফের পাহাড়টি আপনি দেখতে পাচ্ছেন না–এই কারণে নয় যে সেটি নেই, বরং এই কারণে যে আপনি এমন অবস্থানে নেই, যেখান থেকে সেটি উপলব্ধি করা যায়।

ঠিক একইভাবে, আপনি পৃথিবীতে যে অভাব দেখেন, তা কেবল এই কারণে যে আপনি অর্থের অনুপস্থিতির ফ্রিকোয়েন্সিতে সমন্নায়িত হয়ে আছেন।আর আকর্ষণের মহাজাগতিক নিয়মের প্রভাবে, আপনি যেখানে যান, যা-ই করেন না কেন – এমন প্রমাণই আপনার অভিজ্ঞতায় আসে যা আপনার অভাবের কম্পনের সাথে সমান।

বাস্তবতা নয়, উপলব্ধির পরিবর্তন

এই সত্যটি আপনাকে নিজেকে বারবার মনে করিয়ে দিতে হবে–
আপনি বাস্তবতাকে দেখছেন না, আপনি কম্পনকে অনুবাদ করছেন।

কোনো বিষয়ই কখনো একটিমাত্র দিক নিয়ে বিদ্যমান থাকে না।আপনি হয়তো বেশিরভাগ সময় অভাবটাই উপলব্ধি করছেন, কিন্তু তার মানে এই নয় যে প্রাচুর্য নেই– এর মানে শুধু এই যে, আপনি অনুপস্থিতির দিকটির সাথে কম্পনগত সমন্বয়ে আছেন।

আপনি যদি অর্থ সম্পর্কে আপনার কম্পন সামান্য হলেও বদলাতে পারেন, তাহলে ধীরে ধীরে অর্থের প্রাচুর্যের দিকটি আপনার উপলব্ধিতে আসতে শুরু করবে।
এটা অন্ধকারে দাঁড়িয়ে থাকার মতো–সামান্য আলোই সামনে পথ দেখাতে শুরু করে।

আপনি কীভাবে বুঝবেন যে পরিবর্তন হচ্ছে

আপনি বুঝবেন আপনার কম্পন বদলাচ্ছে–অর্থ সম্পর্কে ধীরে ধীরে ভালো লাগা তৈরি হওয়ার মাধ্যমে।

আবেগই হলো আপনার কম্পনগত শক্তির প্রবাহের দিক বোঝার সবচেয়ে নির্ভুল উপায়। এই কারণেই এই বইয়ের প্রতিটি প্রক্রিয়া এমনভাবে তৈরি করা হয়েছে, যাতে খুব স্বাভাবিক ও অল্প অল্প করে আপনার কম্পনকে আরও সমৃদ্ধ অবস্থার দিকে নিয়ে যাওয়া যায়।

আপনার অনুভূতি যত ভালো হবে,
আপনার উপলব্ধি তত বিস্তৃত হবে।
উপলব্ধি যত বিস্তৃত হবে,
প্রাচুর্য তত দৃশ্যমান হবে।

আর প্রাচুর্য যখন দৃশ্যমান হয়,
তখন তা আপনার জন্য ততবেশি গ্রহণযোগ্যও হয়ে ওঠে।

———— ∞ ————

৯. আপনার ভেতরে থাকা সীমাহীন মহাজাগতিক অর্থ

ইতিবাচকতা হলো চিন্তা-শক্তির চিরন্তন বিষয়বস্তু।বিশুদ্ধ ইতিবাচক চিন্তা প্রবাহ এই কম্পনগত মহাজগতের প্রধান শক্তি, কারণ অ-পার্থিব বিশুদ্ধ ইতিবাচক সত্তা অনন্তকাল ধরে বিশুদ্ধ ইতিবাচক চিন্তা প্রবাহের দিকেই মনোযোগ দিতে বেছে নিয়েছে।

যদিও প্রতিটি নতুন ইতিবাচক কম্পন জন্ম নেয় কোনো অবাঞ্ছিত বা নেতিবাচক কম্পনের সাথে পারস্পরিক যোগাযোগের মাধ্যমেই, তবুও আকর্ষণের মহাজাগতিক নিয়ম এবং বিশুদ্ধ ইতিবাচক শক্তির সচেতন মনোযোগ নিশ্চিত করে যে–
উপস্থিতিমুখী, বাঞ্ছিত কম্পনগুলো ক্রমেই প্রাধান্য পায়,
আর অনুপস্থিতিমুখী, অবাঞ্ছিত কম্পনগুলো ধীরে ধীরে কম দৃশ্যমান হয়ে যায়।

এটাই ভারসাম্যের স্বাভাবিক প্রক্রিয়া।

যেমন–আপনি যখন অন্ধকার ঘরে একটি বাতি জ্বালান, তখন অন্ধকারকে আলাদা করে সরাতে হয় না–তা স্বাভাবিকভাবেই মিলিয়ে যায়।আর আপনি যত আলো যোগ করেন, ঘর তত উজ্জ্বল হয়ে ওঠে।

ইতিবাচক শক্তির অপরিমেয় গতি

আপনার **বিশুদ্ধ ইতিবাচক সত্তা**যে ইতিবাচক গতি বহন করে, তা এতটাই বিশাল যে তার শক্তি মাপা যায় না।
আর আপনি আপনার পার্থিব রূপে যতটা নিজেকে অনুমতি দেন, ততটাই এই শক্তি–এই গতি–আপনি ব্যবহার করতে পারেন।

এই মহাজগতের শক্তির উৎস হলো **চিন্তা**।
শক্তি চিন্তার মধ্য দিয়েই প্রবাহিত হয়।

যেহেতু আকর্ষণের মহাজাগতিক নিয়ম সর্বত্র সমানভাবে কাজ করে, তাই মহাজগতের সব একইধরণের কম্পন একে অপরের সাথে সংযুক্ত থাকে।এর ফলস্বরূপ, সমস্ত ইতিবাচক চিন্তা-শক্তি একত্রিত হয়ে একটি সীমাহীন, চিরন্তন, অনন্ত শক্তিক্ষেত্র গঠন করে।

এক মুহূর্ত থেমে কল্পনা করুন–
এই শক্তির ব্যাপ্তি,

এর সীমাহীনতা,
এর সৃজনশীল সম্ভাবনা।

এই শক্তিতেই আপনার বিশুদ্ধ ইতিবাচক সত্তার প্রবেশাধিকার আছে।
এই শক্তিই চিন্তার মাধ্যমে সমগ্র মহাজগৎকে চালিত করা চিরন্তন প্রবাহ।
আর এই সীমাহীন ইতিবাচক শক্তিতেই আপনি প্রবেশ করতে পারেন–যখনই আপনি আপনার পূর্ণতার সাথে সংযুক্ত হন।

আপনি–এই অসীম শক্তির রূপান্তরকারী

আপনি এই শক্তি থেকে আলাদা নন।
আপনি হলেন পার্থিব জগতে এর অনুবাদক ও রূপান্তরকারী।

আপনার মনোযোগের মাধ্যমে আপনি এই অসীম ইতিবাচক শক্তিকে বিভিন্ন রূপে রূপান্তর করেন–
বুদ্ধি,
কর্ম,
অভিজ্ঞতা,
সৃষ্টি,
এবং পার্থিব রূপে বিদ্যমান ফলাফলে–
আপনার আনন্দ ও পরিপূর্ণতার জন্য।

এই কারণেই আপনার ভেতরে থাকা প্রকৃত সীমাহীন মুদ্রা হলো–
আপনার উৎস শক্তির সাথে সংযুক্ত হওয়ার ক্ষমতা,
আপনার পূর্ণতার সাথে বৃহদাংশের সাথে সংমিশ্রণ,
এবং এই চিরন্তন অসীম শক্তিকে আপনার ভেতর দিয়ে প্রবাহিত হতে দেওয়ার সক্ষমতা।

এই জগতে যা কিছু সৃষ্টি হয়েছে, সবই এই শক্তি থেকেই–
আপনার মতো পার্থিব মনোযোগধারীদের মাধ্যমে।

আপনি কখনোই প্রাচুর্য থেকে দূরে নন

আপনি নিজেকে আপনার আদর্শ জীবন থেকে যত দূরেই মনে করুন না কেন, বাস্তবে আপনি কখনোই তা থেকে দূরে নন।
তা সবসময়ই আপনার ভেতরে বিদ্যমান–প্রস্তুত, উপলব্ধ, অপেক্ষমাণ।

আপনি এই সৃজনশীল শক্তিকে সক্রিয় করেন না পরিশ্রম, সংগ্রাম বা জোর প্রয়োগের মাধ্যমে–
বরং মহাজগতের ইতিবাচক শক্তির সাথে পুনঃসংযোগের মাধ্যমে, আপনার বিশুদ্ধ ইতিবাচক সত্তার ভেতর দিয়ে।

এবং এখন আপনি এই সত্যটি পরিষ্কারভাবে উপলব্ধি করতে পারেন–

আপনার ভেতরের সীমাহীন ঐশ্বর্য হলো
আপনার নিজের বিশুদ্ধ ইতিবাচক সত্তার সাথে সংযোগ–
যার মধ্য দিয়ে মহাজগতের সৃজনশীল শক্তি প্রবাহিত হয়ে
আপনার জীবনে আপনি যা বেছে নেন, তাই হয়ে ওঠে।

——————— ∞ ———————

✦ অধ্যায় শেষের প্রক্রিয়া ৪ ✦

“ঋণমুক্তির খেলা”

ঋণ হলো অর্থের এমন এক রূপ, যা প্রায় সবারই জীবনে থাকে–কিন্তু খুব কম মানুষই সত্যিকার অর্থে এটাকে পছন্দ করে।এই নেতিবাচক দৃষ্টিভঙ্গির কারণেই অনেক মানুষ অজান্তেই নিজেকে ঋণের বন্ধনে আটকে রাখে।

একটি সম্পূর্ণ ভারসাম্যপূর্ণ মহাজগতে কিছুই পুরোপুরি খারাপ হতে পারে না, আবার কিছুই পুরোপুরি ভালোও হতে পারে না।আপনি হলেন শক্তির মনোযোগদাতা, আর কোনো বিষয়ের সাথে আপনার অভিজ্ঞতা নির্ভর করে–সেই বিষয়ের কোন অংশে আপনি মনোযোগ দিচ্ছেন তার ওপর।

অধিকাংশ মানুষ ঋণে আটকে পড়ে এই কারণে যে তারা অভাবের জায়গা থেকে ঋণ নেয়। তারা মনে করে–অর্থ তাদের কাছে আসার একমাত্র পথই হলো ঋণ।ফলে তারা খারাপ লাগা, দুশ্চিন্তা বা হতাশা নিয়ে ঋণে প্রবেশ করে–এবং তখন ঋণের বন্ধনমূলক দিকটাই তারা আকর্ষণ করে।

কিন্তু আপনি যদি আপনার মনোযোগ–

বন্ধন থেকে পছন্দের দিকে, আর সীমাবদ্ধতা থেকে স্বাধীনতার দিকে সরান,
তাহলে দুটি শক্তিশালী পরিবর্তন ঘটবে–

১. আপনি ঋণমুক্ত না হয়েও অর্থের ব্যাপারে নিজেকে হালকা, স্বাধীন ও সন্তুষ্ট অনুভব করতে শুরু করবেন।

২. আশ্চর্যজনকভাবে অল্প সময়ের মধ্যেই আপনি বাস্তবেও ঋণমুক্ত হয়ে যাবেন।

এই প্রক্রিয়াটি এই দুটোই ঘটাতে সাহায্য করার জন্য তৈরি।

প্রক্রিয়াটি কীভাবে করবেন

১. একটি নোটবুক নিন এবং পাতার ওপরে বড় করে লিখুন–
“আমার সুন্দর ঋণ”

২. আপনার সব ঋণের একটি তালিকা করুন।এর মধ্যে থাকতে পারে–

- গাড়ির লোন
- বাইকের লোন
- বাড়ির লোন
- পার্সোনাল লোন
- ক্রেডিট কার্ডের EMI
- ব্যবসায়িক লোন
- ব্যক্তিগতভাবে নেওয়া ধার
- এমনকি যেসব ঋণ আপনি ইতিমধ্যেই পুরোপুরি শোধ করে ফেলেছেন সেগুলিও

(এই প্রক্রিয়ায় সবচেয়ে গুরুত্বপূর্ণ বিষয় হলো–লিখতে গিয়ে আপনার কেমন লাগছে। ঋণটি বর্তমানে আছে কি নেই, সেটি মুখ্য নয়)

৩. তালিকা থেকে যেকোনো দুটি ঋণ বেছে নিন।
প্রতিটি ঋণের জন্য অন্তত পাঁচটি ভালো লাগার বাক্য লিখুন, যেখানে উল্লেখ করবেন–

- সেই সময় ঋণটি আপনাকে কী ধরনের শান্তি দিয়েছিল
- এটি আপনার জীবনে কী আরাম বা স্বস্তি এনেছিল
- এটি কী কী সুযোগ বা অভিজ্ঞতা সম্ভব করে তুলেছিল

৪. এই লেখার প্রক্রিয়ায় অন্তত ১০ মিনিট সময় দিন।

৫. পরের দিন তালিকা থেকে ভিন্ন দুটি ঋণ বেছে নিয়ে একই প্রক্রিয়া আবার করুন।

অর্থ-সংক্রান্ত কাজ (গুরুত্বপূর্ণ)

প্রতিদিন লেখার কাজ শেষ করার পর–

- কদরের প্রতীক হিসেবে সামান্য কিছু টাকা আলাদা করুন।
  পরিমাণ যাই হোক–₹১০, ₹৫০, ₹১০০, ₹৫০০, ₹১,০০০–যেটা আপনার ভালো লাগে।

- এই টাকাটি আলাদা একটি জায়গায় রাখুন, যা শুধুই এই প্রক্রিয়ার জন্য নির্ধারিত।
- প্রতি মাসের প্রথম দিনে সেই জমানো টাকার হিসাব করুন এবং যেকোনো একটি লোন বা EMI-তে, যেটাই আপনার কাছে সবচেয়ে স্বস্তিকর মনে হয়, সেটাতে অতিরিক্ত পরিশোধ (overpayment) হিসেবে প্রদান করুন।
- যে তারিখে ও যে পরিমাণ অতিরিক্ত টাকা দিলেন, তা লিখে রাখুন এবং স্পষ্টভাবে উল্লেখ করুন–**"ঋণমুক্তির খেলা"**-র অংশ হিসেবে।
- যদি আপনার ঋণ দাতা–অতিরিক্ত পরিশোধ– গ্রহণ না করে, তবে প্রতি মাসের টাকা–**"ঋণমুক্তির খেলা"**-র অংশ হিসেবে জমিয়ে রাখুন এবং তিন অথবা ছ-মাস অন্তর নিজের ভালোলাগা যে কোনো কিছুতে ব্যবহার করুন।

এই প্রক্রিয়াটি আসলে কী করছে

এই প্রক্রিয়াটি শুধু অতিরিক্ত টাকা দেওয়ার বা খরচা করার ব্যাপার নয়।
এই বইয়ের প্রতিটি প্রক্রিয়ার মূল উদ্দেশ্য হলো–আপনার ভেতরের কম্পন বদলানো।
প্রকৃত পরিবর্তনটা ঘটে আপনার ভেতরেই।

আপনি যখন নিয়মিত এই প্রক্রিয়াটি করেন–

- ঋণের সাথে আপনার আবেগগত সম্পর্ক প্রতিরোধ থেকে কদরের দিকে সরে যায়
- অর্থ সম্পর্কে আপনার কম্পন স্বাভাবিকভাবেই উন্নত হয়
- আকর্ষণের মহাজাগতিক নিয়ম সেই অনুযায়ী সাড়া দেয়

এর ফল হিসেবে আপনি লক্ষ্য করতে পারেন–

- অপ্রত্যাশিত ছাড় বা কুপন
- ইচ্ছাকৃত বা ভুলবশত পাওয়া অতিরিক্ত টাকা
- পুরোনো কোনো পরিশোধ ফিরে আসা
- পরিচিত বা অপরিচিত উৎস থেকে উপহার
- স্বাস্থ্যের উন্নতি, ফলে চিকিৎসা খরচ কমে যাওয়া

এভাবেই নানা পথে আপনার ব্যবহারযোগ্য অতিরিক্ত অর্থ স্বাভাবিকভাবে বাড়তে থাকে। এই সবকিছু ঘটে একটাই কারণে—আপনি ঋণের ত্রুটির দিকে নয়, তার উপকারের দিকটি দেখতে শুরু করেন।

লেখার উদাহরণ

আমার সুন্দর ঋণ:
আমার বাইক লোন-

আমি ঋণ ব্যবস্থাটিকে ভালোবাসি, কারণ এটি আমাকে খুব সহজে একটি সুন্দর জীবন-অভিজ্ঞতা দিয়েছে।ঋণ নেওয়ার প্রক্রিয়ার সরলতা ও স্বচ্ছতা আমি কদর করি।যে মুহূর্তে বুঝেছিলাম—আমি এখনই আমার বাইকটি কিনতে পারব এবং ধীরে ধীরে শান্তভাবে তার দাম পরিশোধ করতে পারব—সেই অনুভূতিটা আমার খুব প্রিয়।

আমি সত্যিই আমার বাইক চালানো উপভোগ করি।এটি আমার দৈনন্দিন জীবনে আরাম ও সুবিধা এনে দিয়েছে।আমার রুটিনে গতি, স্বাধীনতা ও আত্মবিশ্বাস যোগ করেছে।

কিছু অর্থবহ জিনিস নিজের করে নেওয়া এবং তা শান্তভাবে পরিশোধ করা—এই অনুভূতিটা আমাকে গভীরভাবে তৃপ্ত করে।এই সিদ্ধান্ত নেওয়ার জন্য আমি নিজের ওপর গর্ব বোধ করি।আমার বাইক আমার দৈনন্দিন যাত্রার এক বিশ্বাসযোগ্য সঙ্গী হয়ে উঠেছে এবং আমার জীবনকে আরও আরামদায়ক ও আনন্দময় করেছে।

শেষ কথা

যে মুহূর্তে আপনি ঋণ সম্পর্কে ভালো অনুভব করতে শুরু করেন,
সেই মুহূর্তেই আপনি বন্ধন আকর্ষণ করা বন্ধ করেন—
আর স্বাধীনতা আকর্ষণ করতে শুরু করেন।

আর এই কম্পনগত মহাজগতে,
স্বাধীনতা সবসময়ই সমৃদ্ধিকে আকর্ষণ করে।

∞

লেখকের উক্তি-

"সবকিছুই কম্পনমূলক, কম্পনটি সম্পন্ন করুন, তারপর সেই কম্পনই বাকি সব সম্পন্ন করে দেয়।"

অধ্যায় ৫

চিন্তা হল স্পন্দনশীল কম্পনশীল অর্থ

চিন্তা মহাবিশ্বের মূল শক্তির উৎস।আর আপনি জানেন, শক্তি বিভিন্ন রূপে রূপান্তরিত হতে পারে–অর্থ সেই রূপান্তরিত রূপগুলোর একটি।
আপনি ইতিমধ্যেই পড়েছেন–
অর্থ আসলে বিভিন্ন বস্তুর মধ্যে উপলব্ধিযোগ্য শক্তি ছাড়া আর কিছু নয়।

এই অধ্যায়ে আপনি জানতে পারবেন,

কীভাবে চিন্তাপ্রবাহ পদার্থগত টাকা বা অর্থ হয়ে ওঠে।
কেন এটি ঘটে,
এবং কীভাবে আপনি এই জ্ঞানকে সহজেই ব্যবহার করে–
আপনার ঐশ্বর্য্যময় সমৃদ্ধিশালী জীবন গড়ে তুলতে পারেন।

এই অধ্যায়ে আপনি পাবেন:

অনুশীলন

১. প্রতিটি চিন্তাই এই মহাজগতে চিরন্তনভাবে বিদ্যমান

কম্পনই হল এই মহাজগতের ক্ষুদ্রতম কণা।আপনার চারপাশে আপনি যা কিছু অনুভব করেন, সবই বিভিন্ন সংমিশ্রিত রূপে বিদ্যমান কম্পন।তবে সবচেয়ে মৌলিক কম্পনগুলো–যেগুলো এখনো এতটা শক্তিশালী নয় যে 'চিন্তা' হিসেবে রূপ নিতে পারে–সেগুলো আপনার কাছে প্রত্যক্ষযোগ্য নয়।

একজন পার্থিব সত্তা কেবল তখনই কোনো কম্পনকে শনাক্ত করতে পারে, যখন তা যথেষ্ট শক্তভাবে সংমিশ্রিত হয়ে চিন্তা হয়ে ওঠে।তখনই সেই কম্পন এমন শক্তি বহন করে, যা একইধরণের কম্পনে থাকা পার্থিব সত্তাদের ভেতর দিয়ে প্রবাহিত হতে পারে এবং নিজেকে পার্থিব অভিজ্ঞতায় অনুবাদ করতে পারে।

সবকিছুই চিন্তা-শক্তি

এই উপলব্ধির মাধ্যমে এখন আপনি পরিষ্কারভাবে দেখতে পারেন–সবকিছুই ভিন্ন ভিন্ন ভাবে সংমিশ্রিত চিন্তা-শক্তির রূপ।
কিছুই আকস্মিকভাবে ঘটে না।
কিছুই কাঠামো ছাড়া বিদ্যমান নয়।

আপনি বাস্তবতাকে শুধু দেখছেন না।
আপনি তাকে **অনুবাদ** করছেন।

আপনি হলেন অনুবাদক

আপনি হলেন সেই অনুবাদক–এবং নির্ধারক–যার মাধ্যমে ঠিক হয় কোনো চিন্তা-শক্তি পার্থিব জগতে কীভাবে প্রকাশ পাবে।
আপনার কম্পনের মাধ্যমে চিন্তা-শক্তি আকার পায়।
আপনার উপলব্ধির মাধ্যমে তা অভিজ্ঞতায় রূপ নেয়।

আপনি জীবনে শুধু কিছু আসলে বিদ্যমান বলে বাচেন –তা নয়।
আপনি যা অনুবাদ করতে পারেন–সেটাই আপনার বাস্তবতা।

চিরন্তন অস্তিত্ব

আপনি সচেতনভাবে কোনো চিন্তাকে উপলব্ধি করুন বা না করুন–যে কোনো কম্পনগত সংমিশ্রণ যা কখনো সৃষ্টি হয়েছে, তা এখনো বিদ্যমান।

- কিছুই মুছে যায় না
- কিছুই হারিয়ে যায় না

কারণ সব কম্পনই শক্তি–আর শক্তির কোনো শেষ নেই।

যা কিছু কখনো ভাবা হয়েছে, সবই এখনো বিদ্যমান–

- অপেক্ষমান
- উপলব্ধ
- সমন্বয়ের প্রতি সাড়া দিতে প্রস্তুত

এর মানে হলো–হাজার, দশ হাজার, এমনকি লক্ষ বছর আগেও যে চিন্তাগুলো সৃষ্টি হয়েছিল, সেগুলো আজও আপনার জন্য উপলব্ধ।
এটা কি আশ্চর্য নয়?

এর প্রকৃত অর্থ হলো–আপনি গ্রহণ করতে পারেন:

- গ্যালিলিও যে যন্ত্রগুলোর বুদ্ধি পেয়েছিলেন কিন্তু নির্মাণ করতে পারেননি, সেগুলোর বুদ্ধি
- শেক্সপিয়র যে গল্পগুলো কল্পনা করেছিলেন কিন্তু লেখেননি, সেগুলোর ধারণা
- মোজার্ট যে সুরগুলো অনুভব করেছিলেন কিন্তু সুরারোপ করেননি, সেগুলোর আবেগ

এমনকি এই মুহূর্তে বিশ্বের বিভিন্ন প্রান্তে বড় ব্যবসায়িক মস্তিষ্করা যে পণ্য, সেবা বা উদ্ভাবনের কথা ভাবছে–কিন্তু এখনো পার্থিব রূপে প্রকাশ করেননি–সেগুলোর বুদ্ধিও আপনি পেতে পারেন।

সবকিছুই সবার জন্য উন্মুক্ত

এটাই এই সীমাহীন মহাজগতের ব্যাপ্তি–সবকিছুই সবার জন্য উপলব্ধ।
কারণ চিন্তা হলো শক্তি, আর শক্তি কখনো বিলীন হয় না।

ফলে চিন্তার সংখ্যা অসীম।তাদের ঘনত্ব কল্পনার বাইরে–তবুও আপনি সেগুলোকে সচেতনভাবে সবসময় উপলব্ধি করতে পারেন না।
এটা কোনো সীমাবদ্ধতা নয়।
এটাই আকর্ষণের মহাজাগতিক নিয়মের পরিপূর্ণতা।

কিছুই এলোমেলোভাবে চলে না

যদিও অসীম চিন্তা বিদ্যমান, তবুও একটি চিন্তাও এলোমেলোভাবে চলাচল করে না। প্রতিটি চিন্তা নিজস্ব কম্পনগত ফ্রিকোয়েন্সির ভেতরেই নিখুঁতভাবে ধারণ ও পরিচালিত হয়।

অসীমতার ভেতরেও রয়েছে শৃঙ্খলা।
অসীমতার ভেতরেও রয়েছে কাঠামো।
কিছুই বেমানান নয়।

আপনি যা পান, সেটাই কেন পান

এই কারণেই আপনি কেবল সেসব চিন্তা ও বুদ্ধিই গ্রহণ করতে পারেন, যেগুলো আপনার নিজের কম্পনগত ফ্রিকোয়েন্সির সাথে সমন্বয়ে থাকে।
এই কারণে নয় যে অন্য চিন্তাগুলো অনুপলব্ধ।
বরং কারণ–সমন্বয়ই হলো প্রবেশদ্বার।

আপনার কম্পন হলো ছাঁকনি।
আপনার ফ্রিকোয়েন্সি হলো দরজা।
আর কেবল যেগুলো আপনার সাথে মেলে, সেগুলিই আপনার অভিজ্ঞতায় প্রবেশ করতে পারে।

এই বিশাল চিন্তার মহাসাগরে, একটি ভালো লাগার, ইতিবাচক কম্পনগত অবস্থায় নিজেকে ধরে রাখা অত্যন্ত গুরুত্বপূর্ণ।আপনি যখন তা করেন, তখন–যে কোনো উজ্জ্বল চিন্তা যা কখনো ছিল, বা কখনো হবে–তা আপনার জন্য উন্মুক্ত হয়ে যায়।

এভাবেই সমৃদ্ধি আপনার কাছে আসে–
পরিশ্রমের মাধ্যমে নয়,
সংগ্রামের মাধ্যমে নয়,
বরং **বৃহদাংশের সাথে সংমিশ্রণের** মাধ্যমে।

∞

২. আপনার চিন্তাই আপনার বিশ্বাসে রূপ নেয়; আর আপনার বিশ্বাসই হয়ে ওঠে আপনার বাস্তবতা

আপনি কি কখনো ভেবেছেন–
কেন আপনার অভ্যাস আছে? কেন প্রতিদিন আপনি যেসব কাজ করেন, তার বেশিরভাগই অভ্যাসগত? কেন আপনার দৈনন্দিন অভিজ্ঞতাগুলোর ধরণ প্রায় একই রকম থাকে?

এর উত্তর খুবই সহজ এবং সার্বজনীন।

আপনি হলেন এক অসাধারণ কম্পনগত সংমিশ্রণ–যিনি প্রতিনিয়ত অন্য কম্পনের সাথে মিথস্ক্রিয়া করছেন আপনার চিন্তা, কাজ ও অভিজ্ঞতার মাধ্যমে।যে কোনো মুহূর্তে আপনি যা কিছু অভিজ্ঞতা করেন, তা ঠিক সেই সময়ের আপনার কম্পনের সাথেই সমন্বয়ে থাকে। আর যেহেতু আপনার পার্থিব বাস্তবতায় শক্তির একমাত্র সচেতন মনোযোগকারী আপনি নিজেই, তাই আপনি যে কোনো পার্থিব বস্তুর সাথে শেষবার যে কম্পনে যুক্ত হয়েছেন–সেই কম্পনগত ফ্রিকুয়েন্সিই বস্তুটি বহন করে রাখে।

কেন পার্থিব বস্তু একই অভিজ্ঞতা বারবার ফিরিয়ে আনে

কোনো পার্থিব বস্তু নিজে থেকে তার কম্পনগত ফ্রিকুয়েন্সি পরিবর্তন করতে পারে না–কারণ সে মনোযোগকারী নয়।
একজন মনোযোগকারী (আপনি) কম্পন-অনুবাদক অঙ্গগুলোর মাধ্যমে সংমিশ্রিত চিন্তা-শক্তিকে পার্থিব বস্তু হিসেবে অনুবাদ করেন।একবার কোনো চিন্তা যখন পার্থিব বস্তুর রূপ নেয়, তখন তাকে পার্থিব বাস্তবতায় দৃশ্যমান ও ব্যবহারযোগ্য থাকতে হলে একটি স্থিতিশীল ফ্রিকুয়েন্সি ধরে রাখতে হয়।

পার্থিব বস্তু ফ্রিকুয়েন্সি ধরে রাখতে পারে–
কিন্তু দিক পরিবর্তন করতে পারে না।

অন্যদিকে, আকর্ষণের মহাজাগতিক নিয়ম সবসময় সক্রিয়।প্রতিটি কম্পন সদা সমজাতীয় কম্পনের সাথে সংমিশ্রিত হয়, যার ফলে এই মহাজগৎ ক্রমাগত প্রসারিত, পরিশীলিত ও বিকশিত হয়।এই সদা-চলমান মহাজগতে পার্থিব বাস্তবতা সম্পূর্ণভাবে সচেতন সত্তাদের মনোযোগের উপর নির্ভরশীল।

এই কারণেই–

- আপনি যখন কোনো কিছুর সাথে মিথস্ক্রিয়া করেন, তা সেই কম্পন ধরে রাখে
- আপনি যখন আবার তার মুখোমুখি হন, আপনি একই কম্পনগত অবস্থায় ফিরে যান
- আপনি সচেতনভাবে মনোযোগ না বদলালে, অভিজ্ঞতাও পুনরাবৃত্ত হয়

আসলে অভ্যাস কী

আপনি যখনই কোনো পরিচিত পরিস্থিতি, মানুষ বা বস্তুর মুখোমুখি হন, তখন স্বাভাবিকভাবেই আপনার শেষ অভিজ্ঞতার কম্পনগত ফ্রিকুয়েন্সিতে ফিরে যান। সেই ফ্রিকুয়েন্সি থেকে–

- আপনি একই চিন্তা গ্রহণ করেন
- আপনি একই অনুভূতি অনুভব করেন
- আপনি একই কাজ করেন

এই পুনরাবৃত্ত কম্পনগত পথকেই আমরা **অভ্যাস** বলি।

অভ্যাস কোনো কাজ নয়–
অভ্যাস হলো একটি **কম্পনগত পথ**।

আপনি যখন বারবার একই ফ্রিকুয়েন্সিতে কম্পিত হন, তখন একই চিন্তার প্রবাহ আপনার জন্য উন্মুক্ত থাকে।সেই চিন্তাগুলো একই ধরনের কাজের ইঙ্গিত দেয়, একই অনুভূতি সৃষ্টি করে, এবং একই ধরনের ফলাফল নিয়ে আসে।

বিশ্বাস কীভাবে তৈরি হয়

সবকিছুর শুরু হয় মনোযোগ দিয়ে।

আপনি যখন মাত্র ১৫ সেকেন্ডের জন্য কোনো বিষয়ের উপর মনোযোগ করেন, তখনই আপনি তার কম্পনগত ফ্রিকুয়েন্সির সাথে সমন্বয়ে আসতে শুরু করেন।সেই মুহূর্তে, ঐ ফ্রিকুয়েন্সিতে বিদ্যমান চিন্তাগুলোর সাথেও আপনি সমন্বয়ে চলে আসেন।

মনোযোগ অব্যাহত থাকলে–

- আরো সমজাতীয় চিন্তা আপনার কম্পনের সাথে যুক্ত হয়
- চিন্তাগুলো শক্তিশালী হয়
- একটি স্থিতিশীল কম্পনগত পথ তৈরি হয়

এই শক্ত কম্পনগত পথই হলো **বিশ্বাস**।

বিশ্বাস মানে কোনো চূড়ান্ত সত্য নয়।
বিশ্বাস হলো এমন একটি চিন্তা–যেটা আপনি দীর্ঘ সময় ধরে অনুশীলন করেছেন।

একবার কোনো বিশ্বাস তৈরি হয়ে গেলে, ঐ বিষয় সম্পর্কিত প্রতিটি অভিজ্ঞতা একই কম্পনগত পথে চলতে থাকে।এই কারণেই ভিন্ন ভিন্ন পরিস্থিতিতেও আপনার প্রতিক্রিয়া প্রায় একই রকম হয়।

শৈশবের একটি সহজ উদাহরণ

ধরা যাক, আপনি শিশু অবস্থায় একটি খেলনা চান।
আপনি শেখেন–খেলনা পেতে টাকা দরকার।
আপনি চারপাশ থেকে শুনতে পান–টাকা পাওয়া সহজ নয়।
আপনার ভেতরে অনিশ্চয়তা, সন্দেহ ও দ্বিধা তৈরি হয়।

আপনি যেহেতু অভাব ও সন্দেহে কম্পিত হচ্ছেন–

- আপনার সামনে সীমিত বা সস্তা বিকল্প আসে
- আপনি হতাশ বোধ করেন
- আপনি সিদ্ধান্তে পৌঁছান–যা চাই, তা পাওয়া কঠিন

আরো সমজাতীয় চিন্তা সেই কম্পনের সাথে যুক্ত হয়, এবং অচিরেই একটি বিশ্বাস তৈরি হয়–
“আমি যা চাই, তা পাওয়া সহজ নয়।”

এই বিশ্বাস থেকে–

- আপনি চাওয়াকে ছোট করে ফেলেন
- আপনি প্রত্যাশায় আপস করেন
- ধীরে ধীরে হতাশা এড়াতে চাওয়াই বন্ধ করে দেন

এইভাবেই অ-পার্থিব চিন্তা বিশ্বাসে রূপ নেয়, আর বিশ্বাস রূপ নেয় পার্থিব জীবনের অভিজ্ঞতায়।

আপনি নতুন বিশ্বাস বেছে নিতে পারেন

এখন আসে সবচেয়ে ক্ষমতাবান অংশটি।

বিশ্বাস সত্য নয়।
বিশ্বাস হলো পুনরাবৃত্ত চিন্তা।

আর যেহেতু এই মহাজগতে প্রতিটি সুন্দর, সমৃদ্ধ, ইতিবাচক চিন্তা ইতিমধ্যেই বিদ্যমান– আপনার আর খারাপ লাগা বা দুর্বল ফল তৈরি করে এমন চিন্তা ধরে রাখার কোনো প্রয়োজন নেই।

আপনি চাইলে ভালো লাগার একটি চিন্তা বেছে নিতে পারেন।

যেমন–

- আপনার "টাকা পাওয়া কঠিন" বিশ্বাসটি ধরে রাখতে হবে না
- আপনি "টাকা পাওয়া সহজ" এই চিন্তাটি বেছে নিতে পারেন

এই চিন্তাটি নিয়মিত অনুশীলন করলে, একটি নতুন কম্পনগত পথ তৈরি হবে।
সেই পথটাই হয়ে উঠবে আপনার নতুন বিশ্বাস।

আর একবার "টাকা পাওয়া সহজ" আপনার বিশ্বাস হয়ে গেলে–
অর্থ আপনার জীবনে সহজভাবেই প্রবাহিত হতে শুরু করবে।
কারণ এখন অর্থের সাথে আপনার অভ্যাসগত কম্পনগত মিথস্ক্রিয়াই বদলে গেছে।

আপনার জন্য একটি ছোট কিন্তু গভীর উপলব্ধি

আপনি যা করে চলেছেন তাই অভ্যাস –এমনটি নয়।
আপনি যেটা নিয়ে যা ভাবেন সেটাই বিশ্বাস –তাও নয়।

দুটোই কেবল **কম্পনগত ধরণ**।
আর ধরণ, তা সেটা কম্পনগতই হোক না কেন, সবসময়ই পরিবর্তনযোগ্য।

∞

৩. একবার আপনি কোনো চিন্তা ভাবলে, সেই চিন্তাই নিজে নিজে ভাবতে শুরু করে

অ-পার্থিব, কম্পনগতভাবে সংমিশ্রিত চিন্তা-শক্তির একটি ঘনীভূত রূপই হল পার্থিব জগৎ।যেকোনো ঘনীভূত রূপ স্বাভাবিকভাবেই বাহ্যিক প্রভাবের প্রতি বেশি প্রতিরোধী হয়।এই কারণেই, একটি পার্থিব দেহের ভেতরে অবস্থানরত সচেতন শক্তিসত্তা হিসেবে আপনি শুরুতে সবকিছুই প্রতিরোধের মাধ্যমেই অনুভব করেন।

এই প্রতিরোধ কোনো ত্রুটি নয়।
বরং এটিই পার্থিব বাস্তবতার সবচেয়ে মূল্যবান বৈশিষ্ট্য।

কারণ প্রতিরোধই নতুন কম্পনগত সংমিশ্রণ সৃষ্টির সুযোগ দেয়।

নতুন ইতিবাচক কম্পন সৃষ্টি করতে হলে আপনাকে নেতিবাচক বা প্রতিরোধী কম্পনের সাথে মিথস্ক্রিয়া করতেই হয়।তবে মনে রাখতে হবে–
কোনো চিন্তা-শক্তিই সম্পূর্ণ ইতিবাচক বা সম্পূর্ণ নেতিবাচক নয়।
প্রতিটি চিন্তার মধ্যেই এই দুই অংশ বিদ্যমান।

ইতিবাচক ও নেতিবাচক কম্পনের ভারসাম্য কীভাবে রক্ষা হয়

যখনই কোনো পার্থিব মনোযোগধারী সত্তা–সচেতনভাবে বা অচেতনভাবে–নতুন কোনো কম্পন সৃষ্টি করে:

- সেই কম্পনের ইতিবাচক অংশটি তার **বিশুদ্ধ ইতিবাচক বৃহদাংশের** সাথে সংমিশ্রিত হয়
- নেতিবাচক অংশটি মনোযোগবিহীন ও নিষ্ক্রিয় অবস্থায় থেকে যায়

আকর্ষণের মহাজাগতিক নিয়ম দ্বারা পরিচালিত এই মহাজগতে, নেতিবাচক কম্পন যেন ইতিবাচকের চেয়ে বেশি মনোযোগ না পায়–এটি অত্যন্ত গুরুত্বপূর্ণ।
এর ফলেই ইতিবাচক শক্তি প্রসারিত ও বিকশিত হতে পারে।

তবে এর অর্থ এই নয় যে নেতিবাচক কম্পনের কোনো ভূমিকা নেই।
নেতিবাচক কম্পনই ইতিবাচকের ভারসাম্য রক্ষাকারী অংশ।

নিজস্ব স্বাভাবিক চেতনার মাধ্যমে, নেতিবাচক অংশটি ইতিবাচকের সমান অনুপাতে নিজে নিজেই প্রসারিত হয়–এর জন্য আলাদা মনোযোগের প্রয়োজন হয় না।

এইভাবেই, ইতিবাচক কম্পন মহাজাগতিক মনোযোগ পেলেও, নেতিবাচক অংশটি নিখুঁত ভারসাম্যে সহাবস্থান করে–মহাজাগতিক সাম্য বজায় রাখার জন্য।

আকাঙ্ক্ষা ও বুদ্ধি কীভাবে নিজে নিজে বিকশিত হয়

আপনি যখন পার্থিব দৃষ্টিকোণ থেকে কোনো নতুন পছন্দ, আকাঙ্ক্ষা, ইচ্ছে বা বুদ্ধি সৃষ্টি করেন–
সেই চিন্তাটি তখন থেকেই নিজস্ব গতিতে বিকশিত হতে শুরু করে।

প্রতি ১৫ সেকেন্ডে:

- আকর্ষণের মহাজাগতিক নিয়মের মাধ্যমে তা সমজাতীয় চিন্তার সাথে সংমিশ্রিত হয়
- ভারসাম্য বজায় রাখতে তার বিপরীত কম্পন স্বয়ংক্রিয়ভাবে সৃষ্টি হয়

একটি সহজ ফ্রিকুয়েন্সি উদাহরণ

- একটি নতুন চিন্তার ইতিবাচক ফ্রিকুয়েন্সি +১০ এবং নেতিবাচক ফ্রিকুয়েন্সি -১০
- পরবর্তী ১৫ সেকেন্ডে +১০ আরেকটি +১০-এর সাথে যুক্ত হয়ে +২০ হয়
- ভারসাম্য বজায় রাখতে সঙ্গে সঙ্গে -২০ সৃষ্টি হয়
- চিন্তাটি এখন আরও বেশি গতি, শক্তি ও বিস্তার অর্জন করে

এই প্রক্রিয়াটি অনবরত চলতে থাকে।

আপনি সেটি নিয়ে ভাবুন বা না ভাবুন–
প্রতিটি আকাঙ্ক্ষা নিজে নিজেই ক্রমাগত পরিশীলিত হয়, শক্তিশালী হয় এবং আরও সূক্ষ্ম ও নির্দিষ্ট হয়ে ওঠে।

আপনার সমৃদ্ধির জন্য এটি কেন এত গুরুত্বপূর্ণ

এই উপলব্ধিটি আপনার সমৃদ্ধ জীবনের জন্য অত্যন্ত গুরুত্বপূর্ণ, কারণ এটি একটি গভীর সত্য প্রকাশ করে:

আপনি একবার কোনো আকাঙ্ক্ষা সৃষ্টি করলে–
তা আর কখনো থেমে যায় না।

আপনি সেটি ভুলে গেলেও, সন্দেহ করলেও, বা মনোযোগ বন্ধ করলেও–
আপনার আকাঙ্ক্ষা মহাজাগতিক কম্পন ও আকর্ষণের নিয়মে নিজে নিজেই প্রসারিত হতে থাকে।

আপনার বুদ্ধি ও আকাঙ্ক্ষাগুলো সবসময়ই আরও শক্তিশালী হয়–
কখনো দুর্বল হয় না।

আপনি চিন্তার নির্মাতা নন

এই দৃষ্টিকোণ থেকে আপনি এখন একটি গভীর সত্য বুঝতে পারবেন:

আপনি এমন কেউ নন, যাকে বারবার চিন্তা করে বাস্তবতা তৈরি করতে হয়।

চিন্তাই নিজে নিজে চিন্তা করে।

মহাজগৎ ও আকর্ষণের মহাজাগতিক নিয়মের সহায়তায়–

- চিন্তা বিকশিত হয়
- আকাঙ্ক্ষা পরিপক্ব হয়
- বুদ্ধি নিজে নিজেই শক্তিশালী হয়

আপনি সৃষ্টিকারী নন– আপনি **গ্রাহক** (গ্রহণ কারি)।

এই আকাঙ্ক্ষাগুলো আপনি অধিকাংশ সময়ই অচেতনভাবে সৃষ্টি করেছেন–
অভাব, প্রতিরোধ বা অবাঞ্ছিত অর্থনৈতিক অভিজ্ঞতার মুহূর্তে।

সেই মুহূর্তগুলো ব্যর্থতা ছিল না।
সেগুলোই ছিল সৃষ্টির মুহূর্ত।

এখন আপনার একমাত্র ভূমিকা

আপনার সমৃদ্ধি কম্পনগতভাবে ইতিমধ্যেই সম্পূর্ণ।

মহাজগৎ ও আপনার বিশুদ্ধ ইতিবাচক বৃহদাংশ ৯৯% কাজ ইতিমধ্যেই করে ফেলেছে।

এখন আপনার একমাত্র দায়িত্ব খুবই সহজ:

- সমৃদ্ধির ফ্রিকুয়েন্সিতে কম্পিত হওয়া
- অর্থ বিষয়ে একটু ভালো অনুভব করা
- ভালো-লাগা আবেগগত অবস্থায় স্থিত থাকা

যখন আপনার কম্পন আপনার প্রস্তুত থাকা আকাঙ্ক্ষাগুলোর ফ্রিকুয়েন্সির সাথে **সমন্বয়ে** আসে–
সেগুলো অবশ্যম্ভাবীভাবে আপনার পার্থিব বাস্তবতায় পার্থিব রূপে প্রকাশ পাবে –

অর্থ হিসেবে,
সুযোগ হিসেবে,
বুদ্ধি হিসেবে,
সমৃদ্ধি হিসেবে।

কিছুই অনুপস্থিত নয়।
কিছুই ঠিক করার নেই।

আপনি শুধু শিখছেন–
যা ইতিমধ্যেই প্রস্তুত, তাকে অনুমতি দিতে।

——— ∞ ———

৪. কীভাবে আপনার চিন্তা আপনার ব্যাংক অ্যাকাউন্টের অর্থে রূপ নেয়

এই পার্থিব জগতে যা কিছু আছে–সবকিছুর একমাত্র শক্তির উৎস হলো **চিন্তা-শক্তি**।আপনি এমন কোনো বস্তু, ব্যক্তি বা পরিস্থিতি খুঁজে পাবেন না, যার দিকে পার্থিব সত্তারা চিন্তা-শক্তি প্রবাহিত করছে না।

আপনার মনোযোগই শক্তির প্রবাহ।
আর সেই শক্তি হলো চিন্তা-শক্তি।

আপনি যখন যেকোনো কিছুর ওপর মনোযোগ দেন–ভালোলাগুক বা খারাপ লাগুক–তখন আপনি সেই বিষয়ের দিকে চিন্তা-শক্তি প্রবাহিত করছেন।আপনি যে আবেগ অনুভব করেন, তা কেবল এই শক্তি-প্রবাহের সূচক।

চিন্তাই একমাত্র শক্তি, যা মহাজগৎজুড়ে নানান রূপে বিদ্যমান।

অ-পার্থিব ও পার্থিবের মাঝে সেতু হিসেবে চিন্তা

চিন্তাই একমাত্র শক্তি, যাকে আপনি পার্থিব রূপে বিদ্যমান অভিজ্ঞতায় রূপান্তর করতে পারেন।
শুধু আপনার চিন্তাই আপনার বস্তুতে পরিণত হতে পারে।

আকর্ষণের মহাজাগতিক নিয়ম দ্বারা পরিচালিত এই কম্পনগত মহাজগতে–

- আপনি অন্যের হয়ে চিন্তা করতে পারেন না
- আপনি অন্য কারও অভিজ্ঞতার ভেতরে জোর করে চিন্তা ঢুকিয়ে দিতে পারেন না

এমনকি যখন আপনি এমন কোনো চিন্তা গ্রহণ করেন, যা অন্য কোথাও সৃষ্টি হয়েছিল–সেটিও আগে আপনার নিজস্ব কম্পনগত বিন্যাসে অনূদিত হতে হয়।তখনই সেটি আপনার চিন্তায় পরিণত হয়।

এর অর্থ খুব পরিষ্কার–

আপনার অর্থ কেবল আপনার চিন্তা থেকেই আসতে পারে।

আর যেহেতু যত চিন্তা কখনো সৃষ্টি হয়েছে–সবই এখনো মহাজগতে বিদ্যমান, তাই অর্থে রূপান্তর করার জন্য আপনার কাছে অসীম ও চিরন্তন কাঁচামাল সবসময়ই উপস্থিত।

আবেগগত নির্দেশনা: কোন চিন্তা বেছে নেবেন

চিন্তাকে বস্তুতে রূপান্তর করার আগে একটি অত্যাবশ্যক ধাপ রয়েছে–

আপনাকে আবেগের মাধ্যমে চিন্তার প্রকৃতি যাচাই করতে হবে।

- ভালোলাগা চিন্তা → ভালোলাগা পার্থিব অভিজ্ঞতা
- খারাপ লাগা চিন্তা → খারাপ লাগা পার্থিব অভিজ্ঞতা

প্রতিটি চিন্তা নিজের কম্পনগত বিন্যাস বজায় রাখে।

কোনো চিন্তা প্রকৃতপক্ষে কেমন অনুভূতি তৈরি করছে–তা বুঝতে আবেগগত সচেতনতা প্রয়োজন।আর এই সচেতনতা গড়ে তোলার সবচেয়ে সহজ ও কার্যকর উপায় হলো মেডিটেশন।

এই মহাজগতে ইতিবাচক (+) ও নেতিবাচক (-) কম্পন সমানভাবে বিদ্যমান। মহাজাগতিক নিয়ম কেবল এটুকুই করে–

- + এর সাথে +
- - এর সাথে -

যতক্ষণ না আপনার নিজস্ব কম্পন ইতিবাচক হচ্ছে, ততক্ষণ আপনি আপনার জীবনে আরও ইতিবাচক অভিজ্ঞতা যোগ করতে পারবেন না।

চিন্তা কীভাবে বস্তুতে রূপ নেয় (একটি ফ্রিকুয়েন্সি উদাহরণ)

এখন প্রক্রিয়াটি সহজ হয়ে আসে।

ধরা যাক, আপনি একটি সুন্দর গাড়ি দেখলেন এবং সঙ্গে সঙ্গে সেটি ভাল লেগে গেল।

ঠিক সেই মুহূর্তে–

- আপনি একটি নতুন পছন্দ সৃষ্টি করলেন
- সেই পছন্দ একটি ক্ষুদ্র ও দুর্বল চিন্তা-ফ্রিকুয়েন্সি হিসেবে অস্তিত্ব পেল

এই চিন্তাটি ছোট হলেও, এর ইতিবাচক অংশ সঙ্গে সঙ্গে আপনার অত্যন্ত শক্তিশালী **বিশুদ্ধ ইতিবাচক বৃহদাংশের** সাথে সংমিশ্রিত হয় এবং সেখানে দ্রুত বিস্তৃত হতে থাকে।

ফ্রিকুয়েন্সি উদাহরণ

- আপনার বর্তমান কম্পন: +১০
- গাড়িটির পার্থিব রূপের কম্পন: +২০০০

আংশিক কম্পনগত সমন্বয়ের কারণে আপনি গাড়িটির সাথে মিথস্ক্রিয়া করতে পারলেন। ১৫ সেকেন্ড মনোযোগের পর–

(+১০ আপনি) + (+১০ গাড়ি) = নতুন +২০ ইতিবাচক ফ্রিকুয়েন্সি

এটি আগের তুলনায় দ্বিগুণ শক্তিশালী একটি আকাঙ্ক্ষা।

তবু এই +২০ এখনও পার্থিব রূপে প্রকাশজন্য যথেষ্ট নয়।

কিন্তু–

- এই +২০ আপনার বিশুদ্ধ ইতিবাচক বৃহদাংশের সাথে যুক্ত হয়
- সেখানে এটি দ্রুত বেড়ে +২০০০ তে পৌঁছে যায়–সম্পূর্ণ প্রস্তুত অবস্থায়

এখন একটি অমিল তৈরি হয়–

- গাড়িটির অ-পার্থিব আকাঙ্ক্ষার ফ্রিকুয়েন্সি: +২০০০
- আপনার পার্থিব মনোযোগের ফ্রিকুয়েন্সি: +২০

আপনারা আর কম্পনগত সমন্বয়ে নেই।

সমন্বয় তৈরি করা: ইতিবাচক ফ্রিকুয়েন্সি বাড়ানো

এখানে অসম্ভব বলে কিছু নেই।

গাড়িটিকে পার্থিব অভিজ্ঞতায় আনতে আপনাকে শুধু নিজের ইতিবাচক ফ্রিকুয়েন্সি আরও ১৯৮০ পয়েন্ট বাড়াতে হবে।

এর মানে কী?

এর মানে–

- আরও ১৯৮০টি ইতিবাচক চিন্তা করা
- যেকোনো বিষয় নিয়ে–গাড়ি নিয়েই হতে হবে এমন নয়

আপনার একমাত্র কাজ হলো নিজের সামগ্রিক ইতিবাচকতা বৃদ্ধি করা।

যখন আপনার কম্পন আপনার আকাঙ্ক্ষার সাথে সমন্বয়ে আসে, তখন পার্থিব রূপ প্রকাশ অনিবার্য হয়ে যায়।

অনুপ্রাণিত কার্য: পার্থিব রূপের প্রকাশ কীভাবে স্বাভাবিকভাবে ঘটে

যখন আপনার ইতিবাচক ফ্রিকুয়েন্সি বাড়তে থাকে, তখন আপনি পেতে শুরু করেন–

- ভালোলাগা বুদ্ধি
- স্বতঃস্ফূর্ত অনুপ্রেরণা
- স্পষ্ট কর্মপ্রবণতা

এই বুদ্ধিগুলোই আপনাকে প্রয়োজনীয় পার্থিব উপাদানের দিকে নিয়ে যায়–অর্থ, সময়, মানুষ ও তথ্য।

একটি ব্যবহারিক উদাহরণ: চিত্রশিল্পী

ধরা যাক, আপনি একজন চিত্রশিল্পী, যিনি দীর্ঘদিন ধরে একটি প্রাকৃতিক দৃশ্য আঁকতে চান।

দৈনন্দিন ব্যস্ততায় তা হয়ে ওঠে না।

তবু আপনার আকাঙ্ক্ষাটি আপনার বিশুদ্ধ ইতিবাচক বৃহদাংশের কাছে ধরে রাখা ও বিস্তৃত হতে থাকে।

জীবন নিয়ে ভালোলাগা চিন্তা করতে করতে একদিন হঠাৎ আপনি প্রবল অনুপ্রেরণা অনুভব করেন।

আপনি–

- ক্যানভাস বেছে নেন
- রং নির্বাচন করেন
- তুলি হাতে নেন

ফলাফল কী?

আপনি ঠিক সেই দৃশ্যটিই এঁকে ফেলেন, যেটা আপনি সবসময় চাইতেন।

আপনার চিন্তা পার্থিব রূপে বিদ্যমান হলো।

এখন প্রশ্ন আসতে পারে–
"কিন্তু অর্থ কোথায়?"

সৃষ্টি, আনন্দ ও সমৃদ্ধি

যে ব্যক্তি তার বিশুদ্ধ ইতিবাচক বৃহদাংশের সাথে সংমিশ্রণে থাকে–

- সে সৃষ্টিতে আনন্দ পায়
- প্রক্রিয়াটিকে ভালোবাসে
- সৃষ্টি করার সময়ই সন্তুষ্টি অনুভব করে

আর যারা আনন্দের সাথে সৃষ্টি করে, তারা অবধারিতভাবে মূল্য সৃষ্টি করে।

মানুষ স্বাভাবিকভাবেই আনন্দময় সৃষ্টিকারীর প্রতি আকৃষ্ট হয়।

তারা–

- অনুসরণ করে
- তাদের কাজ কেনে
- তাদের সৃষ্টিকে উদযাপন করে

যারা সৃষ্টি করতে ভালোবাসে, তারাই কোটি টাকার বাস্তবতা সৃষ্টি করে।

মূল সত্য

নিজের ইতিবাচক কম্পন বৃদ্ধি করুন।
এটাই একমাত্র কাজ।

বাকি সবকিছু আপনাআপনিই অনুসরণ করবে।

∞

৫. চিন্তার কল্পনা (Imagination) ও দৃশ্যায়ন (Visualization) – এবং এগুলোর সাথে আপনার অর্থের সম্পর্ক

আপনি সাধারণত এই পৃথিবীকে কেবল পার্থিব দৃষ্টিকোণ থেকেই দেখেন। তাই যা কিছু পার্থিবভাবে ব্যাখ্যা করা যায় না, সেটাকেই প্রায়শই অবাস্তব বা অসম্ভব বলে ধরে নেওয়া হয়।এর মূল কারণ হলো– মহাজগতের পরম কম্পনগত প্রকৃতি সম্পর্কে স্পষ্ট উপলব্ধির অভাব।

বাস্তবে আপনি আপনার পার্থিব ইন্দ্রিয়গুলোর মাধ্যমে কম্পনকে অনুবাদ করেই সবকিছুকে অস্তিত্বে রূপ দিচ্ছেন।আপনি এটি এত স্বাভাবিক ও নিরায়াসভাবে করেন যে, অধিকাংশ সময় তা খেয়ালই করেন না।

যখন আপনি বুঝতে পারেন যে সবকিছুই কম্পন, তখন আপনাকে এই সত্যটিও মেনে নিতে হয়–

আপনি যেকোনো রূপে যা উপলব্ধি করেন, তা আসলে কোনো না কোনো কম্পনকে অনুবাদ করার ফল।
প্রতিটি অনুবাদই এক একটি বাস্তবতা।

আপনি যদি বাইরের জগতে অনুবাদ হওয়া কম্পন–বস্তু, পদার্থ, মানুষ ও পরিস্থিতি– এসবকে বাস্তব বলে মেনে নেন,
তাহলে ভেতরের জগতে অনুবাদ হওয়া কম্পন–আবেগ, কল্পনা, দৃশ্যায়ন, স্বপ্ন ও আকাঙ্ক্ষাকেও একইভাবে বাস্তব বলে মেনে নিতে হবে।

মহাজগতে কোনো মিথ্যা কম্পন নেই।
প্রতিটি কম্পনই বিদ্যমান,
আর প্রতিটি কম্পনের অনুবাদই এক একটি বাস্তবতা।

কল্পনা ও দৃশ্যায়ন আসলে কী

- **কল্পনা (Imagination)** হলো–কম্পনকে মানসিক ছবিতে অনুবাদ করা।
- **দৃশ্যায়ন (Visualization)** হলো–কম্পনকে চলমান, জীবন্ত দৃশ্যে অনুবাদ করা।

আপনার কল্পনা বা দৃশ্যায়ন যত বড়, অদ্ভুত বা অসম্ভবই মনে হোক না কেন–তা আপনার জীবন ও বাস্তবতার জন্য সম্পূর্ণ বাস্তব।

এমনকি আপনার স্বপ্নও বাস্তব–শুধু ভিন্ন এক ফ্রিকুয়েন্সিতে অভিজ্ঞত হয়।

স্বপ্ন এত বাস্তব মনে হয় কেন

ঘুমের সময় আপনি প্রতিরোধ ছেড়ে দেন এবং আপনার বৃহদাংশের সাথে পুনরায় সংমিশ্রণে প্রবেশ করেন।সেই মুহূর্তে, আপনার চেতনা পার্থিব দেহের সাথে আলগা হয়ে যাওয়ায় আপনার কম্পন উল্লেখযোগ্যভাবে বেড়ে যায়।

দেহে ফিরে আসার সময় আপনি আবার সেই চিন্তাগুলোর প্রতিরোধী কম্পনের মুখোমুখি হন, যেগুলো আপনি অভ্যাসগতভাবে ভাবেন।খুব উচ্চ কম্পন থেকে পার্থিব সচেতনতায় ফেরার এই সংক্ষিপ্ত মুহূর্তে, আপনি আপনার চিন্তাগুলোকে তাদের সর্বোচ্চ হারমোনিকে দেখতে পান।

এই অবস্থায় আপনি দেখতে পারেন–
আপনার চিন্তাগুলো কী হয়ে উঠবে, বাস্তবতায় কীভাবে প্রতিফলিত হবে, যদি সেগুলো যথেষ্ট গতি (momentum) পায়।

সম্পূর্ণ জেগে উঠে দেহের সাথে পুনরায় সংমিশ্রণের পর প্রতিরোধ ফিরে আসে।যেহেতু দৈনন্দিন পার্থিব মনোযোগ অনেক সময় নেতিবাচক চিন্তায় পূর্ণ থাকে, তাই সেই উচ্চ ইতিবাচক কম্পন আর স্পষ্টভাবে অনুবাদ হতে পারে না।ফলে স্বপ্ন, কল্পনা ও দৃশ্যায়নকে তখন অস্পষ্ট, অবাস্তব বা অর্থহীন বলে মনে হয়।

কল্পনা একটি মহাজাগতিক সংকেত

মহাজাগতিক দৃষ্টিকোণ থেকে–সুন্দর হোক বা অস্বস্তিকর–সব কল্পনাই এক একটি সংকেত।এগুলো আপনাকে দেখায়–

- আপনি ধারাবাহিকভাবে কী ভাবছেন
- সেই চিন্তাগুলো আপনাকে কোন দিকে নিয়ে যাচ্ছে
- কোন ধরণের পার্থিব বাস্তবতা ইতিমধ্যেই গঠিত হচ্ছে

যখন কোনো চিন্তা পর্যাপ্ত গতি পায়–বারবার ভাবা হয়–তখনই তা কল্পনা বা দৃশ্যায়নে রূপ নেয়।

প্রতিটি চিন্তার ভেতরেই একটি সম্পূর্ণ জগত লুকিয়ে থাকে।
প্রতিটি চিন্তারই পূর্ণ পার্থিব বাস্তবতায় রূপ নেওয়ার সম্ভাবনা আছে।

নিরবচ্ছিন্ন মনোযোগ ছাড়া কোনো চিন্তা সরাসরি আপনার অভিজ্ঞতায় প্রবেশ করতে পারে না।তাই সেগুলো আগে কল্পনা বা দৃশ্যায়ন হিসেবে আসে–একটি সিনেমার ট্রেইলারের মতো–যেখানে দেখানো হয়, অনুমতি পেলে সম্পূর্ণ অভিজ্ঞতাটি কেমন হতে পারে।

কল্পনাকে কীভাবে সঠিকভাবে ব্যবহার করবেন

আপনার কল্পনা, দৃশ্যায়ন বা স্বপ্নকে কখনোই উপেক্ষা করবেন না।

এগুলো বিচার, বিশ্লেষণ বা মুখস্থ করার জন্য নয়।
আপনার একমাত্র কাজ হলো–এগুলো কেমন অনুভূতি দিচ্ছে, তা লক্ষ্য করা।

- যদি এগুলো ভালো লাগে, সন্তুষ্টি দেয়, শান্তি বা আনন্দ আনে–তাহলে আপনি আপনার সমৃদ্ধ জীবনের সাথে সামঞ্জস্যে এগোচ্ছেন।
- যদি এগুলো ভয়, ভার বা অস্বস্তি তৈরি করে–তাহলে বুঝবেন, অবাঞ্ছিত চিন্তার ধারা এখনো প্রাধান্য পাচ্ছে এবং মনোযোগের দিক পরিবর্তন প্রয়োজন।

কী করবেন না

কখনোই জোর করে বা চেষ্টা করে কল্পনা বা দৃশ্যায়ন তৈরি করতে যাবেন না।

আকর্ষণের মহাজাগতিক নিয়ম অনুযায়ী, আপনি কেবল সেই কম্পনই অনুবাদ করতে পারেন, যার সাথে আপনি বর্তমানে সামঞ্জস্যে আছেন।আপনি যদি হতাশ, অসন্তুষ্ট বা আবেগগতভাবে প্রতিরোধে থাকেন, তাহলে আনন্দময় দৃশ্য স্বাভাবিকভাবে আসবে না। সেগুলো জোর করে আনার চেষ্টা কেবল অপ্রয়োজনীয় পরিশ্রম তৈরি করে।

সঠিক পদ্ধতি

কল্পনা তৈরি করার চেষ্টা না করে–

- নিজেকে একটু ভালো লাগার অবস্থায় আনুন
- যেকোনো সহজ উপায়ে ভালো অনুভব করার অনুমতি দিন
- কল্পনা ও দৃশ্যায়নকে স্বাভাবিকভাবে আসতে দিন

আপনি যখন ধারাবাহিকভাবে ইতিবাচক চিন্তা করেন, তখন আনন্দময় কল্পনা ও দৃশ্যায়ন আপনাআপনি উঠে আসবে–যেমন ধারাবাহিক নেতিবাচক চিন্তা থেকে ভয়ংকর ছবি উঠে আসে।

যখন কোনো সুন্দর কল্পনা বা দৃশ্যায়ন আসে–
তাকে বিশ্বাস করুন।
তাকে বাস্তব বলে মেনে নিন।

কারণ আপনি যদি সেটিকে আপনার মনে স্পষ্টভাবে দেখতে পারেন,
তাহলে আপনি ইতিমধ্যেই সেটিকে আপনার পার্থিব জীবনে সম্পূর্ণভাবে দেখার পথে রয়েছেন।

——— ∞ ———

৬. নতুন বুদ্ধি , নতুন ব্যবসা, নতুন অর্থ

গণিতে মূল সংখ্যা মাত্র ১০টি, অথচ সেগুলো দিয়ে নতুন নতুন সংখ্যার সমন্বয় তৈরির ক্ষমতা অসীম।সঙ্গীতে মাত্র ৭টি স্বর আছে, কিন্তু সেগুলো থেকে সৃষ্টি হওয়া সুরের সম্ভাবনা অনন্ত।

এবার ভাবুন এই পুরো মহাবিশ্বের কথা–এবং শুধু মানুষের মধ্যেই থাকা প্রায় ৭০০ কোটি অনন্য কম্পন-ফ্রিকোয়েন্সির কথা।
আপনি কি কল্পনা করতে পারেন, এই ৭০০ কোটি ভিন্ন কম্পন কত রকমের নতুন কম্পন-সমন্বয়, কত নতুন চিন্তা সৃষ্টি করতে পারে?

উত্তর একটাই–অসীম এবং চিরন্তন।

এই অসীম নতুন চিন্তাগুলো সবসময়ই আপনার জন্য উপলব্ধ।আর আপনি যেমনটি ইতিমধ্যেই বুঝেছেন, প্রতিটি চিন্তার মধ্যেই একটি সম্পূর্ণ জগত লুকিয়ে থাকে।এই অসীম ক্ষেত্র থেকে একটি মাত্র চিন্তাই আপনার সমৃদ্ধিকে অনুমতি দেওয়ার জন্য যথেষ্ট।

সুতরাং আসল প্রশ্নটি এই নয় যে–আপনি যে নতুন, উজ্জ্বল ভাবনাটি খুঁজছেন (আপনার অনন্য ব্যবসা বা অসাধারণ জীবনের জন্য), সেটি আদৌ আছে কি না।

আসল প্রশ্নটি হলো–
আপনার কম্পন কতটা নতুন?

কারণ আপনার কম্পন নতুন না হলে, আপনি নতুন ভাবনার সাথে সমন্বয়ে আসতে পারবেন না–এবং সেগুলো গ্রহণ করাও সম্ভব হবে না।

নতুন ভাবনা আসলে কোথায় থাকে

এখন আপনি বুঝতে পারছেন যে পার্থিব বাস্তবতা হলো অ-পার্থিব কম্পনজগতের একটি ঘনীভূত, উচ্চ-গতি সম্পন্ন রূপ।

পার্থিব বস্তু কেবল তাদের কম্পন ধরে রাখতে পারে।
আপনার মতো কোনো মনোযোগদাতা ছাড়া তারা নিজে থেকে প্রসারিত বা নতুন হতে পারে না।

যখন আপনি কোনো কিছুর ওপর থেকে মনোযোগ সরিয়ে নেন, তখন সেটি ধীরে ধীরে আপনার অভিজ্ঞতা থেকে তার অবস্থান হারাতে শুরু করে এবং এই সর্বদা-গতিশীল, সর্বদা-প্রসারমান মহাবিশ্বে ক্রমে অদৃশ্য হয়ে যায়।

একজন মনোযোগদাতা হিসেবে, যখনই আপনি কোনো পার্থিব বস্তুকে লক্ষ্য করেন বা তার সাথে যুক্ত হন, আপনার কম্পন তার কম্পনের সাথে মিশে যায়।

কিন্তু আপনি যদি দীর্ঘদিন ধরে একইভাবে কোনো বিষয়কে ভাবেন ও অনুভব করেন, তবে সেই সংযোগে আর কোনো নতুনত্ব থাকে না।

এই সময়েই ভেতরে ভেতরে একটি অত্যন্ত গুরুত্বপূর্ণ ঘটনা ঘটে।

আপনার ধারাবাহিক প্রতিরোধমূলক বা অনাকাঙ্ক্ষিত অভিজ্ঞতার মাধ্যমে, আপনি সবসময়ই নতুন ইতিবাচক কম্পন সৃষ্টি করছেন–যে সব বিষয়ের সাথে আপনি যুক্ত হচ্ছেন, সেগুলোর প্রতিটিতেই।

এই নতুন ইতিবাচক কম্পনগুলো সঙ্গে সঙ্গেই আপনার অ-পার্থিব বিশুদ্ধ ইতিবাচক-সত্তার সাথে মিশে যায়–কারণ তার স্বভাবই সম্পূর্ণ ইতিবাচক।এর অর্থ হলো–

- আপনার অ-পার্থিব সত্তা প্রতি মুহূর্তে নতুন হয়ে উঠছে
- আপনার ভাবনাগুলো প্রতি ১৫ সেকেন্ডে আপডেট হচ্ছে
- আপনার সমৃদ্ধি ক্রমাগত বিকশিত হচ্ছে

কিন্তু আপনার পার্থিব রূপে আপনার কম্পন প্রায়ই অপরিবর্তিত থাকে–কারণ আপনার মনোযোগ আটকে থাকে পুরোনো প্রকাশিত বাস্তবতায়, যেগুলো আপনাকেই নির্ভর করে একই রকম থাকতে।

আপনি কেন ভুল জায়গায় খুঁজছেন

এখন আপনি স্পষ্টভাবে দেখতে পাচ্ছেন–

আপনি আপনার ব্যবসার জন্য নতুন ভাবনা খুঁজছেন ভুল জায়গায়।

নতুন ভাবনা পার্থিব জগতে থাকে না।
সেগুলো থাকে অ-পার্থিব কম্পনজগতে–যেখানে আপনার বিশুদ্ধ ইতিবাচক-সত্তা প্রতি ১৫ সেকেন্ডে আপনার ভাবনাগুলোকে আপডেট করে **মহাজাগতিক নিয়ম (Law of Attraction)**-এর মাধ্যমে।

কিন্তু সেই স্তরে সুর মেলানোর বদলে, আপনি প্রায়ই মনোযোগ দেন অভাবের দিকে, ত্রুটির দিকে, সমালোচনার দিকে, যা কাজ করছে না—তার দিকে।

এই অভাব-কেন্দ্রিক চিন্তাগুলো পুরোনো চিন্তার ধারা, যা আপনি বহু আগে অন্যদের কাছ থেকে গ্রহণ করেছিলেন।আপনি হয়তো এখন আর মনে করতেও পারেন না—কখন বা কার কাছ থেকে সেগুলো শিখেছিলেন।

হ্যাঁ, একসময় এই প্রতিরোধমূলক চিন্তাগুলো প্রয়োজনীয় ছিল।এগুলো ছাড়া আপনি নতুন ইতিবাচক কম্পন তৈরি করতে পারতেন না।

কিন্তু তারা ইতিমধ্যেই তাদের কাজ শেষ করেছে।

এখন সময় এসেছে—এই চিন্তাগুলো থেকে মনোযোগ সরিয়ে নেওয়ার।

প্রতিরোধ যা সৃষ্টি করেছে, তাকে সম্মান করুন

আপনার সবচেয়ে কঠিন অভিজ্ঞতাগুলো যে সৌন্দর্য সৃষ্টি করেছে, সেদিকে তাকান। আপনার অশ্রু যেসব হাসির জন্ম দিয়েছে, সেগুলোকে স্বীকৃতি দিন।

প্রতিটি অভাবভরা মুহূর্ত যে সমৃদ্ধি ইতিমধ্যেই আপনার কম্পনগত বাস্তবতায় সৃষ্টি করেছে, তাকে গ্রহণ করুন।

আপনার বর্তমান প্রকাশিত বাস্তবতার প্রতি নেতিবাচক পর্যবেক্ষণ কখনোই আপনাকে নতুন ভাবনা গ্রহণ করতে বা নতুন সমৃদ্ধিকে অনুমতি দিতে সাহায্য করবে না।

কারণ নতুন সৃষ্টি কখনো অভাবের মধ্যে ঘটে না।
নতুন সৃষ্টি সবসময় প্রাচুর্যের মধ্যেই ঘটে।

এটাই মহাবিশ্বের স্বভাব।

জীবনে নতুনত্বকে অনুমতি দেওয়া

তাই ধীরে শুরু করুন।নতুন চিন্তাগুলো লক্ষ্য করুন।

- পুরোনো বিষয়কে নতুনভাবে দেখুন
- সমালোচনার জায়গায় কৃতজ্ঞতা আনুন
- প্রতিরোধের বদলে কৌতূহল বেছে নিন

কোনো জোর বা সংগ্রামের প্রয়োজন নেই।

শুধু দৃঢ় কিন্তু অল্প অল্প করে সিদ্ধান্ত নিন–আপনার চিন্তাগুলোকে একটু ভালো লাগার জায়গার দিকে নিয়ে যাওয়ার।তারপর এই বইয়ের যেকোনো একটি প্রক্রিয়া বেছে নিন, যেটি আপনার ভালো লাগে, এবং নিয়মিত অনুশীলন করুন।

এইভাবে বাঁচলে প্রতিদিনই নতুনত্ব জন্ম নেয়।

আর একদিন–আজ থেকে খুব দূরে নয়–আপনি নিজেকে এমন এক নিখুঁত কম্পনগত স্থানে দাঁড়িয়ে থাকতে দেখবেন, যেখানে আপনি আপনার অনন্য ভাবনাগুলো গ্রহণ করবেন, আপনার উজ্জ্বল ব্যবসাকে অনুমতি দেবেন, এবং এক চিরনবীন, চিরপ্রসারমান, সমৃদ্ধ জীবন যাপন করবেন।

∞

৭. কীভাবে নেতিবাচক চিন্তা থামাবেন এবং ইতিবাচক, সমৃদ্ধিমুখী চিন্তাকে অনুমতি দেবেন

এমন একজন মানুষও নেই যে সুন্দর, সুখী ও সমৃদ্ধ জীবন যাপন করতে চায় না।প্রতিটি মানুষের গভীরে একটি স্বাভাবিক উপলব্ধি কাজ করে– ইতিবাচকতা ও সমৃদ্ধিই এই মহাবিশ্বের প্রধান কম্পন।

আর এই বইয়ের মাধ্যমে আপনি ক্রমাগতই বুঝে চলেছেন–সমৃদ্ধ হওয়া আসলে খুবই সহজ।

তাহলে প্রশ্ন আসে–
কেন মাত্র অল্প কিছু মানুষই বাস্তবে সমৃদ্ধ জীবন যাপন করতে পারে?

কেন সমৃদ্ধি কঠিন মনে হয় – আসল কারণ

এর কারণ পরিশ্রমের অভাব নয়, বুদ্ধির অভাব নয়, বা চাওয়ার অভাবও নয়।
এর আসল কারণ হলো–মহাবিশ্ব কীভাবে কাজ করে, তা না বোঝা।

এটা অনেকটা গাড়ি চালাতে না জেনে গাড়ি চালাতে চাওয়ার মতো।

আপনি পেছন থেকে ঠেলে গাড়িটাকে সামনে নিতে পারেন–কিন্তু:

- আপনার কোনো নিয়ন্ত্রণ থাকবে না
- খুব ক্লান্তিকর হবে
- মোটেও উপভোগ্য হবে না

কিন্তু একবার গাড়ি চালানো শিখে গেলে, সেই একই গাড়ি হয়ে যায়–

- সহজে নিয়ন্ত্রণযোগ্য
- স্বস্তিদায়ক
- আনন্দদায়ক

সমৃদ্ধ জীবন গড়ার প্রক্রিয়াটিও ঠিক এভাবেই কাজ করে।

আপনার একমাত্র আসল কাজ

আসলে আপনার মাত্র একটি কাজই আছে–

ভালো লাগে এমন, ইতিবাচক চিন্তা করা।

ইতিবাচক চিন্তার মূল্য আপনি বোঝেন না–এমন নয়।
সমস্যা আসে মহাজাগতিক নিয়ম এর স্বভাব থেকেই।

এই মহাজাগতিক নিয়ম অত্যন্ত শক্তিশালী।
এর প্রধান কাজ হলো গতিবেগ বজায় রাখা, হঠাৎ পরিবর্তন ঘটানো নয়।

এই কারণেই–

- আপনি হঠাৎ করে নেতিবাচক কম্পন থেকে ইতিবাচক কম্পনে লাফ দিতে পারেন না
- আপনি জোর করে কোনো চিন্তা "থামাতে" পারেন না
- আপনি সরাসরি নেতিবাচক চিন্তা মুছে ফেলতে পারেন না

এই আকর্ষণভিত্তিক মহাবিশ্বে কোনো কম্পন মুছে যায় না–
তা কেবল অন্য কম্পন দিয়ে প্রতিস্থাপিত হয়।

একমাত্র সমাধান: মনোযোগ ঘুরিয়ে দেওয়া

আপনার আসল শক্তি হলো **মনোযোগ**।

আপনি নেতিবাচক চিন্তা সরাতে পারবেন না।
আপনাকে অন্য দিকে মনোযোগ দিয়ে ইতিবাচক চিন্তা আকর্ষণ করতে হবে।

এটা অনেকটা রেডিও স্টেশন বদলানোর মতো–

- আপনি পুরোনো চ্যানেল ধ্বংস করেন না
- আপনি শুধু নতুন চ্যানেলে টিউন করেন
- অপ্রয়োজনীয় চ্যানেলটি নিজে থেকেই বিচ্ছিন্ন হয়ে যায়

আপনি যত নেতিবাচক অবস্থাতেই থাকুন না কেন,
আপনার কাছে সবসময়ই মনোযোগ ঘুরিয়ে দেওয়ার স্বাধীনতা থাকে।

আর জীবন যত কঠিনই মনে হোক না কেন,
কমপক্ষে একটি বিষয় সবসময়ই থাকবে–যেটা ভাবলে একটু হলেও ভালো লাগে।

সেই একটি বিষয়ই যথেষ্ট–আপনার ইতিবাচক যাত্রা শুরু করার জন্য।

নেতিবাচক চিন্তা থামানোর দুটি উপায়

নেতিবাচক চিন্তা থামিয়ে সমৃদ্ধিকে অনুমতি দেওয়ার কার্যকর উপায় মাত্র দুটি।
এবং আপনাকে সবসময় প্রথমটি দিয়েই শুরু করতে হবে।

---

১. বিভ্রান্তি (Distraction) – ভিত্তিমূলক দক্ষতা

যখন আপনি কোনো বিষয়ের ওপর ১৫ সেকেন্ডের বেশি মনোযোগ দেন,
আপনি তার কম্পনের সাথে সংমিশ্রণে চলে যান।

আপনার জীবনের প্রতিটি বিষয় সেই কম্পনেই থাকে,
যেখানে আপনি সর্বশেষ তাকে রেখে এসেছিলেন।

যদি কোনো বিষয়ের সাথে আপনার শেষ অভিজ্ঞতা হয় সুখকর, সন্তুষ্টিকর বা আনন্দদায়ক, তাহলে–

- আপনি অন্য কোথাও যতই নেতিবাচক থাকুন না কেন
- সেই বিষয়টিতে মনোযোগ দিলেই আপনার কম্পন সঙ্গে সঙ্গে ওপরে উঠবে

এই কারণেই বিভ্রান্তি কাজ করে।

সহায়ক বিভ্রান্তির উদাহরণ

- মজার বা অনুপ্রেরণামূলক ভিডিও দেখা
- গেম খেলা (মোবাইল বা শারীরিক)
- প্রিয় কোনো মানুষের কথা ভাবা
- সহজ ঘরের কাজ করা
- গাড়ি চালানো বা হাঁটতে বের হওয়া
- রান্না করা বা পছন্দের কিছু খাওয়া

- মেডিটেশন বা হালকা ঘুম
- যেকোনো ক্ষতিহীন কাজ যা সত্যিই আপনার ভালো লাগে

বিভ্রান্তি মানে এড়িয়ে যাওয়া নয়।
এটি হলো কম্পনগত অবস্থান পরিবর্তন।

---

২. বিষয়ের ভেতরের ইতিবাচক সার খোঁজা (উন্নত অনুশীলন)

এই পদ্ধতিটি বিভ্রান্তিতে দক্ষ হওয়ার পরেই ব্যবহার করতে হবে।

এখানে আপনি যে বিষয়টি নেতিবাচক অনুভূতি তৈরি করে,
তার মধ্যেই খুব আলতোভাবে একটি ইতিবাচক দিক খুঁজে বের করেন।

মাত্র ১৫ সেকেন্ডের জন্য–
সেই বিষয়টি সম্পর্কে ভালো লাগে এমন কিছু ভাবার চেষ্টা করুন।

এই পদ্ধতিটি শক্তিশালী–কিন্তু তুলনামূলকভাবে কঠিন।
এটির জন্য প্রয়োজন–

- আবেগগত সচেতনতা
- শান্ত মনোযোগ
- অনুশীলন

যেকোনো পরিস্থিতিতে প্রযোজ্য কিছু সার্বজনীন ইতিবাচক চিন্তা–

- প্রতিটি নেতিবাচকের সমান একটি ইতিবাচক অংশ আছে
- প্রতিটি অভাব আমার জন্য আরও প্রাচুর্য সৃষ্টি করছে
- আমার বিশুদ্ধ ইতিবাচক-সত্তা সবসময় আমাকে সহায়তা করছে
- কোনো সমস্যাই সমাধান ছাড়া নেই
- অ-পার্থিব বাস্তবতায় সবকিছুই উন্নত হচ্ছে

গুরুত্বপূর্ণ নোট
বিভ্রান্তিতে দক্ষ না হয়ে এই পদ্ধতি ব্যবহার করবেন না।
আগেভাগে ব্যবহার করলে এটি উপকারের বদলে প্রতিরোধ বাড়াতে পারে।

সবচেয়ে গুরুত্বপূর্ণ দক্ষতা

নেতিবাচক চিন্তার জায়গায় একটু একটু করে ভালো লাগে এমন চিন্তা বসানো–
এটাই জীবনের সবচেয়ে মূল্যবান দক্ষতা।

আপনার প্রয়োজন নেই–

- মহাজাগতিক নিয়ম মুখস্থ করার
- জটিল তত্ত্ব বিশ্লেষণ করার
- বড় বড় বুদ্ধি বোঝার

আপনি যদি ধারাবাহিকভাবে আপনার চিন্তাকে
ভালো লাগার দিকে, সৌন্দর্যের দিকে, সুস্থতার দিকে, সমৃদ্ধির দিকে
নিয়ে যেতে পারেন–

তাহলেই সমৃদ্ধি স্বাভাবিকভাবেই আপনার জীবনে স্থায়ী হয়ে যাবে।

এটুকুই যথেষ্ট–একটি সমৃদ্ধ জীবন সৃষ্টি ও ধরে রাখার জন্য।

∞

৮. অপ্রতিরোধিত বিশুদ্ধ চিন্তার শক্তি ও সমৃদ্ধি

আপনি কি কখনো ভেবে দেখেছেন, প্রকৃত শক্তি আসলে কী? কী কারণে কিছু মানুষ অসম্ভবকে সম্ভব করে তোলে–এতটাই শক্তিশালী হয়ে ওঠে?

এমন মানুষদের পর্যবেক্ষণ করলে আপনার মনে হতে পারে–

- তাদের কাজই তাদের শক্তিশালী করেছে
- তাদের অর্থই তাদের শক্তিশালী করেছে
- অন্যদের উপর তাদের কর্তৃত্ব বা আধিপত্যই তাদের শক্তিশালী করেছে

কিন্তু এগুলো সবই গৌণ।
সমগ্র মহাবিশ্বে শক্তির একটিমাত্র প্রকৃত উৎস আছে–
চিন্তা-শক্তি

চিন্তা-শক্তি: সকল শক্তির উৎস

প্রতিটি পার্থিব বস্তুই চিন্তা থেকে আসে।
এবং কোনো কিছু যখন পার্থিবভাবে আর অস্তিত্বে থাকে না, তখন তা আবার চিন্তায় ফিরে যায়।

এই কারণেই আপনার মনের ভেতর চিন্তার রূপে আপনি যেকোনো কিছুর সাথে সংযোগ করতে পারেন।
চিন্তা কোনো বিমূর্ত বা দুর্বল বিষয় নয়–এটি শক্তিময় ও অভিজ্ঞতাযোগ্য।
আপনি সরাসরি নিজের শরীরেই চিন্তার শক্তি অনুভব করতে পারেন।

চিন্তা কীভাবে পার্থিব শক্তিতে পার্থিব রূপে প্রকাশ পায়

সেই মুহূর্তগুলো মনে করুন, যখন আপনি অনুভব করেছিলেন–

- আনন্দ
- পরমানন্দ
- উত্তেজনা
- খেলাচ্ছলতা

তখন আপনার শরীর কেমন লাগছিল?
আপনি অনুভব করেছিলেন–

- হালকা
- জীবন্ত
- দ্রুত
- শক্তিতে ভরপুর

এবার মনে করুন সেই সময়গুলো, যখন আপনি অনুভব করেছিলেন–

- দুঃখ
- হতাশা
- ভয়
- উদ্বেগ

তখন আপনার শরীর অনুভব করেছিল–

- ভারী
- ধীর
- অবসন্ন
- চাপগ্রস্ত

শরীরে এই শক্তির উত্থান–বা পতন–সরাসরি এসেছে সেই চিন্তা থেকে, যেটির উপর আপনি মনোযোগ দিচ্ছিলেন।
চিন্তা শুধু মানসিক নয়–এটি শক্তিময় অভিজ্ঞতা।

শক্তি বনাম চিন্তার আবেগগত গুণমান

আপনি যদি আপনার চিন্তাগুলো কেমন লাগে তা লক্ষ্য করেন, তাহলে সহজেই বুঝতে পারবেন সেগুলো ইতিবাচক না নেতিবাচক।

- ইতিবাচক চিন্তা → ভালো লাগে
- নেতিবাচক চিন্তা → খারাপ লাগে

কিন্তু শক্তি শুধু ইতিবাচক বা নেতিবাচক হওয়ার কারণে আসে না।
শক্তির উৎস অন্য কোথাও।

শক্তির প্রকৃত নিয়ামক: বিশুদ্ধতা ও গতিবেগ

শক্তি নিহিত থাকে একটি চিন্তার বিশুদ্ধতা ও গতিবেগে।
আপনি যদি কোনো চিন্তাকে বিশুদ্ধভাবে ও ধারাবাহিকভাবে চিন্তা করেন, তাহলে সেটি সংগ্রহ করে–

- আরও অনুরূপ চিন্তা
- আরও শক্তিময় গতিবেগ
- আরও প্রভাব

যত বেশি একটি চিন্তার গতিবেগ, তত বেশি তার শক্তি।
যখন আপনি নিজের ভেতরে উচ্চ গতিবেগসম্পন্ন একটি চিন্তা ধারণ করেন, তখন আপনিই শক্তিশালী হয়ে ওঠেন।

বিশুদ্ধ চিন্তা কী?

একটি চিন্তা তখনই বিশুদ্ধ, যখন তার বিপরীত দ্বারা সেটি বিরোধিত হয় না।

- কোনো বিষয়ের সম্পর্কে শুধু ইতিবাচক চিন্তা করলে → সেটি বিশুদ্ধ ইতিবাচক চিন্তা
- ইতিবাচক ও নেতিবাচক চিন্তা মেশালে → চিন্তা অশুদ্ধ হয়ে যায়
- বিরোধিতা গতিবেগকে দুর্বল করে
- দুর্বল গতিবেগ শক্তিকে দুর্বল করে

প্রতিবার আপনি সন্দেহ করেন, নাকচ করেন, বা নিজের চিন্তার বিপক্ষে মানসিক তর্ক করেন–আপনি শক্তি ক্ষয় করেন।

কেন বিশুদ্ধ চিন্তাকে মহাবিশ্ব অভিজ্ঞতা করে

একটি অপ্রতিরোধিত, বিশুদ্ধ চিন্তার মধ্যে অপরিসীম শক্তি থাকে।
কেন?

কারণ সমগ্র মহাবিশ্ব এবং আকর্ষণের মহাজাগতিক নিয়ম স্পষ্টতাকে সাড়া দেয়।
একটি বিশুদ্ধ চিন্তা একটি পরিষ্কার কম্পনভিত্তিক সংকেত পাঠায়।

এবং যখন সংকেত পরিষ্কার হয়–

- মহাবিশ্ব সেটিকে অভিজ্ঞতা করে
- বুদ্ধি অনায়াসে আসে

- বাস্তবায়ন স্বাভাবিক হয়ে ওঠে
- সুযোগ অপ্রত্যাশিতভাবে সমন্বয় ঘটায়

বিশুদ্ধ চিন্তার সাথে আপনি অনুভব করতে শুরু করেন, যেন মহাবিশ্ব নিজেই আপনার সাথে সহযোগিতা করছে।

বিশুদ্ধ চিন্তা ও সমৃদ্ধি

অর্থ সম্পর্কে যেকোনো বিশুদ্ধ চিন্তার ভেতরেই এই অসাধারণ শক্তি নিহিত।
আপনি যখন অর্থ নিয়ে চিন্তা করেন–

- কোনো বিরোধিতা ছাড়া
- কোনো প্রতিরোধ ছাড়া
- কোনো সন্দেহ ছাড়া

তখন আপনি সীমাহীন মহাজাগতিক সহযোগিতায় প্রবেশ করেন।
এইভাবেই সমৃদ্ধি সহজ হয়ে ওঠে–জোর করে নয়।

বিশুদ্ধ ইতিবাচক বনাম বিশুদ্ধ নেতিবাচক চিন্তা

এটি সত্য যে এমনকি বিশুদ্ধ নেতিবাচক চিন্তাও একধরনের শক্তি সৃষ্টি করতে পারে। ভয়, সংগ্রাম বা টিকে থাকার তাড়নায় চালিত মানুষরা প্রায়ই প্রতিরোধের মাধ্যমে শক্তি গড়ে তোলে।

কিন্তু সেই শক্তি হয়–

- চাপপূর্ণ
- সীমিত
- ক্লান্তিকর

এর বিপরীতে, বিশুদ্ধ ইতিবাচক চিন্তার শক্তি অসীম।
এই কারণেই–

যে ব্যক্তি ধারাবাহিকভাবে বিশুদ্ধ ইতিবাচক চিন্তা করে,
সে অসীমভাবে বেশি শক্তিশালী ও সমৃদ্ধ
সেই সকল লক্ষ লক্ষ মানুষের তুলনায়, যারা ধারাবাহিকভাবে বিশুদ্ধ নেতিবাচক চিন্তা করে।

মূল সত্য

শক্তি কাজ নয়।
শক্তি অর্থ নয়।
শক্তি আধিপত্য নয়।

শক্তি হলো আপনার ভেতরে থাকা স্থায়ী, অপ্রতিরোধিত চিন্তা-শক্তি।

একটি চিন্তাকে বিশুদ্ধভাবে চিন্তা করুন।
ধারাবাহিকভাবে চিন্তা করুন।
এবং তার মাধ্যমেই আপনি নিজের পুরো মহাবিশ্বকে সরিয়ে দেওয়ার শক্তি সঞ্চয় করেন।

এটাই প্রকৃত, চিরস্থায়ী শক্তি।

∞

৯. কীভাবে আপনার চিন্তা আপনার পার্থিব দেহকে সমৃদ্ধির জন্য সংগতিপূর্ণ করে তোলে

একটি কম্পনভিত্তিকভাবে সংযুক্ত জৈব শরীরের ভেতরে থাকা শক্তি হলেন আপনি।এই মহাবিশ্বে কিছুই সম্পূর্ণভাবে পার্থিব রূপে সৃষ্টি হয় না। সবকিছুই আগে কম্পন হিসেবে থাকে, তারপরই পার্থিব বাস্তবতায় পার্থিব রূপ নেয়।আপনার শরীরও তার ব্যতিক্রম নয়।আপনার শরীরের প্রতিটি অংশ সমতুল্য কম্পনের সুন্দর সমন্বয়ে গঠিত।এমনকি আপনার পার্থিব ইন্দ্রিয়গুলিও সূক্ষ্ম কম্পনভিত্তিক সংমিশ্রণ।

এটি উপলব্ধি করলে একটি গভীর বোধ জন্ম নেয়–
আপনার পার্থিব শরীর সৃষ্টির থেকে আলাদা নয়–এটি এক উজ্জ্বল সহ-স্রষ্টা।
এটি সেই যন্ত্র, যার মাধ্যমে চিন্তা-শক্তি পার্থিব রূপ নিতে পারে।

কম্পনভিত্তিক হারমনিক্স ও উপলব্ধি

আপনি যে প্রতিটি পার্থিব বস্তু ইন্দ্রিয়ের মাধ্যমে উপলব্ধি করেন, তা সমজাতীয় কম্পনের একটি জটিল সংমিশ্রণ হিসেবে বিদ্যমান।এই সংমিশ্রণগুলোর ভেতরে সূক্ষ্ম পার্থক্য থাকে–যেগুলোকে আমরা হারমনিক্স বলতে পারি।

হারমনিক্স হলো সামান্য ভিন্ন ফ্রিকোয়েন্সি, যা একটি প্রধান কম্পনের ভেতরেই বিদ্যমান। উদাহরণস্বরূপ, কোনো বিষয়ের ফ্রিকোয়েন্সি যদি হয়–

- ১০.৫১১
- ১০.৫২০
- ১০.৫৪৩
- ১০.৫৬২

তাহলে তার প্রধান ফ্রিকোয়েন্সি হিসেবে ১০.৫ অনুভূত হতে পারে।
এই একক কম্পন তার অভ্যন্তরীণ হারমনিক বৈচিত্র্যের মাধ্যমে বহু বৈচিত্র প্রকাশ করে। আপনি যখন কোনো বিষয়ের মুখোমুখি হন, তখন আপনি সেটিকে সেই হারমনিক স্থান থেকেই উপলব্ধি করেন, যা ওই বিষয়ের সম্পর্কে আপনার নিজের প্রধান কম্পনের সাথে সবচেয়ে বেশি সমন্বয় ঘটায়।

কেন একই বাস্তবতা সময়ের সাথে ভিন্ন লাগে

এটাই ব্যাখ্যা করে কেন জীবনের ভিন্ন ভিন্ন সময়ে একই পার্থিব বাস্তবতা সম্পূর্ণ আলাদা অনুভূত হতে পারে।

মনে করুন, আপনি যখন প্রথম মোটরবাইক চালানো বা গাড়ি চালানো শিখছিলেন। শুরুর দিকে, এমনকি একটি প্রশস্ত রাস্তাও আপনার কাছে সংকীর্ণ ও ভীতিকর মনে হয়। কিন্তু আপনি যখন প্রতিদিন ভালো লাগে এমন চিন্তার মাধ্যমে নিজেকে শান্ত করেন–
"আমি এটা পারি।"
"অন্যরা সহজেই এটা করে।"
"আমি প্রতিদিন উন্নতি করছি।"

–তখন আপনার কম্পন ভয় থেকে স্বাচ্ছন্দ্যের দিকে সরে যায়।
রাস্তাটির কিছুই বদলায় না।
বদলায় আপনার কম্পনভিত্তিক সমন্বয়ের স্থান।

আপনার কম্পন শিথিল হলে, আপনার উপলব্ধি বিস্তৃত হয়।তখন সেই একই রাস্তা প্রশস্ত, খোলা ও নিরাপদ মনে হতে শুরু করে।

আপনার শরীর আপনার কম্পনের প্রতিক্রিয়া দেয়

আপনার পাঁচটি পার্থিব ইন্দ্রিয় হলো জৈব রূপে থাকা কম্পনভিত্তিক অনুবাদক।আপনার শরীরকে প্রতিমুহূর্তের অবস্থার সাথে কম্পনগত সামঞ্জস্যে থাকতে হয়।

এই কারণেই আবেগ পার্থিবভাবে অনুভূত হয়।

- আপনি যখন ভালো লাগে এমন চিন্তার উপর মনোযোগ দেন, তখন আপনার শরীর এমন রাসায়নিক নিঃসরণ করে যা জীবন্ততা, স্বচ্ছতা ও প্রাণশক্তিকে অভিজ্ঞতা করে।
- আপনি যখন উদ্বেগ বা ভয় নিয়ে মনোযোগ দেন, তখন আপনার শরীর নিজেকে প্রতিরোধে পুনর্গঠন করে।

আপনার শরীর এলোমেলোভাবে প্রতিক্রিয়া জ্ঞানচ্ছে না–এটি ক্রমাগত নিজেকে পুনর্গঠিত করছে আপনার মুহূর্ত থেকে মুহূর্তের কম্পনের সাথে সামঞ্জস্য করতে, যাতে আপনি যে কোনো কম্পনগত অবস্থান থেকেই চিন্তাশক্তিকে বাস্তবতায় প্রকাশ করতে পারেন।

চিন্তা একটি অসীম জগত হিসেবে

প্রতিটি পার্থিব রূপ নেওয়া বিষয়ই চিন্তা-শক্তির ঘনীভূত রূপ।
কিন্তু বেশিরভাগ মানুষ যে বিষয়টি উপলব্ধি করে না, তা হলো–
প্রতিটি একক চিন্তার ভেতরেই একটি সম্পূর্ণ জগত বিদ্যমান।

আপনি যখন কোনো কিছুকে গভীরভাবে অধ্যয়ন, পর্যবেক্ষণ বা অনুসন্ধান করেন, তখন তা ক্রমাগত খুলতে থাকে।আপনি যত বেশি মনোযোগ দেন, তা তত বেশি বিস্তৃত হয়ে ওঠে।কারণ যেকোনো বিষয়ের ভেতরে কম্পনগত সমন্বয় স্থানের পরিসর অসীম।

এই মহাবিশ্বে কোনো কিছুরই প্রকৃত শেষ নেই–

- সমস্যার কোনো শেষ নেই
- সমাধানের কোনো শেষ নেই
- সম্ভাবনার কোনো শেষ নেই

সৃষ্টি অসীম।

এক বস্তু, বহু অভিজ্ঞতা

আপনার শরীর একাধিক কম্পনভিত্তিক অঞ্চলে গঠিত, যেগুলোর প্রত্যেকটি একই বিষয়ের সাথে ভিন্নভাবে মিথস্ক্রিয়া করতে সক্ষম।

একটি সহজ উদাহরণ ধরা যাক–আম।
আমটির একটি একক কম্পনগত স্বাক্ষর আছে, তবুও–

- আপনার চোখ সেটিকে দেখে
- আপনার ত্বক সেটিকে অনুভব করে
- আপনার নাক সেটির গন্ধ পায়
- আপনার কান কামড়ের শব্দ শোনে
- আপনার জিহ্বা সেটির স্বাদ নেয়

একটি কম্পন থেকেই আপনি একটি সমৃদ্ধ, বহুমাত্রিক অভিজ্ঞতা তৈরি করেন।

অর্থও একইভাবে কাজ করে

অর্থ আলাদা কিছু নয়।
অর্থের একটি স্বতন্ত্র কম্পনগত ফ্রিকোয়েন্সি আছে–কিন্তু তার ভেতরে বিস্তৃত হারমনিক অভিজ্ঞতার পরিসর বিদ্যমান।

আপনি অর্থকে–

- দেখেন
- শোনেন
- স্পর্শ করেন
- অথবা অর্থের চারপাশে স্বাচ্ছন্দ্য কিংবা প্রতিরোধ অনুভব করেন

সবই নির্ভর করে আপনার কম্পনভিত্তিক অনুবাদকগুলো কীহিসেবে সংগঠিত তার ওপর।

নতুন বুদ্ধি কীভাবে জন্ম নেয়

আপনি যখন ১৫ সেকেন্ডের বেশি সময় ধরে কোনো চিন্তার উপর মনোযোগ রাখেন, তখন তার ফ্রিকোয়েন্সি আপনারটির সাথে মিশতে শুরু করে।আপনার শরীর নিজেকে এই নতুন কম্পনগত অবস্থার সাথে মিলিয়ে পুনর্গঠিত করে।ফলস্বরূপ–

- পুরোনো বুদ্ধি নতুন মনে হয়
- পরিচিত বিষয় নতুন দৃষ্টিভঙ্গি প্রকাশ করে
- পুরোনো ধারা থেকে নতুন অভিজ্ঞতা জন্ম নেয়

এই মুহূর্তটি–যখন একটি পুরোনো কম্পন থেকে একটি নতুন অভিজ্ঞতা প্রকাশ করে–এটাই নতুন বুদ্ধি।

আপনি যদি ভালো লাগে এমনভাবে মনোযোগ ধরে রাখেন, আকর্ষণের মহাজাগতিক নিয়ম আরও সমন্বিত চিন্তা নিয়ে আসে।সেই ছোট অন্তর্দৃষ্টি বেড়ে ওঠে, বিকশিত হয়, এবং একসময় তা একটি ব্যবসা, একটি পেশা, বা একটি জীবনপথে রূপ নিতে পারে।

একটি সহজ উপমা: অনুবাদ অ্যাপ

আপনার ফোনের একটি ভাষা-অনুবাদ অ্যাপের কথা ভাবুন।
এর প্রাথমিক সংস্করণে বাক্যগুলো মোটামুটি অনুবাদ হয়।প্রতিটি আপডেটের সঙ্গে এর শব্দভাণ্ডার ও নির্ভুলতা উন্নত হতে থাকে।একসময় এটি এমনভাবে অনুবাদ করতে পারে, যা মূল ভাষার সৌন্দর্যের সমতুল্য হয়ে ওঠে।

আপনার চিন্তাও ঠিক এভাবেই কাজ করে।

প্রতিটি চিন্তা আপনার কম্পনগত ব্যবস্থাকে হালনাগাদ করে।আপনার কম্পনগত ব্যবস্থার স্বাক্ষরই হলো সেই নির্দেশ, যা আপনার শরীরকে অনুসরণ করতে হয়।তাই আপনার

শরীরও নিজেকে সুরাবদ্ধ করে–একটি সফটওয়্যার আপডেটের মতো–অর্থাৎ আপনার নতুন কম্পনের সাথে সামঞ্জস্য রাখতে নিজেকে পুনর্গঠিত করে।

যখন আপনি চিন্তার ধারাবাহিকতা বজায় রাখেন, তখন অনুরূপ চিন্তাগুলো আসতেই থাকে–অর্থাৎ সেগুলো আপনার দ্বারা গ্রহণ করা হয়।ফলে আপনার শরীর সেগুলোর সাথে একীভূত হয়–অর্থাৎ আমরা যেগুলোকে চিন্তা বলি, সেই ক্ষুদ্র সিস্টেম ফাইলগুলোর মাধ্যমে এই আপডেটগুলো স্থাপিত হয়।

এর ফল হিসেবে অনুরূপ চিন্তাগুলো আপনার শরীরকে এবং তার ভেতরের অনুবাদক ইন্দ্রিয়গুলোকে ক্রমাগত পুনর্গঠিত করতে থাকে–ক্রমাগত হালনাগাদ করতে থাকে।

ফলে বাস্তবতাকে অনুবাদ করার আপনার সক্ষমতা ক্রমে আরও পরিশীলিত, আরও নির্ভুল এবং আরও শক্তিশালী হয়ে ওঠে।

আপনার একমাত্র নির্দেশনা

চিন্তা পর্যবেক্ষণ করা ক্লান্তিকর হতে পারে।তার বদলে আবেগ পর্যবেক্ষণ করুন।

- আপনি ভালো অনুভব করলে → আপনি সমৃদ্ধির দিকে এগোচ্ছেন
- আপনি খারাপ অনুভব করলে → আপনি তা থেকে দূরে সরে যাচ্ছেন

আবেগ তাৎক্ষণিক প্রতিক্রিয়া।আপনি যখনই প্রতিরোধ অনুভব করেন, মনোযোগ সরান। ভালো লাগে এমন কোনো বিষয়ের দিকে যান।আপনার কম্পনকে আবার সমন্বয়ে আনুন।

ভালো অনুভব করা কোনো বিলাসিতা নয়।
এটাই নির্দেশনা।

আর সেই নির্দেশনা অনুসরণ করলেই স্বাভাবিকভাবে আপনি আপনার সমৃদ্ধ জীবনের দিকে এগিয়ে যান।

——— ∞ ———

✦ অধ্যায়ের শেষের প্রক্রিয়া ৫ ✦

“হাতে-কলমে বিশ্বাস সৃষ্টির প্রক্রিয়া”

মহাবিশ্ব সবসময় সম্পূর্ণভাবে সহযোগিতামূলক।আপনি যে কম্পন ধারণ করছেন, মহাবিশ্ব ঠিক তাতেই আপনার সাথে সহযোগিতা করে।মহাবিশ্ব কথ্য ভাষা বোঝে না বা তার প্রতিক্রিয়া দেয় না।মহাবিশ্ব কেবল একটি ভাষাই বোঝে–কম্পনের সার্বজনীন ভাষা।আপনি যে কম্পনই নিঃসরণ করেন, ব্যতিক্রম ছাড়াই মহাবিশ্ব তার প্রতিক্রিয়া দেয়।

আপনার চিন্তাগুলোই আপনার কম্পনের প্রক্ষেপণ।
এগুলিই প্রকৃত ভাষা, যা মহাবিশ্ব আপনার কাছ থেকে গ্রহণ করে।
এই কারণেই শব্দ দিয়ে আপনার আকাঙ্ক্ষা চাওয়া অপ্রয়োজনীয়।আপনাকে কম্পনের মাধ্যমেই চাইতে হয়।
আপনি যদি সমৃদ্ধি চান, আপনাকে সমৃদ্ধির কম্পন ধারণ করতে হবে।

আকর্ষণের মহাজাগতিক নিয়ম কীভাবে আপনাকে সহায়তা করে

শুরুর দিকে সমৃদ্ধির কম্পন ধারণ করা কঠিন মনে হতে পারে।কিন্তু আপনি একা নন– সবসময় আপনার সহায়তায় আছে এক মহাজাগতিক ব্যবস্থাপক: আকর্ষণের মহাজাগতিক নিয়ম।

আকর্ষণের মহাজাগতিক নিয়ম প্রায় প্রতি ১৫ সেকেন্ডে সমজাতীয় কম্পনগুলোকে একত্র করে।এর অর্থ হলো–

- আপনি যদি পরপর কয়েকটি ১৫-সেকেন্ডের সময়খণ্ডে সমৃদ্ধিমূলক চিন্তা করেন
- আকর্ষণের মহাজাগতিক নিয়ম সেই কম্পন শনাক্ত করে
- এবং স্বয়ংক্রিয়ভাবে আপনাকে আরও সমৃদ্ধিমূলক চিন্তা সরবরাহ করতে শুরু করে

অল্প সময়ের মধ্যেই অর্থ সম্পর্কে ভালো লাগে এমন চিন্তা অনায়াসে আসতে শুরু করে।
এইভাবেই বিশ্বাস গঠিত হয়।
একটি বিশ্বাস আসলে এমন একটি চিন্তাই, যেটি আপনি বারবার চিন্তা করেন।

বিশ্বাস কীভাবে অভিজ্ঞতায় রূপ নেয়

প্রতিবার আপনি কোনো বিষয়ের উপর মনোযোগ দেন, আপনি একটি চিন্তা করেন। বাস্তবে এর অর্থ হলো–আপনি অ-পার্থিব জগত থেকে একটি চিন্তা গ্রহণ করছেন এবং সেটিকে আপনার পার্থিব ব্যবস্থার ভেতর দিয়ে প্রবাহিত হতে অনুমতি দিচ্ছেন।

এই কম্পনভিত্তিকভাবে সংযুক্ত চিন্তাটি–

- আপনার শক্তিকে সংগতিপূর্ণ করে তোলে
- আপনার শরীরের কম্পন সমন্বয় করে
- আপনাকে সেই চিন্তার সাথে সাম্যাবস্থায় স্থাপন করে

আপনি একবার তার সাথে সঙ্গতিপূর্ণভাবে কম্পন করলে, আকর্ষণের মহাজাগতিক নিয়ম আরও সমজাতীয় চিন্তা নিয়ে আসে।
এরপর, জীবনে যখনই সেই বিষয়টি আবার সক্রিয় হয়, আপনি স্বয়ংক্রিয়ভাবে একই কম্পনগত সমন্বয় স্থানে সেটির সাথে মিল খুঁজে পান–এবং একই ধরনের পার্থিব বাস্তবতা অভিজ্ঞতা করেন।

কারণ পার্থিব অভিজ্ঞতা চিন্তার তুলনায় বেশি দৃঢ় মনে হয়, তাই আপনি ভাবতে শুরু করেন–আপনি যা অভিজ্ঞতা করেছেন, সেটাই ওই বিষয়ের প্রকৃত স্বভাব।
কিন্তু এখন আপনি গভীর সত্যটি বুঝতে পারেন–

আপনি কোনো বিষয়কে যেভাবে বিশ্বাস করেন, সেভাবেই তা অভিজ্ঞতা করেন।
আপনি সেভাবেই বিশ্বাস করেন, কারণ আপনি একই চিন্তাগুলো বারবার চিন্তা করেন।
চিন্তা বদলান–অভিজ্ঞতাও বদলাতে বাধ্য।

হাতে-কলমে বিশ্বাস সৃষ্টি

এখান থেকেই আমরা পৌঁছে যাই একটি শক্তিশালী ও ব্যবহারিক পদ্ধতিতে–
হাতে-কলমে বিশ্বাস সৃষ্টি করার প্রক্রিয়া:

এই প্রক্রিয়াটি আপনাকে যেকোনো ভালো লাগে এমন চিন্তাকে বিশ্বাসে রূপান্তর করতে শেখায়–
এবং সেখান থেকে পার্থিব বাস্তবতায় প্রকাশের পথে নিয়ে যায়।

প্রক্রিয়াটি কীভাবে করবেন

১. একটি নোটবুক নিন।
২. পাতার একদম উপরে যে বিষয়টি নিয়ে প্রক্রিয়া করবেন সেটি লিখুন।
বিষয় হতে পারে: অর্থ, ভালোবাসা, স্বাস্থ্য, কাজ, শরীর, সম্পর্ক ইত্যাদি
৩. শিরোনামের নিচে বিশ্বাসের দুটি রূপ লিখুন–

- ◦ আশাবাদী বিশ্বাস
- ◦ নিশ্চিত বিশ্বাস

উদাহরণ-

অর্থ

- আশাবাদী বিশ্বাস: "আমি বিশ্বাস করি আমি ধনী হতে পারি।"
- নিশ্চিত বিশ্বাস: "আমি ধনী।"

ভালোবাসা

- আশাবাদী বিশ্বাস: "আমি বিশ্বাস করি আমি ভালোবাসা খুঁজে পাব।"
- নিশ্চিত বিশ্বাস: "আমি সবাই ও সবকিছুর মধ্যে ভালোবাসা খুঁজে পাই।"

লেখার অনুশীলন

- আশাবাদী বিশ্বাস টানা ৩ মিনিট লিখুন
- তারপর নিশ্চিত বিশ্বাস টানা ২ মিনিট লিখুন

এতে একটি ৫-মিনিটের সেশন সম্পন্ন হয়।
দিনে অন্তত ৫ বার এই প্রক্রিয়াটি পুনরাবৃত্তি করুন।

উদাহরণ সেশন (অর্থ)

শিরোনাম: অর্থ

আশাবাদী বিশ্বাস (৩ মিনিট)
"আমি বিশ্বাস করি আমি ধনী হতে পারি।অনেক মানুষ তাদের মানসিক শক্তির মাধ্যমে আর্থিক সীমাবদ্ধতা ভেঙেছে।আমিও তা পারি।আকর্ষণের মহাজাগতিক নিয়ম সম্পর্কে এই উপলব্ধি আমাকে নিজের জীবন সৃষ্টি করার সক্ষমতার প্রতি আত্মবিশ্বাস দেয়।পাঁচ বছর আগে যেখানে ছিলাম, তার চেয়ে এখন আর্থিকভাবে ভালো আছি, এবং আমি বিশ্বাস করি আগামী পাঁচ বছরে আরও অনেক ভালো করব..."

নিশ্চিত বিশ্বাস (২ মিনিট)

"আমি ধনী।
আমি ধনী।
আমি ধনী।
আমি ধনী।
আমি ধনী।"

(৫ মিনিট শেষে থামুন)

গুরুত্বপূর্ণ নির্দেশনা

- আপনার লক্ষ্য হলো আশাবাদী বিশ্বাস থেকে নিশ্চিত বিশ্বাসে অগ্রসর হওয়া
- ৭-১০ দিনের পর, যদি স্বাভাবিক মনে হয়, তাহলে শুধু নিশ্চিত বিশ্বাসই লিখতে পারেন
- কোনো বিষয়ের জন্য এই প্রক্রিয়া শুরু করলে, তার বিপরীতে কথা বলা বন্ধ করুন
  - অভাব দেখা দিলে, নীরব থাকুন বা নিজের বিশ্বাসটি মনে মনে পুনরাবৃত্তি করুন
- পার্থিব ফলাফলের দিকে তাকাবেন না
- বরং আবেগগত পরিবর্তন লক্ষ্য করুন

এই প্রক্রিয়াটি কী সৃষ্টি করে

এই অনুশীলনটি ধীরে ধীরে–

- বিষয়টির প্রতি আপনার ভালো লাগে এমন অনুভূতি বাড়ায়
- ভয় ও প্রতিরোধ সরিয়ে দেয়
- আবেগগত স্থিরতা ও আত্মবিশ্বাস গড়ে তোলে

আর যখন আবেগগতভাবে বৃহদাংশের সাথে সংমিশ্রণ ঘটে,
তখন আকাঙ্খার পার্থিব রূপ নেওয়া স্বাভাবিকভাবেই অনুসরণ করে।

ফলাফল তাড়া করবেন না।
প্রতিরোধ সরে গেলে ফলাফল নিজেই আসে।

———— ∞ ————

লেখকের উক্তি-

“আপনার যা নেই তা প্রত্যাশা করা এবং আপনার যা আছে তার কদর করাই জীবনে পরিপূর্ণ হওয়ার সর্বোত্তম উপায়।”

অধ্যায় ৬

আপনার দিব্য দিকনির্দেশনা – আবেগ

যদি এমন একটি জিনিস থাকে যা আপনাকে প্রতিটি আকাঙ্ক্ষার দিকে নিয়ে যেতে পারে, তা হল আপনার "আবেগ"।
ঠিক যেমন আপনার চোখ আপনাকে পার্থিব শারীরিক জগৎ দেখতে বুঝতে সাহায্য করে, ঠিক তেমনি আপনার আবেগ গুলো আপনাকে আপনার বাষ্পীভূত অপার্থিব কম্পনমূলক জগৎ উপলব্ধি ও অনুধাবন করতে সাহায্য করে।

আপনি ইতিমধ্যেই জানতে পেরেছেন যে, আপনি সর্বদাই চিন্তাপ্রবাহের বিপুল স্রোত কম্পন সংমিশ্রনদের বিশাল সমুদ্রের মাঝে থাকেন, কারণ প্রতিটি চিন্তা যা কখনও চিন্তা করা হয়েছিল, তা এখনও আপনার চারপাশে বিদ্যমান।
এর মধ্যে অনেকগুলি আপনার জন্য উপকারী, অনেকগুলি নয়।

আপনার আবেগকে না বুঝে এবং সদ্বব্যবহার না করে, আপনি কখনই সহায়ক এবং অসহায়ক আবেগকে আলাদা করতে পারবেন না–ফলস্বরূপ সহায়ক এবং অসহায়ক চিন্তা কেও আলাদা করতে পারবেন না।
এই অধ্যায়ে আপনি আপনার আবেগের এমনই বিস্ময়কর শক্তি, এবং অপরিসীম গুরুত্বকে বুঝতে পারবেন।

এই অধ্যায়ে আপনি পাবেন:

অনুশীলন

১. "আবেগ" - সবচেয়ে পরিশীলিত যোগাযোগ ব্যবস্থা

ইতিমধ্যেই আপনি বুঝেছেন যে, যদিও আপনি পার্থিবভাবে এই সময়-স্থান বাস্তবতায় মনোযোগী, তবুও আপনার সম্পূর্ণ সত্তা সবসময় আংশিকভাবে আপনার সাথে সংযুক্ত থাকে।এর অর্থ হলো–প্রতিটি মুহূর্তে আপনি একইসাথে পার্থিব এবং অ-পার্থিব।

কেন একটি সেতু প্রয়োজন

তবে যেহেতু আপনি পার্থিবভাবে মনোযোগী–এবং যেহেতু আপনি এই পার্থিব জগতে একেবারে নতুন, শূন্য উপলব্ধি নিয়ে প্রবেশ করেন–তাই আপনার সম্পূর্ণ সত্তার সাথে একটি যোগাযোগ ব্যবস্থার থাকা অপরিহার্য হয়ে ওঠে।
এই সংযোগ ছাড়া, বহু জীবনে সঞ্চিত আপনার অসীম জ্ঞান আপনার নাগালে আসত না।

এই সমস্ত জ্ঞান ইতিমধ্যেই বিদ্যমান।
এটি আপনার সম্পূর্ণ সত্তার ভেতরেই আছে–অ-পার্থিব কম্পনভিত্তিক জগতে।

অনুবাদের প্রয়োজন

তবে পার্থিব ও অ-পার্থিব জগতের মধ্যে রয়েছে একটি বিশাল কম্পনগত পার্থক্য।
আর এই স্পন্দিত, কম্পনময় মহাবিশ্বে–পার্থক্য উপলব্ধির জন্য অনুবাদ প্রয়োজন।

এই কারণেই একটি যোগাযোগ-সেতু ঐচ্ছিক নয়–এটি অপরিহার্য।
সেতু না থাকলে সচেতনতা বিচ্ছিন্ন হয়ে যেত।
সেতু না থাকলে নির্দেশনা অপ্রাপ্য হয়ে পড়ত।

যোগাযোগ যন্ত্র হিসেবে শরীর

আপনার শরীরই সেই সেতু।
আপনার শরীর কেবল একটি পার্থিব কাঠামো নয়।
এটি একটি সূক্ষ্মভাবে **সংগতিপূর্ণ করে তোলা** যোগাযোগ যন্ত্র।এটি এমনভাবে তৈরী করা, যাতে এটি অনুসরণ ও অনুবাদ করতে পারে–

- আপনার ভেতর দিয়ে কতটা সার্বজনীন বিশুদ্ধ ইতিবাচক শক্তি প্রবাহিত হচ্ছে
- আপনার পার্থিব কম্পন কতটা আপনার অ-পার্থিব বিশুদ্ধ ইতিবাচক কম্পনের সাথে বৃহদাংশের সাথে সংমিশ্রণে আছে

প্রতিটি অনুভূতি, প্রতিটি আবেগগত পরিবর্তন, প্রতিটি সূক্ষ্ম অনুভব–সবই এই যোগাযোগ ব্যবস্থার অংশ।
আপনার শরীর আপনাকে নিরবচ্ছিন্নভাবে জানিয়ে যাচ্ছে।
প্রতিটি মুহূর্তে এটি দেখাচ্ছে–আপনি আপনার সম্পূর্ণ সত্তার সাথে কতটা সংযুক্ত।

আপনি যখন এটি বুঝতে শেখেন, বৃহদাংশের সাথে সংমিশ্রণ স্বাভাবিক হয়ে ওঠে।
আপনি যখন এটিকে বিশ্বাস করেন, নির্দেশনা অনায়াস হয়ে যায়।

পার্থিব জগতে যোগাযোগ ঘটে যন্ত্রের মাধ্যমে–ফোন, স্ক্রিন, সিগন্যাল।
কিন্তু অ-পার্থিব দৃষ্টিভঙ্গি থেকে দেখলে, আপনার পুরো শরীরটাই একটি যোগাযোগযন্ত্র।

যোগাযোগের মাত্র দুটি অবস্থাই আসলে বিদ্যমান:

১. বিশুদ্ধ ইতিবাচক-শক্তির সাথে সংগতিপূর্ণ
২. তার প্রবাহে প্রতিরোধ তৈরি করা বা সেখান থেকে সরে যাওয়া

আপনার আবেগ–এই দুই অবস্থাই নিখুঁতভাবে নির্দেশিত করে।

ঐশ্বরিক নির্দেশনা হিসেবে আবেগ

আপনার আবেগই আপনার এবং আপনার সম্পূর্ণ সত্তার মধ্যকার নিখুঁত যোগাযোগকারী।
প্রতিটি আকাঙ্ক্ষা একটি ইতিবাচক ফ্রিকোয়েন্সি হিসেবে বিদ্যমান, যা অবিরাম আপনার পার্থিব সত্তার দিকে প্রেরিত হয়।

- আপনার কম্পন যখন এই ফ্রিকোয়েন্সিগুলোর কাছাকাছি আসে, আপনি ভালো অনুভব করেন।
- আপনার কম্পন যখন সরে যায়, আপনি খারাপ অনুভব করেন।

এই অনুভূতিগুলো এলোমেলো নয়।
এগুলো আপনার আবেগগত নির্দেশনা ব্যবস্থার নির্ভুল সংকেত।

ভালো লাগে এমন আবেগ মানে–আপনার আকাঙ্ক্ষাগুলো যেখানে ইতিমধ্যেই আছে, তার সাথে বৃহদাংশের সাথে সংমিশ্রণ।
খারাপ লাগে এমন আবেগ মানে–আপনি সেখান থেকে সরে যাচ্ছেন।

অনুবাদ হিসেবে পার্থিব বাস্তবতা

পার্থিব যা কিছু আছে, সবই আপনার ইন্দ্রিয়ের মাধ্যমে রূপে প্রকাশিত কম্পন। কম্পন ঘনীভূত হওয়ার কারণে তা বেশি দৃঢ় মনে হয়–এবং তাই বেশি "বাস্তব" বলে প্রতীয়মান হয়।

আপনার বিশুদ্ধ ইতিবাচক সম্পূর্ণ সত্তার দৃষ্টিকোণ থেকে, সবকিছুই আগে কম্পন। পার্থিব বাস্তবতা কেবল অনুবাদের একটি রূপ।

আপনার আকাঙ্ক্ষা অভিজ্ঞতা করতে কোনো বাহ্যিক কিছুর প্রয়োজন নেই। আপনাকে শুধু নিজের বিশুদ্ধ ইতিবাচক-সত্তার ইতিবাচক ফ্রিকোয়েন্সিগুলোকে রূপে প্রকাশকরতে হয়।

কোনো মধ্যস্থতাকারীর প্রয়োজন নেই।
কোনো অনুমতির দরকার নেই।

কেন আপনি আবেগ বেছে নিয়েছেন

আপনি এই ব্যবস্থাটি প্রতিষ্ঠা করেছিলেন, কারণ এটি–

- সহজ
- তাৎক্ষণিক
- ভুল বোঝা অসম্ভব
- উপেক্ষা করা অত্যন্ত কঠিন

এই নির্দেশনাকে বিশ্বাস করাই আপনাকে শূন্য ভিত্তি নিয়ে পার্থিব জীবনে প্রবেশ করতে দিয়েছিল–প্রতিরোধ বা সীমাবদ্ধতা ছাড়াই সৃষ্টিকে অভিজ্ঞতা করার স্বাধীনতায়।

আপনি একটি কম্পনগতভাবে সমন্বিত শরীরে প্রবেশ করেছিলেন এবং আরেকটি পার্থিব যাত্রা শুরু করেছিলেন, একটি স্থায়ী ও অটল সংযোগ নিয়ে–আপনার অ-পার্থিব সত্তার সাথে।

আপনার ঐশ্বরিক নির্দেশনা ব্যবস্থা–আপনার আবেগ।

এগুলো সবসময় আপনার সাথে কথা বলে।
এগুলো সবসময় নির্ভুল।
এবং এগুলো সবসময় আপনাকে ঘরে ফেরার পথ দেখায়।

∞

২. আবেগকে বোঝাই আপনার সমৃদ্ধ জীবনের চাবিকাঠি

আসলে এই বই–বা অন্য কোনো বই–পড়ার প্রয়োজন আপনার ছিল না। কারো কাছ থেকে কিছু শেখার দরকারও ছিল না।আপনার প্রতিটি আকাঙ্ক্ষা পূরণের জন্য নিজের বাইরের কিছু বোঝারও প্রয়োজন নেই।

আপনার আকাঙ্ক্ষাগুলোকে অনুমতি দেওয়ার জন্য আপনার কেবল একটিই জিনিস দরকার–
আপনার আবেগকে সম্পূর্ণভাবে বিশ্বাস করা, এবং তারা যে নির্দেশনা দিচ্ছে তা বোঝা।

তবুও এই বইটি আছে–এবং আপনি এটি পড়েছেন।
আপনি বাইরের জগতে বহু বিষয় শিখেছেন, বহু বুদ্ধি অনুসন্ধান করেছেন।
কেন?

কারণ এই উপলব্ধিগুলো আপনাকে এনে দিয়েছে সেই অবস্থানে, যেখানে আপনি এখন দাঁড়িয়ে আছেন–একটি উন্মুক্ত ধারক হিসেবে, উৎস-শক্তি ও সার্বজনীন বিশুদ্ধ ইতিবাচক শক্তি গ্রহণের জন্য প্রস্তুত।

এই উন্মুক্ত অবস্থান থেকেই এখন সময় এসেছে সেই একমাত্র চিরন্তন প্রকৃত সত্যকে স্বীকার করার, যা সবসময় আপনার ভেতরেই ছিল–
আপনার সবচেয়ে **উন্নত** ঐশ্বরিক নির্দেশনা ব্যবস্থা–আপনার আবেগ।

সবকিছুই কম্পন–আপনিও তার অন্তর্ভুক্ত

আপনি ইতিমধ্যেই জানেন যে পার্থিবভাবে যা কিছু আপনি উপলব্ধি করেন, সবই কম্পনের পার্থিব রূপে প্রকাশ।
এই মহাবিশ্বে কম্পনের বিভিন্ন সংমিশ্রণ ছাড়া আর কিছুই অস্তিত্বে নেই।

আপনি যে অর্থ খুঁজছেন,
আপনি যে সুন্দর জীবন সৃষ্টি করতে চান,
আপনি যে সুস্থ শরীরের আকাঙ্ক্ষা করেন–
এসবই কেবল স্বতন্ত্র ফ্রিকোয়েন্সি, যা প্রকাশঅপেক্ষায় আছে।

বিজ্ঞান পার্থিব ইন্দ্রিয়ের মাধ্যমে কম্পন ও ফ্রিকোয়েন্সি বুঝতে শুরু করেছে।
কিন্তু বৈজ্ঞানিক উপলব্ধিয় একটি গুরুত্বপূর্ণ ফাঁক রয়ে গেছে–

বিজ্ঞান এখনো সেই মহাবিশ্বকে স্বীকার করে না, যা আপনার ভেতরে বিদ্যমান।
কারণ আবেগ বাহ্যিকভাবে পরিমাপযোগ্য নয়, তাই সেগুলো উপেক্ষিত হয়।
আর যেহেতু আপনি বৈজ্ঞানিক ব্যাখ্যায় আস্থা রাখেন, তাই আপনাকে–সরাসরি বা পরোক্ষভাবে–শেখানো হয়েছে আবেগকে গুরুত্বহীন ভাবতে।

এর ফল হিসেবে, আপনি নিজেকেই প্রশিক্ষিত করেছেন আপনার সম্পূর্ণ সত্তার সাথে থাকা একমাত্র প্রত্যক্ষ যোগাযোগটিকে উপেক্ষা করতে।

আবেগ: বাস্তবতার সার্বজনীন অনুবাদক

আবেগ শুধু আপনার অ-পার্থিব বিশুদ্ধ ইতিবাচক-সত্তার সাথে যোগাযোগের ব্যবস্থা নয়।
এগুলো আপনার কাছে উপলব্ধ সবচেয়ে নির্ভুল কম্পন অনুবাদকও।

আপনার ছয়টি ইন্দ্রিয়ই কম্পনভিত্তিক অনুবাদক–

- চোখ
- কান
- নাক
- জিহ্বা
- ত্বক
- আবেগ

কিন্তু আপনার পাঁচটি পার্থিব ইন্দ্রিয় সীমিত ফ্রিকোয়েন্সি পরিসরের মধ্যে কাজ করে।
শুধু আবেগই মহাজাগতিক ভাবে কম্পনকে পার্থিব রূপে প্রকাশ করতে পারে।

অগণিত ফ্রিকোয়েন্সি রয়েছে, যেগুলোর কাছাকাছি আপনি সবসময়ই থাকেন–কিন্তু পার্থিবভাবে উপলব্ধি করতে পারেন না।
আপনার আবেগ সেগুলো অনায়াসে অনুবাদ করে।

দৈনন্দিন প্রমাণ

আপনি বহুবার এমন অভিজ্ঞতা পেয়েছেন–

- আপনি এমন একটি স্থানে প্রবেশ করেছেন, যেখানে পার্থিবভাবে কিছুই আকর্ষণীয় মনে হয়নি–তবুও ভেতরে ভালো লেগেছে।
- আবার এমন স্থানে গেছেন, যেখানে মানুষ বা পরিস্থিতি দেখতে নিখুঁত ঠিকঠাক মনে হয়েছে –তবুও কিছু একটা ঠিক লাগেনি।

এই দুই ক্ষেত্রেই আপনার আবেগ এমন কিছু শনাক্ত করেছে, যা আপনার পার্থিব ইন্দ্রিয় পারেনি।
এগুলো আপনাকে জ্ঞানচ্ছিল, ওই পরিবেশগুলো ভবিষ্যতে আপনার জন্য কী ধরনের অভিজ্ঞতা বহন করে।

আপনি যদি নিজের জীবনের দিকে সৎভাবে তাকান, দেখবেন–

- আপনি কখনো ধারাবাহিকভাবে ভালো অনুভব করে ক্ষতিকর অভিজ্ঞতা পাননি।
- আপনি কখনো ধারাবাহিকভাবে খারাপ অনুভব করে চমৎকার অভিজ্ঞতা পাননি।

আপনার ভেতরের আবেগগত অবস্থা সবসময় আপনার বাইরের পার্থিব অভিজ্ঞতার সাথে সমন্বয়ে থাকে।

আবেগ বোঝার মাধ্যমে স্বাধীনতা

আপনি যখন প্রকৃতভাবে বুঝতে পারেন যে আবেগই একমাত্র কম্পন অনুবাদক, যা সামনে কী আসছে তা প্রকাশকরতে সক্ষম, তখন আপনি মুক্ত হয়ে যান।

নিয়ম থেকে মুক্ত।
ভয়ভিত্তিক পরিকল্পনা থেকে মুক্ত।
ভ্রান্ত নিরাপত্তাবোধ থেকে মুক্ত।

আপনি এই সত্যটি উপলব্ধি করেন–
আপনি একটি কম্পনভিত্তিক সত্তা, যা প্রতিনিয়ত একটি সংকেত নিঃসরণ করছে।
এবং আকর্ষণের মহাজাগতিক নিয়ম অনুযায়ী, কেবল সেই সংকেতের সাথে সমন্বয়পূর্ণ বিষয়ই আপনার অভিজ্ঞতায় প্রবেশ করতে পারে।

সেই মুহূর্ত থেকে আপনার একমাত্র দায়িত্ব হয়ে দাঁড়ায় খুবই সরল–
আপনার আবেগ পর্যবেক্ষণ করা, বোঝা, এবং অনুসরণ করা।

এই আকর্ষণভিত্তিক মহাবিশ্বে, আপনার জন্য কেবল আপনিই আকর্ষণ করতে পারেন– এবং আপনি কেবল সেটাই আকর্ষণ করতে পারেন, যেটির কম্পন আপনি ধারণ করছেন।

আবেগ কীভাবে আপনাকে সমৃদ্ধির দিকে নিয়ে যায়

আবেগকে বোঝা সবকিছুকে সহজ করে দেয়।

- আপনি যদি ভালো অনুভব করেন–বা আগের মুহূর্তের চেয়ে সামান্য ভালো– তাহলে আপনি সমৃদ্ধির দিকে এগোচ্ছেন।

• আপনি যত বেশি সুখী, আপনার কম্পনের গতিবেগ তত বেশি।
• গতিবেগ যত বেশি, আপনার আকাঙ্ক্ষাগুলো তত দ্রুত উন্মোচিত হয়।

সব পার্থিব বিষয় আসে বুদ্ধি থেকে।
সব বুদ্ধি আসে চিন্তা থেকে।
সব চিন্তা আসে কম্পন থেকে।
আর কম্পন রূপে প্রকাশপায় আবেগের মাধ্যমে।

আপনি ইতিমধ্যেই জানেন, প্রতিটি ফ্রিকোয়েন্সির ভেতরে একটি সম্পূর্ণ জগত আছে। কিন্তু আকর্ষণের মহাজাগতিক নিয়ম আপনাকে হঠাৎ ফ্রিকোয়েন্সি লাফ দিতে দেয় না। আপনাকে ধীরে এগোতে হয়–সবচেয়ে সূক্ষ্ম স্তর থেকে শুরু করে, অর্থাৎ কম্পন থেকে।

সমৃদ্ধি কীভাবে সক্রিয় হয়

আপনি যখনই অর্থের উপর মনোযোগ দেন, তখনই আপনি সেই সমৃদ্ধিকে সক্রিয় করেন, যা আপনি আগেই সৃষ্টি করেছেন।
এই সমৃদ্ধি আপনার বিশুদ্ধ ইতিবাচক-সত্তার ভেতরে বিদ্যমান এবং অবিরাম ফ্রিকোয়েন্সি হিসেবে আপনার দিকে প্রেরিত হচ্ছে।

• অর্থ নিয়ে মনোযোগ দিলে যদি ভালো লাগে, আপনি সেই ফ্রিকোয়েন্সির সাথে সমন্বয়ে আছেন।
• এই ভালো লাগা মানেই–আপনি সমৃদ্ধির সূক্ষ্ম প্রাথমিক কম্পনকে রূপে প্রকাশকরছেন।

আপনি যখন এই অনুভূতিটি ধরে রাখেন–

১. আপনার কম্পন স্থিতিশীল হয়
২. আপনার পার্থিব যন্ত্র নিজেকে সংগতিপূর্ণ করে তোলে
৩. ভালো লাগে এমন চিন্তা আসতে শুরু করে
৪. সেই চিন্তাগুলো বুদ্ধিতে পরিণত হয়
৫. বুদ্ধি থেকে কাজের অনুপ্রেরণা জন্ম নেয়
৬. অনুপ্রেরণা কাজের পথ দেখায়
৭. কাজ আপনাকে পার্থিবভাবে সমৃদ্ধির দিকে নিয়ে যায়

শুরুর দিকে বুদ্ধিগুলো কোমল ও অস্পষ্ট হতে পারে।
আপনি ভালো অনুভবে স্থির থাকলে, স্বচ্ছতা স্বাভাবিকভাবেই বাড়ে।

আপনি বুদ্ধিকে জোর করেন না।
বৃহদাংশের সাথে সংমিশ্রণ স্থির হলে, সেগুলো নিজেই আসে।

মহাজাগতিক শর্টকাট

আপনি যাদের, যেসব পরিস্থিতি, বা যেসব অভিজ্ঞতার মুখোমুখি হয়েছেন–সবকিছুরই একটি উন্নত কম্পনভিত্তিক সংস্করণ আপনার বিশুদ্ধ ইতিবাচক-সত্তার ভেতরে সংরক্ষিত আছে।

এর অর্থ হলো–
যেকোনো বিষয়ের প্রতি ভালো লাগে এমন মনোযোগ আপনাকে আপনার ইতিবাচক সত্তার সাথে সংগতিপূর্ণ করে তুলতে পারে।
আর একবার আপনি আপনার ইতিবাচক সত্তার সাথে সংগতিপূর্ণ হলে, সমৃদ্ধির পথে নির্দেশনা অনায়াস হয়ে যায়।

এই কারণেই আবেগই প্রাচুর্যের প্রকৃত চাবিকাঠি।
আপনাকে কী, কোথায়, কখন, বা কীভাবে–এসব ভেবে বের করতে হয় না।
আপনাকে শুধু ভালো অনুভব করতে হয়–তারপর সামান্য আরও ভালো।

চূড়ান্ত সত্য

আপনার ভালো লাগে এমন আবেগগুলো অনুসরণ করুন।
সেগুলো ধরে রাখুন।
সেগুলোকে বিশ্বাস করুন।

এগুলোই আপনাকে–ধাপে ধাপে–সেই সব কিছুর দিকে নিয়ে যাবে, যা আপনার কাঙ্ক্ষিত সমৃদ্ধ জীবনের জন্য প্রয়োজন।

এটি দর্শন নয়।
এটি বিশ্বাস নয়।
এটি আকর্ষণের মহাজাগতিক নিয়মের প্রকৃত, সার্বজনীন প্রভাব।

∞

৩. অর্থ সম্পর্কে আপনার ভালোলাগাই আপনার প্রকৃত সমৃদ্ধি ও সাফল্য

সবার ইচ্ছে বা চাহিদাতে কেউ যা চায়, আসলে সে চায় সেই জিনিসটি থেকে পাওয়া ভালোলাগার জন্য।নিজের কাছে সৎভাবে প্রশ্ন করুন– আপনি কেন অর্থ চান? আপনি কেন একটি সমৃদ্ধ জীবন চান?

আপনার উত্তর হতে পারে–

- আমি আমার স্বপ্নের গাড়ি কিনতে চাই
- আমি আমার স্বপ্নের বাড়ি কিনতে চাই
- আমি নিজের ব্যবসা দাঁড় করাতে চাই
- আমি পৃথিবী ঘুরে দেখতে চাই
- আমি অন্যদের আমার সাফল্য দেখাতে চাই

এবার নিজেকে আরেকটা প্রশ্ন করুন–
আপনি এগুলো সব কেন চান?

শেষ পর্যন্ত উত্তরটা সবসময় এক জায়গায় এসে দাঁড়ায়–
"আমি মনে করি এগুলো আমাকে সুখী করবে।"

এই প্রশ্নগুলো গুরুত্বপূর্ণ, কারণ এগুলো একটা মৌলিক বিষয় পরিষ্কার করে–
আপনার প্রতিটি আকাঙ্ক্ষা আসলে এই বিশ্বাস থেকেই আসে যে সুখ তার ভেতরেই আছে।

আপনি যদি এটা না বোঝেন যে ভালোলাগা অনুভূতিটাই আপনি আসলে খুঁজছেন, তাহলে আপনার মনোযোগ কখনোই ঠিক জায়গায় থাকবে না।আর মনোযোগ ভুল জায়গায় গেলে, আকাঙ্খার পার্থিব প্রকাশের সবচেয়ে জরুরি উপাদানটাই অনুপস্থিত থাকে।

আপনি একটি কম্পনভিত্তিক জগতে থাকা কম্পনভিত্তিক সত্তা

এই সত্যটা ভুলে গেলে চলবে না–
আপনি একটি কম্পনভিত্তিক সত্তা, কম্পনভিত্তিক মহাবিশ্বে বাস করছেন, আর সেই কম্পনকেই পার্থিব অভিজ্ঞতার রূপে প্রকাশ করছেন।

আপনি আপনার ইন্দ্রিয় দিয়ে কম্পনের সমন্বয়কে বস্তু, পরিস্থিতি আর মানুষ হিসেবে দেখেন।এটা এতদিন ধরে স্বাভাবিকভাবে করতে করতে আপনি একটা গুরুত্বপূর্ণ বিষয় ভুলে যান–

আপনি যে কোনো বিষয়ের দিকে তাকান, তার দুটো দিক থাকে–

- যেটা আপনি চান
- যেটা আপনি চান না

অচেতনভাবে বাঁচলে আপনি আবেগকে ব্যবহার না করেই বিষয়গুলোর দিকে মনোযোগ দেন–যেটা একমাত্র জিনিস, বলে দিতে পারে আপনি কোন দিকটায় মনোযোগ করছেন।

এই নির্দেশকটাই হলো আপনার আবেগ।

আপনি যখন আবেগের নির্দেশনা উপেক্ষা করেন, তখন পার্থিব ফলাফল না আসা পর্যন্ত আপনাকে অপেক্ষা করতে হয় বুঝতে–আপনি প্রাচুর্যের দিকে তাকিয়েছিলেন, না অভাবের দিকে।এতে করে আপনি সৃষ্টির উপর নিয়ন্ত্রণ হারান, আর যেটা খুঁজছিলেন–সুখ–সেটাও হারান।

আবেগই শক্তির প্রবাহের সংকেত

আপনি শক্তি, আর শক্তির চলাচলই আপনার অস্তিত্বের পার্থিব প্রকাশ।
এই চলাচলটাই আপনি আবেগ হিসেবে অনুভব করেন।

আপনি যে আবেগই অনুভব করেন, সেটা জানিয়ে দেয় আপনার শক্তি কোন দিকে যাচ্ছে।

আপনি নিজেকে পুরোপুরি শক্তিসত্তাহিসেবে না বোঝার কারণে চিন্তা-শক্তি কীভাবে আপনার ভেতর দিয়ে প্রবাহিত হয়, সেটা স্পষ্ট হয় না।তবুও একটা বিষয় কখনো হারিয়ে যায় না–

আবেগ গুরুত্বপূর্ণ।
আবেগ অনুভব করা ভালো।

এই কারণেই আপনি যেভাবেই হোক আবেগ খুঁজে নেন।
কখনো এর মাধ্যমে–

- সমালোচনা
- দোষারোপ
- শাস্তি
- ঝগড়া
- নিয়ন্ত্রণ

আবার কখনো–

- কদর
- প্রশংসা
- ক্ষমা

- আনুগত্য
- শান্তি

কিন্তু কোন দিকটা উপকার করে আর কোনটা ক্ষতি করে–তা না বুঝেই আপনি সমাজের আবেগগত অভ্যাস অনুসরণ করেন।
বেশিরভাগ সমাজেই মনোযোগ নেতিবাচকের দিকে ঝোঁকে।তাই অনেক মানুষ তাদের আকাঙ্ক্ষার কেবল আংশিক রূপই পায়–কারণ নেতিবাচক মনোযোগেও কিছুটা শক্তির প্রবাহ থাকে।

আপনি কেন আলাদা

আপনি এখানে অচেতনভাবে বাঁচতে আসেননি।
আপনি শুধু ট্রেন্ড অনুসরণ করতেও আসেননি।

আপনি এসেছেন সচেতনভাবে সৃষ্টি করতে।
নিজের জীবনের একজন চৈতন্যশীল সহ-স্রষ্টা হতে।

আপনার জন্য ভালোলাগা আবেগ কোনো অপশন নয়–এটাই দিকনির্দেশ।
ইতিবাচক আবেগ ছাড়া পার্থিব রূপ নেওয়া হলে তা ফাঁপা লাগে।এই কারণেই অনেক মানুষ অর্থ বা সাফল্য পাওয়ার পরও শূন্যতা অনুভব করে।

কারণ শক্তির সংযোগটা থাকে না–

- শক্তির উৎস
- শক্তিকে যিনি মনোযোগ করেন
- আর যেটার উপর মনোযোগ করা হচ্ছে

এগুলো কম্পনগতভাবে একসাথে থাকে না।

এটা এমন, যেন দামী একটা যন্ত্র আছে, কিন্তু বিদ্যুৎ লাইনে লাগানো হয়নি।যন্ত্র আছে, কিন্তু কাজ করছে না।

এই কারণেই–

- অনেকের কাছে বেশি অর্থ মানেই বেশি সমস্যা
- জিনিসপত্র বাড়লেও পূর্ণতা বাড়ে না
- প্রাচুর্যের মাঝেও “যথেষ্ট নয়” অনুভূতিটাই থাকে

অর্থ ও সমৃদ্ধির প্রকৃত বিষয়

আপনি যে অর্থ চান, সেটা আসলে তার ভালোলাগার জন্যই চান।
অর্থ থেকে যে সুখ আপনি আশা করেন, সেটাই আপনি অনুসরণ করছেন—এটা স্বাভাবিক।

কিন্তু সচেতনভাবে সৃষ্টি করতে চাইলে আপনাকে ব্যাংক ব্যালান্স নয়, আপনার শক্তির অবস্থার দিকে তাকাতে হবে।

অর্থ কোনো পার্থিব সত্য নয়—এটা একটি কম্পনভিত্তিক ফ্রিকোয়েন্সি।

- অর্থ নিয়ে খারাপ লাগা মানে—আপনি সেই ফ্রিকোয়েন্সি থেকে সরে যাচ্ছেন
- অর্থ নিয়ে ভালোলাগা, এমনকি সামান্য হলেও—মানে আপনি প্রাচুর্যের দিকে যাচ্ছেন

এটাই আপনার আসল কাজ।
এটাই আপনার আসল অর্জন।

প্রকৃত সমৃদ্ধি এখনই ঘটে

অর্থ নিয়ে আপনি যখনই ভালোলাগা—বা আগের চেয়ে একটুও ভালো—অনুভব করেন, তখনই আপনি সমৃদ্ধির ফ্রিকোয়েন্সির সাথে আরও বেশি বৃহদাংশের সাথে সংমিশ্রণে আসেন।
আর যেহেতু এই সংমিশ্রণটাই সমৃদ্ধি, তাই সেই মুহূর্তেই আপনি সফল।

সফল হওয়ার জন্য আপনাকে ভবিষ্যতের অপেক্ষা করতে হয় না।
আপনি এখন সফল অনুভব করেন—সমৃদ্ধি তার পরেই আসে।

প্রতিটি ভালোলাগা মুহূর্ত মানেই আপনার সম্পদ বাড়ছে—
আগে কম্পনগতভাবে, পরে পার্থিবভাবে।

এইভাবেই সমৃদ্ধি তৈরি হয়।
আর এই কারণেই অর্থ নিয়ে আপনার ভালোলাগাই
আপনার প্রকৃত সমৃদ্ধি,
আপনার বাস্তব সাফল্য।

∞

৪. আপনার অভিজ্ঞতায় যা কিছু আছে, সবই আছে সেটার প্রতি আপনার আবেগের কারণে

আপনি একটি বিশাল ও বৈচিত্র্যময় জগতের ভেতর বাস করছেন, যেখানে আপনি আপনার পার্থিব জীবনকে অভিজ্ঞতা করেন।কিছু জিনিস আপনার ভালো লাগে।কিছু জিনিস আপনার ভালো লাগে না।প্রতিদিনই আপনি অসংখ্য রকমের অভিজ্ঞতার মুখোমুখি হন।

আপনার জগৎ এতটাই বৈচিত্র্যে ভরা যে, সবকিছু একে অন্যের সাথে যুক্ত—এটা ভাবা কখনো কখনো কঠিন মনে হতে পারে।
কিন্তু একটি সম্পূর্ণ ভারসাম্যপূর্ণ কম্পনভিত্তিক মহাবিশ্বে, সবকিছুই শক্তিগতভাবে সংযুক্ত।

অস্তিত্বের প্রতিটি কণার ভেতর কম্পন আছে।
প্রতিটি কণার নিজস্ব একটি ফ্রিকোয়েন্সি আছে।
আর আকর্ষণের মহাজাগতিক নিয়ম সবসময় সমজাতীয় ফ্রিকোয়েন্সিগুলোকে একত্র করে।

এই মহাবিশ্ব এলোমেলো নয়।
এটি অত্যন্ত সূক্ষ্মভাবে পরিচালিত।
একটিও কণা ব্যবস্থার বাইরে ভেসে বেড়ায় না।
কম্পনগত শৃঙ্খলার বাইরে কিছুই নেই।

আপনার অভিজ্ঞতা কে সৃষ্টি করছে?

এখানেই একটি গুরুত্বপূর্ণ প্রশ্ন আসে—
আপনার জীবনে আপনি যা অভিজ্ঞতা করছেন, তার জন্য দায়ী কে?

- আকর্ষণের মহাজাগতিক নিয়ম?
- আপনার বিশুদ্ধ ইতিবাচক-সত্তা?
- মহাবিশ্ব?
- নাকি অন্য মানুষ?

একটি আকর্ষণভিত্তিক মহাবিশ্বে, যদিও সবকিছু নিখুঁতভাবে পরিচালিত, তবুও কিছুই জোর করে কারও অভিজ্ঞতায় ঢুকে পড়তে পারে না।
ফ্রিকোয়েন্সি না মিললে, এমনকি আকর্ষণের মহাজাগতিক নিয়মও আপনার জীবনে একটি কণাও ঢোকাতে পারে না।

তাই প্রকৃত সত্যটি হলো–
আপনি যা অভিজ্ঞতা করেন, আর যা করেন না–সবই আপনার সৃষ্টি।

আপনার কম্পনগত আমন্ত্রণ ছাড়া কিছুই আপনার জীবনে প্রবেশ করে না।
কারও এমন কোনো ক্ষমতা নেই যে সে আপনার অভিজ্ঞতায় কিছু ঢুকিয়ে দেবে।
এই মহাবিশ্বে আপনার চেয়ে বড় কিছু নেই।

কম্পনই হলো সার্বজনীন ভাষা,
আর সবকিছুই এই ভাষার মাধ্যমেই যোগাযোগ করে।

শব্দ বা কাজ নয়–কম্পনই সৃষ্টি করে

এই মহাবিশ্বে কিছুই আপনার কথা শোনে না।
কিছুই আপনার ব্যাখ্যার প্রতিক্রিয়া দেয় না।
কিছুই আপনার যুক্তির কারণে বদলায় না।

সবকিছু সাড়া দেয় কেবল আপনার কম্পনে।

- কোনো কিছুর সাথে আপনার কম্পন মিললে, সেটি আপনার অভিজ্ঞতায় আসে।
- না মিললে, সেটি সরে যায়।

আপনার শব্দ বা কাজের এমন কোনো ক্ষমতা নেই যে তা কিছু ধরে রাখবে।
আবার এমনও নয় যে সেগুলো কিছু দূরে ঠেলে দেবে।

একমাত্র কম্পনই তা করে।
আর আপনার কম্পনের উপর আপনার পূর্ণ নিয়ন্ত্রণ আছে।

কেন বেশিরভাগ মানুষ নিজেকে অসহায় মনে করে

যতক্ষণ না আপনি বুঝছেন–

- আপনার কম্পন কী আকর্ষণ করছে
- আপনার কম্পন কীভাবে তৈরি হচ্ছে
- আর আপনি কীভাবে সচেতনভাবে সেটি বদলাতে পারেন

ততক্ষণ আপনি আপনার ভেতরে থাকা বিশাল সৃষ্টিশক্তিকে পুরোপুরি ব্যবহার করতে পারবেন না।

এই কারণেই বেশিরভাগ মানুষ চাওয়া আর না-চাওয়ার মিশ্র অভিজ্ঞতা পায়–
মহাবিশ্বের অসীম বৈচিত্র্য থেকে কী নেবে, সেটা তারা স্পষ্টভাবে বেছে নিতে পারে না।

কিন্তু সবকিছু বদলে যায়, যখন আপনি একটি মাত্র অসাধারণ উপকরণ বুঝে ব্যবহার করতে শেখেন–
আপনার **আবেগ**।

আবেগই আপনার আর আপনার জগতের মাঝের সেতু

নিজের জীবনের দিকে সৎভাবে তাকান।
দেখবেন, এমন কিছু নেই যার প্রতি আপনি একেবারেই কিছু অনুভব করেন না।

প্রতিটি মানুষ, বস্তু, স্থান বা পরিস্থিতির প্রতি আপনার একটি আবেগ আছে–

- কখনো ভালোলাগা
- কখনো খারাপ লাগা
- কখনো নিরপেক্ষ

আপনি এটাও লক্ষ্য করবেন–কিছু বিষয় একসময় আপনাকে খুব নাড়া দিত, কিন্তু এখন আর তেমন কিছুই লাগে না।
সেগুলো ধীরে ধীরে আপনার জীবন থেকে মিলিয়ে গেছে।

কেন?

কারণ আপনি জীবনের সবকিছু থেকেই ভালোলাগা চান।
আপনি হয়তো সচেতনভাবে এটা ভাবেন না, কিন্তু স্বাভাবিকভাবেই আপনি–

- যেটা ভালো লাগে, তার দিকে এগোন
- যেটা খারাপ লাগে, সেটাকে ঠেলে দূরে রাখেন
- আর যেটা নিরপেক্ষ লাগে, সেটাকে উপেক্ষা করেন

যেসব বিষয়ের প্রতি না ভালো লাগে, না খারাপ লাগে–সেগুলোর কম্পনগত গুরুত্ব কমে যায়।
আর একসময় সেগুলো আপনার অভিজ্ঞতা থেকে সরে যায়।

কেন মানুষ এই সত্যটা মানতে চায় না

বেশিরভাগ মানুষ এটা মানতে চায় না যে, তাদের জীবনের মানুষ আর পরিস্থিতিগুলো আসলে তাদের আবেগগত সম্পর্কের কারণেই আছে।

কেন?

কারণ তারা আবেগকে অগ্রাধিকার দেয় না।
তারা অগ্রাধিকার দেয় পার্থিব ফলাফলকে।
আগে ফলাফল দেখে, পরে অনুভূতির কথা ভাবে।

তবুও, অস্বীকার করলেও তারা সবসময় খারাপ লাগে এমন জিনিস ঠেলে দূরে রাখতে চায়।

এটা ঘটে কারণ–অজান্তেই আপনি সবসময় আপনার সম্পূর্ণ সত্তার সাথে সংযুক্ত।
এই সংযোগ আপনার ভেতরে একটি গভীর জ্ঞান বর্তমান রাখে –

আপনি বিশুদ্ধ ইতিবাচক শক্তি।
ইতিবাচক প্রবাহই আপনার স্বাভাবিক অবস্থা।

তাই যখন কিছু খারাপ লাগে, আপনি স্বাভাবিকভাবেই তার বিরোধিতা করেন।
কিন্তু প্রতিরোধ মনোযোগ তৈরি করে।
মনোযোগ কম্পন তৈরি করে।

মাত্র ১৫ সেকেন্ড কোনো কিছুর বিরুদ্ধে মনোযোগ দিলেই,
আপনার কম্পন সেটার সাথেই মিশতে শুরু করে।

এইভাবেই অবাঞ্ছিত জিনিসগুলো বাড়তে থাকে।

কেন কিছু থাকে–আর কিছু চলে যায়

এটাই সহজ কম্পনগত সত্য–

- যেটার প্রতি আপনার ভালোলাগা আছে, সেটা আপনার অভিজ্ঞতায় থাকতে পারে।
- যেটার প্রতি খারাপ লাগা আছে, সেটাও প্রতিরোধের মাধ্যমে থাকতে পারে।
- কিন্তু যেটার প্রতি কিছুই লাগে না, সেটা থাকতে পারে না।

আবেগগত অনুরণন ছাড়া কিছুই আপনার জীবনে টিকে থাকতে পারে না।
সহজ ভাষায়–
আপনার সচেতন, চলমান কম্পনগত মনোযোগ ছাড়া কিছুই আপনার অভিজ্ঞতায় স্থায়ী হয় না।
আপনার আবেগই আপনার জগতকে একসাথে ধরে রাখে।
আর আপনি যখন সেগুলোকে সচেতনভাবে পরিচালনা করতে শেখেন,
আপনার জগৎ নিজে থেকেই বদলাতে শুরু করে।

∞

৫. আবেগগত নির্দেশনা ব্যবস্থা ব্যবহার না করলে আপনি সমৃদ্ধির জন্য অন্যদের উপর নির্ভরশীল হয়ে পড়েন

কখনো আপনি কি ভেবে দেখেছেন, অন্যরা আপনার সম্পর্কে কী ভাবছে–এটা নিয়ে আপনি এত মাথা ঘামান কেন? কেন অন্যদের মতামত আপনার কাছে এত্ত প্রয়োজনীয় হয়ে ওঠে? কিন্তু জীবনের বেশিরভাগ অভিজ্ঞতায় আপনি একটা বিষয় খুব পরিষ্কারভাবে দেখেন– অন্যরা আপনাকে আসলে ঠিকভাবে বোঝে না।

তারা সত্যি করে জানে না–

- আপনার কী ভালো লাগে বা কী ভালো লাগে না
- কেন কোনো বিষয় আপনার কাছে খুব গুরুত্বপূর্ণ
- কেন কোনো কিছু আপনার কাছে একেবারেই অর্থহীন লাগে

তবুও–আপনি তাদের মতামতকে গুরুত্ব দেন।
কেন?

কারণ ছোটবেলা থেকেই আপনাকে শেখানো হয়েছে–
আপনি নিজে ঠিক-ভুল বোঝেন না।

আপনাকে বলা হয়েছে–

- আপনার বাবা-মা বেশি জানেন
- আপনার শিক্ষকরা বেশি জানেন
- আপনার আত্মীয়রা বেশি জানেন
- সমাজ বেশি জানে

শুরুর দিকে আপনি এই বুদ্ধির বিরুদ্ধে গিয়েছিলেন।
কিন্তু বারবার বলা, শাসন, আর আবেগগত চাপের কারণে ধীরে ধীরে আপনি এটা মেনে নিয়েছেন।
সময় যেতে যেতে আপনি বিশ্বাস করতে শুরু করেছেন–
অন্যদেরই আপনার জীবন চালানোর দিকনির্দেশ দেওয়া উচিত।

এই বিশ্বাসটা কীভাবে তৈরি হয়

যে মুহূর্তে আপনি মেনে নিলেন যে অন্যরা আপনার চেয়ে ভালো জানে, তখন একটা সূক্ষ্ম কিন্তু শক্তিশালী পরিবর্তন ঘটল।
আকর্ষণের মহাজাগতিক নিয়ম আপনার কম্পনের সেই পরিবর্তনটি ধরে নিল।

যখন আপনি ভাবতে শুরু করলেন–
"আমার জীবন চালাতে অন্যদের নির্দেশনা দরকার,"
তখন আকর্ষণের মহাজাগতিক নিয়ম সেই কম্পন স্থির করে দিল এবং মিল আছে এমন চিন্তা, মানুষ ও পরিস্থিতি আপনার জীবনে আনতে শুরু করল।

খুব দ্রুত একটা বিশ্বাস তৈরি হলো–
"অন্যরাই আমার নির্দেশনা, আর তাদের মতামত গুরুত্বপূর্ণ।"

দেখবেন, আপনার আশেপাশের বেশিরভাগ মানুষই এই বিশ্বাসটা বহন করে।

বেশিরভাগ মানুষ–

- সিদ্ধান্ত নেওয়ার আগে অনুমোদন খোঁজে
- ভেতরে খারাপ লাগলেও পরামর্শ মেনে নেয়
- নিজের সমস্যার জন্য অন্যদের দোষ দেয়

আর যেহেতু সবাই এটা করছে, তাই এটাকে স্বাভাবিক–এমনকি ঠিক–বলে মনে হয়।

অন্যদের উপর নির্ভর করার লুকানো মূল্য

আপনি সঙ্গে সঙ্গে যেটা বুঝতে পারেন না, তা হলো–এই বিশ্বাস আপনাকে নির্ভরশীল করে তোলে।

কখনো এই নির্ভরশীলতা যুক্তিসংগত মনে হয়–

- "ওরা আমাকে ভালোবাসে"
- "ওরা আমার ভালো চায়"
- "ওদের অভিজ্ঞতা বেশি"

কিন্তু আপনি একটা মৌলিক বিষয় চোখ এড়িয়ে যান–
প্রতিটি মানুষের কম্পনগত ফ্রিকোয়েন্সি আলাদা।

প্রতিটি মানুষ–

- বাস্তবতাকে আলাদাভাবে দেখে
- মূল্য আলাদাভাবে অনুভব করে
- পূর্ণতা আলাদাভাবে অভিজ্ঞতা করে

আপনার জীবন কেউ বাঁচছে না–আপনি নিজেই বাঁচছেন।
তাই যতই ভালোবাসুক বা বুদ্ধিমান হোক, কেউই আপনার আকাঙ্ক্ষা, পছন্দ বা উদ্দেশ্য ঠিকভাবে বুঝতে পারে না।

এই কারণেই আপনাকে জন্মের সাথেই দেওয়া হয়েছে আপনার সবচেয়ে উন্নত নির্দেশনা ব্যবস্থা–
আপনার **আবেগ**।

শিশু আর স্বাভাবিক নির্দেশনা ব্যবস্থা

যেসব শিশু প্রাণবন্ত, আনন্দিত আর জীবন্ত–তাদের লক্ষ্য করুন।
তারা–

- নিজেরা বেছে নিতে চায়
- নিয়ন্ত্রণ মানতে চায় না
- যা ভালোলাগে, তাই করে

তারা উত্তেজিত হতে অনুমতি চায় না।
জীবনকে অনুসন্ধান করতে তারা স্বীকৃতির অপেক্ষা করে না।

এটাই মানুষের স্বাভাবিক অবস্থা–
যখন আবেগগত নির্দেশনা দমিয়ে দেওয়া হয়নি।

আপনার লক্ষ্য বিদ্রোহী হওয়া নয়।
আপনার লক্ষ্য হলো এই ভেতরের স্পষ্ট নির্দেশনায় ফিরে যাওয়া–
যেখানে আবেগ স্বাভাবিকভাবে আপনার কাজকে চালায়।

কারণ আবেগই একমাত্র ব্যবস্থা, যা মুহূর্তে মুহূর্তে আপনার কম্পনগত শক্তি তথা অবস্থাকে ট্র্যাক করতে পারে।

কেন আবেগ উপেক্ষা করা যায় না

একটি কম্পনভিত্তিক মহাবিশ্বে, আবেগগত নির্দেশনা ছাড়া আপনি অন্ধ।

- শুধু কাজ আপনাকে পথ দেখাতে পারে না
- অন্যদের কথা আপনাকে পথ দেখাতে পারে না
- সামাজিক নিয়ম আপনাকে পথ দেখাতে পারে না

আপনি যদি লক্ষ্য না করেন–

- আপনার আবেগ
- আপনার শক্তিগত প্রতিক্রিয়া

তাহলে কাজ আর পরামর্শ—দুটোই অর্থহীন।

প্রতিটি বিষয়ের দুটি দিক থাকে—

- একটি কাঙ্ক্ষিত
- একটি অকাঙ্ক্ষিত

প্রতিটি কাজ হতে পারে—

- উপকারী
- ক্ষতিকর

ফলাফল নির্ভর করে আপনি কোন দিকটায় মনোযোগ দিচ্ছেন তার উপর।
মনোযোগের মাধ্যমে আপনি শক্তিকে দিক দেন।
ফলাফল সামলায় আকর্ষণের মহাজাগতিক নিয়ম।

আপনি কী আসবে তা নিয়ন্ত্রণ করেন না—
কিন্তু আপনি কোথায় মনোযোগ দেবেন, সেটার উপর আপনার পূর্ণ নিয়ন্ত্রণ আছে।

আর এই কাজের জন্য আপনার কাছে সবচেয়ে উন্নত কম্পনগত সূচক আছে—
আপনার আবেগ।

নিজের জীবনের নিয়ন্ত্রণ ফিরিয়ে নেওয়া

যখন আপনি বুঝে ফেলেন—

- সব অভিজ্ঞতাই কম্পনভিত্তিক
- আপনার কম্পনের উৎস আপনি নিজেই
- আবেগ আপনার দিক নির্দেশ করে

তখন আপনি নিজের জীবনের পূর্ণ নিয়ন্ত্রণ ফিরে পান।

যেকোনো মুহূর্তে শুধু নিজের আবেগ দেখুন—

- যদি ভালোলাগা বা একটু ভালো অনুভব করেন, আপনি সমৃদ্ধি ও পূর্ণতার দিকে যাচ্ছেন
- যদি খারাপ লাগা বা আরও খারাপ অনুভব করেন, আপনি সেগুলো থেকে দূরে যাচ্ছেন

এই নির্দেশনা নির্ভুল।
এটা কখনো মিথ্যা বলে না।
এটা নিজেকে কখনো বিরোধিতা করে না।

নির্ভরশীলতা থেকে মুক্তি

যখন আপনি আপনার আবেগগত নির্দেশনাকে বিশ্বাস করা ও ব্যবহার করা শুরু করেন–

- বাইরের মতামতের কর্তৃত্ব কমে যায়
- বাইরের নির্দেশনা ঐচ্ছিক হয়ে যায়
- বিভ্রান্তি দূর হয়ে যায়

এর আগে পর্যন্ত, সিদ্ধান্ত, স্বীকৃতি আর অর্থের জন্য আপনাকে অন্যদের উপর নির্ভর করতেই হয়।
এই নির্ভরশীলতা বন্দিত্বের মতো লাগে।

আপনি দেখেন–
মানুষ বারবার মত বদলায়।
নিজেদের সুবিধামতো নির্দেশনা পাল্টায়।
আর আপনি বিরক্ত হন–কিন্তু আটকে থাকেন।

আবেগগত নির্দেশনা ছাড়া নির্ভরশীলতা এড়ানো যায় না।
তখন মানুষ নির্ভর করতে শুরু করে–

- বাবা-মায়ের উপর
- সঙ্গীর উপর
- সমাজের উপর
- সরকারের উপর
- খবরের উপর
- পরিস্থিতির উপর

প্রতিটি সিদ্ধান্ত আর প্রতিটি আকাঙ্খা পূরণের জন্য।

কিন্তু যখন আপনি আবার আপনার আবেগের কাছে ফিরে যান–
আপনি ফিরে আসেন আপনার নিজের কাছে।

∞

৬. আবেগের সাহায্যে বিশ্বাসের নতুন সংস্করণ তৈরি করে আরও সমৃদ্ধিকে অনুমতি দেওয়া

আপনি স্কুলের বই থেকে শিখেছেন–সবকিছুরই শক্তি আছে।এই বই থেকে আপনি আরও গভীরভাবে বুঝেছেন– সবকিছুই ভিন্ন ভিন্ন রূপে থাকা কম্পনভিত্তিক শক্তি।এই শক্তিময় মহাবিশ্বে সবকিছুই সবসময় বিস্তারের দিকে যাচ্ছে।সবকিছুই ক্রমাগত আরও বেশি হয়ে উঠছে।তাই এটা যুক্তিসংগত নয় যে–

- আপনাকে সারাজীবন একই পুরোনো জীবন বাঁচতে হবে
- আপনাকে চিরকাল একই পরিমাণ অর্থ হিসাব করে চলতে হবে
- আপনাকে একই সীমিত অভিজ্ঞতা বারবার পেতে হবে

বিস্তারই এই মহাবিশ্বের মহাজাগতিক নিয়ম।

অগ্রগামী (Leading-Edge) স্রষ্টা হিসেবে আপনার ভূমিকা

আপনি এই মহাবিশ্বে শুধু একজন দর্শক নন।
আপনি একজন অগ্রগামী স্রষ্টা।

আপনিই সেই কম্পন তৈরি করছেন, যার মাধ্যমে মহাবিশ্ব–

- নিজেকে বিস্তার করে
- নিজের উন্নতি সাধন করে
- নিজের অস্তিত্ব টিকিয়ে রাখে

তাই স্বাভাবিকভাবেই, আপনি যা চান–ঠিক যেভাবে চান–তা আপনার কাছে আসাই উচিত।
কারণ সেটার মাধ্যমেই আপনি মহাবিশ্বে বিস্তারমূলক কম্পন যোগ করেন।

প্রকৃত সত্য হলো–
এই মহাবিশ্ব এমনভাবেই তৈরি যে, আপনি যা চান তা আপনাকে দেবে–কোনো ব্যতিক্রম ছাড়া।

১৫-সেকেন্ডের নিয়ম ও বিশ্বাসের শক্তি বাড়া

আকর্ষণের মহাজাগতিক নিয়ম অনুযায়ী, প্রতি ১৫ সেকেন্ডে সমজাতীয় কম্পন একে অপরের সাথে মিশে যায়।
আপনি একজন চৈতন্যশীল, মনোযোগকারী, কম্পনগত সমন্বয়ে সংযুক্ত চিন্তা-শক্তির সত্তা।

এর মানে–

- প্রতি ১৫ সেকেন্ডে আপনি একটি নতুন কম্পনের সাথে যুক্ত হন
- সেই কম্পন আগেরটার মতো বা প্রায় আগেরটার মতোই হয়
- প্রতিটি সংমিশ্রণ আপনার বর্তমান কম্পনকে আরও শক্তিশালী করে

ফলে আপনার কম্পন ক্রমাগত গতিবেগ পায়।

বিশ্বাস: আপনার জীবনের ভেতরের প্রোগ্রাম

আপনার দৈনন্দিন অভ্যাস আর জীবনের অভিজ্ঞতাগুলো আসলে আপনার চলমান চিন্তার ধারা–আপনার বিশ্বাসের প্রতিফলন।

সহজ করে ভাবুন–
আপনার বিশ্বাসগুলো কম্পিউটার প্রোগ্রামের মতো।

আপনার মধ্যে আলাদা আলাদা প্রোগ্রাম আছে–

- অর্থ
- স্বাস্থ্য
- সম্পর্ক
- কাজ
- নিজের-মূল্যবোধ ইত্যাদি

প্রতি ১৫ সেকেন্ডে যে নতুন কম্পন আপনি আকর্ষণ করেন, সেটা এই প্রোগ্রামগুলোর জন্য ছোট ছোট উন্নতি সাধন কোডের মতো।

এই উন্নতি সাধনের উদ্দেশ্য–

- ত্রুটি ঠিক করা
- কার্যকারিতা বাড়ানো
- সক্ষমতার বিস্তার করা

কিন্তু এখানেই সমস্যা।

কেন পুরোনো বিশ্বাস কাজ করা বন্ধ করে দেয়

আপনি প্রায়ই "উন্নতি সাধন" বোতামে চাপ দেন না।
ফলে–

- আপনার বিশ্বাসের প্রোগ্রামগুলো পুরোনো হয়ে যায়
- ত্রুটি বাড়তে থাকে
- কাজের মান খারাপ হতে থাকে

একসময় প্রোগ্রামটাই অচল হয়ে যায়।

অর্থ সম্পর্কে আপনার বিশ্বাসের ক্ষেত্রেও ঠিক এটাই ঘটে।

আপনি হয়তো মনে করতে পারবেন না–

- প্রথম কবে অর্থ নিয়ে অভাবের চিন্তা করেছিলেন
- অর্থ নিয়ে প্রথম কষ্টের অভিজ্ঞতা কী ছিল
- কে প্রথম বলেছিল, "অর্থ পাওয়া কঠিন"

আপনার অর্থ-সংক্রান্ত বিশ্বাসগুলো খুব পুরোনো।
তবুও সেগুলো বদলায় না–দুটি প্রধান কারণে।

কারণ এক

আপনার বিশ্বাসগুলো বারবার পার্থিব বাস্তবতা হয়ে আপনার কাছে ফিরে আসে।
তাই আপনি ধরে নেন–
"অর্থ আসলে এভাবেই কাজ করে।"

কারণ দুই

আপনি জানেন না কীভাবে বিশ্বাসের নতুন সংস্করণ তৈরি করতে হয়।

বিশ্বাসের নতুন সংস্করণ তৈরির একমাত্র ব্যবস্থা: 'আবেগ'

এখানেই আপনার ঐশ্বরিক দিকনির্দেশনা ব্যবস্থা–আপনার আবেগ–সবচেয়ে গুরুত্বপূর্ণ হয়ে ওঠে।

যেকোনো বিশ্বাসকে হালনাগাদ করতে, বিশেষ করে অর্থ সম্পর্কে কোনো বিশ্বাসের নতুন সংস্করণ তৈরি করতে হলে আপনাকে তিনটি মৌলিক সত্য বুঝতে হবে–

১. খারাপ লাগা আবেগের ইঙ্গিত

খারাপ লাগা আবেগ আপনাকে জানায়–
আপনি এখনো পুরোনো, অভাবভিত্তিক বিশ্বাস দিয়ে অর্থকে দেখছেন।

২. অ-পার্থিব স্তরে উন্নতি সাধন

আপনি যখনই সমৃদ্ধিময় কোনো নতুন কম্পন সৃষ্টি করেন,
তা পার্থিব জগতের বাইরে আপনার বিশুদ্ধ ইতিবাচক-সত্তার সাথে একীভূত হয়ে–
অ-পার্থিব স্তরে হালনাগাদ হয়।

তাই আপনার উন্নত বিশ্বাসগুলো ইতিমধ্যেই অ-পার্থিব স্তরে বিদ্যমান।

৩. ভালোলাগা আবেগের ইঙ্গিত

ভালোলাগা আবেগ আপনাকে জানায়–
আপনি অ-পার্থিব স্তরে বিদ্যমান নতুন, সতেজ বিশ্বাস গুলোকে আপনার অভিজ্ঞতায় প্রবেশ করতে অনুমতি দিচ্ছেন।

অর্থ-সংক্রান্ত বিশ্বাসের নতুন সংস্করণ কীভাবে করবেন (একটি সহজ ধারা দাওয়া হল)

আপনার কাজ খুবই সরল–

১. অর্থের সাথে যুক্ত হতে গিয়ে খারাপ লাগা লক্ষ্য করুন
২. বুঝে নিন–এটা পুরোনো বিশ্বাস
৩. নিজেকে মনে করিয়ে দিন–এর নতুন সংস্করণ ইতিমধ্যেই আছে
৪. নিজেকে শান্ত করুন
৫. যেকোনো বিষয়ের উপর একটু ভালোলাগা চিন্তা খুঁজে নিন

ব্যস, হয়ে গেল, এই পর্যন্তই।

আপনি পরিবর্তন জোর করে করেন না।
আপনি বৃহদাংশের সাথে সংমিশ্রণকে অনুমতি দেন, পরিবর্তন তার থেকে হয়।

বিশ্বাসের নতুন সংস্করণের স্বাভাবিক ফল

বিশ্বাসগুলো যখন নতুন সংস্করণ পায়–

- নতুন বুদ্ধি আসে
- দৃষ্টিভঙ্গি খুলে যায়
- অনুপ্রেরণাকে অনুসরণ সহজ লাগে
- তাগিদ গুলো সুন্দর কার্যকারিতার রূপ নেয়

আর সবচেয়ে শক্তিশালী বিষয়টি হলো–
অর্থ নিয়েই আলাদা করে ভালোলাগা লাগাতে হবে–এমন নয়।

আপনাকে শুধু–

- বেশিরভাগ সময় ভালোলাগা রাখতে হবে
- সুযোগ পেলেই একটু ভালো অনুভব করতে হবে

এটাই যথেষ্ট। সেটা অর্থ বিষয়ে হোক বা না হোক -
এতে সব বিশ্বাসই স্বয়ংক্রিয়ভাবে নতুন সংস্করণ পায়–অর্থও এর মধ্যে পড়ে।

অনিবার্য ফল

বিশ্বাসগুলো যখন নতুন করে গড়ে ওঠে–

- জীবন হালকা লাগে
- সুযোগ বাড়তে থাকে
- সমৃদ্ধি স্বাভাবিকভাবে প্রবাহিত হয়

আর খুব দ্রুতই আপনি নিজেকে এমন এক জীবনে খুজে পান –
যেটা এখন পর্যন্ত আপনার সবচেয়ে সুন্দর অভিজ্ঞতা হয়ে যায়।

∞

৭. আপনার মধ্যে যদি অর্থের খুব খুব চাহিদা থাকে, অল্প অর্থ পেটেই তাহলে আপনার ঘাম ঝরে যাবে

এই সীমাহীন, বিশাল মহাবিশ্বে সবকিছুই অভ্যাসভিত্তিক।মহাবিশ্ব পরিচালিত হয় আকর্ষণের মহাজাগতিক নিয়ম দ্বারা, আর এই নিয়ম প্রতি ১৫ সেকেন্ডে প্রতিটি কম্পনকে ঠিক আগের ১৫ সেকেন্ডে যেমন ছিল, তেমনভাবেই শক্তিশালী করে।

কম্পনই সবকিছুর ভিত্তি।
এর চেয়েও বড় কথা–এটাই একমাত্র আকর্ষণের উপাদান।

আপনিও কম্পন

এই মহাবিশ্বের অন্য কিছুর থেকে আপনি আলাদা নন।
আপনার মূল সত্তাই হলো কম্পন।
আর আপনার কম্পনই ঠিক করে দেয় আপনি পার্থিব অভিজ্ঞতায় কী আকর্ষণ করবেন।

মহাবিশ্বের প্রতিটি কণার মতোই–
এই ১৫ সেকেন্ডে আপনি যা কম্পন করছেন, সেটাই পরের ১৫ সেকেন্ডের অভিজ্ঞতা তৈরি করে।

এই ১৫ সেকেন্ডে যদি আপনি নেতিবাচক ফ্রিকোয়েন্সি কম্পন করেন–যেটা আপনি খারাপ লাগা আবেগ দিয়ে বুঝতে পারেন–
তাহলে আপনার পরের অভিজ্ঞতাও খারাপ লাগা হবে।

আপনি যা কম্পন করেন আর যা অভিজ্ঞতা করেন–দুটো সবসময় মিলে যায়।
এর কোনো ব্যতিক্রম নেই।

কেন আপনি এই জ্ঞানটা ভুলে গেছেন

কেউ জন্মের সময় সচেতনভাবে এগুলো জানে না।
পার্থিব শরীরে আসার আগে আমরা সবাই ইচ্ছাকৃতভাবে আমাদের অসীম জ্ঞান ভুলে এসেছি–যাতে নতুন করে শুরু করা যায়।

তবুও একটি জ্ঞান কখনো মুছে যায়নি।
সেটা খুব সহজ–

আপনি ভালো অনুভব করতে চান।

চারপাশে তাকান–

- হতাশ শিশুরা কাঁদে, “আমার ভালো লাগছে না”
- রাগান্বিত কিশোর-কিশোরীরা বলে, “আমি তো বলেছি, আমার ভালো লাগছে না”
- অসুস্থ মানুষ বলে, “আমার ভালো লাগছে না”

প্রতিটি মানুষ–জেনে বা না জেনে–বোঝে,
ভালোলাগা মানেই জীবনশক্তি প্রবাহিত হওয়া।

স্বস্তি আর বৃহদাংশের সাথে সংমিশ্রণ এক নয়

বেশিরভাগ মানুষ এই জায়গায় এসে আটকে যায়।
তারা শুধু বোঝে–তারা একটু ভালো অনুভব করতে চায়।
আর যেভাবেই হোক ভালো লাগলেই তারা সেটাকে যথেষ্ট মনে করে।

এখানেই গণ্ডগোল শুরু।

স্বস্তি একটু ভালো লাগে–কিন্তু বেশিরভাগ সময়েই এটা বৃহদাংশের সাথে সংমিশ্রণ নয়।
স্বস্তি আসে যখন আপনি সামান্য ভালো কম্পনে যান।
কিন্তু স্বস্তি তখনও নেতিবাচক কম্পনের ভেতরেই থাকতে পারে।

উদাহরণ–

- হতাশ ⟶ রাগ (স্বস্তি)
- রাগ ⟶ বিরক্তি (স্বস্তি)
- ভয় ⟶ দোষারোপ (স্বস্তি)

এই সব ক্ষেত্রেই মানুষ একটু ভালো অনুভব করে–
কিন্তু কম্পন নেতিবাচকই থাকে।
তাই তারা অবাঞ্ছিত অভিজ্ঞতাই আকর্ষণ করতে থাকে।

কেন স্বস্তিই অনেকের জীবনের ধরণ হয়ে যায়

পার্থিব জগতে বেশিরভাগ মানুষকে স্বস্তির স্তরে বাঁচতে শেখানো হয়।

অনেকের জন্য–

- স্বস্তিই তাদের সর্বোচ্চ স্থায়ী আবেগ
- স্বস্তিই তাদের কাছে সুখের সংজ্ঞা

তারা–

- কাজের চাপ থেকে স্বস্তি পেতে ছুটি নেয়
- একাকীত্ব থেকে স্বস্তি পেতে সম্পর্কে যায়
- অনিরাপত্তা থেকে স্বস্তি পেতে অভিযোগ করে
- অভাব থেকে স্বস্তি পেতে ধনীদের নিন্দা করে
- আনন্দের জন্য নয়–অস্বস্তি থেকে স্বস্তি পেতেই খায়

এসব দ্বারা তাদের একটু ভালো লাগে–
কিন্তু প্রাচুর্যে পৌঁছায় না।

কেন?

কারণ স্বস্তি হলো অভাবের একটু ভালো সংস্করণ–উপস্থিতি নয়।
সমস্যা সামান্য কমে, কিন্তু মেটে না।

শৈশবের অভ্যাস কীভাবে অভাব তৈরি করে

এই ধরণটা শুরু হয় খুব ছোটবেলা থেকে।

বেশিরভাগ বাবা-মা কম্পন বা আকর্ষণের মহাজাগতিক নিয়ম বোঝেন না।
তারা ভাবেন–সন্তানের বাস্তবতা তারাই ঠিক করবেন।

কিন্তু শিশুর ভেতরে তখনও একটা স্বাভাবিক জ্ঞান থাকে–
"আমি যা চাই, তা হতে পারি, করতে পারি, পেতে পারি।"

তাই সে আরও চায়।
আরও চায়।
বারবার চায়।

বাবা-মা দেন–বৃহদাংশের সাথে সংমিশ্রণ থেকে নয়–
বরং শিশুর জেদের চাপ থেকে স্বস্তি পেতে।

শিক্ষক-শিক্ষার্থীর সম্পর্কেও একই প্যাটার্ন চলে।

এই দুই জায়গাতেই মানুষের বেশিরভাগ বিশ্বাস তৈরি হয়।
আর এখান থেকেই জন্ম নেয় একটা ক্ষতিকর বিশ্বাস–
"কিছু পেতে হলে আমাকে মরিয়া হয়ে চাইতে হবে, বারবার চাইতে হবে।"

বারবার চাওয়া কেন পার্থিব রূপ নেওয়াকে আটকে দেয়

যে চাওয়া আকুলতা থেকে আসে, তা আসে অভাব থেকে।
আপনি বারবার চান, কারণ আপনার বিশ্বাস–আপনার কাছে সেটা নেই।

কিন্তু একটি কম্পনভিত্তিক মহাবিশ্বে–

- আপনি অভাব থেকে কিছু পেতে পারেন না
- আপনি কেবল অনুরণন থেকে পেতে পারেন

সবকিছুই কম্পনগতভাবে আগে থেকেই আছে।
অভিজ্ঞতা করতে হলে আপনাকে তার সাথে কম্পনে মিলতে হবে।

আপনি কেবল সেই অকাঙ্খাই পার্থিব রূপে পান, যেটা নিয়ে আপনি–

- স্বচ্ছন্দ
- স্থির
- ভালোলাগা অনুভব করেন

উপস্থিতি বনাম অনুপস্থিতির কম্পন

এখানে একটি খুব গুরুত্বপূর্ণ পার্থক্য আছে–

- কোনো কিছু নিয়ে ভালোলাগা = তার উপস্থিতির কম্পন
- কোনো কিছুর জন্য আকুল হওয়া = তার অনুপস্থিতির কম্পন

যতক্ষণ আপনি অনুপস্থিতির কম্পন করেন,
অনুপস্থিতিই চলতে থাকবে।
এটাই মহাজাগতিক নিয়ম।

কেন জোর করে চাওয়া আপনাকে গরিবই রাখে

আপনি হয়তো প্রচন্ড ভাবে অর্থ চান।
আপনি হয়তো বারবার, পুরো দম দিয়ে চান।
আপনি হয়তো এর যুক্তিও দিতে পারেন।

কিন্তু এগুলো একটাই জিনিস দেখায়- আপনি অভাবের কম্পন করছেন।

হ্যাঁ, এভাবে আপনি মানুষের কাছ থেকে ছোটখাটো কিছু পেতেও পারেন।
কিন্তু বৃহদাংশের সাথে সংমিশ্রণে গেলে মহাবিশ্ব যা দেয়, তার কাছে এগুলো তুচ্ছ।

জোর করে চাওয়া আপনাকে অভাবেই রাখে।
পূর্ণতার বিশ্বাসই প্রাচুর্যকে মুক্ত করে।

সমৃদ্ধি যেখানে শুরু হয়

আপনার সমৃদ্ধ জীবন তখনই শুরু হয়, যখন আপনি এই জায়গায় পৌঁছান–

আনন্দময় প্রত্যাশা।

আকুলতা নয়।
অধৈর্য নয়।
কষ্ট করে চাওয়া নয়।

বরং শান্ত, আনন্দিত প্রত্যাশা–
যেন আপনি জানেন, বিষয়টা আগেই হয়ে গেছে।

আপনি যখন এই অবস্থায় পৌঁছান,
পার্থিব রূপ নেওয়া অনিবার্য হয়ে যায়।

কারণ তখন আপনি আর অনুপস্থিতি থেকে চাইছেন না–
আপনি উপস্থিতি থেকে **অনুমতি দিচ্ছেন**।

∞

৮. অর্থের প্রতিটি আদান-প্রদানে অর্থকে কদর করুন, আর দেখবেন সেটা আঠার মতো আপনার সাথে লেগে থাকবে

আপনি যা বিশ্বাস করেন, আপনি সেটাই কম্পন করেন।আর আকর্ষণের মহাজাগতিক নিয়মের প্রভাবে, আপনি যা বিশ্বাস করেন–সেটাই শেষ পর্যন্ত আপনার অভিজ্ঞতায় প্রকৃত হয়ে ওঠে।

বেশিরভাগ মানুষ বিশ্বাস করে–অর্থ পাওয়া কঠিন।
তারা মনে করে–অর্থ পেতে হলে খুব কষ্ট করে কাজ করতে হয়।
ফলে সেই বিশ্বাসটাই তাদের জীবনের বাস্তবতা হয়ে যায়।

তারা খুব পরিশ্রম করে।
কিন্তু এত কষ্টের পরও অল্প কিছু অর্থই আসে।
স্বাভাবিকভাবেই তারা অসন্তুষ্ট থাকে।
তারা ভাবে–তারা আরও বেশির প্রাপ্য।
কিন্তু কঠোর পরিশ্রম ছাড়া অর্থ পাওয়ার আর কোনো পথ তারা জানে না।

যেহেতু অর্থ এসেছে কষ্ট আর সংগ্রামের মাধ্যমে, তাই তারা সেটি খরচ করতেও আনন্দ পায় না।
পকেট থেকে যতবার অর্থ বের হয়, ততবারই মনে পড়ে–এটা আবার ফেরাতে হলে আবার কঠোর পরিশ্রম করতে হবে।

অর্থ নিয়ে তাদের একমাত্র ভালোলাগা আসে তখনই, যখন তারা সেটি হাতে পায়–কারণ তাদের কাছে সেটি তাদের কষ্টের পুরস্কার।

কেন কঠোর পরিশ্রমের বিশ্বাস আপনাকে গরিবই রাখে

এটা পরিষ্কারভাবে বোঝা দরকার–
এই বিশ্বাসগুলো আপনার উপকার করে না।

এই পুরো চক্র–
কঠোর পরিশ্রম → ক্লান্তি → অল্প আয় → খরচের ভয়–
আপনাকে অর্থের সাথে একটি নেতিবাচক কম্পনগত সম্পর্কে আটকে রাখে।

অর্থ উপার্জনের কাজের সময় আপনি বেশিরভাগ সময়ই খারাপ লাগা অনুভব করেন। আর পাওয়ার মুহূর্তে মাত্র অল্প সময়ের জন্য ভালোলাগা আসে।

কিন্তু এই মহাবিশ্ব আকর্ষণভিত্তিক।
এর মানে–

কম্পনের মাধ্যমে যে অর্থ আসে,
তা সংগ্রামের মাধ্যমে আনা অর্থের চেয়ে সবসময় বেশি হয়।

খারাপ লাগা অবস্থান থেকে করা কঠোর পরিশ্রম কিছু অর্থ আনতে পারে–
কিন্তু সেটা আপনাকে প্রকৃত সমৃদ্ধি থেকে দূরে রাখে।

কেন কষ্ট করে পাওয়া অর্থ শেষ পর্যন্ত আপনাকে হতাশ করে (দুটি কারণ)

এক – আনন্দ আটকে যায়

আপনি অর্থ চান, কারণ আপনি মনে করেন–এটা আপনাকে সুখ দেবে।
কিন্তু ক্লান্তি, বিরক্তি বা সংগ্রাম থেকে পাওয়া অর্থের ভেতরে আবেগগত প্রতিরোধ থাকে।

ফলে–
খরচ করাটা ভারী লাগে।
আনন্দে অপরাধবোধ আসে।
সুখ সীমিত হয়ে যায়।

যে অর্থ উপভোগ করা যায় না,
সে অর্থ তার উদ্দেশ্যেই ব্যর্থ।

দুই – অভাব টিকে থাকে

টানা কঠোর পরিশ্রম আপনাকে অভাবের কম্পনে রাখে।
আপনি বেশিরভাগ সময় অনুভব করেন–

- চাপ
- দুশ্চিন্তা
- অভাব
- অনিরাপত্তা

তাই আরও অর্থ এলে, তার সাথে আসে–
আরও দায়িত্ব।
আরও চাপ।
আরও হারানোর ভয়।

অর্থ তখন মুক্তি হয় না–
আরেকটা বোঝা হয়ে দাঁড়ায়।

সমৃদ্ধি আসে বৃহদাংশের সাথে সংমিশ্রণ থেকে–চেষ্টার জোর থেকে নয়

প্রকৃত সমৃদ্ধি শুরু হয় তখনই,
যখন আপনি আপনার বিশুদ্ধ ইতিবাচক-সত্তার সাথে বৃহদাংশের সাথে সংমিশ্রণে আসেন।

অর্থের পথে আপনার চিন্তা আর আবেগই একমাত্র প্রকৃত পথ।

- অন্যদের চেয়ে বেশি সমৃদ্ধ হতে হলে, অর্থ নিয়ে আপনাকে অন্যদের চেয়ে ভালো ভাবতে ও ভালো অনুভব করতে হবে
- অর্থের সাথে সুখে থাকতে চাইলে, যেকোনো অবস্থায় এখনই অর্থের সাথে সুখী হওয়ার সিদ্ধান্ত নিতে হবে
- প্রাচুর্য উপভোগ করতে চাইলে, আগে যে প্রাচুর্য ইতিমধ্যেই আছে–সেটা উপভোগ করা শুরু করতে হবে

অভাবের কম্পন ছাড়ার পথ

অভাব ছাড়তে হলে দরকার **কদর**।

আপনার কাছে যে অর্থ আছে, সেটার কদর করুন।
অর্থ ইতিমধ্যেই আপনাকে যা দিচ্ছে, সেটার কদর করুন।
অর্থের চলাচলের কদর করুন–আসা ও যাওয়া দুটোরই।

এটা বুঝে নিন–
আপনার আগের কষ্টের বা অভাবের অভিজ্ঞতাগুলো ব্যর্থতা ছিল না।
ওগুলো ছিল সৃষ্টির ধাপ।

প্রতিটি অভাব আপনাকে আরও সমৃদ্ধির দিকে ঠেলে দিয়েছে।

আপনি যে পরিমাণই অর্থ পান, সেটার সম্মান করুন।
আপনি যে পরিমাণই খরচ করেন, সেটারও সম্মান রাখুন।

মনে রাখুন–
আপনি যখনই অর্থের সাথে ভালোলাগা অবস্থায় যুক্ত হন,
আপনি এই সীমাহীন, আকর্ষণভিত্তিক মহাবিশ্বে ইতিবাচক শক্তি প্রবাহিত করছেন।

আর ইতিবাচক শক্তি সবসময় ফিরে আসে–
বহুগুণে।

যখন অর্থ নিজেই আপনার সাথে লেগে থাকে

আপনি যখন সব অবস্থায় অর্থকে কদর করতে শুরু করেন–

- পাওয়ার সময়
- খরচ করার সময়
- ভাবার সময়
- দেখার সময়
- অন্যদের কাছে দেখার সময়

তখন আপনি অবাক হবেন।

অর্থ প্রত্যাশিত ও অপ্রত্যাশিত–দু'দিক থেকেই আপনার দিকে আসতে শুরু করবে।
কখনো কাজের মাধ্যমে,
কখনো কাজ ছাড়াই।

মনে হবে–
অর্থ যেন আপনার সাথে আঠার মত লেগে গেছে,
কোনো শক্তিশালী শক্তি যেন তাকে ছাড়তে দিচ্ছে না।

সেই শক্তি হলো–বৃহদাংশের সাথে সংমিশ্রণ।
সেই শক্তি হলো–বিশ্বাস।
সেই শক্তি হলেন –আপনি নিজেই।

∞

৯. "ইমোশনাল হারমনিক্স" – আপনার কম্পনগত ভিন্ন ভিন্ন সংস্করণ

হারমনিক্স শব্দটি মূলত সঙ্গীত থেকে এসেছে।প্রতিটি বাদ্যযন্ত্র, তাল তৈরি করার যন্ত্র, এমনকি মানুষের কণ্ঠস্বরেও নির্দিষ্ট কম্পনগত হারমনিক্স থাকে। এই হারমনিক্সের কারণেই একই সুর বাজলেও বাঁশি, গিটার, পিয়ানো বা মানুষের কণ্ঠ আলাদা শোনায়।

সহজভাবে বললে, হারমনিক্স হলো এমন আলাদা আলাদা, শনাক্তযোগ্য কম্পন ফ্রিকোয়েন্সি–যেগুলো একসাথে মিলে কোনো যন্ত্রের অনন্য শব্দ তৈরি করে।

আমি এখানে সঙ্গীতের কথা বলছি, কারণ কম্পনের সবচেয়ে সহজ গ্রহণযোগ্য উদাহরণ হলো সঙ্গীত।
সঙ্গীত আসলে সাতটি মৌলিক সুরের ধারাবাহিক, সমন্বিত প্রবাহ–যেগুলোকে আমরা সাতটি স্বর হিসেবে জানি।প্রতিটি যন্ত্র এই সাতটি বিশুদ্ধ কম্পনই ব্যবহার করে, তবুও আপনি মুহূর্তেই বুঝে যান–এটা বাঁশি না গিটার, পিয়ানো না মানুষের কণ্ঠ।

এই পার্থক্যটা আসে হারমনিক্সের কারণে।
প্রতিটি হারমনিক শব্দে আলাদা টেক্সচার, গভীরতা আর চরিত্র যোগ করে।

মানুষের ভেতরের কম্পনগত হারমনিক্স

একইভাবে, প্রতিটি কম্পনশীল সত্তার ভেতরেই–আপনিও যার মধ্যে পড়েন–কম্পনগত হারমনিক্স আছে।
এই হারমনিক্সগুলো একসাথে মিলে চিন্তা তৈরি করে।আর চিন্তা যখন শক্তভাবে একত্রিত ও ঘনীভূত হয়, তখন তা পার্থিব অভিজ্ঞতা, বস্তু আর পরিচয়ে রূপ নেয়।

যেমন সঙ্গীতে সাতটি মৌলিক স্বর আছে, তেমনি মানুষের আবেগেও একটি হারমনিক কাঠামো আছে।

- আপনার আছে ৭টি স্পষ্টভাবে আলাদা করা যায় এমন ইতিবাচক আবেগগত ফ্রিকোয়েন্সি
- আপনার আছে ১৫টি স্পষ্টভাবে আলাদা করা যায় এমন নেতিবাচক আবেগগত ফ্রিকোয়েন্সি

মোট মিলিয়ে—মানুষ সচেতনভাবে ২২টি প্রধান কম্পনগত আবেগ অনুভব করতে পারে।

সহজ করে বলা যায়—
একজন মানুষ হলো ২২টি উপলব্ধিযোগ্য আবেগগত ফ্রিকোয়েন্সির একটি কম্পনভিত্তিক সংমিশ্রণ।

এইগুলোই সেই হারমনি পয়েন্ট, যেগুলোর মাধ্যমে মানুষ মহাবিশ্বের সাথে এবং একে অপরের সাথে পারস্পরিক যোগাযোগ করে।
আমরা এগুলোকে বলব—**ইমোশনাল হারমনিক্স**।

ইমোশনাল হারমনিক্স মিটার

আবেগগত হারমনিক্স মিটারটি প্রথম উপস্থাপিত হয়েছিল '**আব্রাহাম-হিক্স**' এর শিক্ষায়, তাদের বই ***'Ask and It Is Given'***-এ।
এটি এই ধারণার একটি নিখুঁত দৃশ্যমান উপস্থাপনা, যা এখানে অন্তর্ভুক্ত করা হয়েছে—আপনার নিজের কম্পনগত অবস্থাগুলোকে স্পষ্টভাবে বোঝার জন্য।

এই মিটারে—

- ১ হলো সবচেয়ে উচ্চ ইতিবাচক কম্পন
- ২২ হলো সবচেয়ে নিচু নেতিবাচক কম্পন

ইমোশনাল হারমনিক্স স্কেল -

১. পরমানন্দ/প্রকৃত প্রশংসা/উচ্ছ্বাস
২. প্রচন্ড ইচ্ছা/আগ্রহ
৩. উৎসাহ/উদ্যম
৪. বিশ্বাস/আস্থা
৫. আশাবাদ
৬. আশা
৭. সন্তুষ্টি / সন্তুষ্টি
৮. একঘেয়েমি
৯. নৈরাশ্যবাদ
১০. বিরক্তি / অস্বস্তি
১১. চাপ / অধৈর্য
১২. গ্লানি/লজ্জা
১৩. সন্দেহ
১৪. দুশ্চিন্তা
১৫. দোষারোপ

১৬. নিরুৎসাহ
১৭. রাগ
১৮. প্রতিশোধপরায়ণতা
১৯. ঘৃণা / তীব্র ক্রোধ
২০. ঈর্ষা
২১. অনিরাপত্তা / অপরাধবোধ / অযোগ্যতার অনুভূতি
২২. ভয় / শোক / হতাশা / অসহায়ত্ব

এগুলো শুধু আবেগ নয়—এগুলো আপনার অবস্থান

আপনি এগুলোকে হয়তো শুধু আবেগ হিসেবেই জানেন।
কিন্তু বাস্তবে, এগুলো হলো এই মহাবিশ্বে আপনার কম্পনগত অবস্থান।

জীবনের প্রতিটি মুহূর্তে—আপনি যে চিন্তাগুলো করছেন তার উপর ভিত্তি করে—আপনি নিজের একেকটা সংস্করণে সরে যাচ্ছেন।
আপনার প্রতিটি অভিজ্ঞতা এই হারমনিক অবস্থানগুলোর যেকোনো একটির মধ্য দিয়েই ফিল্টার হয়ে আসে।

আপনার ইতিবাচক ও নেতিবাচক সংস্করণ

প্রতিটি মানুষ—এবং মহাবিশ্বের সবকিছু—আসলে দুটি বিশুদ্ধ সংস্করণেই থাকে—

- একটি ইতিবাচক সংস্করণ
- একটি নেতিবাচক সংস্করণ

ইমোশনাল হারমনিক্স মিটার হলো এই দুই সংস্করণের একটি বিস্তারিত মানচিত্র—
যাতে আপনি আপনার কম্পনগত শক্তিকে আরও নির্ভুলভাবে বুঝতে ও পরিচালনা করতে পারেন।

এর মানে এই নয় যে আপনি শুধু ২২টি কম্পনেই তৈরি।
বাস্তবে, আপনি লক্ষ লক্ষ সমজাতীয় কম্পনের একটি অনন্য সমন্বয়।

এই ২২টি আবেগগত ফ্রিকোয়েন্সি হলো সেই ২২টি প্রধান অবস্থান,
যেখানে আপনার ওই লক্ষ লক্ষ সমজাতীয় কম্পন—চিন্তার মনোযোগ ও আকর্ষণের মহাজাগতিক নিয়মের সাহায্যে—নিজেদের গুছিয়ে এক-একটি রূপে প্রকাশ করে।

আপনি কীভাবে নিজের একটি সংস্করণে পরিণত হন

সহজ ভাষায়–

- আপনি যদি নিয়মিত রাগের চিন্তা করেন, লক্ষ লক্ষ কম্পন একত্র হয়ে আপনাকে রাগী সংস্করণে নিয়ে যায়।
  এই অবস্থান থেকে আপনি সবকিছু রাগ দিয়েই দেখেন, আর যা কিছু আকর্ষণ করেন, তা সেই রাগকেই আরও জোরালো করে।

- আপনি যদি নিয়মিত ভালোলাগা চিন্তা করেন, লক্ষ লক্ষ কম্পন একত্র হয়ে আপনাকে আনন্দিত সংস্করণে নিয়ে যায়।
  এই অবস্থান থেকে আপনি সবকিছু আনন্দ দিয়ে দেখেন, আর যা কিছু আকর্ষণ করেন, তা সেই আনন্দকেই বাড়ায়।

কারণ আকর্ষণের মহাজাগতিক নিয়ম সবসময় কম্পনের সাথে সমকম্পন মিলিয়েই কাজ করে।

টার্নিং পয়েন্টটা বোঝা সবচেয়ে গুরুত্বপূর্ণ

- ইতিবাচক কম্পন ঊর্ধ্বমুখে প্রবাহিত হয়–৭ (সন্তুষ্টি) থেকে ১ (পরমানন্দ) পর্যন্ত
- নেতিবাচক কম্পন নিম্নমুখে প্রবাহিত হয়–৮ (একঘেয়েমি) থেকে ২২ (ভয়) পর্যন্ত

৭ আর ৮-এর মাঝখানেই আছে নিরপেক্ষ টার্নিং পয়েন্ট।

আপনি একবার যদি সন্তুষ্টি (৭) আর একঘেয়েমি (৮)-র মাঝখানে নিজের কম্পন আনতে পারেন,
তাহলে কোন দিকে যাবেন–উপরে না নিচে–সেটা নিয়ন্ত্রণ করা খুব সহজ হয়ে যায়।

এটাই সবচেয়ে গুরুত্বপূর্ণ উপলব্ধি –

আপনাকে ভয় থেকে সরাসরি আনন্দে লাফ দিতে হবে না।
আপনাকে শুধু নিরপেক্ষ অবস্থানটিতে পৌঁছাতে হবে।

নিরপেক্ষতা থেকেই–সবকিছু সম্ভব হয়ে ওঠে।

∞

✦ অধ্যায়ের শেষের প্রক্রিয়া ৬ ✦

"ইতিবাচক লিখন প্রক্রিয়া"

আপনার ইতিবাচকতার যে মূল্য, তা অসীম।ইতিবাচক শক্তির একটি স্থায়ী প্রবাহের মাধ্যমে এমন কিছু নেই, যা আপনি হতে, করতে বা পেতে পারবেন না।

তবে এই সদা-পরিবর্তনশীল, সদা-চলমান মহাবিশ্বে ইতিবাচকতা নিজে থেকে স্থায়ী থাকে না।এটাকে সচেতনভাবে ধরে রাখতে হয়।আর সেটার জন্য আপনাকে অভ্যাস গড়ে তুলতে হবে–যে কোনো বিষয়ের ইতিবাচক দিকের উপর মনোযোগ দেওয়ার।

আপনি একটি কর্মভিত্তিক পার্থিব জগতে বাস করেন, এবং আপনি ইতিমধ্যেই কাজের মাধ্যমে অর্জন করার প্রশিক্ষণ পেয়েছেন।এটা খারাপ কিছু নয়।
কিন্তু কম্পনভিত্তিক আকর্ষণের শক্তি দিয়ে কিছু অর্জন করা অনেক সহজ–এবং দীর্ঘমেয়াদে অনেক বেশি উপকারী।

এই কারণেই এই প্রক্রিয়াটি–এবং এই বইয়ের বেশিরভাগ প্রক্রিয়াই–আপনার আগে থেকেই থাকা "কাজ করে অর্জন"-এর দক্ষতার সাথে কম্পন ও আকর্ষণ সম্পর্কে আপনার নতুন মহাজাগতিক উপলব্ধিকে একসাথে কাজ করায়।

এই প্রক্রিয়াটি আপনাকে শারীরিকভাবে অভ্যাস করাবে–যে কোনো বিষয়ের ইতিবাচক কম্পনগত দিকের উপর মনোযোগ দিতে।

প্রক্রিয়াটি কীভাবে করবেন

১. একটি আলাদা নোটবুক নিন, যেটি শুধু এই প্রক্রিয়ার জন্যই থাকবে।

২. পাতার ওপরে বড় করে লিখুন–
"আমার ইতিবাচক লিখন"

৩. এবার এমন একটি বিষয় বেছে নিন, যেটা নিয়ে আপনি নিশ্চিত যে –

- সহজেই ভালোলাগা অনুভব করতে পারবেন
- অন্তত ৮-১০টি ভালোলাগা বাক্য লিখতে পারবেন

বিষয় হতে পারে যেকোনো কিছু, যেমন–

- সূর্যোদয়, চাঁদের আলো, বৃষ্টি, প্রকৃতি
- কোনো সুন্দর স্মৃতি
- আপনার বাড়ি বা পরিবার
- পরিবারের কোনো সদস্য বা কাছের বন্ধু
- আপনার প্রিয় পোস্য বা প্রাণী
- আপনার পছন্দের কোনো শো বা সেলিব্রিটি
- আপনার পছন্দের খাবার বা ফুল
- যে গাড়ি বা মোটরবাইকটি আপনার ভালো লাগে
- এমন কোনো মানুষ, যাকে আপনি গভীরভাবে ভালোবাসেন

বিষয় বাছাইয়ে কোনো বাধা নেই।
তবে সবচেয়ে ভালো হয়–মনে প্রথম যে দুই-তিনটা বিষয় আসে, সেখান থেকেই একটি বেছে নিলে।

৪. বিষয়টির নাম লিখে নিচে দাগ দিন।

৫. ১৫ মিনিট সময় নিয়ে বিষয়টি সম্পর্কে অন্তত ৮টি ভালোলাগা, ইতিবাচক বাক্য লিখুন।

- ভালোলাগলে আরও অনেক বাক্য লিখতে পারেন–৫০ বা ৮০টিও
- প্রক্রিয়াটি আনন্দদায়ক হলে ১-২ ঘণ্টাও বসতে পারেন
- কিন্তু যদি কোনো সময় ভালো না লাগে, তাহলে ১৫ মিনিটের বেশি চালাবেন না

৬. পরের দিন–

- প্রথমে আগের দিনের লেখা পড়ে নিন, যাতে আপনার কম্পন একটু উষ্ণ হয়
- তারপর চাইলে একই বিষয় চালিয়ে যেতে পারেন, অথবা নতুন বিষয় নিতে পারেন

প্রক্রিয়াটি আরও ভালোভাবে করার জন্য নির্দেশনা

- অন্তত ৮টি বাক্য না লেখা পর্যন্ত বিষয় বদলাবেন না।
  কিছু সময় ধরে মনোযোগ ধরে রাখা খুব গুরুত্বপূর্ণ।

- এই প্রক্রিয়াটি ধ্যানের পর করলে সবচেয়ে ভালো হয়, কারণ ধ্যান আপনাকে উচ্চতর কম্পনগত অবস্থায় রাখে।
- শুরুতে প্রক্রিয়াটি কঠিন লাগতে পারে।
  হয়তো এক-দুটি বাক্যের বেশি লিখতে কষ্ট হবে।
  এটা একেবারেই স্বাভাবিক।
  শক্ত নেতিবাচক গতিবেগ কোমল হতে সাধারণত ৭-১০ দিন লাগে।
- কখনোই নিজেকে নিরুৎসাহিত বা দোষ দেবেন না।
- যদি কোনো মুহূর্তে আটকে যান–
  শুধু লিখুন:
  "আমি + ...(ওই দিনের বেছে নাওয়া বিষয়টির নাম)... + ভালোবাসি"
  এই বাক্যটি বারবার লিখতে থাকুন, যতক্ষণ না ৮-১০টি বাক্য পূর্ণ হয়
  (যেমন: "আমি বৃষ্টি ভালোবাসি।" "আমি গান ভালোবাসি।")
- প্রতিদিন বিষয় বদলান, আর অবশ্যই ৩ দিনের মধ্যে একবার বদলান।
  ঘন ঘন পরিবর্তন ইতিবাচক চিন্তার প্রবাহ বাড়ায়।
- কোনো বিষয় ৭ দিন পর আবার ব্যবহার করতে পারেন।
- হেডফোন ব্যবহার করা খুব উপকারী–
  - কোমল সঙ্গীত, অথবা
  - হালকা মেডিটেশন মিউজিক,
    এতে ইতিবাচক চিন্তা গ্রহণ করা সহজ হয়।

এই প্রক্রিয়ার উপকারিতা

প্রতিদিন এই অনুশীলন করলে আপনি লক্ষ্য করবেন–

- ইতিবাচক চিন্তা সহজে আসে
- দীর্ঘ সময় ধরে ইতিবাচক মনোযোগ ধরে রাখতে পারেন
- অবাঞ্ছিত নেতিবাচক চিন্তা ধীরে ধীরে কমে
- দৈনন্দিন জীবন হালকা ও সহজ লাগে
- সময়জ্ঞান উন্নত হয়–ঠিক সময়ে ঠিক জায়গায় পৌঁছে যান
- চারপাশ আরও সুন্দর মনে হয়

- ইতিবাচক আবেগ সম্পর্কে সচেতনতা বাড়ে
- দৈনন্দিন সিদ্ধান্তে আত্মবিশ্বাস বাড়ে
- চিন্তার স্বচ্ছতা স্বাভাবিকভাবেই উন্নত হয়

উদাহরণ: ইতিবাচক লিখন

আমার ইতিবাচক লিখন

'বৃষ্টি'

আমি বৃষ্টি খুব ভালোবাসি। প্রকৃতি যে সবচেয়ে সুন্দর অভিজ্ঞতাগুলো দেয়, বৃষ্টি তার অন্যতম একটি। বৃষ্টির শান্ত শব্দ আমার খুব ভালো লাগে।
বৃষ্টি সবকিছু ধুয়ে পরিষ্কার করে–এই ভাবনাটা আমাকে ভালো অনুভব করায়।
গরম মাটিতে বৃষ্টি পড়ার পর যে গন্ধ আসে, সেটা আমি খুব উপভোগ করি।
বৃষ্টিতে ভেজা আমার কাছে খুব মজার–
বৃষ্টিতে ভিজলে আমার নিজেকে জীবন্ত লাগে।

বৃষ্টির পর গাছপালা যেভাবে টাটকা সবুজ হয়ে ওঠে, সেটা দেখতে অসাধারণ।
বৃষ্টি থামার পর ভেজা রাস্তায় হাঁটা, সেটা সবচেয়ে মজার।
গরমের দিনে বৃষ্টি যে আরাম আনে, সেটা বলে প্রকাশ করা যায় না।
শীতকালে বৃষ্টি যে আলাদা সৌন্দর্য যোগ করে, সেটাও আমার মনে দাগ কাটে।
বৃষ্টির পর যে ঠান্ডা হাওয়া আসে, সেটা আমাকে শান্ত করে।

কখনো কখনো জানালার পাশে বসে আমি শুধু গাছ, রাস্তা, পুকুর আর বাড়ির উপর বৃষ্টি পড়তে দেখি–আর প্রকৃতির এই শুভ্রতার সাথে মিশে যাই।

আকর্ষণের মহাজাগতিক নিয়ম সম্পর্কে এই মহাজাগতিক জ্ঞান থাকার জন্য আমি কৃতজ্ঞ–যার মাধ্যমে বৃষ্টির মতো সহজ অথচ শক্তিশালী কিছুর মধ্যেও আমি এত সুন্দর ইতিবাচকতা দেখতে পাই, এত ভালোলাগা খুজে পাই।

∞

লেখকের উক্তি-

***“সবচেয়ে ফলপ্রসূ উৎপাদন –
নিজের ভেতরে আরও ভালো লাগার
অনুভূতি উদ্ভাবন।”***

অধ্যায় ৭

আপনিই শক্তিকে অর্থ হিসেবে কেন্দ্রীভূতকারী ও রূপদানকারী

মহাবিশ্ব সর্বদা প্রসারিত হচ্ছে ও এগিয়ে চলেছে আকর্ষণের আইনের প্রভাবের জন্য; এবং চিন্তাশক্তি এই সম্প্রসারণ ও অগ্রগতির মৌলিক উৎস। কিন্তু এই সবকিছুতে, মহাবিশ্বের এই প্রাণবন্ত সম্প্রসারণে আপনি কি আপনার ভূমিকা বুঝতে পেরেছেন?

আপনি হলেন আপনার মনোযোগের মাধ্যমে মহাবিশ্বের সৃজনী শক্তির পরিচালক।

আপনি আপনার সচেতন ও অচেতন ইচ্ছে - আকাঙ্ক্ষা গুলোর মাধ্যমে,

চিন্তাপ্রবাহ রুপী এই সৃজনী শক্তিকে, নির্দিষ্ট নির্দিষ্ট পার্থিব বস্তুগত শারীরিক আকারে গঠনকারী।

এই অধ্যায়ে আপনি বুঝতে পারবেন,

কেন মহাবিশ্বের অস্তিত্ব আপনার উপর নির্ভরশীল–

কেন এবং কিভাবে শুধুমাত্র আপনি–

শক্তিকে একটি নতুন দিকে কেন্দ্রীভূত ও পরিচালিত করতে পারেন।

আর কিভাবে আপনি–

আপনার মৌলিক মহাজাগতিক শক্তিকে, নিজের এবং সমগ্র মহাবিশ্বের সমৃদ্ধির মাধ্যমে সন্তুষ্ট করতে, ব্যবহার করতে পারেন।

এই অধ্যায়ে আপনি পাবেন:

অনুশীলন

১. আপনি এই পার্থিব বাস্তবতায় এসেছেন শক্তিকে নির্দিষ্টভাবে মনোযোগ দিতে

পার্থিব শরীরে জন্ম নেওয়ার আগে আপনি ছিলেন বিশুদ্ধ ইতিবাচক শক্তি। সেই অ-পার্থিব, কম্পনভিত্তিক সত্তাই ছিল চিন্তা-শক্তির ইতিবাচক দিকের মনোযোগকারী।
কিন্তু আপনি ইতিমধ্যেই একটি মৌলিক মহাজাগতিক নীতি সম্পর্কে উপলব্ধি করেছেন– নেতিবাচক শক্তির সাথে পারস্পরিক যোগাযোগ ছাড়া নতুন ইতিবাচক শক্তি সৃষ্টি হয় না।

আপনার বিশুদ্ধ ইতিবাচক অবস্থায় থেকে এমন যোগাযোগ সম্ভব ছিল না।
কারণ আকর্ষণের মহাজাগতিক নিয়মের প্রভাবে,
চিরস্থায়ী ও সম্পূর্ণ ইতিবাচক অবস্থান থেকে নেতিবাচক চিন্তার দিকে মনোযোগ দিলে সেই নিখুঁত ইতিবাচক গতিবেগ অস্থির হয়ে পড়ত।

একটি নিরপেক্ষ স্থানের সৃষ্টি

এই কারণেই, আপনার সম্পূর্ণ সত্তা থেকে আপনি আংশিকভাবে আলাদা একটি চৈতন্যশীল শক্তির অংশ সৃষ্টি করলেন–
আপনার এমন একটি সংস্করণ, যার কাছে আগের জ্ঞান সচেতনভাবে ছিল না।

এই নতুন অংশটি শুরু করল একটি নিরপেক্ষ স্থান থেকে–শূন্য (০) স্থান।
তবে এই বিচ্ছিন্নতা কখনোই সম্পূর্ণ ছিল না।

আপনি আপনার সম্পূর্ণ সত্তার সাথে আংশিকভাবে সংযুক্তই রইলেন–
যে সম্পূর্ণ সত্তা আপনার হয়ে প্রতিটি নতুন পছন্দসই বা আকাঙ্ক্ষিত কম্পনগত সৃষ্টিকে গ্রহণ করে এবং ধরে রাখে।

আপনার সত্তার এই ধরণ–যা আপনার শাশ্বত বুদ্ধিমত্তা থেকে তৈরি– সম্ভব করে তোলে:

- নতুন শক্তির ধারাবাহিক সৃষ্টি
- চেতনার অগ্রসর গতি
- মহাবিশ্বের চিরন্তন বিস্তার

আপনার বিশুদ্ধ ইতিবাচক-সত্তার প্রকৃতি

আপনার অ-পার্থিব বিশুদ্ধ ইতিবাচক-সত্তায়–

- আপনি কেবল ইতিবাচক শক্তির উপরই মনোযোগ দেন
- নির্দিষ্টভাবে নয়, বরং সাধারণ ও সার্বজনীনভাবে

আপনার সম্পূর্ণ সত্ত্বা একটি অত্যন্ত শক্তিশালী ইতিবাচক শক্তিঘূর্ণির মতো কাজ করে। এটি আশেপাশের সব ইতিবাচক ফ্রিকোয়েন্সিকে টেনে এনে এক বিশাল, ক্রমাগত উন্নয়নশীল, ক্রমাগত বিস্তারমান একক ইতিবাচক ফ্রিকোয়েন্সিতে রূপ দেয়।

এই ক্রমাগত নবায়িত ফ্রিকোয়েন্সি হয়–

- সতেজ
- বিস্তৃত
- মহাবিশ্বের জন্য সম্পূর্ণ নতুন

আর এই শক্তিশালী সংকেতটাই আপনার বিশুদ্ধ ইতিবাচক-সত্তা সবসময় আপনার পার্থিব সত্তার দিকে পাঠাতে থাকে।

কেন নির্দিষ্ট মনোযোগের জন্য পার্থিব শরীর প্রয়োজন হলো

আপনার সম্পূর্ণ সত্তা থেকে নির্দিষ্ট মনোযোগ দেওয়া সম্ভব নয়।
আপনার ইতিবাচক গতিবেগ এতটাই বিপুল যে নির্দিষ্টতার ভেতরে মিশে যাওয়ার মতো কোনো সুনির্দিষ্ট কম্পনগত সমতুল্য ফ্রিকোয়েন্সি তার নেই।
এটি অতিমাত্রায় বিস্তৃত, অতিমাত্রায় ঐক্যবদ্ধ, অতিমাত্রায় সম্পূর্ণ।

এই কারণেই আপনি সৃষ্টি করলেন–
একটি আংশিকভাবে আলাদা, আংশিকভাবে সংযুক্ত নিরপেক্ষ শক্তির অংশ,
যা নির্দিষ্ট কম্পনগত সংমিশ্রণের উপর মনোযোগ দিতে সক্ষম।

এই অংশটিকে একটি পার্থিব শরীরে স্থাপন করেই
আপনি একজন মানুষ হিসেবে জন্ম নিলেন–
ন্যূনতম সচেতন চিরন্তন জ্ঞান নিয়ে।

যে জ্ঞানটি আপনি কখনো ভুলে যাননি

জন্মের মুহূর্তে একটি জ্ঞানই প্রভাবশালী ও অস্বীকারযোগ্য ছিল–
আপনি ভালো অনুভব করতে চান।

এই অবচেতন জ্ঞানই ভিত্তিতে পরিণত হয় প্রতিটি জীবনের যাত্রার।

সেখান থেকে–

- আপনি পরিবেশ থেকে চিন্তা গ্রহণ করেন
- সেই চিন্তাগুলো বিশ্বাসে রূপ নেয়
- আর বিশ্বাসগুলো আকর্ষণের মহাজাগতিক নিয়মের মাধ্যমে পার্থিব অভিজ্ঞতায় পরিণত হয়

পার্থিব উপলব্ধির উদ্দেশ্য

আপনার শরীরের সাথে আপনি পেয়েছেন পাঁচটি অত্যন্ত উন্নত কম্পনভিত্তিক রূপান্তরকারী অঙ্গ।
এগুলোর মাধ্যমে–

- আপনি শক্তিকে নির্দিষ্টভাবে মনোযোগ দেন
- কম্পনগত সংমিশ্রণের সাথে নির্দিষ্টভাবে পারস্পরিক যোগাযোগ করেন
- কম্পন স্পষ্টভাবে পার্থিব বাস্তবতার রূপে প্রকাশ পায়

এটা কোনো দুর্ঘটনা নয়।
এটাই আপনার পার্থিব অস্তিত্বের সুনির্দিষ্ট উদ্দেশ্য।

শুধু এই নির্দিষ্ট মনোযোগের মাধ্যমেই–

- নতুন শক্তি সৃষ্টি হতে পারে
- নতুন দৃষ্টিভঙ্গি জন্ম নিতে পারে
- চিরন্তন অস্তিত্ব টিকে থাকতে পারে

কেন শরীর অপরিহার্য ছিল

আপনার চিরন্তন ইতিবাচক-সত্তা একা এই কাজ করতে পারত না।
কারণ একটি পার্থিব শরীরের পক্ষে অসম্ভব–

- অসীম ইতিবাচক শক্তি ধারণ করা
- এবং ইচ্ছেমতো সেই শক্তিকে নির্ভুলভাবে পরিচালনা করা

এই কারণেই আপনি আপনার সম্পূর্ণ সত্তার একটি মনোযোগী সম্প্রসারণ হিসেবে শরীরে প্রবেশ করলেন।

আপনি এখানে এলেন–

- আংশিকভাবে আলাদা
- আংশিকভাবে সংযুক্ত
- নিখুঁতভাবে গঠিত হয়ে

সময়-স্থান বাস্তবতায় নির্দিষ্টভাবে শক্তিকে মনোযোগ দিতে
এবং সেই মাধ্যমে আপনার চিরন্তন সত্তার ধারাবাহিক বিস্তার নিশ্চিত করতে।

∞

২. এই পুরো মহাবিশ্বে শক্তিকে বিভক্ত করতে পারেন শুধু আপনিই–এই কারণেই আপনি ভীষণ গুরুত্বপূর্ণ

এই মহাবিশ্বে যেকোনো কিছুরই দুটি সংস্করণ থাকে–
একটি ইতিবাচক, আরেকটি নেতিবাচক।
চিন্তাও এর বাইরে নয়।চিন্তারও দুটি রূপ আছে–
ইতিবাচক চিন্তা আর নেতিবাচক চিন্তা।
একজন মনোযোগকারী হিসেবে আপনি সবসময় চিন্তা-শক্তি গ্রহণ করছেন এবং নিঃসরণ করছেন।
আপনি যখন কোনো চিন্তার একটিমাত্র রূপ–শুধু ইতিবাচক অথবা শুধু নেতিবাচক–ধারাবাহিকভাবে ধরে রাখেন, তখন সেই চিন্তার শক্তি আপনার ভেতর দিয়ে পরিষ্কার ও একমুখীভাবে প্রবাহিত হয়।

এটাকেই বলা হয় বিশুদ্ধ শক্তির প্রবাহ।

কিন্তু যখন আপনি নিজের শক্তির প্রবাহকেই বিরোধিতা করেন–
একই বিষয়ের ইতিবাচক চিন্তা করার পর আবার নেতিবাচক চিন্তাও করেন–
তখন শক্তির আর একটিমাত্র দিক থাকে না।

সেই শক্তি দুর্বল হয়ে পড়ে, বিকৃত হয়, ভেঙে যায়।
এটাকেই বলা হয় **বিভক্ত শক্তি প্রবাহ**।

আপনার সম্পূর্ণ সত্তা এবং অসীম ইতিবাচক গতিবেগ

আপনার সম্পূর্ণ সত্তা হলো বিশুদ্ধ ইতিবাচক শক্তির এক চিরন্তন ভাণ্ডার।
এই ইতিবাচক শক্তির পরিমাণ সত্যিই সীমাহীন।

এই অসীম ইতিবাচক গতিবেগের কারণে–

- আপনার আকর্ষণের ক্ষমতা কল্পনাতীত
- আপনার শক্তি নির্গমনের ক্ষমতা অসাধারণ
- ইতিবাচক শক্তি ধরে রাখা ও টিকিয়ে রাখার সামর্থ্য বিশাল

তবে এই অসীম শক্তির একটি প্রয়োজনীয় সীমাবদ্ধতা আছে।

শক্তি সবসময় নিজেকে ভারসাম্যে রাখে–সমান ও বিপরীত সত্তা তৈরি করে।
এই কারণেই আপনার সম্পূর্ণ সত্তার অসীম ইতিবাচক গতিবেগের একটি সমান অসীম নেতিবাচক প্রতিসত্তাও আছে।

এই ভারসাম্যের কারণে,
আপনার বিশুদ্ধ ইতিবাচক অবস্থান থেকে সরাসরি নেতিবাচক শক্তির উপর মনোযোগ দিলে
আপনার পুরো ইতিবাচক গতিবেগটাই অস্থির হয়ে পড়ত।

এই কারণেই আপনার সম্পূর্ণ সত্তা নেতিবাচক শক্তির উপর মনোযোগ দিতে পুরোপুরি অস্বীকৃতি জানায়।

কেন আপনার একটি পার্থিব রূপ প্রয়োজন ছিল

তবুও–নেতিবাচক শক্তির সাথে পারস্পরিক যোগাযোগ ছাড়া নতুন শক্তি সৃষ্টি সম্ভব নয়।
আগে থেকে থাকা নেতিবাচক কম্পনের উপর মনোযোগ না দিলে,
সেগুলোর সাথে না মিশলে,
নতুন ইতিবাচক শক্তির জন্ম হয় না।

এই কারণেই আপনার একটি পার্থিবভাবে মনোযোগী রূপ প্রয়োজন হয়েছিল।

একজন পার্থিব সত্তা হিসেবে আপনি আপনার সম্পূর্ণ সত্তার এমন একটি সংস্করণ,
যার ভেতরে স্থায়ী বিশুদ্ধ ইতিবাচক গতিবেগ নেই।

আপনি শরীরে জন্মান নিরপেক্ষ শক্তি হিসেবে–
শুধু একটি মূল ইতিবাচক জ্ঞান নিয়ে।

এই নিরপেক্ষতাই আপনাকে সক্ষম করে–

- নেতিবাচক কম্পনের সাথে যোগাযোগ করতে
- সেগুলোর সাথে নিরাপদে মিশতে
- নতুন ইতিবাচক শক্তি সৃষ্টি করতে

–আপনার সম্পূর্ণ সত্তার অসীম ইতিবাচক গতিবেগকে ক্ষতি না করেই।

আপনার আর আপনার সম্পূর্ণ সত্তার মাঝের দুই-মুখী প্রবাহ

আপনার বিশুদ্ধ ইতিবাচক সম্পূর্ণ সত্তার সাথে আংশিক সংযোগ দুটি গুরুত্বপূর্ণ কাজ করে–

১. প্রেরণ
আপনি যে নতুন ইতিবাচক শক্তিই সৃষ্টি করেন–
প্রতিটি পছন্দ, আকাঙ্ক্ষা বা বিস্তার–
তা সঙ্গে সঙ্গেই আপনার সম্পূর্ণ সত্তার কাছে পৌঁছে যায়।

২. গ্রহণ
আপনার সম্পূর্ণ সত্তা আপনাকে সবসময়
নবায়িত, সতেজ, জীবনদায়ী ইতিবাচক শক্তি পাঠাতে থাকে।

আপনি যখনই আপনার সম্পূর্ণ সত্তার সাথে অনুরণনে আসেন,
এই শক্তি আপনার কাছে আসে ভালোলাগা, বিশুদ্ধ ইতিবাচক চিন্তা হিসেবে।

অন্য সব সত্তার ভূমিকা

এই মহাবিশ্বে অন্য সত্তাগুলো ভিন্ন ভিন্ন ভূমিকা পালন করে।

জীবন্ত সত্তা
পশু, পাখি, পোকামাকড়, গাছ, উদ্ভিদ, জলজ প্রাণী–এমনকি মাটির অণুজীবও–
শক্তির ভারসাম্য রক্ষাকারী।

এরা পৃথিবীতে বিদ্যমান প্রধান নেতিবাচক শক্তির অনুপাতে জন্ম নেয়
এবং অধিকাংশ সময়ই তাদের বিশুদ্ধ ইতিবাচক সত্তার সাথে সংযুক্ত থাকে,
যাতে ইতিবাচক শক্তি অবিরাম প্রবাহিত হয়ে ভারসাম্য ফিরিয়ে আনে।

পার্থিব বস্তু
পার্থিব বস্তু হলো শক্তি ধরে রাখার মাধ্যম।

সব পার্থিব বস্তুই চিন্তা থেকে আসে।
কিন্তু চিন্তা-শক্তি প্রধানত একজন মানব মনোযোগকারী-এর মাধ্যমেই
পার্থিব রূপ নিতে পারে।

একজন মানুষ যখন কোনো চিন্তাকে বিশুদ্ধ ও ধারাবাহিকভাবে মনোযোগ দেয়,
সেই চিন্তা ধীরে ধীরে পার্থিব বস্তুর রূপ নেয়।

একবার তৈরি হলে, সেই বস্তু একটি স্থিতিশীল কম্পন ধরে রাখে
এবং আর আলাদা করে মনোযোগ ছাড়াই
সব পার্থিব সত্তার কাছে উপলব্ধিযোগ্য হয়ে ওঠে।

আপনার অনন্য ও অপ্রতিস্থাপনযোগ্য ভূমিকা

এখন আপনি একটি অসাধারণ বিষয় দেখতে পাচ্ছেন–

মানুষ ছাড়া আর কোনো সত্তাই পারে না–

- শক্তিকে বিভক্ত করতে
- নেতিবাচক কম্পনের সাথে মিশতে
- একেবারে নতুন ইতিবাচক ফ্রিকোয়েন্সি সৃষ্টি করতে

আর কোনো মানুষই আপনার মতো হুবহু নয়।

কারণ প্রতিটি মানুষের কম্পন আলাদা,
আপনি যে ইতিবাচক শক্তি সৃষ্টি করেন–তা সম্পূর্ণ অনন্য।

প্রতিদিন পৃথিবীর কোটি কোটি মানুষ
সচেতন ও অচেতনভাবে শক্তি বিভক্ত করার মাধ্যমে
যে সম্মিলিত ইতিবাচক শক্তি সৃষ্টি করে–
সেটাই মহাবিশ্বের চিরন্তন বিস্তারকে টিকিয়ে রাখে।

আপনার প্রকৃত মূল্য

এখন নিজেকে প্রশ্ন করুন–

আপনি কি উপলব্ধি করতে পারছেন, আপনি কতটা মূল্যবান?

আপনার বিকল্প নেই।
আপনি তুচ্ছ নন।
আপনি ছোট নন।
আপনি অপরিহার্য - অমূল্য।

∞

৩. আপনার সমৃদ্ধির জন্য–মনোযোগের শনাক্তকরণ, ত্বরান্বিতকরণ ও প্রশমণ

যা কিছু আছে এই পৃথিবী ও পুরো মহাবিশ্বে, সবই কম্পনভিত্তিক শক্তির ভিন্ন ভিন্ন রূপ।আপনি আপনার পার্থিব রূপ ও শরীর নিয়ে অস্তিত্বের অন্যতম গুরুত্বপূর্ণ একটি কাজ করছেন–

নতুন কম্পনগত সংমিশ্রণ সৃষ্টি করা,
অর্থাৎ শক্তির নতুন রূপ তৈরি করা।
আপনি এটা করেন শক্তিকে বিভক্ত করার এবং শক্তিকে নতুন নতুন দিকে মনোযোগ দেওয়ার আপনার অনন্য সক্ষমতার মাধ্যমে।কারণ আপনি আপনার সম্পূর্ণ সত্তার সেই অংশ, যেটি পার্থিবভাবে মনোযোগী এবং আংশিকভাবে সংযুক্ত।

এই কারণেই আপনার বিশুদ্ধ ইতিবাচক, চিরন্তন জ্ঞান ও শক্তি অবিরাম আপনার দিকে এবং আপনার ভেতর দিয়ে এই পার্থিব জগতে প্রবাহিত হয়।

আপনি মূলত অ-পার্থিব শক্তি, যা আপনার পার্থিব শরীরের মাধ্যমে পার্থিব বাস্তবতায় মনোযোগী হয়ে উঠেছে।

শক্তির প্রবাহ অনুমতি দেওয়া বা সীমিত করা

আপনি সবসময়ই আপনার সম্পূর্ণ সত্তার সাথে সংযুক্ত।
কিন্তু যেহেতু আপনি পার্থিবভাবে মনোযোগী, তাই আপনি কিছু বিশ্বাস গ্রহণ করেন–
যেগুলোর কিছু অ-পার্থিব বিশুদ্ধ ইতিবাচক শক্তিকে আপনার ভেতর দিয়ে অবাধে প্রবাহিত হতে দেয়,
আর কিছু বিশ্বাস সেই প্রবাহকে সীমিত করে।

আপনি ইতিমধ্যেই এই মহাজাগতিক নিয়ম সম্পর্কে উপলব্ধি করেছেন–
আপনি যত বেশি অ-পার্থিব শক্তিকে নিজের ভেতর দিয়ে প্রবাহিত হতে অনুমতি দেন, সেই শক্তি তত বেশি গুণে আপনার কাছেই ফিরে আসে।

আর যে শক্তি আপনার কাছে ফিরে আসে, তা যেকোনো পার্থিব রূপ নিতে পারে–

- সমৃদ্ধি
- প্রাচুর্য
- সুযোগ

- সম্পর্ক
- সুন্দর অভিজ্ঞতা
- অথবা এগুলোর সবকিছু একসাথে

এই কারণেই এটা বোঝা অত্যন্ত জরুরি–

- আপনি কী ধরনের শক্তি প্রবাহিত করছেন
- কতটা শক্তি প্রবাহিত করছেন
- আর কতটা সচেতনভাবে আপনি সেই প্রবাহকে পরিচালনা করছেন

আকর্ষণভিত্তিক এই মহাবিশ্বে,
নিজের শক্তির প্রবাহের উপর নিয়ন্ত্রণ মানেই নিজের জীবন-অভিজ্ঞতার উপর নিয়ন্ত্রণ।

আবেগ: আপনার শক্তি পর্যবেক্ষণের যন্ত্র

আপনার শক্তির প্রবাহ দেখার জন্য আপনার কাছে একটি নির্ভুল, সবসময় উপস্থিত যন্ত্র আছে–
আপনার **আবেগ**।

আপনি যখন আবেগকে ব্যবহার করতে শিখে যান,
তখন আপনার জীবনের প্রায় সব দিকের উপরই আপনার নিয়ন্ত্রণ তৈরি হয়।

মনোযোগের শক্তিকে সচেতনভাবে ব্যবহার করতে হলে,
আপনাকে তিনটি মৌলিক দক্ষতা বুঝতে ও অনুশীলন করতে হবে–

১. শনাক্তকরণ
২. ত্বরান্বিতকরণ
৩. প্রশমণ

---

১. সনাক্তকরণ: আপনি কী প্রবাহিত করছেন তা জানা

মনোযোগকে কার্যকরভাবে ব্যবহার করার প্রথম এবং সবচেয়ে গুরুত্বপূর্ণ দক্ষতা হলো–
এই মুহূর্তে আপনি কী ধরনের শক্তি প্রবাহিত করছেন, সেটা সনাক্ত করতে পারা।

এর জন্য দরকার সূক্ষ্ম আবেগগত সচেতনতা।

- ভালোলাগা আবেগ বোঝায় আপনি ইতিবাচকভাবে মনোযোগী শক্তি প্রবাহিত করছেন

- খারাপ লাগা আবেগ বোঝায় আপনি নেতিবাচকভাবে মনোযোগী শক্তি প্রবাহিত করছেন

আপনি যত স্পষ্টভাবে বুঝতে পারেন আপনি কেমন অনুভব করছেন,
আপনি তত নিখুঁতভাবে আপনার কম্পনের দিক বুঝতে পারেন।

এই আবেগগত সচেতনতা জাগ্রত ও শক্তিশালী করার সবচেয়ে কার্যকর উপায় হলো ধ্যান(meditation)।

---

২. ত্বরান্বিতকরণ: ইতিবাচক শক্তিকে শক্তিশালী করা

আপনি যখন বুঝতে পারেন যে আপনি ভালোলাগা অনুভব করছেন–
অর্থাৎ ইতিবাচক শক্তি প্রবাহিত হচ্ছে–
তখন সেই শক্তির প্রবাহকে ত্বরান্বিত করার সময় আসে।

শক্তি ত্বরান্বিত হয় নির্দিষ্ট মনোযোগের মাধ্যমে।
নির্দিষ্ট মনোযোগ অত্যন্ত শক্তিশালী।

আপনি যখন–

- কোনো কিছুকে নির্দিষ্টভাবে ভাবেন
- কোনো বিষয় নিয়ে নির্দিষ্টভাবে কথা বলেন
- কোনো বিষয় নিয়ে নির্দিষ্টভাবে অনুভব করেন

তখন আপনি সেই বিষয়ের দিকে শক্তির একটি ঘনীভূত প্রবাহ পাঠান।

এটা ঠিক সূর্যের আলোতে একটি ম্যাগনিফাইং গ্লাস ধরার মতো।
এই শক্তির কারণেই নির্দিষ্ট মনোযোগ পার্থিব রূপ নেওয়াকে দ্রুত ঘটায়।

কিন্তু এই শক্তির প্রচলিত সাধারণ অপব্যবহার রয়েছে।
বেশিরভাগ মানুষ এই নির্দিষ্ট মনোযোগ ব্যবহার করে অভাব বা খারাপ লাগা অবস্থা থেকে।
ফলে তাদের সবচেয়ে শক্তিশালী ক্ষমতাই তাদের বিপক্ষে কাজ করে।

এই কারণেই সচেতন ত্বরান্বিতকরণ জরুরি–
যাতে নির্দিষ্ট মনোযোগ কেবল ভালোলাগা বিষয়েই প্রয়োগ হয়।

“ইতিবাচক লিখন প্রক্রিয়া” এই দক্ষতা গড়ে তোলার সবচেয়ে কার্যকর উপায়গুলোর একটি।

---

৩. প্রশমণ: নেতিবাচক গতিবেগ কোমল করা

আপনি যখনই লক্ষ্য করেন যে আপনি খারাপ লাগা অনুভব করছেন–
অর্থাৎ নেতিবাচক শক্তি প্রবাহিত হচ্ছে–
তখন প্রশমণ করার সময়।

প্রশমণ করা হয় সাধারণ মনোযোগের মাধ্যমে।

সাধারণ মনোযোগ মানে–

- অতিরিক্ত বিশ্লেষণ এড়িয়ে চলা
- খুব নির্দিষ্টতায় না যাওয়া
- প্রশস্ত, শান্ত, আর সান্ত্বনাদায়ক ভাষায় ভাবা বা বলা

উদাহরণ: অর্থ বিষয়ে সাধারণ মনোযোগ

নির্দিষ্ট সমস্যায় আটকে না গিয়ে, আপনার সাধারণ চিন্তাগুলো এমন হতে পারে–

- সব ঠিক আছে
- অনেক মানুষই আর্থিক চ্যালেঞ্জের মধ্যেও অর্থপূর্ণ জীবন যাপন করে
- এটা আমার প্রথম আর্থিক সমস্যা নয়, আমি সাধারণত পথ খুঁজে পাই
- সব ঠিক হয়ে যাবে
- আমি যে জ্ঞান অর্জন করছি, তা আমার অর্থনৈতিক অবস্থার উন্নতিতে সাহায্য করবে
- আমি আগেও অর্থ আকর্ষণ করেছি, আবারও করব–এবার আরও সহজে

প্রশমণে শব্দগুলো ঠিক কী, সেটা সবচেয়ে গুরুত্বপূর্ণ নয়।
গুরুত্বপূর্ণ হলো–আপনি কতটা স্বস্তি, সহজভাব আর কোমল ভাব অনুভব করছেন।

মৌলিক সান্ত্বনাদায়ক জ্ঞান

কিছু সহজ, মৌলিক জ্ঞান আছে, যেগুলো স্বাভাবিকভাবেই প্রতিরোধ কমায়–

- সব ঠিক আছে
- প্রতিটি সমস্যারই সমাধান আছে
- দুশ্চিন্তা আমাকে কখনো সাহায্য করে না
- বেরিয়ে আসার পথ সবসময় থাকে
- কিছুই ভুল হয়ে যায়নি

এই চিন্তাগুলো নির্ভরযোগ্য ভাবে নেতিবাচক গতিবেগকে প্রশমিত করে এবং ভারসাম্য ফিরিয়ে আনে।

প্রশমণ দক্ষতার অনুশীলন

এই অধ্যায়ের শেষে যে প্রক্রিয়াটি দেওয়া হয়েছে–
"হাতে-কলমে যুক্তি লেখার প্রক্রিয়া"–
তা বিশেষভাবে প্রশমণ অনুশীলন ও আয়ত্ত করার জন্যই তৈরি।

সংক্ষিপ্ত সারসংক্ষেপ

- সনাক্তকরণ জানায় আপনি এখন কোথায় আছেন
- ত্বরান্বিতকরণ আপনাকে সঠিক দিকে দ্রুত এগিয়ে নেয়
- প্রশমণ প্রতিরোধ এলে আপনাকে আলতোভাবে নতুন দিকে ফেরায়

এই তিনটি দক্ষতা আয়ত্ত করলে,
আপনি আপনার শক্তিকে আয়ত্ত করেন।
আর শক্তিকে আয়ত্ত করলে,
আপনার জীবনও আয়ত্তে চলে আসে।

∞

৪. ১০ মিনিটের বিশুদ্ধ ইতিবাচক মনোযোগ, ৫ বছর ধরে করা কাজের সমান

আকর্ষণের মহাজাগতিক নিয়মই এই মহাবিশ্বের সবচেয়ে শক্তিশালী নিয়ম।এর ব্যাপ্তি আপনি বুঝতে শুরু করবেন, যখন দেখবেন–প্রতি ১৫ সেকেন্ডে এটি কত নিখুঁতভাবে পুরো মহাবিশ্ব পরিচালনা করে।

কিছুই এলোমেলো নয়।
কিছুই অব্যবস্থাপিত নয়।

প্রতিটি কম্পন অবিরাম পর্যবেক্ষিত, সমন্বিত এবং বিস্তৃত হচ্ছে।

আপনি যখন নিজের ভেতর দিয়ে প্রবাহিত চিন্তাগুলোকে পরিচালনা করতে সচেতনভাবে আকর্ষণের মহাজাগতিক নিয়ম ব্যবহার করতে শুরু করেন, তখন আপনি এমন এক মহাজাগতিক সহযোগে প্রবেশাধিকার লাভ করেন–যার সঙ্গে এই মহাবিশ্বের আর কোনো কিছুর তুলনা হয় না।

আপনি এটা মানুন বা না মানুন,
আপনি এটা উপলব্ধি করুন বা না করুন–
আকর্ষণের মহাজাগতিক নিয়ম কখনো থামে না।
এটি আপনার জীবনে সবসময় সক্রিয়।

আপনার জীবন-অভিজ্ঞতার একমাত্র সংগঠক এটি,
আর এটি সাড়া দেয় শুধু একটি জিনিসে–
আপনার কম্পন।

চিন্তা-শক্তির একজন মনোযোগকারী হিসেবে,
এই নিয়মকে উপলব্ধি করা এবং ব্যবহার করতে পারাই
নিজেকে দেওয়া আপনার সবচেয়ে বড় মহাজাগতিক সহযোগ।

কেন অধিকাংশ মানুষ এই শক্তিটিকে হাতছাড়া করে

বেশিরভাগ মানুষই কিছু অর্জনের জন্য কেবল কাজ ভিত্তিক পথে অভ্যস্ত।
তারা জানেই না–

- তাদের সবচেয়ে উন্নত দিকনির্দেশনা ব্যবস্থা (আবেগ)
- প্রতিটি কম্পনের পেছনে আকর্ষণের মহাজাগতিক নিয়ম যে বিশাল গতিবেগ গড়ে তোলে
- মহাবিশ্ব কত সহজেই তাদের সাথে সহযোগিতা করতে পারে

সামাজিক সত্তা হিসেবে আপনাকেও শেখানো হয়েছিল এই স্বাভাবিক মহাজাগতিক সহযোগ গুলো ভুলে যেতে, আর–

- চারপাশ দেখে প্রতিক্রিয়া দেখাতে
- অন্যকে খুশি করতে বা অনুমোদন পেতে অভ্যাস গড়তে
- এমন প্যাটার্ন নকল করতে, যেগুলো আপনার প্রকৃত কম্পনের সাথে মিলত না

এই চিন্তা ও কাজগুলোতে প্রচুর প্রতিরোধ থাকে,
কারণ এগুলো শক্তির গতিবেগ সম্পর্কে সচেতনতা ছাড়াই করা হয়।

তবু এই অচেতন জীবনযাপন কোনো ভুল ছিল না।
এটা আপনাকে আপনার অসাধারণ অ-পার্থিব সমৃদ্ধ বাস্তবতা তৈরি করতে সাহায্য করেছে।

কিন্তু এখন আপনি জানেন–
আপনি আবার মনে করতে পেরেছেন–

- আপনার দীপ্তিমান দিকনির্দেশনা ব্যবস্থা
- আকর্ষণের মহাজাগতিক নিয়মের বিশাল মহাজাগতিক সহযোগিতা

এখন এগুলো ব্যবহার না করা অযৌক্তিক।

সচেতন মনোযোগ: মহাজাগতিক সহযোগে প্রবেশ

এতদিন আপনার বেশিরভাগ চিন্তাই এসেছে পার্থিব জগতের সমষ্টিগত চেতনা থেকে।
আপনার কাজগুলো এসেছে দেখা, নকল করা আর প্রতিক্রিয়া দেখানো থেকে।

কিন্তু এখন, এই মহাজাগতিক উপলব্ধির পর,
মনোযোগের প্রতিটি মুহূর্ত শক্তিশালী হয়ে ওঠে।

যা বদলায়–

১. আপনি আবেগের মাধ্যমে আপনার চিন্তা পর্যবেক্ষণ করেন

- কোনো চিন্তা ভালোলাগা দিলে, আপনি বুঝে নেন সেটা ইতিবাচক

২. একটি ভালোলাগা চিন্তা আপনাকে সঙ্গে সঙ্গে আপনার বিশুদ্ধ ইতিবাচক-সত্তার সাথে যুক্ত করে

- আপনার সেই বিশুদ্ধ ইতিবাচক-সত্তার কাছে আছে চিরন্তন, বিশাল ইতিবাচক গতিবেগ

৩. আপনি সেই ইতিবাচক চিন্তাটি সচেতনভাবে ১৫ সেকেন্ড ধরে রাখেন

- আকর্ষণের মহাজাগতিক নিয়ম তখন আপনার কম্পনের সাথে সমমানের ইতিবাচক কম্পনগুলো আকর্ষণ করতে শুরু করে

৪. মহাবিশ্ব জুড়ে থাকা অসীম ইতিবাচক চিন্তা আপনার জন্য উন্মুক্ত হয়ে যায়

এভাবে মাত্র ১ থেকে ১০ মিনিটের স্থায়ী ভালোলাগা মনোযোগে,
আপনি সেই বিষয়কে ঘিরে একটি বিশাল অ-পার্থিব কম্পনগত উন্নয়নের কাঠামো গড়ে তুলতে শুরু করেন।

অদৃশ্য মহাজাগতিক গতি

আপনি যখন ইচ্ছাকৃতভাবে একটু ভালো লাগে এমন একটি চিন্তা খুঁজে নিয়ে সেটার উপর মনোযোগ দেন,
একটি বিশাল মহাজাগতিক গতিবিধি শুরু হয়।

এই গতিবিধির শক্তি, নিখুঁততা, ক্ষিপ্রতা আর বুদ্ধিমত্তা–অপরিমেয়।

একটি সচেতন ইতিবাচক মনোযোগের মধ্যেই আপনার জন্য একসাথে সারিবদ্ধ হয়–

- আপনার আবেগগত দিকনির্দেশনার নিখুঁততা
- আপনার বিশুদ্ধ ইতিবাচক-সত্তার চিরন্তন গতিবেগ
- মহাবিশ্বের অসীম ইতিবাচক চিন্তা
- আকর্ষণের মহাজাগতিক নিয়মের নিখুঁত ব্যবস্থাপনা

এই সংমিশ্রণে তৈরি হওয়া মহাজাগতিক সহযোগিতা শব্দ বা সংখ্যায় মাপা যায় না।

ইতিবাচক গতিবেগে সময় ভেঙে পড়ে

এটাই ইতিবাচক মনোযোগের প্রকৃত বিস্ময়–

সামঞ্জস্যপূর্ণ ১০ মিনিটের ইতিবাচক মনোযোগ
৫ বছরের শারীরিক পরিশ্রমের সমান হতে পারে।

এর কারণ কাজ কমে যায় বলে নয়–
বরং প্রতিরোধ গলে যায় বলে।

প্রতিরোধ গলে গেলে,
কাজটা মহাবিশ্বই করে দেয়।

মূল সত্য

আকর্ষণের মহাজাগতিক নিয়ম কখনো কখনো আপনাকে সাহায্য করে না।
তবে এটি সবসময় আপনাকে পরিচালনা করছে।

আপনি একবার সচেতনভাবে এর সাথে সহযোগিতা করতে শুরু করলে–
আপনার চেষ্টা হয়ে যায় মহাজাগতিক উদ্যোগ,
আর আপনার মনোযোগ হয়ে ওঠে নিয়তি।

∞

৫. আপনার মনোযোগের মাধ্যমে যে অর্থ আপনি সৃষ্টি করেছেন, তা চিরকাল আপনার—কেউ সেটাকে নিতে পারবে না

যদিও কম্পনই এই মহাবিশ্বের ভিত্তি, তবুও প্রতিটি কম্পনই আলাদা।প্রতিটি কম্পনের নিজস্ব সংমিশ্রণ ও স্বাক্ষর আছে।শক্তির একজন মনোযোগকারী হিসেবে আপনারও একটি অনন্য কম্পনগত ফ্রিকোয়েন্সি আছে, যার মাধ্যমে আপনি এই মহাবিশ্বে আপনার সংকেত পাঠান।আমরা সবাই মানুষরূপে বাস করি, একই ধরনের পার্থিব বস্তুর সাথে পারস্পরিক যোগাযোগ করি, এবং একই পার্থিব জগতে থাকি—
তবু আমাদের কম্পনগত ফ্রিকোয়েন্সির পার্থক্যের কারণে একই জিনিসকে আমরা একেবারে ভিন্নভাবে অনুভব করি।

একটি সহজ উদাহরণ

ধরুন, প্রতিটি কম্পন একটি রঙ ছড়ায়।

- অর্থ হলো সাদা রঙ
- প্রতিটি মানুষ একটি আলাদা, অনন্য রঙ

একজন মানুষ যখনই অর্থের উপর মনোযোগ দেয়, তখন যে রঙ তৈরি হয় তা আর সাদা থাকে না—
তা হয়ে যায় একটি নতুন, অনন্য শেড,
যা তৈরি হয় সেই ব্যক্তির রঙের সাথে সাদা রঙের মিশ্রণে।

এই নতুন রঙটি আগে কখনোই ছিল না।

মনোযোগের মাধ্যমে আপনি কীভাবে শক্তিকে রূপ দেন

আপনি যখনই মনোযোগ দেন—সচেতনভাবে বা অচেতনভাবে—
আপনি যে বিষয়ের উপর মনোযোগ দিচ্ছেন, তার শক্তিকে আপনি রূপ দেন।

এই মিশ্রণের মাধ্যমে যে কম্পন তৈরি হয়, তার ভেতরে থাকে—

- বিষয়ের নিজস্ব ফ্রিকোয়েন্সি
- আপনার নিজের অনন্য কম্পনগত স্বাক্ষর

ফলে এই নতুন কম্পনটি সম্পূর্ণ অনন্য হয়ে ওঠে।

আকর্ষণের মহাজাগতিক নিয়ম অনুযায়ী–

- কেবল সমজাতীয় কম্পনই একে অপরের সাথে মিশতে পারে
- প্রতিটি কম্পনকে ১৫ সেকেন্ডের মধ্যে একটি সমমানের মিল খুঁজে নিতে হয়

কিন্তু মনোযোগের মাধ্যমে আপনি যে নতুন কম্পন সৃষ্টি করেন, তা ক্রমাগত বিস্তৃত হতে থাকে–
কারণ এর ভেতরে থাকে মনোযোগ দেওয়া বিষয়ের ইতিবাচক সম্ভাবনা।

খুব দ্রুতই এই বিস্তৃত ফ্রিকোয়েন্সি আপনার বর্তমান পার্থিব কম্পনের সাথে অসামঞ্জস্যপূর্ণ হয়ে যায়।
তবুও এটাকে কোথাও মিশতেই হয়।

যেহেতু আপনার তৈরি প্রতিটি কম্পনের ভেতরে আপনার অনন্য ফ্রিকোয়েন্সি থাকে,
আকর্ষণের মহাজাগতিক নিয়ম একটিই নিখুঁত মিল খুঁজে পায়–
আপনার আরও বিস্তৃত সত্তা, অর্থাৎ আপনার বিশুদ্ধ ইতিবাচক-সত্তা।

কেন আপনার সমৃদ্ধি অ-পার্থিবভাবে সংরক্ষিত থাকে

জীবনের অভিজ্ঞতার মাধ্যমে আপনি যে নতুন কম্পনগত শক্তি সৃষ্টি করেন,
সেগুলো স্বাভাবিকভাবেই আপনার বিশুদ্ধ ইতিবাচক-সত্তার সাথে মিশে যায়।

সেখানেই–

- আপনার পরিশোধিত অভিজ্ঞতাগুলো সংরক্ষিত থাকে
- প্রতিটি বিষয়ের আপনার বিস্তৃত সংস্করণগুলো বিদ্যমান থাকে
- আপনার সমৃদ্ধি জমা হতে থাকে

এদিকে, আপনার পার্থিবভাবে মনোযোগী সত্তা অনেক সময়ই নেতিবাচক বা অভাবভিত্তিক উপলব্ধিতে অবস্থান করে।

আর আকর্ষণভিত্তিক এই মহাবিশ্বে–
নেতিবাচক কম্পনগত অবস্থান থেকে আপনি ইতিবাচক অভিজ্ঞতায় প্রবেশ করতে পারেন না।

কারণ আপনার সঠিক ফ্রিকোয়েন্সি আর কারো সাথে মেলে না,
তাই আপনার সৃষ্টি করা অভিজ্ঞতায় অন্য কেউ প্রবেশ করতে পারে না।

সেগুলো নিরাপদে থাকে আপনার বিশুদ্ধ ইতিবাচক-সত্তার ভেতরেই।

এই কারণেই আপনার বিশুদ্ধ ইতিবাচক-সত্তা আপনাকে সবসময় সামনে ডাকতে থাকে– ভালোলাগা আবেগের মাধ্যমে।

অর্থ ও সমৃদ্ধির সৃষ্টি

এই উপলব্ধিকে যখন আমরা অর্থের ক্ষেত্রে প্রয়োগ করি, তখন বিষয়টি খুব পরিষ্কার হয়ে যায়।

অর্থের সাথে আপনার প্রতিটি আদান-প্রদান একটি কম্পনগত মিশ্রণ তৈরি করে–

- হয় অভাবের অংশের সাথে
- অথবা উপস্থিতির অংশের সাথে

অর্থ নিয়ে প্রতিটি অভাবভিত্তিক অভিজ্ঞতা–

- আপনাকে অভাবের ফ্রিকোয়েন্সির সাথে মিশিয়ে দেয়
- এবং স্বয়ংক্রিয়ভাবে একটি সমমানের ইতিবাচক পূর্ণতার পছন্দ সৃষ্টি করে

এই নতুন ইতিবাচক অর্থ-ফ্রিকোয়েন্সির ভেতরে থাকে–

- আপনার অনন্য কম্পনগত স্বাক্ষর
- সমৃদ্ধির একটি আরও পরিশোধিত সংস্করণ

যেহেতু আপনি অনেক সময় অভাবভিত্তিক চিন্তা ছাড়তে পারেন না,
আকর্ষণের মহাজাগতিক নিয়ম এই নতুন সৃষ্টি হওয়া সমৃদ্ধিকে
আপনার বিশুদ্ধ ইতিবাচক-সত্তার কাছেই রেখে দেয়–যেখানে এটি নিরাপদ।

এইভাবেই আপনি ইতিমধ্যেই অসাধারণ সমৃদ্ধি সৃষ্টি করেছেন,
এমনকি আপনি যদি এখনো সেটাকে পার্থিবভাবে অনুমতি না দিয়ে থাকেন তবুও।

আপনার দ্বারা সৃষ্ট এই সমৃদ্ধির প্রতিটি কণাই আপনার জন্য অনন্যভাবে কোড করা।

আপনার সমৃদ্ধির পরম নিরাপত্তা

প্রতিটি মানুষের সমৃদ্ধি ঠিক এইভাবেই সুরক্ষিত থাকে।

যাদের আপনি সমৃদ্ধ হতে দেখেন, তারা অন্যের কাছ থেকে নিচ্ছে না।
যাদের সংগ্রাম করতে দেখেন, তাদের সমৃদ্ধির অভাব নেই।

তারা কেবল অ-পার্থিবভাবে আগে থেকেই যা আছে,
তার ভিন্ন ভিন্ন মাত্রায় অনুমতি দিচ্ছে।

এই কম্পনভিত্তিক মহাবিশ্বে–

- কেউ আপনার সমৃদ্ধি নিতে পারে না
- কাউকে সমৃদ্ধ হতে আপনার সমৃদ্ধির প্রয়োজন নেই
- আপনার ফ্রিকোয়েন্সি বহন করে–এমন কিছুর ভেতরে অন্য কেউ প্রবেশ করতে পারে না

আপনার সমৃদ্ধি সুরক্ষিত আছে একটি নিখুঁত নিরাপত্তা ব্যবস্থায়–
আপনার নিজস্ব অনন্য কম্পনগত ফ্রিকোয়েন্সি।

এখন আপনার একমাত্র কাজ

আপনার কাজ আর সমৃদ্ধি সৃষ্টি করা নয়।
সেটা আগেই হয়ে গেছে।

আপনার কাজ হলো সেটাকে অনুমতি দেওয়া।

আপনি সমৃদ্ধিকে অনুমতি দেন–

- ভালোলাগা মনোযোগ ধরে রেখে
- প্রতিরোধ কোমল করে
- সেই একই মনোযোগের শক্তি ব্যবহার করে, যেটা দিয়ে আপনি একে সৃষ্টি করেছেন

সারা জীবন আপনি সচেতন ও অচেতনভাবে যে মনোযোগ ব্যবহার করে শক্তিকে গড়েছেন, রূপ দিয়েছেন ও অভিজ্ঞতা সৃষ্টি করেছেন–
এখন সেই মনোযোগই সচেতনভাবে ব্যবহারের জন্য প্রস্তুত।

এই বইয়ের উপলব্ধি ও প্রক্রিয়াগুলোর মাধ্যমে আপনি শিখছেন–

- প্রতিরোধ ছেড়ে দিতে
- আপনার বিশুদ্ধ ইতিবাচক-সত্তার সাথে সংমিশ্রণে আসতে
- অ-পার্থিব সমৃদ্ধিকে পার্থিব অভিজ্ঞতার রূপে প্রকাশ করতে

আপনার সমৃদ্ধি প্রস্তুত।
আপনার মনোযোগই সেটার দরজা।

∞

৬. আপনার প্রতিটি সৃষ্টিই সেই শক্তিকে প্রতিফলিত করে, যার মাধ্যমে আপনি সেটি সৃষ্টি করেছেন

আপনার চারপাশে এবং এই পৃথিবীতে আপনি যে পার্থিব বস্তুগুলো দেখেন—সেগুলো আসলে শক্তির আপনার কম্পনগত অনুবাদ। আপনার ছয়টি অত্যন্ত উন্নত কম্পনভিত্তিক-অনুবাদক ইন্দ্রিয়ের মাধ্যমে আপনি অবিরাম বিভিন্ন রূপের শক্তিকে উপলব্ধিযোগ্য পার্থিব বস্তুর রূপে প্রকাশ করেন। এই প্রক্রিয়াটি আপনাকে চৈতন্যশীলভাবে বুঝতে হয় না।

আপনি এটি সহজে ও দক্ষতার সাথে করেন, কারণ অসংখ্য পার্থিব জীবনের মধ্য দিয়ে আপনি এর অনুশীলন করেছেন।
এখন এটি আপনার কাছে এতটাই স্বাভাবিক হয়ে গেছে যে আপনি আর বুঝতেই পারেন না—আপনি প্রতিমুহূর্তে কম্পনকে সত্তায় রূপান্তর করছেন, মনোযোগের মাধ্যমে চিন্তা-শক্তিকে কেন্দ্রীভূত ও গঠিত করে পার্থিব রূপ দিচ্ছেন।
তবু আপনি তা উপলব্ধি করুন বা না করুন—আপনি আসলে এটিই করে চলেছেন।

প্রকৃত মহাজাগতিক দৃষ্টিভঙ্গি থেকে, বাস্তবে কেবল দুটি জিনিসই বিদ্যমান:

- কম্পন, এবং
- আকর্ষণের মহাজাগতিক নিয়ম, যা কম্পনকে কম্পনের সাথে সমন্বয় করে

সমৃদ্ধির জন্য কম্পনগত উপলব্ধি কেন অপরিহার্য

একটি সমৃদ্ধ জীবন অনুমতি দিতে হলে, আপনাকে জগতকে বস্তুগত নয়—কম্পনগত ভাবে উপলব্ধি করতে শুরু করতে হবে।
আপনি যা কিছু আকর্ষণ করেন, তা কেবল কম্পনগত সমতুল্যতার মাধ্যমেই আপনার কাছে আসে।
আপনি যা দেন এবং যা গ্রহণ করেন—দুটিই সর্বদা কম্পনগত ভাবে সমান।
দেওয়া ও পাওয়ার মাঝখানে প্রধান বাধাটি হলো—আপনি আসলে কী দিচ্ছেন, সে বিষয়ে ভুল উপলব্ধি।

আপনি বিশ্বাস করেন যে আপনি দিচ্ছেন:

- আপনার সময়
- আপনার কথা

- আপনার জ্ঞান
- আপনার অভিজ্ঞতা
- আপনার সেবা
- আপনার কাজ

কিন্তু মহাজাগতিক সত্যে, আপনার জীবনের প্রতিটি মুহূর্তে আপনি কেবল একটি জিনিসই দিচ্ছেন:
আপনার কম্পনভিত্তিক শক্তির প্যাটার্ন।

এই সীমাহীন মহাবিশ্বে, শক্তিই একমাত্র চলমান উপাদান।
অতএব, আপনি যাই করুন না কেন, আপনি সর্বদা একটি নির্দিষ্ট কম্পনগত সংকেত পৃথিবীতে সম্প্রচার করছেন।
এটাই প্রকৃত মহাজাগতিক ভাষা—কম্পনের ভাষা।

শক্তির মনোযোগকারী ও গঠনকারী হিসেবে আপনি

আপনি শক্তির একজন মনোযোগকারী, এবং আপনি যেদিকে মনোযোগ দেন, সেটিকেই আপনি গঠন করেন।
যখন আপনি কোনো বিষয়ের শক্তিকে গঠন করেন, তখন সেই নবগঠিত কম্পনগত সমন্বয় একটি নতুন সৃষ্টিতে পরিণত হয়।

উদাহরণস্বরূপ:

- যখন আপনি একটি কবিতা বা উপন্যাস লেখেন
- যখন আপনি একটি ফাঁকা ক্যানভাসে আঁকেন
- যখন আপনি একটি আকারহীন বস্তু ভাস্কর্য করেন
- যখন আপনি একটি ব্যবসা গড়ে তোলেন
- যখন আপনি সঙ্গীত শেখেন বা কোনো খেলায় দক্ষতা অর্জন করেন

প্রতিটি ক্ষেত্রেই, আপনি অ-পার্থিব চিন্তা-শক্তিকে পার্থিব ঘনীভূত রূপ দিচ্ছেন।
কাগজে শব্দ, ক্যানভাসে রং, ব্যবসায় কৌশল, সঙ্গীতে সুর—সবই হলো সেই চিন্তা-শক্তির পার্থিব রূপে পার্থিব প্রকাশ, যা আপনার মধ্য দিয়ে প্রবাহিত হয়েছিল যখন আপনি মনোযোগে স্থির ছিলেন।
এগুলোই আপনার সৃষ্টি।

কারণ প্রতিটি ক্ষেত্রেই:

- আপনি স্থির মনোযোগ ধরে রেখেছিলেন
- আপনি চিন্তা-শক্তিকে আপনার মধ্য দিয়ে প্রবাহিত হতে অনুমতি দিয়েছিলেন
- আপনি সেই শক্তিকে গঠন করেছিলেন
- আপনি সেটিকে পার্থিব রূপে প্রকাশ করেছিলেন

স্রষ্টার কম্পনের প্রাধান্য

প্রতিটি পার্থিব সৃষ্টিতে, মনোযোগকারীই সৃষ্টির কম্পন নির্ধারণে প্রাধান্যশীল ভূমিকা পালন করে।
আকর্ষণের মহাজাগতিক নিয়ম সংমিশ্রণ ঘটায়, কিন্তু সৃষ্টি শুরু হয় মনোযোগ থেকে।
যখন একজন মনোযোগকারী স্থির মনোযোগ ধরে রাখে, তখন সেই মনোযোগের কম্পনগত অবস্থা সৃষ্ট বস্তুটির প্রধান ফ্রিকোয়েন্সিতে পরিণত হয়।

উদাহরণস্বরূপ:

- আপনি যদি দুঃখি বা বিষণ্ন অবস্থায় একটি কবিতা লেখেন, সেই কবিতাটি দুঃখ বহন করবে।
- শব্দ, ছন্দ ও সুর স্বাভাবিকভাবেই সেই আবেগগত অবস্থার সাথে সমন্বয় করবে।
- সেই কবিতা কম্পনগতভাবে সমজাতীয় পাঠকদের আকর্ষণ করবে।

একটি দুঃখী সৃষ্টি কখনো আনন্দময় দর্শক আকর্ষণ করতে পারে না।
এই নীতিটি সর্বজনীন।
আপনি দুঃখ থেকে আনন্দময় সৃষ্টি করতে পারেন না।
আপনি অস্থিরতা থেকে শান্ত ফলাফল সৃষ্টি করতে পারেন না।

স্রষ্টা, সৃষ্টি ও দর্শক সর্বদা সমন্বয়ে থাকে

আপনার নিজের ২২টি আবেগগত সংস্করণ রয়েছে।
যে আবেগগত সংস্করণ থেকে আপনি সৃষ্টি করেন, সেটিই নির্ধারণ করে:

- সৃষ্টির কম্পন
- তার দর্শকের কম্পন
- তার সাথে আপনার চলমান সম্পর্ক

আনন্দিত মানুষ আনন্দময় চলচ্চিত্র সৃষ্টি করে–এবং আনন্দিত দর্শকরাই সেগুলো দেখে।
সহিংস মানুষ সহিংস বিষয়বস্তু সৃষ্টি করে–এবং সহিংস দর্শকরাই তার সাথে সংগতিপূর্ণ হয়।

কম্পনগত রূপে:

- স্রষ্টা
- সৃষ্টি
- দর্শক

সর্বদা সমন্বয়ে থাকে।

ইতিবাচকতা থেকেই সমৃদ্ধিকে অনুমতি দিতে হয়

এই উপলব্ধির সাথে, বিষয়টি স্পষ্ট হয়ে যায়:
যেকোনো আবেগগত অবস্থা থেকে সমৃদ্ধিকে অনুমতি দেওয়া কখনোই আপনার উপকারে আসবে না।
ভয়, চাপ, হতাশা বা সংগ্রাম থেকে অর্থ আকর্ষণ করা কখনোই আপনার প্রকৃত উদ্দেশ্য পূরণ করতে পারে না–আর সেই উদ্দেশ্য হলো ভালোলাগা।

অতএব:

- আপনাকে আগে ভালোলাগায় থাকতে হবে
- আপনাকে আগে ইতিবাচক হতে হবে
- তারপর সেই অবস্থা থেকেই অর্থকে অনুমতি দিতে হবে

শুধুমাত্র ভালোলাগার অবস্থা থেকে অনুমোদিত সমৃদ্ধিই আপনাকে সত্যিকারভাবে তৃপ্ত করতে পারে।
এবং এখন আপনি আরও বৃহৎ একটি বিষয় উপলব্ধি করছেন:
ইতিবাচকতায়, আপনার কাছে পুরো মহাবিশ্বের মহাজাগতিক সহযোগিতা রয়েছে।

যখন আপনি নিজের একটি ভালোলাগা সংস্করণ স্থায়ীভাবে ধারণ করেন, অর্থ স্বাভাবিকভাবেই প্রবাহিত হতে শুরু করে–কোনো চাপ ছাড়াই, কোনো জোর ছাড়াই, কোনো প্রতিরোধ ছাড়াই।
এবং আপনি বিস্ময়ে দাঁড়িয়ে দেখবেন–

একটি সমৃদ্ধি, যা তাড়া করা হয়নি, বরং অনায়াসে আপনার মধ্য দিয়ে প্রবাহিত হচ্ছে।

∞

৭. সন্তুষ্টি ও অর্থের একমাত্র উৎস হলো–আপনার আকাঙ্ক্ষার প্রতি আপনার বিশুদ্ধ ইতিবাচক মনোযোগ।

একটি পার্থিব দেহে আপনি অবস্থানরত, পার্থিবভাবে মনোযোগী, চিরন্তন শক্তি।
আপনি আপনার চিন্তার মাধ্যমে আপনার দেহ ও আপনার জীবনের নিয়ন্ত্রক।
যেকোনো শক্তির অস্তিত্ব কম্পনের উপর নির্ভরশীল;
অতএব, কম্পনই সব শক্তির উৎস।
একজন শক্তিসত্তা হিসেবে, আপনি সর্বদা একটি নির্দিষ্ট ফ্রিকোয়েন্সিতে কম্পিত হচ্ছেন।

কিন্তু এই মহাবিশ্ব স্থির নয়।
এটি সর্বদা বিস্তারমান এবং অগ্রসরমান–প্রতি ১৫ সেকেন্ডে।
একটি সর্বদা চলমান, সর্বদা বিস্তারমান মহাবিশ্বে, আপনাকেও শক্তিগতভাবে অগ্রসর হতে হয়।

আপনি যদি তা না করেন, তাহলে আপনি আপনার ভালোলাগা কম্পনগত অবস্থাকে ধরে রাখতে পারবেন না।
আর যখন আপনি ভালোলাগা কম্পন ধরে রাখতে ব্যর্থ হন, তখন আকর্ষণের মহাজাগতিক নিয়ম আপনাকে একটি ভালো না লাগা কম্পনগত সত্তা হিসেবে শনাক্ত করে এবং স্বাভাবিকভাবেই আপনাকে অনাকাঙ্ক্ষিত, অবাঞ্ছিত, ভালো না লাগা অভিজ্ঞতার সাথে সমন্বয় করে–বিভিন্ন রূপে।

শক্তি কেবল প্রবাহেই অস্তিত্বশীল

শক্তি কেবল প্রবাহের মধ্যেই তার অস্তিত্ব ধরে রাখতে পারে।
আপনিও একজন শক্তিসত্তা।অতএব, শক্তি যখন আপনার মধ্য দিয়ে প্রবাহিত হয়, তখনই আপনি আপনার অস্তিত্ব অনুভব করতে পারেন।
আপনার আবেগই একমাত্র মাধ্যম, যার মাধ্যমে আপনি বুঝতে পারেন–শক্তি প্রবাহিত হচ্ছে কি না।

এখন কল্পনা করুন–আপনার জীবন আবেগ ছাড়া।
কল্পনা করুন, আপনি দেখতে পারেন, শুনতে পারেন, স্বাদ নিতে পারেন, গন্ধ নিতে পারেন, স্পর্শ করতে পারেন–কিন্তু আবেগগতভাবে কিছুই অনুভব করতে পারেন না।
আপনি নিজেকে প্রাণহীন অনুভব করবেন।

আপনি তখনও কম্পনকে পার্থিব বস্তুর রূপে অনুবাদ করতে পারবেন, কিন্তু সেগুলোর ভেতরে আপনি এক বিশাল শূন্যতা খুঁজে পাবেন।
এই শূন্যতা হলো–আপনি যেদিকে মনোযোগ দিচ্ছেন, সেদিকে আপনার চৈতন্যশীল শক্তি-প্রবাহের অনুপস্থিতি।

এই বইয়ের আগের অংশে আপনি যেমনটি ইতিমধ্যেই উপলব্ধি করেছেন–সবকিছুর সাথে আপনার প্রকৃত সংযোগ হলো সেদিকে আপনার শক্তিগত প্রবাহ।

- যখন আপনি কোনো কিছুর প্রতি মনোযোগ দেন এবং ভালোলাগা অনুভব করেন, তখন আপনি নিজের মধ্য দিয়ে সেই বিষয়ের দিকে অ-পার্থিব বিশুদ্ধ ইতিবাচক শক্তি প্রবাহিত করছেন।
- যখন আপনি কোনো কিছুর প্রতি মনোযোগ দেন কিন্তু ভালোলাগা অনুভব করেন না, তখন আপনি সেই ইতিবাচক শক্তির প্রবাহ ধীর করছেন বা প্রতিরোধ করছেন।

আপনি যত বেশি শক্তি নিজের মধ্য দিয়ে প্রবাহিত করেন, তত স্পষ্টভাবে আপনি সেই প্রবাহকে আপনার আবেগের মাধ্যমে শনাক্ত করতে পারেন।

শূন্যতা কেন এত বাস্তব মনে হয়

এখন আপনি বুঝতে পারেন–কেন কখনো কখনো আপনি নিজেকে শূন্য, ফাঁপা বা প্রাণহীন অনুভব করেন।
আপনি এমন অনুভব করেন কারণ আপনি একটি পার্থিব দেহে চৈতন্যশীল শক্তি, আর শক্তি কেবল প্রবাহের মাধ্যমেই নিজের অস্তিত্বকে চিনতে পারে।

যখন আপনি আপনার মনোযোগ সরিয়ে নেন–

- আপনার আকাঙ্ক্ষা থেকে
- আপনার স্বপ্ন থেকে
- আপনার ইচ্ছা থেকে
- আপনার অনুপ্রাণিত পছন্দগুলো থেকে

–প্রায়ই এমন কারণে, যেগুলো বাস্তবসম্মত, যুক্তিসংগত, তথ্যভিত্তিক বা সামাজিকভাবে গ্রহণযোগ্য বলে মনে হয়–তখন আপনি শূন্যতা অনুভব করেন।

যেকোনো কিছুর প্রতি আপনার প্রতিটি ভালোলাগা মনোযোগ মানে হলো–আপনি নিজের মধ্য দিয়ে বিশুদ্ধ ইতিবাচক শক্তি প্রবাহিত করছেন।
যখন আপনি সেই ভালোলাগা মনোযোগ আপনার একটি একটি করে আকাঙ্ক্ষা গুলোর দিকে বন্ধ করতে থাকেন –তখন স্বাভাবিকভাবেই আপনি প্রাণহীন অনুভব করেন।

কেন?

কারণ আপনার আরও বিস্তৃত সত্তা, আপনার বিশুদ্ধ ইতিবাচক-সত্তা, কখনোই আপনার আকাঙ্ক্ষাগুলোর প্রতি ইতিবাচক মনোযোগ বন্ধ করে না।
আপনার সেই বৃহদাংশ অবিরাম সেগুলোকে বিস্তার করে চলেছে।

ফলে, যখন আপনার পার্থিব মনোযোগ অনুপস্থিতি, সন্দেহ বা সীমাবদ্ধতার দিকে সরে যেতে চায়, আর আপনার বিস্তৃত-সত্তা উপস্থিতি ও বিস্তারের দিকে অগ্রসর হয়–তখন আপনি জীবনশক্তির ক্ষয় অনুভব করেন।
এই অভ্যন্তরীণ কম্পনগত দ্বন্দ্বই শূন্যতার অনুভূতি হিসেবে প্রকাশ পায়।

স্থিতিশীল সন্তুষ্টির একমাত্র উৎস

স্থিতিশীল সন্তুষ্টি কেবল একটি জায়গাতেই বিদ্যমান–
ভালোলাগা অবস্থান থেকে আপনার আকাঙ্ক্ষার প্রতি মনোযোগ দেওয়া।

আপনি চৈতন্যশীল শক্তি, আর শক্তির সচেতন প্রবাহই জীবন নিজেই।
এই কারণেই আপনি এই পুরো বিন্যাসটি সৃষ্টি করেছেন।

আপনি একটি পার্থিব শরীরে এসেছেন, নিজের মধ্য দিয়ে অ-পার্থিব বিশুদ্ধ ইতিবাচক শক্তি প্রবাহিত করার জন্য।

আপনি এটি করেন–

- আকাঙ্ক্ষাগুলোকে শনাক্ত করে
- সেগুলো সম্পর্কে ভালোলাগা অনুভব করে
- ভালোলাগা কর্মে যুক্ত হয়ে
- যেকোনো উপায়ে ভালোলাগা বা আরও ভালো লাগার চিন্তা ধরে রেখে

এই অবস্থাতেই আপনি সত্যিকার অর্থে সফল।

প্রকৃত সাফল্য হলো–চলমান শক্তি

যেকোনো শক্তির সাফল্য তার প্রবাহেই নিহিত।
প্রবাহ না থাকলে শক্তি অনুধাবনযোগ্য থাকে না–এবং অভিজ্ঞতায় কার্যত অনুপস্থিত হয়ে পড়ে।

আপনিও বিশুদ্ধ ইতিবাচক শক্তি।
আপনার অনুধাবনযোগ্য অস্তিত্ব নির্ভর করে আপনার বিশুদ্ধ ইতিবাচক শক্তির প্রবাহের উপর।

এই কারণেই আপনার আকাঙ্ক্ষার প্রতি ভালোলাগা মনোযোগই হলো, আপনার–

- সন্তুষ্টি
- সাফল্য
- সমৃদ্ধি

এর একমাত্র প্রকৃত উৎস।

এই মনোযোগই হলো–আপনার নিজের মধ্য দিয়ে বিশুদ্ধ ইতিবাচক শক্তিকে মহাবিশ্বে প্রবাহিত করা।
আর এই বিশুদ্ধ ইতিবাচক চিন্তা-শক্তিই আপনার প্রকৃত জীবনশক্তি–
যে শক্তি আপনি গ্রহণ করেন ও নিজের শরীরের মধ্যে সঞ্চালিত করেন,

যে শক্তি আপনাকে জীবিত, পরিপূর্ণ এবং আপনার কখনো ধারণ করা প্রতিটি আকাঙ্ক্ষার পার্থিব রূপদানে সক্ষম করে।

∞

৮. আপনার মনোযোগের মাধ্যমে আপনি অর্থের স্রষ্টা ও সৃষ্টি–দুটিই

সর্বদা দুইটি অংশে আপনি বিদ্যমান।একটি অংশ হলো আপনার পার্থিবভাবে মনোযোগী শক্তি–যে অংশ থেকে আপনি এই মুহূর্তে এই বইটি পড়ছেন। অন্য অংশটি হলো আপনার অন্তর্গত, বৃহদাংশ, অসীম জ্ঞানসম্পন্ন সত্তা–যে অংশ থেকে আপনি এই শব্দগুলোর সত্যতার সাথে সংগতিপূর্ণ হচ্ছেন এবং সেগুলোকে চিনে নিচ্ছেন।

আপনি প্রতিটি মুহূর্তে একই সাথে পার্থিব এবং অ-পার্থিব।

আপনি ইতিমধ্যেই যেমনটি বুঝেছেন–আকর্ষণের মহাজাগতিক নিয়মের কার্যকারিতায়, যখনই আপনি কোনো চিন্তা গ্রহণ করেন, আপনার কম্পনগত ফ্রিকোয়েন্সি হালনাগাদ হয়। এটি ঘটে কারণ আপনি সেই চিন্তার কম্পনগত ফ্রিকোয়েন্সির সাথে নিজের ফ্রিকোয়েন্সি সংমিশ্রণ করেন।
ওই চিন্তাটি নিজে থেকে আপনার অভিজ্ঞতায় প্রবেশ করেনি।
আপনি সেটিকে আকর্ষণ করেছেন–কারণ আপনি তার সাথে কম্পনগত সমন্বয়ে এসেছিলেন।

আপনার অভিজ্ঞতায় কিছুই নিজে থেকে প্রবেশ করতে পারে না

এটি সম্পূর্ণরূপে আকর্ষণভিত্তিক একটি মহাবিশ্ব।
কোনো কিছুরই ক্ষমতা নেই–নিজেকে জোর করে আপনার অভিজ্ঞতায় প্রবেশ করানোর।

এটি আপনার কাছে বিস্ময়কর মনে হতে পারে, কিন্তু আপনার সবচেয়ে ঘনিষ্ঠ মানুষরাও–যারা আপনার সাথে থাকে, আপনাকে ভালোবাসে, বা আপনার উপর নির্ভরশীল–আপনার অভিজ্ঞতায় তাদের ভালোবাসা, প্রত্যাশা বা দাবি প্রবেশ করাতে পারে না, যদি আপনি তাদের সাথে কম্পনগতভাবে একই বা প্রায় একই না হন।

আপনি পার্থিবভাবে একসাথে থাকতে পারেন, কিন্তু কম্পনগতভাবে একে অপরের পাশ দিয়ে জিগ-জ্যাগ করে চলে যাবেন।

আপনি যখন একটি নির্দিষ্ট ফ্রিকোয়েন্সিতে সংগতিপূর্ণ থাকেন, তখন ভিন্ন ফ্রিকোয়েন্সিতে সংগতিপূর্ণ কেউ আপনার সাথে প্রকৃত আদান-প্রদান করতে পারে না।

- আপনি যখন রাগান্বিত, তখন কেউ আপনাকে ভালোবাসা অনুভব করাতে পারে না।

• আপনি যখন ঈর্ষান্বিত, তখন কেউ আপনাকে কদর অনুভব করাতে পারে না।
• আপনি যখন অভাবে মনোযোগী, তখন কেউ আপনাকে প্রাচুর্য অনুভব করাতে পারে না।

অন্যরা আন্তরিকভাবে সাহায্য করতে চাইলেও, আপনি অবচেতনে সেই সাহায্য প্রতিরোধ করবেন বা দূরে ঠেলে দেবেন–যতক্ষণ না আপনি আরও ভালোলাগার আবেগগত সুরে সংগতিপূর্ণ হন।

আকর্ষণ ব্যাখ্যা করে–যা ঘটে এবং যা ঘটে না

আপনার জীবনে যা কিছু ঘটছে, সবই ঘটছে কারণ আপনি সেটিকে কম্পনগতভাবে আকর্ষণ করছেন।
আর যা কিছু ঘটছে না, তা অনুপস্থিত কারণ আপনি তার সাথে কম্পনগতভাবে সমন্বিত নন।

এই মহাবিশ্বে, সবকিছুই সমতুল্য কম্পনগত সমন্বয় হিসেবে বিদ্যমান।
আপনার ফ্রিকোয়েন্সি যতক্ষণ না আপনার আকাঙ্ক্ষার ফ্রিকোয়েন্সির সাথে মেলে–অথবা অন্তত তার নিকটবর্তী হয়–ততক্ষণ আপনি সেটিকে আপনার পার্থিব ইন্দ্রিয়ের মাধ্যমে রূপে প্রকাশ করতে পারবেন না।

আপনি এমনকি আপনার চোখের সামনে থাকা কোনো কিছুও দেখতে পারবেন না, যদি আপনি বিশ্বাস করেন সেটি হারিয়ে গেছে।
ভেবে দেখুন–কতবার আপনি কোনো সাধারণ বস্তু মরিয়া হয়ে খুঁজেছেন, বিশ্বাস করেছেন সেটি নেই, আর বারবার ব্যর্থ হয়েছেন–
যতক্ষণ না আপনি খোঁজা বন্ধ করেছেন, শিথিল হয়েছেন, নিজেকে প্রশমণ করেছেন।
তারপর হঠাৎই–সেটি আপনার চোখের সামনেই পাওয়া গেছে।

এটাই আকর্ষণভিত্তিক কম্পনগত মহাবিশ্বের নিয়ম।
আপনি যা হারিয়ে গেছে বলে বিশ্বাস করেন, তা আপনি খুঁজে পেতে পারেন না।
একইভাবে, আপনি সমৃদ্ধি খুঁজে পেতে পারেন না–যদি আপনি বিশ্বাস করেন সমৃদ্ধি অনুপস্থিত।

উপস্থিতি ও অনুপস্থিতি সর্বদা একসাথে বিদ্যমান

এই পর্যায়ে আপনি আপত্তি তুলতে পারেন:
"কিন্তু আমি তো আমার মানিব্যাগ দেখেছি।ব্যাংক অ্যাকাউন্ট দেখেছি।অর্থ তো নেই।
তাহলে আমি কীভাবে বলি–
অর্থ অনুপস্থিত নয়?"

উত্তরটি একটি পরম মহাজাগতিক সত্যে নিহিত:
মহাবিশ্বের সবকিছুই দুটি নিখুঁতভাবে ভারসাম্যপূর্ণ অংশে বিদ্যমান–
উপস্থিতি এবং অনুপস্থিতি।
যদি অনুপস্থিতির অভিজ্ঞতা থাকে, তাহলে সমতুল্য একটি উপস্থিতিও অবশ্যই থাকে।
আপনার পার্থিব অর্থ হলো কেবল অর্থের ফ্রিকোয়েন্সির আপনার দ্বারা পার্থিব প্রকাশ।
কিন্তু আপনার একটি বৃহদাংশ, চিরন্তন সত্তাও আছে–যে অংশটি কেবল সবকিছুর উপস্থিতি-দিকটিকেই রূপে প্রকাশ করে।
আপনার বিশুদ্ধ ইতিবাচক-সত্তা ইতিমধ্যেই আপনার সমৃদ্ধির ফ্রিকোয়েন্সি ধারণ করে আছে।

সেই উপস্থিতিকে পার্থিবভাবে অভিজ্ঞতা করতে, আপনাকে অর্থ সৃষ্টি করতে হয় না–
আপনাকে কেবল আপনার বিশুদ্ধ ইতিবাচক-সত্তার সাথে কম্পনগত সমন্বয়ে আসতে হয়।

আপনার সমৃদ্ধি ইতিমধ্যেই বিদ্যমান

এখন আপনি এটি স্পষ্টভাবে বুঝতে পারেন:
আপনি যে অর্থ খুঁজছেন, সেটি ইতিমধ্যেই আপনার চারপাশে বিদ্যমান–কিন্তু ভিন্ন একটি ফ্রিকোয়েন্সিতে।
আপনি এখনো সেটিকে পার্থিব রূপে প্রকাশ করতে পারছেন না, কারণ আপনার পার্থিব কম্পন তার সাথে সংগতিপূর্ণ নয়।

কিছুই, কেউই আপনার অর্থ কেড়ে নিতে পারে না।
সমৃদ্ধি সম্পূর্ণ নিরাপদ।
একমাত্র পরিবর্তনশীল বিষয় হলো–আপনি কতটা নিজেকে অর্থের উপস্থিতি-ফ্রিকোয়েন্সির সাথে সংগতিপূর্ণ করছেন।

পার্থিব রূপ নেওয়া মানেই–আপনি এবং আপনি

সমৃদ্ধি–অথবা যেকোনো আকাঙ্ক্ষা–অভিজ্ঞতা করতে, কেবল দুটি অংশগ্রহণকারীই যথেষ্ট:
১. আপনি–আপনার পার্থিব রূপে
২. আপনি–আপনার অসীম, বিশুদ্ধ ইতিবাচক রূপে

আপনার অসীম সত্তা সমৃদ্ধির ফ্রিকোয়েন্সি ধারণ করে।
আপনার পার্থিব সত্তা সেই ফ্রিকোয়েন্সিকে পার্থিব অভিজ্ঞতার রূপে প্রকাশ করে।

এই কারণেই প্রকাশ প্রক্রিয়ায় অন্য কারো কোনো ভূমিকা নেই।
সবাই এবং সবকিছুই এখানে অপ্রাসঙ্গিক।

অর্থ কীভাবে আপনার কাছে দৃশ্যমান হয়

অর্থকে অনুমতি দেওয়ার প্রক্রিয়ায়, আপনি–একজন পার্থিব মনোযোগকারী হিসেবে–ভালোলাগা কম্পন সৃষ্টি করেন।
এই ভালোলাগা কম্পনগুলো আপনাকে আপনার বিশুদ্ধ ইতিবাচক-সত্তা থেকে চিন্তা গ্রহণ করতে অনুমতি দেয়।

আপনি যত বেশি অর্থ সম্পর্কে ভালোলাগা চিন্তা অনুমতি দেন, আপনার কম্পনগত ফ্রিকোয়েন্সি ততই একটি নতুন অবস্থানে উন্নীত হয়।
যখন তা ঘটে, আপনার সম্পূর্ণ দেহ নিজেকে নতুন কম্পনের সাথে মিলিয়ে পুনর্গঠিত করে।

এই নতুনভাবে বিন্যস্ত দেহে; আপনার দেহের হালনাগাদ হওয়া কম্পন-রূপান্তরকারী ইন্দ্রিয়ের মাধ্যমে–

- আপনি এমন জায়গায় অর্থ দেখতে পান, যেখানে আগে দেখতেন না
- আপনি এমন সুযোগ অনুভব করেন, যা আগে অনুভব করতেন না
- আপনি এমন তাগিদ অনুভব করেন, যা আগে কখনো অনুভব করেননি

আপনার উপলব্ধি পরিবর্তিত হয়, কারণ আপনি নিজেই পরিবর্তিত হয়েছেন।

আপনি সেই স্রষ্টাকে সৃষ্টি করেন, যে অর্থ গ্রহণ করতে পারে

আপনার ইতিবাচক মনোযোগের মাধ্যমে, আপনি নিজের একটি আগের চেয়ে আরও উন্নত, আরও সুসংগঠিত, সংস্করণ সৃষ্টি করেন–
এমন একটি সংস্করণ, যে অর্থের কম্পনগত উপস্থিতিকে পার্থিব উপস্থিতিতে প্রকাশ করতে আরও সক্ষম।

আপনি প্রচেষ্টার মাধ্যমে অর্থ আকর্ষণ করেন না।
আপনি অর্থ আকর্ষণ করেন–তা উপলব্ধি করতে সক্ষম হয়ে ওঠার মাধ্যমে।

এভাবেই আপনি আপনার মনোযোগের শক্তির মাধ্যমে একই সাথে–

- অর্থের স্রষ্টা, এবং
- অর্থ গ্রহণ করতে সক্ষম সেই সৃষ্টি

∞

৯. হাতে-কলমে লেখা সবচেয়ে শক্তিশালী পার্থিব মনোযোগ, যা আপনি ইচ্ছাকৃতভাবে ব্যবহার করতে পারেন

হাতে-কলমে লেখার মাধ্যমে আপনি যে সবচেয়ে গুরুত্বপূর্ণ বিষয়গুলোর একটি অর্জন করেন, তা হলো–আপনি আপনার আবেগের একজন শক্তিশালী চৈতন্যশীল বিশ্লেষক হয়ে ওঠেন।

আপনি আপনার মনোযোগের মাধ্যমে শক্তিকে গঠন করেন।আপনি যত বেশি ইচ্ছাকৃতভাবে ও বিশুদ্ধভাবে কোনো চিন্তা-শক্তির প্রতি আপনার ইতিবাচক মনোযোগ দেন, তত বেশি কার্যকরভাবে আপনি সেই শক্তিকে নিজের জন্য একটি আনন্দময় অভিজ্ঞতায় রূপান্তর করেন।

আপনি অ-পার্থিব শক্তিকে আপনার পার্থিব দেহে চিন্তা হিসেবে গ্রহণ করেন।তারপর আপনি সেই চিন্তাগুলোকে আপনার পার্থিব ইন্দ্রিয়ের মাধ্যমে প্রবাহিত করেন, এবং এই প্রবাহের মধ্য দিয়েই আপনি পার্থিব বাস্তবতা অনুভব করেন।

পার্থিব ইন্দ্রিয় কীভাবে চিন্তা-শক্তিকে বৃদ্ধি করে

আপনার প্রতিটি পার্থিব ইন্দ্রিয় একই কম্পনগত শক্তিকে ভিন্ন ভিন্নভাবে রূপে প্রকাশকরে। এই কারণেই একটি স্পষ্ট পার্থক্য থাকে–

- ইচ্ছাকৃতভাবে চিন্তা প্রক্ষেপণ করা, এবং
- অন্যদের প্রক্ষেপিত চিন্তার প্রতি নিষ্ক্রিয় প্রতিক্রিয়া দেখানোর মধ্যে

আপনি নিজের মধ্য দিয়ে যে প্রতিটি চিন্তা প্রবাহিত করেন, তা আপনার কম্পনকে একটি নির্দিষ্টভাবে সংগতিপূর্ণ করে তোলে।
এই সংগতিপূর্ণতা কতটা গভীরে ঘটে, তা নির্ভর করে–আপনি কোন রূপান্তরকারী অঙ্গ ব্যবহার করে সেই চিন্তাকে প্রবাহিত করছেন তার উপর।

এই সহজ উদাহরণটি বিবেচনা করুন:

- আপনি যদি দূর থেকে কেবল সমুদ্রের ঢেউয়ের শব্দ শোনেন, আপনি হালকা আনন্দ অনুভব করেন।
- আপনি যদি ঢেউয়ের শব্দ শোনেন এবং ঢেউ দেখেন, অনুভূতিটি আরও তীব্র হয়।
- আপনি যদি ঢেউয়ের মধ্যে দাঁড়ান বা সমুদ্রে স্নান করেন, অভিজ্ঞতিটি গভীরভাবে আনন্দময় হয়ে ওঠে।

সমুদ্র বদলায়নি।
আপনার ইন্দ্রিয়-সম্পৃক্ততার স্তর বদলেছে।

প্রতিটি কম্পন-রূপান্তরকারী অঙ্গ আপনাকে কোনো বিষয়ের সাথে ভিন্ন ভিন্ন হারমোনিক গভীরতায় সংযুক্ত করে।
যত বেশি ইন্দ্রিয় যুক্ত হয়, শক্তির প্রবাহ তত বেশি হয়—এবং অভিজ্ঞতাও তত বেশি শক্তিশালী হয়।

কেন লেখা সবচেয়ে শক্তিশালী মনোযোগের উপকরণ

লেখা হলো আপনার চিন্তা-কেন্দ্রীকরণ প্রক্রিয়াকে কাজে লাগানোর সবচেয়ে শক্তিশালী উপায়গুলোর একটি।
আপনি যখন লেখেন:

- আপনি আপনার চিন্তাকে রূপ নিতে দেখেন
- কাগজে শব্দ আঁকার সময় আপনি প্রতিটি শব্দ স্পর্শ করেন
- আপনি চিন্তাগুলোকে ভেতরে ভেতরে শুনতে পান
- এমনকি স্পষ্ট প্রক্ষেপণের মাধ্যমে বিষয়টির স্বাদ বা গন্ধও অনুভব করতে পারেন

সবচেয়ে গুরুত্বপূর্ণ বিষয় হলো—হাতে-কলমে লেখা আপনাকে আপনার আবেগের একজন অত্যন্ত চৈতন্যশীল পর্যবেক্ষকে পরিণত করে।
লেখার সময় আপনি তাৎক্ষণিকভাবে বুঝতে পারেন—

- কোনো বাক্য ভালোলাগা দিচ্ছে কি না, অথবা
- সেটি প্রতিরোধপূর্ণ বা ভারী লাগছে কি না

এই আবেগগত স্বচ্ছতাই লেখার প্রকৃত শক্তি।

হাতে-কলমে লেখা পূর্ণ মনোযোগ সক্রিয় করে

হাতে-কলমে লেখা একসাথে একাধিক মনোযোগ-ব্যবস্থা সক্রিয় করে।
আপনি যত বেশি পার্থিব ইন্দ্রিয় যুক্ত করেন, আপনার লেখার মধ্যে তত বেশি মনোযোগী শক্তি সঞ্চিত হয়।
আপনি চাইলে লেখার প্রক্রিয়ায় আপনার সব ইন্দ্রিয় যুক্ত করতে পারেন—এবং প্রতিটি অতিরিক্ত ইন্দ্রিয় আপনার মনোযোগের কার্যকারিতা বহুগুণে বাড়িয়ে দেয়।

সব ধরনের মনোযোগেই, আবেগ হলো আপনার নির্দেশক।
হাতে-কলমে লেখা স্বাভাবিকভাবেই আপনার চিন্তাকে ধীর করে দেয়, ফলে আবেগগত

প্রতিক্রিয়ার মাধ্যমে আপনি সেগুলোকে স্পষ্টভাবে বিশ্লেষণ করার সুযোগ পান।
এতে করে আপনি অবচেতন প্রতিক্রিয়ার বদলে ইচ্ছাকৃতভাবে ভালোলাগাকে অগ্রাধিকার দিতে পারেন।

কম্পনগত পরিবর্তনের উপকরণ হিসেবে লেখা

আপনাকে সবসময় ভালোলাগার জায়গা থেকে লিখতে হবে–অথবা অন্তত অল্প একটু ভালোলাগার জায়গা থেকে।
লেখার সময়, চৈতন্যশীলভাবে আপনার ভালোলাগাকে ধরে রাখুন এবং ধীরে ধীরে বাড়ান।
এতে করে ইতিবাচকের দিকে আপনার কম্পন পরিবর্তন করা সহজ হয়ে যায়।

এই কারণেই এই বইয়ের অনেক প্রক্রিয়াই হাতে-কলমে লেখাভিত্তিক।
লেখা কেবল প্রকাশ নয়–লেখা হলো কম্পনগত দিকনির্দেশ।

সামনে বহন করার মতো একটি মূল উপলব্ধি

এই উপলব্ধিটিকে দৃঢ়ভাবে ধারণ করুন:
হাতে-কলমে লেখা হলো আপনার কম্পন গঠনের সবচেয়ে শক্তিশালী উপকরণগুলোর একটি।

এটি চৈতন্যশীলভাবে ব্যবহার করুন।
এটি আবেগের সাথে ব্যবহার করুন।
এই বইয়ের পরবর্তী প্রক্রিয়াগুলোর মাধ্যমে সমৃদ্ধিকে অনুমতি দিতে এটিকে ব্যবহার করুন।

∞

✦ অধ্যায়ের শেষের প্রক্রিয়া ৭ ✦

“হাতে-কলমে যুক্তিনির্ভর লিখন প্রক্রিয়া”

আপনার জীবনে যেকোনো কিছু পেতে হলে, আপনাকে কেবল সেটিতে বিশ্বাস করতে হয়।আর আপনি যেমনটি ইতিমধ্যেই উপলব্ধি করেছেন–বিশ্বাস আসলে এমন একটি চিন্তা, যেটি আপনি বারবার চিন্তা করে যান।যখন আপনি কোনো একটি চিন্তাকে ধারাবাহিকভাবে ও বিশুদ্ধভাবে চিন্তা করেন–

অর্থাৎ, বিপরীত চিন্তার মাধ্যমে সেটিকে খণ্ডন করেন না–তখন সেই বিশুদ্ধ চিন্তাই ধীরে ধীরে আপনার ফ্রিকোয়েন্সিকে তার সাথে সংগতিপূর্ণ করে তোলে।
এই সংমিশ্রণ যত দৃঢ় হয়, আপনি ততই শুরু করেন–

- বিষয়টি সম্পর্কে নতুন উপলব্ধি পেতে
- এর ভেতরে থাকা বিপুল সম্ভাবনাগুলো চিনতে
- আপনার জীবনের প্রতিটি ক্ষেত্রে এটি কীভাবে আপনাকে তৃপ্ত ও সহায়তা করতে পারে–তা দেখতে

এই কারণেই, একটি ভালোলাগা চিন্তাকে ধারাবাহিকভাবে ও বিশুদ্ধভাবে চিন্তা করার মূল্য অপরিসীম।

একটি চিন্তাকে বিশুদ্ধভাবে ধরে রাখার দুটি উপায়

ভালোলাগা চিন্তাকে ধারাবাহিক ও বিশুদ্ধভাবে ধরে রাখার দুটি কার্যকর উপায় রয়েছে।

প্রথম উপায়: পুনরাবৃত্তি

এই পদ্ধতিতে, আপনি–

- যে বিষয়টি পার্থিবভাবে অভিজ্ঞতা করতে চান, সে বিষয়ে একটি ভালোলাগা চিন্তা বেছে নেন
- সেটি বারবার চিন্তা করেন
- সেটি লিখে যান
- দিনের বিভিন্ন সময়ে নিজেকে সেটির কথা মনে করিয়ে দেন

এই পদ্ধতির জন্য ব্যবহার করুন **হাতে-কলমে বিশ্বাস সৃষ্টির প্রক্রিয়া**, যা আপনি ৫ম অধ্যায়ের শেষে শিখেছেন।

দ্বিতীয় উপায়: যুক্তিনির্ভর বিশ্বাস

এই পদ্ধতিতে, আপনি একটি ভালোলাগা চিন্তাকে এমন কিছু যুক্তির মাধ্যমে সমর্থন করেন, যেগুলো আপনার কাছে ইতিমধ্যেই অর্থবহ।
এর ফলে চিন্তাটি আপনার কাছে যৌক্তিক ও বিশ্বাসযোগ্য হয়ে ওঠে।

এই পদ্ধতির জন্য ব্যবহার করুন নিচে বর্ণিত **হাতে-কলমে যুক্তিনির্ভর লিখন প্রক্রিয়া**।

হাতে-কলমে যুক্তিনির্ভর লিখন প্রক্রিয়া

এই প্রক্রিয়ায়, আপনি আপনার কোনো একটি আকাঙ্ক্ষা বেছে নেন এবং লেখেন–কেন আপনি বিশ্বাস করেন যে সেটি আপনার হতে পারে।
আপনি মহাবিশ্ব সম্পর্কে আপনার ভালোলাগা উপলব্ধিগুলো লেখেন, যেমন–

- আকর্ষণের মহাজাগতিক নিয়ম কীভাবে আপনাকে সমর্থন করে
- অতীত জীবনের এমন অভিজ্ঞতা, যা প্রমাণ করে আপনার আকাঙ্ক্ষাটি সম্ভব
- আবেগ সম্পর্কে আপনার উপলব্ধি কীভাবে আপনাকে দিকনির্দেশ দেয়

এই প্রক্রিয়ার একমাত্র উদ্দেশ্য হলো–হাতে-কলমে লেখার শক্তিশালী মনোযোগ ব্যবহার করে নিজেকেই বোঝানো যে, আপনি যা চান, তা সম্পূর্ণরূপে সম্ভব।

প্রক্রিয়াটি যেভাবে করবেন

১. আপনার নোটবুক নিন।
২. পাতার উপরে লিখুন–**"সমৃদ্ধিতে আমার সাফল্যের কারণসমূহ"**

আপনি চাইলে "সমৃদ্ধি"-র জায়গায় ভালোবাসা, স্বাস্থ্য, শরীর, কর্মজীবন ইত্যাদি যেকোনো বিষয় বসাতে পারেন।
অথবা, আপনি একটি মাত্র ভালোলাগা চিন্তাকেও শিরোনাম হিসেবে বেছে নিতে পারেন।

অর্থ সম্পর্কিত চিন্তার উদাহরণ হিসেবে যেমন –

o আমি সমৃদ্ধ
o আমি ধনী
o অর্থ সহজেই আমার কাছে আসে- বেছে নিতে পারেন।

৩. এবার লিখতে শুরু করুন–কেন আপনি বিশ্বাস করেন যে এই আকাঙ্ক্ষাটি আপনি পার্থিব ভাবে অভিজ্ঞতা করবেন।

লেখার নির্দেশনা

- অন্তত ১০টি কারণ লিখুন
- কারণগুলো সমাজ বা বিজ্ঞানের কাছে গ্রহণযোগ্য হওয়া জরুরি নয়
- কারণগুলো কেবল আপনার কাছে যুক্তিসংগত ও ভালোলাগা হতে হবে
- পুরো প্রক্রিয়ায় ১০-১৫ মিনিট ব্যয় করুন
- প্রক্রিয়াটি ১০-১৫ মিনিটের পর ভালো না লাগলে সঙ্গে সঙ্গে থামুন

যদি আটকে যান

শুরুর দিকে যদি আপনি কেবল দুই বা তিনটি কারণই খুঁজে পান, হতাশ হবেন না। নরমভাবে আরও ভালোলাগা কারণ খোঁজার চেষ্টা করুন।
যদি নতুন কারণ না আসে, তাহলে সময় শেষ না হওয়া পর্যন্ত ইতিমধ্যেই লেখা কারণগুলোই পুনরাবৃত্তি করুন।

প্রক্রিয়াটি সহজ করার কিছু টিপস

- মেডিটেশনের পরপরই এই প্রক্রিয়াটি করুন
- শুরুতে এমন বিষয় বেছে নিন, যেগুলো স্বাভাবিকভাবেই ভাল লাগে
- যুক্তি লেখার সময় নিন্দা করবেন না–এটি আপনার কম্পন ব্যাহত করে
- সবসময় হেডফোন ব্যবহার করুন, নরম ও মনোরম শব্দ বা সঙ্গীতের সাথে

প্রক্রিয়ার উপকারিতা

এই প্রক্রিয়া -

- উপকারী চিন্তাগুলোকে অনায়াসে ধরে রাখতে সাহায্য করে
- আকর্ষণের মহাজাগতিক নিয়মের মাধ্যমে ইতিবাচক গতিবেগ গড়ে তোলে
- আপনার স্বপ্ন ও আকাঙ্ক্ষার প্রতি বিশ্বাস দৃঢ় করে
- আকাঙ্ক্ষা ও পার্থিব রূপ নেওয়ার মধ্যবর্তী সময় কমায়
- বিশুদ্ধভাবে মনোযোগ ধরে রাখার সক্ষমতা উল্লেখযোগ্যভাবে বাড়ায়

উদাহরণ: হাতে-কলমে যুক্তিনির্ভর লিখন

সমৃদ্ধিতে আমার সাফল্যের কারণসমূহ

আমার সমৃদ্ধি একটি বাস্তবতা, কারণ আমি এখন বুঝি–আমি যা কিছু আকাঙ্ক্ষা করতে পারি, তার সবকিছুই ইতিমধ্যেই আমার জন্য বিদ্যমান।আমি লক্ষ্য করেছি–যারা তাদের স্বপ্ন পূরণ করে, তারা ইতিবাচক চিন্তাশীল মানুষ।আর এখন আমি ইতিবাচক চিন্তার অসাধারণ মূল্য উপলব্ধি করি।

আমি জানি, আমার একটি বিশুদ্ধ ইতিবাচক-সত্তা আছে, যে আমার আকাঙ্ক্ষাগুলো ধারণ করে।আমি বুঝি–মহাবিশ্বের প্রতিটি বিষয়ের দুটি দিক রয়েছে।যদি আমি অর্থের অনুপস্থিতি চিনতে পারি, তবে অর্থের উপস্থিতিও অবশ্যই বিদ্যমান এবং আমার উপলব্ধির জন্য উন্মুক্ত।

আমার সমৃদ্ধি এখন আমার জন্য সহজ, কারণ আমি আকর্ষণের মহাজাগতিক নিয়ম কীভাবে কাজ করে তা বুঝি।আমি জানি–যখন আমি ভাল অনুভব করি, তখন আমি প্রথমে আরও ভালো চিন্তা আকর্ষণ করি, তারপর বুদ্ধি ও ধারণা, এবং শেষে আমার ইতিবাচক মনোযোগের পার্থিব প্রমাণ হিসেবে অর্থ।

আমি বুঝি–আমার আবেগই আমার সম্পূর্ণ সত্তার সাথে যোগাযোগের সবচেয়ে পরিশীলিত ব্যবস্থা।আমি জানি–ভালোলাগা চিন্তাই প্রতিটি আকাঙ্ক্ষার পথ।আমার জীবন আমাকে বারবার দেখিয়েছে–আমি যা অনুভব করি এবং আমি যা পার্থিবভাবে অভিজ্ঞতা করি, এরা সবসময়ই পরস্পরের সাথে সামঞ্জস্যপূর্ণ।

আমি এখন সম্পূর্ণভাবে উপলব্ধি করি–যদি আমি ভালোলাগা অনুভূতি ধরে রাখি, আমার আবেগ পর্যবেক্ষণ করি, এবং ধারাবাহিকভাবে আরও ভালো লাগার চিন্তার দিকে এগিয়ে যাই, তাহলে আমি ইতিবাচকভাবে কম্পিত হব।
আর আকর্ষণের মহাজাগতিক নিয়মের কার্যকারিতায়–সমৃদ্ধি, এবং আমার প্রতিটি অন্য আকাঙ্ক্ষা, অবশ্যই আমার পার্থিব অভিজ্ঞতায় পার্থিব রূপ নেবে।

—— ∞ ——

লেখকের উক্তি-

“এই মুহূর্তে আপনি যা দেখতে পাচ্ছেন, তা আপনার অতীত; আর এই মুহূর্তে আপনি যা অনুভব করছেন, সেটাই আপনার বর্তমান”।

অধ্যায় ৮

অর্থ সম্পর্কে ত্রুটিপূর্ণ বিশ্বাসের পুনর্গঠন

এই চিন্তাশক্তিগত পথিব জগতে যেকোনও বিষয়ের প্রতি আপনার অবিরত বিশুদ্ধ চিন্তাপ্রবাহই আসল বিষয় যা আপনাকে সেই বিষয় থেকে শারীরিক পার্থিব অভিজ্ঞতা অর্থাৎ 'ম্যানিফেস্টেশন' দেয়, কারণ–

- আপনি যা চিন্তা করেন ⟶ আপনি তেমন কম্পন করেন
- আপনি যেমন কম্পন করেন ⟶ আপনি তেমন আকর্ষণ করেন

আপনার জীবনে যা ঘটছে–বা ঘটছে না–সবকিছুই প্রতিফলিত করে আপনার চলমান চিন্তার ধরণকে।

এই ধরণগুলোই গড়ে তোলে আপনার বিশ্বাস।
কিন্তু সব বিশ্বাস আপনার জন্য সহায়ক নয়।

অধিকাংশ বিশ্বাসই অবচেতনভাবে গ্রহণ করা হয়–সমাজ, পরিবার, সংস্কৃতি বা প্রচলিত সমষ্টিগত মানসিকতা থেকে।
আর আপনি যদি সমাজের–ট্রেন্ড–অর্থাৎ প্রবণতার অনুসারী হন, তাহলে আপনার বেশিরভাগ বিশ্বাসই আপনাকে আপনার সুন্দর সমৃদ্ধ জীবনকে পার্থিব রূপে প্রকাশ করতে বাধা দিচ্ছে।

এই অধ্যায়ে আপনি অর্থ বিষয়টি নিয়ে সর্বাধিক প্রচলিত কিছু বিশ্বাস কে তাদের 'পুনর্গঠিত রূপ'-এ উপলব্ধি করবেন,

এবং আপনি এটাও বুঝতে পারবেন যে কেন আপনার পুরানো বিশ্বাসের এই নতুন রূপগুলি আপনাকে আপনার ঐশ্বর্য্য - সমৃদ্ধি আকর্ষনে অত্যন্ত সাহায্য করবে।

<u>এই অধ্যায়ে আপনি পাবেন:</u>

অনুশীলন

১. কঠোর পরিশ্রম ও সংগ্রাম ছাড়াও আপনি অর্থ পেতে পারেন

সমৃদ্ধি সম্পর্কে সবচেয়ে ব্যাপকভাবে গ্রহণ করা বিশ্বাসগুলোর একটি হলো—অর্থ উপার্জন করতে হলে আপনাকে কঠোর পরিশ্রম করতে হবে, এবং সাফল্য পেতে হলে সংগ্রাম করতে হবে।
এই বিশ্বাসটি সত্য—কিন্তু কেবল তাদের জন্যই, যারা এতে বিশ্বাস করে।

এই আকর্ষণভিত্তিক মহাবিশ্বে, আপনি আপনার চিন্তার মাধ্যমে আপনার পার্থিব জীবনের অভিজ্ঞতা সৃষ্টি করেন।

আপনি চিন্তা-শক্তির মনোযোগকারী ও গঠনকারী, এবং সেই কারণে আপনার নিজের জন্য সত্য করে তুলতে না পারার মতো কিছুই নেই।
আপনি যেমনটি ইতিমধ্যেই বুঝেছেন—আপনি যেকোনো একটি চিন্তা নিতে পারেন, এবং সেটিকে ভাবতে থাকলে, খুব দ্রুত সেটিই আপনার বিশ্বাসে পরিণত হয়।
একবার আপনি যখন সেই ফ্রিকোয়েন্সিতে শক্তভাবে কম্পিত হতে শুরু করেন, তখন সেই বিশ্বাস আপনার জীবনে পার্থিব অভিজ্ঞতা হিসেবে পার্থিব রূপ নেয়।

অতএব, কঠোর পরিশ্রমের বিশ্বাসটি সত্য এইজন্য নয় কারণ সেটিই অর্থ উপার্জনের একমাত্র পথ।
বরং এটি সত্য হয়ে ওঠে, কারণ আপনি আপনার ধারাবাহিক মনোযোগের মাধ্যমে সেটিকে সত্য করে তুলতে থাকেন।

কেন কঠোর পরিশ্রম ভুল বলে মনে হয়

আসলে কেউই সত্যিকার অর্থে কঠোর পরিশ্রম উপভোগ করে না।
আপনার বৃহদাংশের দৃষ্টিভঙ্গি থেকে আপনি এটি ইতিমধ্যেই জানেন—কারণ আপনি সংগ্রাম করতে এখানে আসেননি।
আপনার সম্পূর্ণসত্তা থেকে আপনি জানেন যে আপনি কম্পনের কম্পনকারী, আর আকর্ষণের মহাজাগতিক নিয়মই হলো ফলাফলের প্রকৃত ব্যবস্থাপক।

আপনার পার্থিব-সত্তায় এই জ্ঞান ভুলে গেলেও, আপনার সম্পূর্ণ সত্তার সাথে আপনার আংশিক সংযোগ কখনো বিচ্ছিন্ন হয় না।
এই সংযোগটি অবিরাম আপনার আবেগের মাধ্যমে আপনাকে নির্দেশনা পাঠাতে থাকে।
যখনই আপনি এমন কিছু বিশ্বাস করেন, যা আপনার চিরন্তন জ্ঞানের বিপরীত, তখন আপনার দেহ খারাপ লাগা আবেগের মাধ্যমে প্রতিক্রিয়া জানায়।

এটি আপনার নির্দেশনা-ব্যবস্থা, যা আপনাকে জানায়–আপনার কোনো মুহূর্তের পার্থিব মনোযোগ, একই বিষয়কে আপনার বিশুদ্ধ ইতিবাচক-সত্তা যেভাবে দেখছে, তার থেকে আলাদা।
এই কারণেই সংগ্রাম কখনোই সঠিক বলে মনে হয় না।

আসলে কোনটি কাজকে "কঠিন" করে তোলে

কঠোর পরিশ্রম কেন আপনার উপকার করে না, তা বুঝতে হলে আগে বুঝতে হবে–
কোনো কিছু কেন কঠিন বা জটিল বলে অনুভূত হয়।
কাজ তার পরিমাণ বা জটিলতার কারণে কঠিন হয়ে ওঠে না।
কাজ তখনই কঠিন হয়ে ওঠে, যখন আপনি সেটি করতে চান না।

অন্যভাবে বললে–
যখন আপনি কোনো কাজের অবাঞ্ছিত বা নেতিবাচক অংশে মনোযোগ দেন, তখন সেই কাজটি কঠিন হয়ে যায়।

এমনকি ঘুমানোর মতো অনায়াস একটি কাজও কঠিন বলে মনে হতে পারে, যদি আপনি ঘুমাতে না চাইলে জোর করে ঘুমাতে যান।
আবার উল্টোভাবে, খুব তীব্র কোনো কর্মকাণ্ডও আনন্দময় লাগতে পারে, যদি আপনি তার সন্তোষজনক দিকটিতে মনোযোগী থাকেন।

প্রতিটি কর্মকাণ্ডের মধ্যেই থাকে–

- একটি আনন্দদায়ক, সন্তুষ্টিকর অংশ
- একটি অপ্রীতিকর, প্রতিরোধপূর্ণ অংশ

আপনি কী অভিজ্ঞতা করবেন, তা সম্পূর্ণভাবে নির্ভর করে–আপনি কোন অংশে মনোযোগ দিচ্ছেন তার উপর।

কঠোর পরিশ্রম বনাম আবেগগত সংমিশ্রণ

একবার আপনি যখন সত্যিকার অর্থে আপনার আবেগগত নির্দেশনা-ব্যবস্থা, আপনার বিশুদ্ধ ইতিবাচক-সত্তা এবং আকর্ষণের মহাজাগতিক নিয়মকে বুঝে ফেলেন, তখন আপনি স্বাভাবিকভাবেই খারাপ লাগা চিন্তাগুলো অনুসরণ করা বন্ধ করে দেন।

কেন?
কারণ কেবল আপনার চিন্তাগুলোই আপনার অভিজ্ঞতায় পরিণত হয়—এবং প্রকাশের জন্য প্রয়োজন হয় বিশুদ্ধ, অখণ্ড মনোযোগ।

হ্যাঁ, আপনি চাইলে এখনও সংগ্রামে বিশ্বাস রাখতে পারেন, আপনার আবেগ উপেক্ষা করতে পারেন, এবং কেবল প্রচেষ্টার মাধ্যমে কিছু অর্থ আকর্ষণ করতে পারেন।
ধারাবাহিক মনোযোগ সবসময়ই কিছু না কিছু পার্থিব রূপ নেয়।

কিন্তু যখন আপনি কেবল পার্থিব প্রচেষ্টার উপর নির্ভর করেন এবং অ-পার্থিব মহাজাগতিক সহযোগ উপেক্ষা করেন, তখন আপনি এমন একটি জীবন সৃষ্টি করেন, যা মহাজাগতিক ভাবে আপনার জন্য যা উপলব্ধ, তার তুলনায় অত্যন্ত সীমিত।
এই কারণেই আপনার বিশুদ্ধ ইতিবাচক-সত্তা কখনোই সংগ্রামকে অভিজ্ঞতা করে না—এবং এই কারণেই কঠোর পরিশ্রমের সাথে সবসময় নেতিবাচক আবেগ যুক্ত থাকে।
এগুলো কঠোরতা নয়;
এগুলো প্রতিক্রিয়া।

কঠোর পরিশ্রমের অভাব-চক্র

যখন অর্থ আসে নেতিবাচক মনোযোগ থেকে—

- স্বস্তি সাময়িক হয়
- অভাব সক্রিয়ই থাকে
- খরচ করতে অস্বস্তি লাগে
- সন্তুষ্টি কখনো আসে না

আপনি অর্থ পেতে পারেন, কিন্তু তা আপনার প্রকৃত আকাঙ্ক্ষা পূরণ করে না—কারণ আপনার প্রকৃত আকাঙ্ক্ষা কখনোই কেবল অর্থ ছিল না;
ছিল সহজতা, সুখ এবং স্বাধীনতা।

মহাজগতের মহাজাগতিক সহযোগ-এর সহজতা

যখন আপনি আপনার আবেগগত নির্দেশনা-ব্যবস্থাকে অনুসরণ করতে শুরু করেন, জীবন অনায়াস হয়ে ওঠে—
এই কারণে নয় যে আপনি কাজ করা বন্ধ করেন, বরং এই কারণে যে আপনি প্রতিরোধ করা বন্ধ করেন।

আপনি আর একা আকর্ষণ করেন না।
আপনি মহাজাগতের মহাজাগতিক সহযোগ-এ প্রবেশ করেন।

আপনি যখন আপনার বিশুদ্ধ ইতিবাচক-সত্তার সাথে সংমিশ্রণে আসেন–

- আকর্ষণের নিয়ম স্পষ্টভাবে আপনার সমৃদ্ধির ফ্রিকোয়েন্সি অনুসরণ করে
- মহাবিশ্ব মিলযুক্ত চিন্তা, বুদ্ধি এবং কাজের অনুপ্রেরণা সরবরাহ করে
- আপনার দেহ নিজেকে প্রাচুর্যের সাথে মিলিয়ে পুনর্গঠিত করে
- আপনার ইন্দ্রিয় এমন সুযোগ শনাক্ত করতে শুরু করে, যা সংগ্রাম ভিত্তিক প্রচেষ্টার কাছে অদৃশ্য

আপনি এমন জায়গায় অর্থ খুঁজে পেতে শুরু করেন, যেখানে একটি নেতিবাচক, প্রচেষ্টায় আবদ্ধ ব্যক্তি কখনোই খুঁজে পেত না।

স্বাভাবিক ফলাফল

এইভাবেই আপনি এমন একজন হয়ে ওঠেন, যিনি “অসম্ভব” বিষয়কেও সম্ভব করে তোলেন।
সংগ্রামের মাধ্যমে নয়।
জোর করে নয়।
বরং সংমিশ্রণের মাধ্যমে–

যেখানে আপনার পেছনে থাকে অসীম মহাজাগতিক সহায়তা।

∞

২. আপনার প্রতিটি সিদ্ধান্তই সঠিক ছিল; আপনি কখনোই কিছু ভুল করেননি

যদি আপনি নিজেকে জিজ্ঞেস করেন—আপনার জীবনে আপনি কতগুলো ভুল করেছেন—তাহলে আপনি দ্রুতই অনেক সিদ্ধান্তের কথা মনে করবেন, যেগুলোকে এখন আপনি ভুল বলে চিহ্নিত করেন।
আপনি এই সিদ্ধান্তগুলোকেই আপনার বর্তমান সমস্যার কারণ হিসেবে দেখেন।আপনি পেছনে ফিরে তাকান এবং এমন মুহূর্ত খুঁজে পান,
যেগুলো আপনি বদলাতে চাইতেন—
এমন পরিস্থিতি, যেগুলোর জন্য আপনি নিজেকে বা অন্যদের দোষ দেন।

কিন্তু এই সব মুহূর্তের মধ্যে একটি সাধারণ উপাদান রয়েছে:
আপনার খারাপ লাগা আবেগ।

এই নেতিবাচক আবেগ আপনাকে বলছে না যে আপনি ব্যর্থ হয়েছেন।
এটি বলছে আপনি সেই অভিজ্ঞতাগুলোর অসহায়ক অংশে মনোযোগ দিচ্ছেন।
আপনার আবেগ সংকেত দিচ্ছে—
এই একই অভিজ্ঞতার ভেতরেই স্পষ্টতা, মূল্য এবং শক্তিশালী উপলব্ধি বিদ্যমান—
কিন্তু আপনি এই মুহূর্তে সেগুলো উপেক্ষা করছেন।

মহাবিশ্ব নিখুঁতভাবে ভারসাম্যপূর্ণ

এই মহাবিশ্ব সর্বদা নিখুঁত ভারসাম্যে থাকে—এই কারণে নয় যে এটি এত বিশাল যে ভারসাম্য হারাতে পারে না, বরং এই কারণে যে প্রতিটি অতি সূক্ষ্ম কণার মধ্যেই ভারসাম্য রক্ষা করার চৈতন্য নিহিত।
এমন কোনো মুহূর্ত নেই, যখন কিছু সম্পূর্ণভাবে উপস্থিত বা সম্পূর্ণভাবে অনুপস্থিত।

এই মহাবিশ্বের প্রতিটি বিষয় একই সময়ে—

- সমানভাবে উপস্থিত
- সমানভাবে অনুপস্থিত

এই দুই অংশের মধ্যে একমাত্র পার্থক্য হলো ফ্রিকোয়েন্সি।
আপনি যেহেতু কম্পনের একজন অনুবাদক, তাই আপনি কেবল সেই ফ্রিকোয়েন্সিটিই উপলব্ধি করতে পারেন, যার সাথে আপনি কোনো মুহূর্তে সংগতিপূর্ণ।

এই কারণেই, যেকোনো নির্দিষ্ট মুহূর্তে আপনি কোনো কিছুর হয় উপস্থিতি, নয় অনুপস্থিতি অনুভব করেন–
কখনোই একসাথে দুটো নয়।

সবকিছুই সর্বদা এই মুহূর্তে

আপনার জীবন সবসময়ই এই মুহূর্তে।
আপনি অতীতে বাস করতে পারেন না। আপনি ভবিষ্যতেও বাস করতে পারেন না।

আপনি যখন অতীত স্মরণ করেন, তখনও আপনি তা করছেন ওই মুহূর্তে।
আপনি যখন ভবিষ্যৎ কল্পনা করেন, তখনও আপনি তা করছেন ওই মুহূর্তে।
প্রতিটি অভিজ্ঞতা–স্মৃতি, কল্পনা, স্বপ্ন, চিন্তা, দৃশ্যায়ন– বর্তমান মুহূর্তেই ঘটছে।

এই উপলব্ধিটি অপরিসীম শক্তি বহন করে।
কারণ যদি সবকিছুই সর্বদা এই মুহূর্তে হয়, তবে সবকিছুই এই মুহূর্তেই উপলব্ধ।

আপনি কীভাবে অতীত পরিবর্তন করেন

আপনি প্রশ্ন করতে পারেন: আমি কীভাবে আমার অতীত পরিবর্তন করব?

কম্পন এবং আকর্ষণের মহাজাগতিক নিয়ম বুঝলে উত্তরটি সহজ।
আপনি যা কিছু উপলব্ধি করেন–স্মৃতি, চিন্তা, স্বপ্ন, বুদ্ধি–সবই কম্পনের পার্থিব রূপে প্রকাশ।
আপনি 'সংরক্ষিত করে রাখা আছে' এমন কিছু পাচ্ছেন না।
আপনি এমন একটি ফ্রিকোয়েন্সির সাথে সংগতিপূর্ণ হচ্ছেন, যা এখানেই, এই মুহূর্তেই বিদ্যমান।

যে কোনো কম্পন কখনোই হারিয়ে যায় না।
যে কম্পন কখনো ছিল, সেটি এখনও আছে, এখানেই আছে।
এই মুহূর্তের সময় ছাড়া আর কোনো সময় নেই।

অতএব, আপনি যখন এখন আপনার কম্পন পরিবর্তন করেন, তখন স্বয়ংক্রিয়ভাবে আপনি বদলে দেন–

- আপনার অতীত কেমন অনুভূত হয়
- আপনার অতীতের অর্থ কী
- আপনার অতীত আপনাকে কী দেয়

প্রতিটি সিদ্ধান্তের ভেতরে লুকিয়ে থাকা উপহার

আপনি যখন বর্তমান মুহূর্তে একটি ইতিবাচক, ভালোলাগা কম্পন ধারণ করেন, তখন আপনি আপনার জীবনে কখনো ঘটে যাওয়া প্রতিটি অভিজ্ঞতার ইতিবাচক, কাঙ্ক্ষিত অংশের সাথে সংগতিপূর্ণ হয়ে যান।
এই কম্পন থেকে আপনি যখন আপনার অতীত সিদ্ধান্তগুলোর দিকে তাকান, তখন আর সেগুলোকে ভুল বলে মনে হয় না।

আপনি দেখতে শুরু করেন–

- সেগুলো যে বৃদ্ধি সৃষ্টি করেছে
- যে স্পষ্টতা সেগুলো আপনাকে বাধ্য করেছে অর্জন করতে
- যে শক্তি সেগুলো গড়ে তুলেছে
- আপনার আকাঙ্ক্ষায় যে নির্ভুলতা যোগ করেছে

যা একসময় ভুল বলে মনে হতো, তা এখন নিখুঁতভাবে প্রয়োজনীয় বলে মনে হয়।

কেন আগে আপনি এটি দেখতে পারেননি

আপনার জীবনের বড় একটি অংশ জুড়ে আপনি সামাজিক ধারা অনুসরণ করেছেন।
আপনি দিকনির্দেশের জন্য অন্যদের উপর নির্ভর করেছেন।
আপনি বাইরের মতামতের কাছে আপনার কর্তৃত্ব সমর্পণ করেছেন।

এর ফলে আপনি প্রধানত প্রতিরোধে কম্পিত হয়েছেন–
যা আপনার সিদ্ধান্তগুলোর ভেতরে নিহিত সৌন্দর্য, বুদ্ধিমত্তা ও নিখুঁততাকে উপলব্ধি করার সক্ষমতাকে আটকে রেখেছিল।

এখন, আপনার উপলব্ধি যত বিস্তৃত হচ্ছে এবং আপনার কম্পন যত উন্নীত হচ্ছে, আপনার দৃষ্টিভঙ্গিও স্বয়ংক্রিয়ভাবে পরিবর্তিত হচ্ছে।
আপনি অতীতকে নতুন করে ব্যাখ্যা করছেন না।
আপনি তার একটি ভিন্ন ইতিবাচক ফ্রিকোয়েন্সিকে নিজের মধ্যে উপলব্ধি করছেন।

একমাত্র যে বিষয়টি সত্যিই গুরুত্বপূর্ণ

সবকিছুই সর্বদা বিস্তৃত, পুনর্গঠিত এবং উন্নত হচ্ছে।
প্রতিটি–অতীত, বর্তমান বা ভবিষ্যৎ–এর সিদ্ধান্ত দুটি সমান অংশ ধারণ করে:

- একটি উপকারী বা আনন্দদায়ক
- একটি অপকারী বা বেদনাদায়ক

আপনি কোনটি অভিজ্ঞতা করবেন, তা আপনার নাওয়া সিদ্ধান্তটির উপর নির্ভর করে না।
তা সম্পূর্ণভাবে নির্ভর করে–
এই মুহূর্তে আপনার কম্পনের উপর।

- একটি ইতিবাচক কম্পন যেকোনো কিছু থেকে মূল্য আহরণ করে
- একটি নেতিবাচক কম্পন যেকোনো কিছু থেকে কষ্ট আহরণ করে

সিদ্ধান্ত বদলায় না।
সেটার প্রতি আপনার পার্থিব উপলব্ধি বদলায়।

পরম সত্য

এটি কখনো ভুলবেন না: সবকিছুই সমানভাবে ইতিবাচক ও নেতিবাচক ধারণ করে। কিন্তু যেহেতু এগুলো ভিন্ন ফ্রিকোয়েন্সিতে বিদ্যমান, আপনি একসাথে কেবল একটিকেই পার্থিব ভাবে নিজেতে উপলব্ধি করতে পারেন।

অতএব–
আপনার অতীত আপনাকে কীভাবে প্রভাবিত করবে...
আপনার বর্তমান কীভাবে উন্মোচিত হবে...
আপনার ভবিষ্যৎ কীভাবে নিজেকে প্রকাশ করবে...

সবকিছুই নির্ভর করে কেবল এই মুহূর্তে আপনার কম্পনগত ফ্রিকোয়েন্সির উপর।
এর বাইরে আর কিছুই প্রাসঙ্গিক নয়।

∞

৩. অন্যদের সমৃদ্ধ না করে আপনি নিজে সমৃদ্ধ হতে পারেন না– তবে এটি আপনার দায়িত্ব নয়

পার্থিব জগতে অর্থ হলো একটি সুন্দর মাধ্যম, যার মাধ্যমে আমরা একে অপরের সাথে ভাগ করে নেওয়া অভিজ্ঞতার জন্য পরস্পরকে কৃতজ্ঞতা জানাই।

আপনি অন্যদের জন্য যত বেশি সুন্দর, অর্থবহ ও অনন্য অভিজ্ঞতা সৃষ্টি করেন,
তত বেশি অর্থ আপনার দিকে প্রবাহিত হয়।একইভাবে, আপনি যখন নিজের জীবনে নির্দিষ্ট অভিজ্ঞতা চান, তখন আপনি আপনার আকর্ষিত অর্থ ব্যয় করে অন্যদের কাছ থেকেই সেগুলো গ্রহণ করেন।

এভাবেই পার্থিব জগতে অর্থ স্বাভাবিকভাবে প্রবাহিত হয়।

অর্থ সবসময়ই মূল্যবান কম্পনগত সমন্বয়ের পার্থিব আদান-প্রদানকে প্রতিনিধিত্ব করে– যে মূল্য আমরা মানুষে, সেবায়, ধারণায় ও সৃষ্টিতে আবিষ্কার করি।

অর্থ কীভাবে সৃষ্টি হয়

আপনার চাওয়া ছাড়া অর্থ কখনোই আপনার অভিজ্ঞতায় পার্থিব রূপ নেয় না।
অভিজ্ঞতার প্রতি আপনার আকাঙ্ক্ষাই হলো সেই পথ, যার মাধ্যমে অর্থ আকৃষ্ট হয়।

এই নিখুঁতভাবে ভারসাম্যপূর্ণ মহাবিশ্বে, আপনি যখনই বুঝতে পারেন যে আপনার অভিজ্ঞতা থেকে কিছু অনুপস্থিত, ঠিক সেই মুহূর্তেই আপনি কম্পনগতভাবে তার উপস্থিতি চান।
সেই একই মুহূর্তে, তার উপস্থিতি কম্পনগত ভাবে সৃষ্টি হয় এবং আপনার অ-পার্থিব বিশুদ্ধ ইতিবাচক-সত্তার সাথে সংমিশ্রিত হয়।

সেখান থেকে, সেটিকে আপনার পার্থিব অভিজ্ঞতায় গ্রহণ করতে হয়–

- চিন্তা হিসেবে
- বুদ্ধি হিসেবে
- অনুপ্রেরণা হিসেবে
- কাজের তাগিদ হিসেবে

এই তাগিদগুলো এরপর পার্থিব কাজে, মূল্য সৃষ্টিতে, এবং শেষ পর্যন্ত অর্থে রূপান্তরিত হয়।
আপনার চারপাশে যেসব কিছুর আর্থিক মূল্য আছে, সেগুলোর সবই এই একই প্রক্রিয়ার মাধ্যমে অস্তিত্বে এসেছে।

কম্পন থেকে মুদ্রা

সবকিছুই একসময় কেবল কম্পন ছিল।
আকর্ষণের মহাজাগতিক নিয়মের মাধ্যমে–

- কম্পন চিন্তায় রূপান্তরিত হয়েছে
- চিন্তা বুদ্ধিতে রূপান্তরিত হয়েছে
- বুদ্ধি তাগিদে রূপান্তরিত হয়েছে
- তাগিদ পার্থিব কাজে রূপান্তরিত হয়েছে
- কাজ নিজের ও অন্যদের জন্য নতুন অভিজ্ঞতায় রূপান্তরিত হয়েছে

যে ব্যক্তি তার বিশুদ্ধ ইতিবাচক-সত্তার সাথে সংমিশ্রণে ছিল, সে বুদ্ধিটি গ্রহণ করেছে এবং সেটিকে পার্থিব রূপ দিতে অনুমতি দিয়েছে।
সে অন্যদের জন্য জীবনের একটি নতুন অভিজ্ঞতা সৃষ্টি করেছে–এবং অন্যরা স্বেচ্ছায় সেই অভিজ্ঞতা পেতে অর্থ আদান-প্রদান করেছে।

এই কারণেই যে ব্যক্তি বুদ্ধিকে অনুমতি দেয়, সে সমৃদ্ধ হয়।
যারা অভিজ্ঞতাকে নবায়িত তথা বিস্তৃত করে, তাদের দিকেই অর্থ স্বাভাবিকভাবে প্রবাহিত হয়।

"অর্থের বৈষম্য"-এর ভ্রম

পার্থিব জগতে এই প্রক্রিয়াটি প্রায়ই অর্থের বৈষম্য হিসেবে ভুলভাবে বোঝা হয়।
কারণ অধিকাংশ মানুষ কেবল তাদের পাঁচটি পার্থিব ইন্দ্রিয়ের উপর নির্ভর করে,
তারা দেখে শুধু উপরিভাগের বাস্তবতা–

- কিছু মানুষকে অত্যন্ত ধনী মনে হয়
- অনেককে সংগ্রামে জর্জরিত মনে হয়

এই সীমিত দৃষ্টিভঙ্গি থেকে সমাজ সমৃদ্ধিকে নিন্দা করতে শুরু করে।
মানুষ বিশ্বাস করে–
ধনীদের দরিদ্রদের সাহায্য করতেই হবে, নতুবা প্রাচুর্য অন্যায়ভাবে বণ্টিত।
একসময় আপনি নিজেও হয়তো এই বিশ্বাসগুলো ধারণ করেছিলেন।

আকর্ষণভিত্তিক মহাবিশ্বে সমান সুযোগ

কিন্তু আকর্ষণভিত্তিক মহাবিশ্বে, যেখানে আকর্ষণের মহাজাগতিক নিয়ম কার্যকর, সেখানে সবার জন্যই সমান সুযোগ বিদ্যমান।

প্রতিটি বুদ্ধি সবার জন্য উন্মুক্ত।
প্রতিটি আকাঙ্ক্ষা ইতিমধ্যেই কম্পনগতভাবে বিদ্যমান।
প্রতিটি পার্থিব সৃষ্টি একসময় অ-পার্থিবই ছিল।

কোনো ব্যক্তি, প্রতিষ্ঠান বা শক্তির ক্ষমতা নেই–ইচ্ছামতো সমৃদ্ধি আটকে রাখা বা প্রদান করার।
এমনকি মহাবিশ্ব নিজেও কম্পনগত নিয়ম লঙ্ঘন করতে পারে না।
সবকিছু–এবং সবাই–আকর্ষণের মহাজাগতিক নিয়মের অধীন।

এই নিয়মের মাধ্যমেই আপনি আপনার নিজস্ব অভিজ্ঞতার সর্বোচ্চ কর্তৃত্বে অবস্থান করেন।

কম্পনের পার্থিব রূপে প্রকাশের মাত্র দুইটি কারণ

আপনার জীবনের প্রতিটি অভিজ্ঞতার পেছনে মাত্র দুইটি কারণ রয়েছে:
১. আপনার কম্পন
২. আপনার কম্পনের প্রতি আকর্ষণের মহাজাগতিক নিয়মের প্রতিক্রিয়া

এর বাইরে আর কিছুই গুরুত্বপূর্ণ নয়।
আপনি যখন কোনো চিন্তা বারবার ভাবেন–ইতিবাচক হোক বা নেতিবাচক–
আপনি মিলযুক্ত চিন্তা সংগ্রহ করেন, সেই কম্পনকে শক্তিশালী করেন, এবং শেষ পর্যন্ত তার পার্থিব রূপ অভিজ্ঞতা করতেই হয়।

পার্থিব রূপ নেওয়া অনিবার্য।

সামাজিক বিশ্বাস কীভাবে সমৃদ্ধিকে আটকে দেয়

অনেক সামাজিকভাবে গ্রহণযোগ্য বিশ্বাস সরাসরি প্রাচুর্যের বিপক্ষে কাজ করে, যেমন–

- “নিজেকে সাহায্য করার আগে অন্যদের সাহায্য করতে হবে।”
- “নিজে পাওয়ার যোগ্য হতে হলে অন্যকে দিতে হবে।”
- “সমাজকে ঠিক করা তোমার দায়িত্ব।”
- “ধনীরা দরিদ্রদের কাছে ঋণী।”

এই বিশ্বাসগুলো আপনার মনোযোগকে আপনার নিজের কম্পনগত সংমিশ্রণ থেকে সরিয়ে বাহ্যিক তুলনা ও বাধ্যবাধকতার দিকে নিয়ে যায়।
আপনি যখন অন্যদের অর্থ, অন্যদের অভাব, বা অন্যদের দায়িত্বের দিকে মনোযোগ দেন, তখন আপনি নিজের প্রাচুর্যের সাথে সংমিশ্রণ হারান।
পরিপূর্ণতা ও অসাধারণ সমৃদ্ধি কখনোই তুলনার মাধ্যমে আসে না।

সম্পদের পার্থক্যের প্রকৃত কারণ

সম্পদের পার্থক্য নৈতিক ব্যর্থতা বা বিশেষাধিকার নয়।
এগুলো হলো কম্পনগত পার্থক্য–যা সৃষ্টি হয়:

- ইতিবাচক চিন্তার সাথে সংমিশ্রণে আসার সক্ষমতা থেকে
- নিজের বিশুদ্ধ ইতিবাচক-সত্তার সাথে যোগাযোগ ধরে রাখার সক্ষমতা থেকে
- ধারাবাহিকভাবে বুদ্ধি ও তাগিদ অনুমতি দেওয়ার সক্ষমতা থেকে
- আকর্ষণের মহাজাগতিক নিয়ম সঠিকভাবে ব্যবহারের সক্ষমতা থেকে

প্রত্যেকেরই একটি অ-পার্থিব বিশুদ্ধ ইতিবাচক-সত্তা রয়েছে, যা আবেগের মাধ্যমে পথনির্দেশ দেয়।
যদি কেউ আপনার সহায়তাকে কম্পনগতভাবে আকর্ষণ না করে, তবে আপনি তাকে সাহায্য করতে পারবেন না–আপনার অভিপ্রায় যতই আন্তরিক হোক না কেন।
আকর্ষণ ভিত্তিক মহাবিশ্বে, আপনি কাউকে এইজন্য সাহায্য করেন না কারণ সে চায়।
আপনি সাহায্য করেন কারণ সে আপনার সহায়তাকে আকর্ষণ করে।

পৃথিবীকে সাহায্য করার একমাত্র উপায়

অন্যদের সাহায্য করার একটিই সত্যিকার শক্তিশালী উপায় আছে:
সমৃদ্ধ হন।

এতটাই সম্পূর্ণভাবে, এতটাই দৃশ্যমানভাবে, এবং এতটাই আনন্দের সাথে সমৃদ্ধ হন–যাতে যারা প্রস্তুত, তারা স্বাভাবিকভাবেই আপনার দিকে আকৃষ্ট হয়।

যারা আপনার ফ্রিকোয়েন্সির সাথে সংগতিপূর্ণ, তারা নিজেরাই দিকনির্দেশ, অনুপ্রেরণা বা সহায়তার জন্য আপনার কাছে আসবে।
এইভাবেই এই মহাবিশ্বে সহায়তা কাজ করে।

আপনি নিজেকে ত্যাগ করে অন্যদের রক্ষা করতে পারেন না।
কিন্তু অন্যদের বিস্তারে অবদান না রেখে আপনি নিজেও সমৃদ্ধ হতে পারেন না।

পার্থক্যটি খুব সহজ:
এটি আপনার দায়িত্ব নয়।
এটি আপনার বিশুদ্ধ ইতিবাচকতার সঙ্গে সংমিশ্রণ।

∞

৪. কেউই আপনাকে অর্থ দিচ্ছে না, আর আপনিও কারও অর্থ নিয়ে নিচ্ছেন না

অর্থ সম্পর্কে সবচেয়ে অকার্যকর বিশ্বাসগুলোর একটি হলো– "বিশ্ব অর্থনীতি সীমিত, তাই যার কাছে ইতিমধ্যেই অর্থ আছে, কেবল তার কাছ থেকেই আপনি অর্থ পেতে পারেন," এবং

"আপনি যদি অনেক অর্থ জমা করেন, তাহলে আপনি অন্যদের থেকে তাদের প্রাপ্য কেড়ে নিচ্ছেন।' এই বিশ্বাসটি বাস্তবতার একটি সীমিত পার্থিব উপলব্ধি থেকে জন্ম নেয়।

আপনার পার্থিব ইন্দ্রিয় অত্যন্ত উন্নত কম্পন অনুবাদক হলেও, সেগুলো একটি সীমাবদ্ধ পরিসরের মধ্যেই কাজ করে।
অধিকাংশ মানুষই জানে না যে চৈতন্যশীল মনোযোগের মাধ্যমে এই পরিসর বিস্তৃত করা যায়।
আরও কম মানুষ আবেগকে নির্দেশনা হিসেবে ব্যবহার করে–যদিও আবেগই একমাত্র সক্ষমতা, যা সর্বজনীনভাবে কম্পনকে পার্থিব রূপে প্রকাশ করতে পারে।

এই কারণেই, বিশ্বের অধিকাংশ মানুষ বাস্তবতাকে একটি সংকীর্ণ পার্থিব দৃষ্টিকোণ থেকে দেখে।
আর সীমিত দৃষ্টিভঙ্গি থেকে সীমাবদ্ধতাই সর্বত্র দেখা দেয়।

সীমাবদ্ধতা কেন বাস্তব মনে হয়

আপনি এই সমাজেই বাস করেন।
আপনি এই বিশ্বাসগুলোর মধ্যেই প্রশিক্ষিত হয়েছেন।
তাই আপনার জীবনেও সীমাবদ্ধতা বা অর্থের অভাব অনুভূত হওয়া স্বাভাবিক।

কিন্তু আপনি যদি সত্যিকার অর্থে আকর্ষণের মহাজাগতিক নিয়মের শক্তি ব্যবহার করতে চান–
আপনি যদি বুঝতে চান, এই মহাবিশ্বে জীবন আসলে কীভাবে কাজ করে–
তাহলে আপনাকে একটি সত্য স্বীকার করতেই হবে:
সীমাবদ্ধতার বিশ্বাস একটি সীমাহীন সত্তাকে কখনোই সহায়তা করতে পারে না।

আপনি একই সাথে অভাবে বিশ্বাস করে প্রাচুর্য অনুমতি দিতে পারেন না।

বন্টন নয়–আকর্ষণ

এই মহাবিশ্ব আকর্ষণভিত্তিক।
প্রত্যেকে নিজে নিজের জন্য আকর্ষণ করছে।

আপনি আগে থেকেই আকর্ষণ না করলে কেউই আপনাকে কিছু দিতে পারে না।
আর অন্য কেউ নিজস্ব চৈতন্যশীল চিন্তা-প্রবাহের মাধ্যমে আপনার সাথে কম্পনগতভাবে সংগতিপূর্ণ না হলে, আপনি তার কাছ থেকে কিছু নিতে পারেন না।

কম্পনের বিরুদ্ধে কিছুই স্থানান্তরিত হয় না।
সংমিশ্রণ ছাড়া কিছুই নেওয়া হয় না।

নিজ নিজ কম্পনগত জগৎ

আমরা সবাই একই সময়-স্থান বাস্তবতায় বাস করি, তবু প্রত্যেকে নিজ নিজ কম্পনগত জগতের ভেতরেই অবস্থান করি।
প্রত্যেক মানুষের একটি অনন্য ফ্রিকোয়েন্সি রয়েছে।

এই কারণেই একই পরিস্থিতি, একই সুযোগ, বা একই সম্পদ–ভিন্ন ভিন্ন মানুষের কাছে ভিন্নভাবে অভিজ্ঞতা হয়।
আমরা প্রত্যেকেই আমাদের নিজস্ব কম্পনগত বাস্তবতার ভেতরে নিরাপদ, কারণ কোনো কম্পনই আমন্ত্রণ ছাড়া অন্যের অভিজ্ঞতায় প্রবেশ করতে পারে না।

কম্পনের মিল থাকা চাই।
আর আমাদের প্রত্যেকেরই মহাজাগতিক চিন্তার অসীম ক্ষেত্রের প্রতি সমান প্রবেশাধিকার রয়েছে–
যেখান থেকে আমরা বুদ্ধি প্রক্ষেপণ করি এই সময় ও স্থানের মধ্যে, এবং সেগুলোকে এখানে পার্থিব অর্থ তথা নানা অভিজ্ঞতায় অনুবাদ করি।

অর্থ সীমিত নয়–সংমিশ্রণই সীমিত

অর্থের কোনো প্রকৃত সীমাবদ্ধতা নেই।
যা সীমাবদ্ধতা বলে মনে হয়, তা আসলে সংমিশ্রণের অভাব।

আপনি যখন অভ্যাসগত ভাবে ভয়, সন্দেহ, তুলনা বা অভাবে কম্পিত হন, তখন আপনি আপনার স্বাভাবিক মহাজাগতিক সমৃদ্ধি-সরবরাহ থেকে নিজেকে দূরে সরিয়ে নেন।

এই অবস্থায়, আপনি তাদের উপর নির্ভরশীল হতে পারেন, যারা বর্তমানে প্রাচুর্যতাকে পার্থিব রূপে অনুমতি দিচ্ছে।

কিন্তু এর অর্থ এই নয় যে আপনার কোনো মূল্য নেই।
আপনি যদি কোনো নিয়োগকর্তা, প্রতিষ্ঠান বা ব্যবস্থার উপর নির্ভরশীলও হন, তবু আপনি মহাজাগতিক প্রক্রিয়ার একটি মূল্যবান অংশ।
আর আপনি ধীরে ধীরে আরও ভালোলাগা চিন্তার দিকে এগোতে থাকলে–আপনার বিশুদ্ধ ইতিবাচক-সত্তার সাথে পুনঃসংযোগ ঘটলে–
আপনার দেওয়া মূল্য স্বাভাবিকভাবেই বৃদ্ধি পেতে পারে।

একমাত্র যে বিষয়টি সত্যিই গুরুত্বপূর্ণ

এটি গুরুত্বপূর্ণ নয়–

- আপনি জীবনের কোন পর্যায়ে আছেন
- আপনি বর্তমানে কীভাবে অর্থ উপার্জন করছেন
- কে আপনাকে অভিজ্ঞতা করছে বলে মনে হচ্ছে

একমাত্র গুরুত্বপূর্ণ বিষয় হলো এটি:
আপনি সর্বদাই আপনার কম্পনের মাধ্যমে অর্থ আকর্ষণ করছেন।

কেউই আপনাকে অর্থ দিচ্ছে না।
আর আপনি আপনার প্রাপ্য গ্রহণ করে কাউকে বঞ্চিতও করছেন না।

আপনি কেবল সেটিকেই অনুমতি দিচ্ছেন, যা ইতিমধ্যেই আপনার জন্য বিদ্যমান–
আপনার নিজস্ব ফ্রিকোয়েন্সির সাথে সংমিশ্রণের মাধ্যমে,
এবং মহাবিশ্বের অসীম সম্পদের সাথে সংযুক্ত হয়ে।

∞

৫. অর্থের জন্য আপনার অন্যদের সহায়তার প্রয়োজন নেই; আপনার প্রয়োজন কম্পনগত সংগতিপূর্ণতা

এই পৃথিবীর প্রত্যেক মানুষেরই একটি অনন্য কম্পনগত সমন্বয় রয়েছে, কারণ মহাবিশ্বের প্রতিটি সত্তার ভিত্তিই হলো কম্পন। প্রত্যেক মানুষই কম্পন-রূপান্তরকারী ইন্দ্রিয়ের অধিকারী, যার মাধ্যমে কম্পনভিত্তিক চিন্তা-শক্তি পার্থিব বাস্তবতা হিসেবে উপলব্ধ হয়।

কিন্তু আপনাকে এটি স্পষ্টভাবে মনে রাখতে হবে:

আপনি যদিও কম্পনকে পার্থিব বস্তু হিসেবে উপলব্ধি করেন, সেই বস্তুগুলো তবু কম্পনই থাকে।
সেগুলো সর্বদাই আকর্ষণের মহাজাগতিক নিয়মের পরিসরের মধ্যেই অবস্থান করে।
আর যেহেতু আকর্ষণের মহাজাগতিক নিয়ম কেবল সমজাতীয় কম্পনকেই একসাথে থাকতে দেয়, তাই যার ফ্রিকোয়েন্সি আপনার সাথে সংগতিপূর্ণ নয়—তার সাথে আপনি প্রকৃত সংযোগ স্থাপন করতে পারেন না।

কেন মানুষ স্বীকৃতির পেছনে ছুটে

অধিকাংশ মানুষ জীবনকে কেবল তাদের পার্থিব ইন্দ্রিয়ের মাধ্যমেই পর্যবেক্ষণ করতে শেখে।
তারা ইচ্ছাকৃতভাবে তাদের আবেগ উপেক্ষা করে, কারণ আবেগ পার্থিব বস্তুর মতো দৃশ্যমান বা পরিমাপযোগ্য বলে মনে হয় না।
কিন্তু আবেগগত সচেতনতা ছাড়া কেউই সঠিকভাবে জানতে পারে না—কী, বা কে, তার জন্য প্রকৃতপক্ষে উপকারী।

এই আবেগগত অজ্ঞতার মধ্যেই মানুষ শক্তিশালী সত্তার বদলে কেবল পার্থিব দেহের সংখ্যা সংগ্রহ করতে শুরু করে।
তারা সংখ্যা জড়ো করে—অনুসারী, মিত্র, সমর্থক—নিজেদের গুরুত্বের প্রমাণ হিসেবে।
সমাজে যার স্তূপ সবচেয়ে বড়, তাকেই শক্তিশালী বা সফল বলা হয়।
এইটাকেই অভিজ্ঞতা বলে মনে করা হয়।

আপনাকেও এভাবেই প্রশিক্ষিত করা হয়েছে।
আপনি আপনার চিন্তা, বিশ্বাস, আকাঙ্ক্ষা ও বুদ্ধির জন্য অন্যদের কাছ থেকে স্বীকৃতি খোঁজেন—এবং সেই স্বীকৃতিকেই অভিজ্ঞতা বলে ধরে নেন।

আপনি বিশ্বাস করেন সংখ্যায় শক্তি আছে।
আপনি বিশ্বাস করেন সংখ্যা যত বেশি, শক্তিও তত বেশি।

কেন অন্যদের সহায়তা ব্যর্থ হয়

কিন্তু সেই পার্থিব দেহগুলো আসলে আলাদা আলাদা কম্পনগত ফ্রিকোয়েন্সি ছাড়া কিছুই নয়।
আর তাদের ফ্রিকোয়েন্সি যদি আপনার সাথে সংগতিপূর্ণ না হয়, তবে তাদের উপস্থিতি কখনোই আপনাকে শক্তিশালী করতে পারে না।

এই কারণেই সমর্থনের পেছনে ছোটা কখনোই প্রকৃত সহায়তা আনে না।
আপনি যত বেশি অনুমোদন খোঁজেন, তত বেশি আপনি অমনোযোগী, উদাসীন ও বিচ্ছিন্ন মানুষদের মুখোমুখি হন।
যে মুহূর্তে আপনি তাদের খুশি করা বন্ধ করেন, তাদের মনোযোগও মিলিয়ে যায়।

এটি তাদের ব্যর্থতা নয়।
প্রত্যেক মানুষই বাস্তবতাকে নিজের নিজস্ব কম্পনগত দৃষ্টিভঙ্গি থেকে উপলব্ধি করে।
তারা আপনার মতো করে দেখতে পারে না, আপনার মতো করে ভাবতে পারে না, আপনার মতো করে অনুভব করতে পারে না।

এমনকি কেউ যদি সাময়িকভাবে আপনার ফ্রিকোয়েন্সির কাছাকাছি আসে বা তার সাথে মিশে যায়—তবুও আপনার অনন্যতা অক্ষুণ্ণ থাকে।
কোনো কম্পনই আপনার তৈরীকে নকল করতে পারে না।
কেউই আপনার মতো করে নিখুঁতভাবে চিন্তা করতে পারে না।
কেউই আপনার দৃষ্টিকে সম্পূর্ণভাবে বহন করতে পারে না।

তাই একেবারে বাস্তব অর্থেই, এই পার্থিব জগতে কেউই আপনাকে সত্যিকার অর্থে সহায়তা করতে পারে না।

কেন আপনার কখনোই সমর্থনের প্রয়োজন ছিল না

আর যখন আপনি শেষ পর্যন্ত বুঝতে পারেন যে কেউই আপনাকে সত্যিকারভাবে সহায়তা করতে পারে না—তখন এক অসাধারণ বিষয় ঘটে:
আপনি উপলব্ধি করেন যে আপনার কখনোই সমর্থনের প্রয়োজন ছিল না।

এই কারণেই এই মহাজাগতিক জ্ঞান এত শক্তিশালী।
এটি আপনার ভেতরে ইতিমধ্যেই বিদ্যমান বিশাল অভিজ্ঞতাকে উন্মোচিত করে।

এটি আপনাকে আকর্ষণের মহাজাগতিক নিয়মের মাধ্যমে আপনার অভিজ্ঞতার উপর আপনার পরম নিয়ন্ত্রণ সম্পর্কে সচেতন করে।
এটি আপনাকে গভীরতম সত্যটি চিনিয়ে দেয়:
আপনি নিজেই আপনার সবচেয়ে বড় সহায়তা –
আপনার বিশুদ্ধ ইতিবাচক-সত্তার মাধ্যমে।

সম্পূর্ণ সত্তার সাথে সংযোগের শক্তি

আপনি যখন বুঝতে পারেন যে আপনার বিশুদ্ধ ইতিবাচক-সত্তার ভেতরেই অসীম জ্ঞান, চিরন্তন চিন্তা-শক্তি এবং শক্তিশালী ইতিবাচক গতিবেগ বিদ্যমান, তখন আপনি বাইরের দিকে খোঁজা বন্ধ করেন এবং ভেতরের দিকে সংমিশ্রণে আসতে শুরু করেন।

এই কারণেই সম্পূর্ণ সত্তার সাথে সংযুক্ত একজন মানুষ লক্ষ মানুষের থেকেও বেশি শক্তিশালী।
আপনি যখন আপনার ইতিবাচক উৎসের সাথে সংমিশ্রণে আসেন,
যখন আপনি আপনার অ-পার্থিব সম্পূর্ণ সত্তাকে আপনার পার্থিব দেহের মধ্য দিয়ে প্রবাহিত হতে অনুমতি দেন–
তখন অন্যদের সহায়তা স্বাভাবিকভাবেই আপনার দিকে আসে।

আকর্ষণের মহাজাগতিক নিয়ম সেটিকে অনায়াসেই সংগঠিত করে।
আর এইভাবে যখন অভিজ্ঞতা আসে, তখন তা হয় উপকারী, প্রকৃত সহযোগিতা মূলক এবং সংগতিপূর্ণ।

তবু তখনও স্বীকৃতি, কদর বা আবেগগত নবায়নের জন্য আপনার অন্যদের উপর নির্ভর করা উপকারী নয়।

আপনার প্রকৃত জীবনশক্তি

ইতিবাচক চিন্তা-শক্তিই হলো আপনার জীবনশক্তি।
আর কোনো মানুষই এটি ধারাবাহিকভাবে আপনাকে সরবরাহ করতে পারে না।
কেউই আপনাকে নিয়ে অবিরাম মনোযোগ ধরে রাখতে পারে না, কারণ প্রত্যেকেরই নিজের জীবন রয়েছে।

অন্যদের কাছ থেকে আপনার শক্তি টিকিয়ে রাখার প্রত্যাশা করলে তা সর্বদাই হতাশায় শেষ হবে।

অতএব, আপনার কাজটি খুবই সহজ এবং চূড়ান্ত:
আপনার নিজের উৎসের যত্ন নিন।

আপনার বিশুদ্ধ ইতিবাচক-সত্তা সরাসরি যুক্ত চিরন্তন অ-পার্থিব ইতিবাচক শক্তির প্রবাহের সাথে।
আপনি যখন উপলব্ধি, সচেতনতা ও অনুশীলনের মাধ্যমে সেই উৎসের সাথে একটি স্থির সম্পর্ক গড়ে তোলেন,
তখন আপনি এমন এক ধরনের অভিজ্ঞতা লাভ করেন–
যা কখনো দুর্বল হয় না,
কখনো চলে যায় না,
এবং কখনোই আপনার বিরোধিতা করে না।

এটাই প্রকৃত অভিজ্ঞতা।
এবং এটি চিরকাল আপনার।

∞

৬. কাজ বা চাকরি ছাড়াও আপনি অর্থ পেতে পারেন

আমরা সবাই এই পৃথিবীতে সহ-সৃষ্টি করছি–
বিভিন্ন স্তরে একে অপরের সাথে পারস্পরিক যোগাযোগে যুক্ত হয়ে,
অসংখ্য উপায়ে একে অপরকে অভিজ্ঞতা করছি।

অর্থ আমাদের মধ্যে প্রবাহিত হয়–একে অপরকে যে অভিজ্ঞতাগুলো আমরা দিই, তার প্রতি কদর প্রকাশের একটি মাধ্যম হিসেবে।

কিন্তু আধুনিক সমাজ আমাদের প্রায় সম্পূর্ণভাবে আমাদের পার্থিব ইন্দ্রিয়ের উপর নির্ভর করতে শিখিয়েছে,
আর একই সাথে আমাদের আবেগকে মারাত্মকভাবে উপেক্ষা করতে অভ্যস্ত করেছে।
এর ফলে আমরা ভুলে যাই–পার্থিব জগতের বাইরেও সবসময় আরও কিছু আছে।
আমরা ভুলে যাই–আমাদের প্রত্যেকের ভেতর জীবন ও মহাবিশ্ব সম্পর্কে একটি বৃহত্তর দৃষ্টিভঙ্গি বহন করে চলেছে।

তবু, এই পার্থিব মনোযোগের মধ্যেও মানুষ অনুভব করে–
কিছু একটা আরও বড় আছে,
নিজেদের চেয়েও বিস্তৃত ও গভীর কিছু।
কিন্তু এই সংযোগকে ব্যক্তিগত ও ধারাবাহিক বলে স্বীকার করার বদলে,
সমাজ সেটিকে নির্দিষ্ট কিছু জায়গায় সীমাবদ্ধ করে ফেলে–
যেগুলোকে "পবিত্র স্থান" বলে চিহ্নিত করা হয়,
যেন উচ্চতর চেতনা কেবল সেখানেই বিদ্যমান।

উৎস-শক্তি থেকে বিচ্ছিন্নতা

এই অসহায়ক বিশ্বাসগুলো চর্চা করতে করতে, আধুনিক সমাজ নিজেকে বড় মাত্রায় অ-পার্থিব কম্পনগত জগত থেকে বিচ্ছিন্ন করে ফেলেছে।
এই প্রবণতার ধারাবাহিকতায়, আপনিও হয়তো বিশ্বাস করতে শুরু করেছেন–
অর্থ পেতে হলে আপনাকে মূলত এমন কাজই করতে হবে, যা আপনি পছন্দ করেন না।

যখন আপনি আপনার বিশুদ্ধ ইতিবাচক-সত্তা থেকে, আপনার প্রকৃত উৎস-শক্তি থেকে–
বিচ্ছিন্ন হয়ে পড়েন, তখন সবকিছুই কঠিন মনে হতে শুরু করে।
প্রচেষ্টা হয়ে ওঠে সংগ্রাম।
কর্ম হয়ে ওঠে ক্লান্তিকর।

সমাজ যেমনটি আপনাকে শিখিয়েছে, আপনার মস্তিষ্ক কোনো তথ্য-সংরক্ষণ যন্ত্র নয়।
আপনার মস্তিষ্ক–এবং আপনার পুরো শরীর–
একটি কম্পন-গ্রহণকারী ও কম্পন-প্রেরণকারী ব্যবস্থা।

যখন আপনি আপনার উৎস-শক্তি থেকে বিচ্ছিন্ন থাকেন,
তখন আপনি মহাবিশ্ব থেকে কেবল সীমিত পরিমাণ চিন্তা-শক্তিই গ্রহণ করেন।
আর সীমিত চিন্তা-শক্তির সাথে, জীবনও সীমিত বলে মনে হয়–
মহাবিশ্ব যতই বিশাল হোক না কেন।

সৃষ্টির সহজ সমীকরণ

এই মহাবিশ্বে যেকোনো কিছু পাওয়ার সমীকরণটি খুবই সহজ–

আপনাকে আপনার কম্পনের মধ্য দিয়ে চিন্তা-শক্তি প্রবাহিত করতে হবে,
যাতে আপনি সেই চিন্তা-শক্তিকেই আপনার কম্পনে গ্রহণ করতে পারেন–
যে শক্তিকে আপনি পরে পার্থিব রূপে অনুবাদ করেন।

সৃষ্টিতে কর্ম সর্বদা অন্তর্ভুক্ত।কর্ম ছাড়া মহাবিশ্ব থেকে কোনো প্রতিক্রিয়া আসে না।
কিন্তু সেই কর্ম পার্থিব হতেই হবে–এমন নয়।

মহাবিশ্বের সবচেয়ে ফলপ্রসূ কর্ম হলো–
বিশুদ্ধ ইতিবাচক চিন্তা-শক্তির প্রবাহ।
আর এর জন্য প্রায়ই কোনো পার্থিব নড়াচড়ার প্রয়োজনই হয় না।

কর্মের দুটি ধরন

সবকিছুর মতোই, পার্থিব কর্মেরও দুটি রূপ আছে–

১. বাঞ্ছিত, আনন্দদায়ক, ভালোলাগা কর্ম
২. অবাঞ্ছিত, ক্লান্তিকর, ভাল না লাগা কর্ম

সমাজ প্রথমটিকে বলে *প্যাশন*,
আর দ্বিতীয়টিকে বলে *কাজ* বা *চাকরি*।

প্যাশনভিত্তিক কর্ম মহাবিশ্বের সবচেয়ে পুষ্টিদায়ক অভিজ্ঞতাগুলোর একটি।
এটি আপনাকে প্রাণবন্ত, উদ্দীপ্ত ও বিস্তৃত অনুভব করায়–
কারণ প্যাশনের সময় আপনি স্বাভাবিকভাবেই আপনার অ-পার্থিব উৎসের সাথে সংযুক্ত

হন
এবং নিজের মধ্য দিয়ে ইতিবাচক চিন্তা-শক্তির প্রবাহকে অনুমতি দেন।

অন্যদিকে, অপ্রিয় কাজ ক্লান্তিকর ও প্রাণহীন মনে হয়–
কর্মটির জন্য নয়,
বরং আপনি সেটি করেন বিশুদ্ধ ইতিবাচক উৎস-শক্তির সাথে সংযোগ স্থাপন না করেই।

চিন্তার মাধ্যমে কর্মের রূপান্তর

আসলে, আপনি কী করছেন–তা ততটা গুরুত্বপূর্ণ নয়।
আপনি যেকোনো পার্থিব কর্ম থেকেই উপকৃত হতে পারেন,
যদি আপনি সেই কর্ম সম্পর্কে বিশুদ্ধ ইতিবাচক চিন্তা প্রবাহিত করে আপনার অ-পার্থিব উৎসের সাথে সংযুক্ত হন।

কিন্তু এই ক্রমটি স্পষ্টভাবে মনে রাখুন–

চিন্তা-শক্তি আগে আসে।
অনুপ্রাণিত পার্থিব কর্ম আসে পরে।

আপনাকে বাধ্য হয়ে ভাল না লাগা, ক্লান্তিকর কাজ চালিয়ে যেতে হবে–এমন নয়।
আপনি হয় ভালোলাগা চিন্তা চর্চার মাধ্যমে আপনার প্যাশন আবিষ্কার করতে পারেন,
অথবা আপনার বর্তমান কাজ সম্পর্কিত চিন্তা ও অনুভূতি বদলে সেটিকেই প্যাশনে রূপান্তর করতে পারেন।

উভয় ক্ষেত্রেই নীতিটি একই থাকে–

পর্যাপ্ত সময় ধরে বিশুদ্ধ ইতিবাচক চিন্তা প্রবাহিত করুন,
আর অনুপ্রাণিত বুদ্ধি– স্পষ্ট, কার্যকর ও আনন্দদায়ক কর্ম–
স্বাভাবিকভাবেই জন্ম নেবে।
এইভাবেই সৃষ্টি সবসময় কাজ করে এসেছে।

∞

৭. একটি পেতে গিয়ে আরেকটি ত্যাগ করতে হয় না—আপনি সবকিছুই পেতে পারেন

সমাজে অর্থ নিয়ে সবচেয়ে গভীরে গেঁথে থাকা একটি বিশ্বাস হলো—
"বড় স্বপ্ন চাইলে বড় ত্যাগ দিতেই হবে"।
এই বিশ্বাসের কারণেই অনেকেই তাদের স্বপ্নের দিকে এগোনোর চেষ্টা পর্যন্ত করে না—
বিশেষ করে যখন স্বপ্নটা তাদের কাছে খুব বড় বলে মনে হয়।এই বুদ্ধির পেছনে একটি আপাত যৌক্তিক পর্যবেক্ষণ আছে। মানুষ দেখে—
কেউ অর্থবান, কিন্তু ভালোবাসাহীন।
কেউ অত্যন্ত ধনী, কিন্তু অসুস্থ।
কেউ বিপুল সম্পদের মালিক, কিন্তু উপভোগের সময় নেই।

এগুলো দেখে মানুষ একটি সিদ্ধান্তে আসে:
অর্থ পাওয়া যায়, কিন্তু তার বিনিময়ে কিছু না কিছু হারাতেই হয়।
সবকিছু একসাথে পাওয়া যায় না।

এই সিদ্ধান্তটি আসে কেবল পার্থিব দৃষ্টিভঙ্গি থেকে—
পার্থিব মানুষ, পার্থিব ইন্দ্রিয় ব্যবহার করে, পার্থিব ফলাফল দেখেই এই "সত্য" বানায়।
উপরন্তু বিষয়টি যুক্তিসঙ্গত মনে হয় বলেই এটি সহজে গ্রহণযোগ্যও হয়ে ওঠে।

কিন্তু এই সিদ্ধান্তটি অসম্পূর্ণ।

সবকিছুর মধ্যেই দুইটি দিক থাকে

মহাবিশ্বে এমন কিছু নেই যার একটাই দিক আছে।
সবকিছু—এবং সবাই—দুটি সমান শক্তিশালী দিক ধারণ করে:

- একটি কাঙ্ক্ষিত, সুন্দর দিক
- একটি অ-কাঙ্ক্ষিত, দুর্বিষহ দিক

আপনি কোন দিকটি অনুভব করবেন, তা বিষয়টি ঠিক করে না।
তা ঠিক করে আপনার কম্পন।
আর আপনার কম্পনের সবচেয়ে নির্ভরযোগ্য নির্দেশক হলো আপনার আবেগ।

কিন্তু আধুনিক সমাজে আবেগই সবচেয়ে বেশি উপেক্ষিত।
এই আবেগগত নির্দেশনাকে উপেক্ষা করার ফলেই মানুষ একদিকে প্রাচুর্য পায়, আর অন্যদিকে ভারসাম্য হারায়।

কেন কেউ কেউ অর্থ পেয়ে অন্য কিছু "হারায়"

আপনি যখন বোঝেন যে আপনি শুধু একটি দেহ নন–
আপনি একটি বৃহদাংশ, চিরন্তন সত্তা; নিজেই নিজেকে আবেগের মাধ্যমে পথপ্রদর্শক–
তখন আপনি জীবনের সব ক্ষেত্রে ভারসাম্য রাখতে পারেন।

সবকিছুই আপনাকে কিছু না কিছু সুন্দর দিতে পারে।
কিছু অপ্রিয়ও দিতে পারে।
পছন্দটি সবসময় আপনার।

তাহলে যারা অর্থের জন্য ভালোবাসা, স্বাস্থ্য বা শান্তি হারায়–তাদের ক্ষেত্রে কী হয়?

তারা সাধারণত গভীর অভাব থেকে অর্থের পেছনে ছুটে।
সেই জায়গা থেকে তারা যেকোনো মূল্যে শুধু অর্থেই মনোযোগ দেয়।
ফলে তারা তাদের আবেগগত নির্দেশনাকে উপেক্ষা করতে শুরু করে–
যে ব্যবস্থাটি তাদের নিরাপদ ও আনন্দময় পথে সমৃদ্ধির দিকে নেওয়ার জন্যই তৈরি।

তারা আর বুঝতে পারে না–

- কখন তারা অর্থের ইতিবাচক দিকে আছে
- কখন তারা তার প্রতিরোধপূর্ণ দিকে চলে গেছে

ভেতরের নির্দেশনার উপর ভরসা হারিয়ে তারা বাইরের দিকনির্দেশ খোঁজে।
কিন্তু যেহেতু সমাজ নিজেই নেতিবাচক কম্পন থেকে পরিচালিত,
এই বাহ্যিক দিকনির্দেশ তাদের আরও ভুল পথে নিয়ে যায়।

এটি কষ্ট দেওয়ার উপায় নয়–এটি নিয়ম

নেতিবাচক কম্পন থেকে মহাজাগতিক নিয়ম কেবল আরও সংগ্রামই দিতে পারে।
খারাপ লাগা অবস্থায় পাওয়া বুদ্ধি কখনোই ভালোলাগা ফলাফল সৃষ্টি করতে পারে না।

এটি কোনো ভুলের ফল নয়।
এটি নিয়ম।

প্রতিরোধ বাড়লে সম্পর্ক, স্বাস্থ্য, আনন্দ ও শান্তি ঝরে যেতে থাকে–
অর্থের কারণে নয়,
বরং নেতিবাচক কম্পন ইতিবাচক সামঞ্জস্যকে দূরে ঠেলে দেয় বলেই।

আপনার পথ আলাদা

অন্যদের অভিজ্ঞতা আপনার ভবিষ্যৎ নয়।
আপনি এখন নীতিগুলো বোঝেন।
আপনি আবেগগত নির্দেশনা চিনতে পারেন।
আপনার কাছে স্পষ্ট প্রক্রিয়া আছে।
আপনি আপনার বিশুদ্ধ ইতিবাচক-সত্তা ও মহাবিশ্বের সমর্থনে আছেন।

আপনি যখন ধারাবাহিকভাবে ভালোলাগা চিন্তার দিকে যান,
আপনি অর্থসহ সবকিছুর ইতিবাচক দিকের সাথে সংমিশ্রণে থাকেন।

সেই অবস্থায়–

- আপনি যা ভালোবাসেন, তা হারান না
- আপনি সাফল্যের জন্য আনন্দ ছাড়েন না
- আপনি সম্পদের জন্য পরিপূর্ণতা ত্যাগ করেন না

ত্যাগ আপনার পথ নয়।
আপনার ভালোলাগা কম্পন স্বাভাবিকভাবেই আপনার জীবনের সব মূল্যবান দিককে ধরে রাখে, বিস্তার করে–
আর সমৃদ্ধি আসে তারই একটি স্বাভাবিক সম্প্রসারণ হিসেবে।

আর তাই

আপনি সত্যিই সবকিছু পেতে পারেন।

∞

৮. অর্থ না সব নষ্টের মূল, না সব সুখের সূচনা

এই আকর্ষণভিত্তিক মহাবিশ্বে, কিছুই নিজে থেকে আপনার অভিজ্ঞতায় প্রবেশ করেনা।

আপনি যদি কোনো কিছুর সাথে কম্পনগতভাবে সংগতিপূর্ণ না হন,
তবে আপনি সেটিকে অভিজ্ঞতা করতে পারবেন না।
কম্পনই হলো মহাবিশ্বের ভাষা।

সবকিছু কেবল কম্পনের মাধ্যমেই পারস্পরিক যোগাযোগ করে, আর কোন কম্পন কার সাথে সংমিশ্রিত হবে–তা নির্ধারণ করে একমাত্র আকর্ষণের মহাজাগতিক নিয়ম।

এই নিখুঁত কম্পনগত ব্যবস্থাপনার কারণে,
মহাবিশ্বের প্রতিটি কণাই সর্বদা ভারসাম্য ধরে রাখে।
কিছুই কখনো বেশি বা কম নয়–সবকিছুই নিখুঁত শক্তিগত সমতায় বিদ্যমান।

এই উপলব্ধি থেকে, আপনি কখনোই সত্যিকারভাবে বলতে পারেন না যে কোনো কিছু কেবল আপনাকে ক্ষতি করছে বা কেবল আপনাকে সাহায্য করছে।

অর্থ সম্পর্কে পরস্পরবিরোধী বিশ্বাস

সমাজে একটি বহুল প্রচলিত বিশ্বাস হলো–অর্থই সব অকল্যাণের মূল।
আবার সমানভাবে শক্ত আরেকটি বিশ্বাস আছে–অর্থই সব সুখের উৎস।

সমাজের প্রভাবে আপনিও হয়তো এই বিশ্বাসগুলোর একটিতে বিশ্বাস করেন–
অথবা দুটোরই এক মিশ্র বিশ্বাস ধারণ করেন।
কিন্তু এর কোনোটিই আপনার উপকারে আসে না, দুটি মৌলিক কারণে।

১. দুটি বিশ্বাসই অর্থকে আপনার অভিজ্ঞতার উপর ক্ষমতা দেয়
আকর্ষণভিত্তিক মহাবিশ্বে এটি কখনোই সত্য নয়।
প্রত্যেকে নিজেই নিজের জন্য আকর্ষণ করে।
কিছুই–কেউই–অন্য কারও অভিজ্ঞতা সৃষ্টি করার জন্য দায়ী নয়।

২. দুটি বিশ্বাসই কম্পনকে উপেক্ষা করে
অর্থকে দোষারোপ বা প্রশংসা করার মাধ্যমে আপনি আপনার মনোযোগ সরিয়ে নেন আপনার কম্পন থেকে–

যেটিই একমাত্র নির্ধারণ করে আপনি কী অভিজ্ঞতা করবেন।
এতে করে আপনি নিজের আবেগগত নির্দেশনা-ব্যবস্থাকে উপেক্ষা করতে শেখেন,
যা কখনোই উপকারী নয়।

বিশ্বাস কীভাবে বাস্তবতায় রূপ নেয়

যে কোনো চিন্তা, যা বারবার ও বিশুদ্ধভাবে ভাবা হয়, সেটিই বিশ্বাসে পরিণত হয়।
আর একটি আকর্ষণভিত্তিক কম্পনগত মহাবিশ্বে, বিশ্বাস অবশ্যম্ভাবীভাবে পার্থিব অভিজ্ঞতায় রূপ নেয়।

যদি কেউ বিশ্বাস করে–"অর্থ অশুভ,"
তাহলে তার জীবনে যত বেশি অর্থ আসে, তত বেশি সমস্যা নিয়ে আসে–
কারণ সেটিই সে কম্পন হিসেবে প্রদান করছে।

যদি কেউ বিশ্বাস করে–"কেবল অর্থই আমাকে সুখী করতে পারে,"
তাহলে সে নিজের আবেগগত নির্দেশনাকে উপেক্ষা করতে পারে
এবং যেকোনো মূল্যে অর্থ জমানোর ব্যাপারে দৃঢ়প্রতিজ্ঞ হয়ে উঠতে পারে।

শেষ পর্যন্ত সে হয়তো আর্থিকভাবে সফল হয়–
কিন্তু ভেতরে শূন্য, অসন্তুষ্ট ও অপূর্ণ অনুভব করে।
সেই অভিজ্ঞতা থেকে সে সিদ্ধান্তে আসে–অর্থ সুখ আনে না।

দুটি ক্ষেত্রেই, অর্থ কারণ ছিল না ।
কারণ ছিল কম্পন।

অর্থ নিরপেক্ষ সবসময়– সিদ্ধান্ত নেন আপনি

একটি কম্পনগত মহাবিশ্বে, আপনার বাইরে কিছুই আপনার অভিজ্ঞতা সৃষ্টি করার ক্ষমতা রাখে না।
কিছুই স্বভাবতই অশুভ নয়।
কিছুই স্বভাবতই শুভ নয়।

প্রতিটি বিষয়–তা সে অর্থই হোক–সম্পূর্ণ নিরপেক্ষ,
সমান ইতিবাচক ও নেতিবাচক সম্ভাবনা ধারণ করে।

আপনিই আকর্ষণকারী। আপনিই নির্ধারণ করেন–
যেকোনো বিষয়ের কোন দিকটি আপনার অভিজ্ঞতায় দৃশ্যমান হবে।

তাই হ্যাঁ–
ভয়, অভাব, বিরক্তি বা অপরাধবোধ থেকে মনোযোগ দিলে
অর্থ কারও জন্য অশুভ হয়ে উঠতে পারে।
আর কদর, প্রাচুর্য, স্পষ্টতা ও সহজতা থেকে মনোযোগ দিলে
অর্থ আশীর্বাদ হয়ে উঠতে পারে।
আবেগ সবসময়ই আপনাকে জানিয়ে দেবে–আপনি কোন কম্পন প্রদান করছেন।

একমাত্র যে কাজটি গুরুত্বপূর্ণ

আপনার আবেগকে সম্পূর্ণভাবে বিশ্বাস করুন।
এগুলোই আপনার সম্পূর্ণ সত্তার সাথে সরাসরি যোগাযোগ।

অর্থ সম্পর্কে ভাবতে গিয়ে আপনি যখন ভালোলাগা অনুভব করেন–
বা একটু ভালোলাগে – তখন আপনি তার ইতিবাচক দিকের সাথে সংমিশ্রণে আছেন।
আর যখন আপনি খারাপ, চাপ বা প্রতিরোধ অনুভব করেন,
তখন আপনি তার নেতিবাচক দিকেই মনোযোগী।

অতএব–

- ইতিবাচক মনোযোগ শক্তিশালী করুন
- নেতিবাচক গতিবেগ প্রশমণ করুন
- আরও ভালোলাগা চিন্তার দিকে এগোন
- বিশুদ্ধ ইতিবাচক সংমিশ্রণকে পথ দেখাতে দিন

এগুলো ধারাবাহিকভাবে করলে, সমৃদ্ধি আর প্রচেষ্টা বা সংগ্রাম হয়ে আসে না–
তা আসে প্রবাহ হিসেবে।

অর্থ কখনোই আপনার অভিজ্ঞতার উৎস নয়।
আপনি নিজেই সেই উৎস।

আর আপনি যখন এই উপলব্ধি থেকে জীবন যাপন করেন,
সমৃদ্ধি হয়ে ওঠে স্বাভাবিক, টেকসই এবং অবিরাম নবায়িত।

∞

৯. এই সংযুক্ত মহাবিশ্বে সবকিছু এবং সবাই সমানভাবে গুরুত্বপূর্ণ

সমাজে সমতা ও শ্রেষ্ঠত্ব নিয়ে অনেক ত্রুটিপূর্ণ বিশ্বাস প্রচলিত আছে। সবগুলো নিয়ে আলোচনা করলে তা আপনাকে সমৃদ্ধি আকর্ষণে সহায়তা করবে না।

তাই এখানে আমরা অর্থের সাথে সম্পর্কিত এক-দুটি বিশ্বাসের দিকেই মনোযোগ দেব– এবং সেগুলোকে এমনভাবে পুনর্গঠন করব, যা সত্যিকার অর্থে আপনার কাজে আসে।

"আমি-ই একমাত্র স্রষ্টা"–এই ত্রুটিপূর্ণ বিশ্বাস

একটি গভীরভাবে গেথে থাকা বিশ্বাস বলে–
আপনিই আপনার জীবনের অভিজ্ঞতার একমাত্র স্রষ্টা, পরিচালক ও ভোক্তা,
এবং আপনি চাইলে অন্যদের সাথে সেই অভিজ্ঞতা ভাগ করতে পারেন বা আটকে রাখতে পারেন।

প্রথম নজরে, এটি এই বইয়ের কথার সাথে মিল আছে বলে মনে হতে পারে।
কিন্তু এখানে একটি গুরুত্বপূর্ণ পার্থক্য রয়েছে।

ভুল বোঝার সূক্ষ্ম জায়গাটি
আপনি বিশ্বাস করেন–

- আপনাকেই সবকিছু একা সৃষ্টি করতে হবে
- অন্যরা আপনার অভিজ্ঞতার জন্য অপ্রাসঙ্গিক বা ঐচ্ছিক
- সমৃদ্ধি আপনি নিজে তৈরি করেন, তারপর তা অন্যদের দেন

মহাজাগতিক উপলব্ধি
প্রকৃত সত্য হলো–

- আপনি আপনার কম্পনগত প্রবাহের মাধ্যমে অভিজ্ঞতা সৃষ্টি করেন
- পুরো মহাবিশ্ব সেই কম্পনের প্রতিক্রিয়ায় অংশ নেয়
- আকর্ষণের মহাজাগতিক নিয়ম সহযোগী উপাদানগুলোকে সংগঠিত করে

আপনি একা সৃষ্টি করছেন না।
আপনি মহাবিশ্বের সাথে মিলেই সৃষ্টি করছেন।

সমৃদ্ধির জন্য এটি কেন গুরুত্বপূর্ণ

সমৃদ্ধিকে অনুমতি দিতে হলে একটি বিষয় বোঝা অপরিহার্য–
আপনার চারপাশের প্রতিটি সত্তাই আপনার জীবনের অভিজ্ঞতায় অবদান রাখে।

আপনি যদি বিশ্বাস করেন–

- "আমাকেই সবকিছু করতে হবে"
- "অন্যরা বাধা, অবদানকারী নয়"

তাহলে অজান্তেই আপনি সেই সব পথ সীমিত করে ফেলেন,
যেগুলোর মাধ্যমে সমৃদ্ধি আপনার কাছে পৌঁছাতে পারত।

হ্যাঁ, আপনি আপনার অভিজ্ঞতার নিয়ন্ত্রক।
কিন্তু অ-পার্থিব শক্তি সবার মধ্য দিয়েই প্রবাহিত হয়।

এই কারণেই–

- আপনার সমৃদ্ধি যে কারও মাধ্যমে আসতে পারে
- আপনার আকাঙ্ক্ষা প্রায়ই মানুষের মাধ্যমেই পার্থিব রূপ নেয়
- অন্যরা মহাবিশ্বের পক্ষ থেকে সহযোগী উপাদান হিসেবে কাজ করে

প্রতিরোধ কীভাবে সমৃদ্ধিকে আটকে দেয়

আপনি যখন–

- বারবার অন্যদের নেতিবাচক দিকের উপর মনোযোগ দেন
- অভ্যস্ত নন বলে কোনো কাজকে সরাসরি প্রত্যাখ্যান করেন
- মানুষ বা পরিস্থিতির বিরুদ্ধে মনে মনে নিন্দা, অভিযোগ বা চাপ সৃষ্টি করেন

তখন আপনি সেই সব পথ সংকুচিত করেন,
যেগুলোর মাধ্যমে সমৃদ্ধি প্রবাহিত হতে পারত।

আপনার –

- সবাইকে পছন্দ করতে হবে না
- সবকিছুকে মেনে নিতে হবে না
- যা আপনার কাছে ভুল লাগে, তা করতে হবে না

কিন্তু যা আপনার পছন্দ নয়, তার বিরুদ্ধে প্রতিরোধ বন্ধ করতেই হবে।

কেন?
কারণ প্রতিরোধ পথ বন্ধ করে দেয়।

নেওয়া ও দেওয়ার দুই পথই খুলে দেওয়া

সমৃদ্ধি কেবল গ্রহণের বিষয় নয়–
এটি প্রবাহকে অনুমতি দেওয়ার বিষয়ও।

আপনি ইতিমধ্যেই বুঝেছেন–

- আপনি যে কম্পন প্রদান করেন, সেটিই ফিরে আসে
- কিছুই বা কেউই পুরোপুরি ভালো বা খারাপ নয়
- প্রতিটি মানুষ ও পরিস্থিতির দুটি সমান বিপরীত দিক থাকে

এর অর্থ হলো–

- যেটাকে আপনি এখন "অকার্যকর" মনে করছেন, তারও একটি সহায়ক দিক আছে
- আপনি নিন্দা বন্ধ করলেই, সেই সহায়ক দিকটি প্রকাশপেতে পারে

আপনাকে সেটি খুঁজতে হবে না–
প্রতিরোধ থামলেই তা স্বাভাবিকভাবে সামনে আসে।

এটি প্রয়োগ করলে প্রথমে কী বদলায়

আপনি যখন সচেতনভাবে এই উপলব্ধি প্রয়োগ করেন,
প্রথম যে পরিবর্তনগুলো আসে, সেগুলো সূক্ষ্ম হলেও শক্তিশালী–

- উপভোগ করার মতো আরও মানুষ
- সন্তুষ্টিকর আরও পরিস্থিতি
- সংযোগ, আনন্দ ও সহজতার আরও মুহূর্ত

আর দ্বিতীয় পরিবর্তনটি–সমানভাবে গুরুত্বপূর্ণ–এটি হলো:
আপনার সমৃদ্ধি অনেক দ্রুত পার্থিব রূপ নিতে শুরু করে।

কারণ এখন মহাবিশ্বের কাছে
আপনার সমৃদ্ধি পৌঁছে দেওয়ার জন্য
অনেক বেশি সহযোগী উপাদান উপলব্ধ থাকে।

অর্থ ও সংযোগ সম্পর্কে বৃহত্তর সত্য

ত্রুটিপূর্ণ সামাজিক বিশ্বাস ধরে রেখে,
ইতিমধ্যেই আপনার জন্য উপলব্ধ অভিজ্ঞতা থেকে নিজেকে আলাদা করবেন না।

আমরা সীমিত সম্পদের জন্য প্রতিযোগী বিচ্ছিন্ন স্রষ্টা নই।
আমরা একটি সহযোগী মহাবিশ্বের সহ-স্রষ্টা।

- আমরা সবাই সংযুক্ত
- আমরা সবাই একে অপরের অভিজ্ঞতায় অবদান রাখি
- অর্থ হলো আমাদের মধ্যকার কদরের পার্থিব প্রতীক

একটি অ-পার্থিব শক্তিচালিত মহাবিশ্বে,
যে কেউ আপনার আকাঙ্ক্ষা প্রকাশপথ হয়ে উঠতে পারে।

আপনার একমাত্র কাজ হলো–
অন্যরা আপনার অভিজ্ঞতায় যে মূল্য যোগ করছে, তা স্বীকার করা।
প্রতিরোধ থামানো।
সহযোগিতাকে অনুমতি দেওয়া।

আপনি যখন তা করেন,
সমৃদ্ধিকে আর জোর করতে হয় না–
তা স্বাভাবিক প্রবাহ হিসেবেই আসে।

∞

✦ অধ্যায়ের শেষের প্রক্রিয়া ৮ ✦

“১৫ মিনিটের ইচ্ছাকৃত শরীর চলাচলের প্রক্রিয়া”

আপনার জীবনের অভিজ্ঞতা, শেখা বিষয়, সমৃদ্ধ মানুষদের পর্যবেক্ষণ, এবং এই বইয়ে উপস্থাপিত মহাজাগতিক উপলব্ধি থেকেআপনি ইতিমধ্যেই একটি মৌলিক সত্য জানেন:

আপনার জীবনে কোনো কিছু পেতে হলে, আপনাকে তাতে বিশ্বাস করতে হয়।

তবু আপনার বর্তমান পরস্পরবিরোধী বিশ্বাসগুলো আপনাকে নিজের সীমাহীন সক্ষমতায় বিশ্বাস করতে বাধা দিচ্ছে।
এই কারণেই, এখন প্রয়োজন হয়ে পড়ে–
সীমাবদ্ধ, অকার্যকর, নেতিবাচক বিশ্বাস থেকে আপনার মনোযোগ সরিয়ে নেওয়া,
যেগুলো আর আপনার কাজে আসছে না।

আপনি এখন বুঝেছেন–
বিশ্বাস মানে কেবল এমন একটি চিন্তা, যেটি আপনি বারবার ভাবতে থাকেন,
আর আকর্ষণের মহাজাগতিক নিয়ম আপনার চলমান চিন্তা-প্রবাহের প্রতিক্রিয়া দিতেই থাকে।

অতএব, আপনি যখন অকার্যকর চিন্তার প্রবাহে বাধা দেন,
সেই বিশ্বাসগুলো স্বাভাবিকভাবেই ভেঙে যেতে শুরু করে।

সবসময় মনে রাখবেন:
আপনার মনোযোগ ও আবেগগত অংশগ্রহণ ছাড়া
আপনার অভিজ্ঞতায় কিছুই টিকে থাকতে পারে না।

যে মুহূর্তে আপনি কোনো ভালোলাগাহীন চিন্তা থেকে মনোযোগ সরিয়ে নেন,
সেই বিশ্বাসটি আর আপনার অভিজ্ঞতায় নিজেকে ধরে রাখতে পারে না।

নেতিবাচক বিশ্বাস বদলানোর দুইটি উপায়

নেতিবাচক বিশ্বাস ছাড়ার এবং ইতিবাচক বিশ্বাস অনুমতি দেওয়ার কার্যকর মাত্র দুইটি উপায় আছে:

১. আপনার মনোযোগ পুনর্নির্দেশ করুন

আপনি যা কিছু অভিজ্ঞতা করছেন, সে গুলোর বিষয়ে শুধুই–অথবা–বেশিরভাগ সময় ভালোলাগা দিকগুলোতে–ভালোলাগা চিন্তায় মনোযোগ দিলে,
নেতিবাচক বিশ্বাসগুলো ধীরে ধীরে শক্তিহীন হয়ে পড়ে।

২. চিন্তার গতিবেগ সম্পূর্ণভাবে থামান

অল্প সময়ের জন্য সব চিন্তা থামিয়ে দিলে,
পুরো নেতিবাচক চিন্তা-প্রবাহে বাধা সৃষ্টি হয়।

নেতিবাচক চিন্তা যখন গতিবেগ হারায়,
আপনার বিশুদ্ধ ইতিবাচক-সত্তার স্বাভাবিক ইতিবাচক গতিবেগ নিজেই প্রাধান্য পায়।

আপনার অ-পার্থিব বিশুদ্ধ ইতিবাচক-সত্তা সবসময়ই আপনার দিকে ইতিবাচক চিন্তা পাঠাচ্ছে।
কিন্তু একজন কম্পনগত শক্তি-গ্রহণকারী হিসেবে,
আপনি এক সময়ে কেবল একটি প্রবাহই গ্রহণ করতে পারেন:

- হয় শর্তবদ্ধ মানব-চেতনার অকার্যকর চিন্তা
- অথবা আপনার বৃহদাংশ, প্রাজ্ঞ সত্তার সহায়ক চিন্তা

আপনি যখন নেতিবাচক চিন্তার সাথে যুক্ত থাকা বন্ধ করেন,
স্বাভাবিকভাবেই আপনি ইতিবাচক চিন্তা গ্রহণ করতে শুরু করেন।

এই প্রক্রিয়ার উদ্দেশ্য

এই প্রক্রিয়াটি তৈরি করা হয়েছে–
১৫ মিনিটের জন্য শারীরিক গতিবিধিকে ইচ্ছাকৃত বিভ্রান্তি হিসেবে ব্যবহার করে,
সাময়িকভাবে আপনার চিন্তা থামানোর জন্য।

ধ্যান হলো চিন্তা সম্পূর্ণভাবে থামানোর সবচেয়ে কার্যকর উপায়।
তবে যেহেতু আপনি ইতিমধ্যেই কাজভিত্তিক সাফল্যে অভ্যস্ত,
এই পদ্ধতিটি আপনার অভ্যাসের সাথে কাজ করে–তার বিরুদ্ধে নয়।

এটি আপনাকে ধ্যানের জন্যও নিখুঁতভাবে প্রস্তুত করে।

কেন শারীরিক গতিবিধি কাজ করে

আধুনিক সমাজ স্বাস্থ্যের জন্য শারীরিক ব্যায়ামের উপর জোর দেয়।
কিন্তু আপনি এখন একটি গভীরতর সত্য বোঝেন:
শারীরিক কাজ নিজে ফল সৃষ্টি করে না–
কাজের পেছনের চিন্তাই ফল সৃষ্টি করে।

যদি কেবল কাজই গুরুত্বপূর্ণ হতো,
তাহলে একই ব্যায়াম করলে সবাই একই ফল পেত।
কিন্তু তা হয় না–
কারণ কাজের পেছনের চিন্তা ও আবেগ আলাদা।

শারীরিক গতিবিধির সবচেয়ে বড় মূল্য হলো এটি:
এটি অভাব-কেন্দ্রিক দীর্ঘস্থায়ী চিন্তাকে জোরপূর্বক থামিয়ে দেয়।

চিন্তা থামলে, প্রতিরোধ থামে।
প্রতিরোধ থামলে, ইতিবাচক শক্তি স্বাভাবিকভাবেই প্রবাহিত হয়।

---

১৫ মিনিটের শারীরিক গতিবিধি প্রক্রিয়া

উদ্দেশ্য
আপনার শরীরকে এমন শারীরিক কর্মকাণ্ডে সম্পূর্ণভাবে যুক্ত করা, যা আপনার পূর্ণ মনোযোগ দাবি করে–ফলে মন নেতিবাচক চিন্তার দিকে যেতে পারে না।

ধাপ ১: একটি ভালোলাগা কর্মকাণ্ড বেছে নিন

আপনি যে শারীরিক গতিবিধি উপভোগ করেন, সেটি বেছে নিন।
উপভোগ করা এখানে অপরিহার্য।

উদাহরণ:

- যোগব্যায়াম বা স্ট্রেচিং
- আসন বা ফ্রি-হ্যান্ড ব্যায়াম
- মার্শাল আর্টস অনুশীলন
- হাঁটা, দৌড়ানো, সাইক্লিং
- সাঁতার বা হালকা শক্তি প্রশিক্ষণ
- হালকা কৃষিকাজ বা গার্ডেনিং

দলগত খেলাধুলা এড়িয়ে চলুন, যদি না–

- আপনি নিয়মিতভাবে সেটি করতে পারেন
- সেটি প্রতিযোগিতামূলক নয়, বরং খেলার জন্য খেলা মনে হয়
- সেটি ১৫ মিনিটের মধ্যে করা সম্ভব

লক্ষ্য হলো সর্বাত্মক সম্পৃক্ততা–
পারফরম্যান্স বা অর্জন নয়।

ধাপ ২: ১৫ মিনিটের অঙ্গীকার করুন

প্রতিদিন বা নিয়মিতভাবে এই কর্মকাণ্ডটি করুন–
পুরো দেহ ও সম্পূর্ণ মনোযোগ নিয়ে।

আপনি চাইলে–

- একটি কর্মকাণ্ডেই স্থির থাকতে পারেন
- অথবা সপ্তাহজুড়ে বিভিন্ন কর্মকাণ্ড ঘুরিয়ে ফিরিয়ে করতে পারেন

ধাপ ৩: ধ্যানের সাথে যুক্ত করুন (প্রস্তাবিত)

সবচেয়ে কার্যকর ক্রম হলো–
১. ঘুম থেকে ওঠা
২. ১৫ মিনিট শারীরিক গতিবিধি
৩. একটি দ্রুত স্নান
৪. জল পান
৫. ধ্যানে বসা

এটি দিনের জন্য একটি নিখুঁত শক্তিগত প্রস্তুতি তৈরি করে।

কার্যকারিতা বাড়ানোর জন্য কিছু পরামর্শ

- কর্মকাণ্ড চলাকালীন সচেতনভাবে শ্বাস নিন।শ্বাস দেহে মনোযোগ ধরে রাখে এবং মনকে বিচ্যুত হতে দেয় না।
- এমন কর্মকাণ্ড বেছে নিন, যা বজায় রাখা সহজ, কিন্তু মনোযোগ দাবি করে।
- আপনি যদি আগে থেকেই শারীরিকভাবে সক্রিয় হন, অতিরিক্ত করবেন না। প্রচেষ্টার চেয়ে আবেগ বেশি গুরুত্বপূর্ণ।
- আপনার সুবিধে অনুযায়ী প্রক্রিয়াটিতে সামান্য কিছু বদল করতে পারেন।

একমাত্র শর্ত হলো–
১৫ মিনিটের সম্পূর্ণ, চৈতন্যশীল সম্পৃক্ততা।

প্রক্রিয়াটির উপকারিতা

নিয়মিত অনুশীলনে, এই প্রক্রিয়াটি–

- ইচ্ছাকৃতভাবে মনোযোগ পরিচালনার ক্ষমতা শক্তিশালী করে
- নেতিবাচক চিন্তা-চক্রে বাধা দিয়ে চাপ কমায়
- আপনাকে হালকা, আরও জীবিত ও আবেগগতভাবে সংবেদনশীল অনুভব করায়
- অনুপ্রাণিত বুদ্ধি ও কাজের তাগিদের দরজা খুলে দেয়
- সংমিশ্রিত কাজের মাধ্যমে ধীরে ধীরে সমৃদ্ধির দিকে নিয়ে যায়
- শারীরিক স্বাস্থ্য ও প্রাণশক্তি উন্নত করে
- সিদ্ধান্ত গ্রহণে স্পষ্টতা ও আত্মবিশ্বাস আনে

শুরুর দিকে আপনি যে বুদ্ধিগুলো পাবেন, সেগুলো হয়তো সরাসরি অর্থের সাথে সম্পর্কিত নাও হতে পারে।
কিন্তু আপনি যখন ভালোলাগা তাগিদে আস্থা রাখতে ও তা অনুসরণ করতে শিখবেন, সেগুলো স্বাভাবিকভাবেই আপনাকে প্রাচুর্যের দিকে নিয়ে যাবে।

চূড়ান্ত উপলব্ধি

এই প্রক্রিয়াটি ব্যায়াম সম্পর্কে নয়।
এটি প্রতিরোধে বাধা দেওয়া সম্পর্কে।

যখন প্রতিরোধ থামে–খুব অল্প সময়ের জন্যও যদি তা হয় –
আপনার স্বাভাবিক সমৃদ্ধির প্রবাহ আবার শুরু হয়।

∞

লেখকের উক্তি-

"সন্তুষ্টিতে স্থিতিশীলতা অর্জনই—সবকিছু অর্জন করা।"

অধ্যায় ৯

আর্থিক প্রাচুর্য আকর্ষণ ও বজায় রাখার বৈশিষ্ট্যসমূহ

এই সমগ্র মহাবিশ্বই কম্পনমূলক, এবং আপনার চারপাশে যে জগৎটি আপনি দেখেন, তা আসলে আপনার কম্পনেরই প্রতিফলন।আপনার অভিজ্ঞতায় যে সব সুন্দর প্রিয় বা কাঙ্ক্ষিত বিষয় উপস্থিত থাকে, তা কেবল এই কারণেই, কেনকি আপনার কম্পন সেই সব বিষয়ের ইতিবাচক অংশের সঙ্গে সামঞ্জস্যপূর্ণ।

আর যে সব ভয়ংকর, অপ্রিয় বা অনাকাঙ্ক্ষিত বিষয় আপনি অভিজ্ঞতা করছেন, অথবা যেসব সুন্দর অভিজ্ঞতা আপনি পেতে চান কিন্তু তা আপনার অভিজ্ঞতায় উপস্থিত নেই– তার কারণ হলো আপনার কম্পন সেই বিষয়ের নেতিবাচক, অনাকাঙ্ক্ষিত বা অভাবমুখী কম্পন অংশের সঙ্গে সামঞ্জস্যপূর্ণ।

'অর্থ' বিষয়টি কোনো ব্যতিক্রম নয়।

অর্থকে টেকসইভাবে উপলব্ধি করতে এবং অর্থের অভিজ্ঞতাকে একটি সুন্দর ও আনন্দদায়ক অভিজ্ঞতা বানাতে হলে, আপনাকে নিজের মধ্যে কিছু সার্বজনীন নিয়মভিত্তিক বৈশিষ্ট্য গড়ে তুলতে হবে।

এই অধ্যায়ে আপনি এমন কিছু অত্যন্ত গুরুত্বপূর্ণ কম্পনমূলক বৈশিষ্ট্য সম্পর্কে জানবেন, যা আপনার বর্তমান আর্থিক অবস্থায় অর্থসম্পর্কিত অভিজ্ঞতাকে অসাধারণভাবে সমৃদ্ধ করতে সাহায্য করবে।

এই অংশের জ্ঞান আপনাকে আপনার অর্থের পার্থিব সঞ্চয়ও বৃদ্ধি করতে সাহায্য করবে, এবং আপনার বৃদ্ধি পাওয়া সমৃদ্ধিকে ধরে রাখার ক্ষমতাও প্রদান করবে।

এই অধ্যায়ে আপনি পাবেন:

অনুশীলন

১. "পরিত্যাগ করুন" কোনো কিছুকে প্রতিরোধ বা দূরে ঠেলার চেষ্টা; তা সে আপনার কাছে যতই যুক্তিযুক্ত হোক না কেন

পৃথিবীর কাউকে–অথবা নিজেকেই–যদি আপনি জিজ্ঞেস করেন,
“সমস্যা থেকে কীভাবে মুক্তি পাওয়া যায়?”,
সবচেয়ে সাধারণ উত্তর হবে:
“সমস্যা সমাধান করে।”

আপনি যদি জিজ্ঞেস করেন,
“জীবন থেকে কোনো অবাঞ্ছিত মানুষ বা পরিস্থিতি কীভাবে সরাব?”
উত্তর হবে:
“ওটাকে বাদ দিয়ে।”

আপনি যদি জিজ্ঞেস করেন,
“অবাঞ্ছিত অভিজ্ঞতা যেন জীবনে ঢুকতে না পারে, সেটা কীভাবে থামাব?”,
উত্তর আবার হবে:
“ওগুলোকে আটকে দিয়ে বা ধ্বংস করে।”

এই উত্তরগুলো আসে পৃথিবীর অধিকাংশ মানুষের গভীরে গেথে থাকা বিশ্বাস থেকে।
মানুষ নিরলসভাবে সমস্যা সমাধানের চেষ্টা করে।
তারা অভিযোগ করে।
তারা যা চায় না, তার বিরুদ্ধে দল গড়ে।
পরিস্থিতি, অন্যমানুষ, রোগ, ব্যবস্থা আর অভিজ্ঞতার বিরুদ্ধে তারা শারীরিক শক্তি প্রয়োগ করে–আইন, চিকিৎসা, ধর্ম, সংস্কৃতি, বিজ্ঞান কিংবা কর্তৃত্বের মাধ্যমে।

শুধু পার্থিব বাস্তবতার দৃষ্টিকোণ থেকে দেখলে, এই পদ্ধতিটি যুক্তিসঙ্গতই মনে হয়।
যদি কিছু অবাঞ্ছিত থাকে, সেটাকে সরিয়ে দাও।

কিন্তু প্রকৃত প্রশ্ন হলো:
এটা কি সত্যিই কাজ করে?

প্রতিরোধের বৈপরীত্য

পৃথিবীটাকে মনোযোগ দিয়ে লক্ষ্য করুন।
মানবজাতি যেসব কিছুর বিরুদ্ধে সবচেয়ে বেশি লড়াই করতে চেয়েছে, সেগুলোই কেবল আরও বড়, আরও শক্তিশালী এবং আরও জটিল হয়ে উঠেছে।

শতাব্দীর পর শতাব্দী ধরে মানুষ রোগকে পরাজিত করার চেষ্টা করেছে।
আজ আমাদের আছে সবচেয়ে উন্নত চিকিৎসাবিজ্ঞান, সবচেয়ে বড় প্রতিষ্ঠান, সবচেয়ে বেশি সংখ্যক ডাক্তার, আর সবচেয়ে উন্নত প্রযুক্তি।
তবুও রোগ অদৃশ্য হয়ে যায়নি।
অনেক ক্ষেত্রে, তা বরং বেড়েছে।

এটা বিজ্ঞানের ব্যর্থতা নয়।
এটা মহাবিশ্ব আসলে কীভাবে কাজ করে—সেই বিষয়ে ভুল বোঝা।

২০২০-২০২১ সালের বৈশ্বিক মহামারি একটি শক্তিশালী উদাহরণ দিয়েছিল।
তাৎক্ষণিকভাবে নিখুঁত চিকিৎসা তৈরি করা না গেলেও, সংকটটি তার গতিবেগ হারিয়েছিল—শক্তি প্রয়োগে ধ্বংস হওয়ার কারণে নয়, বরং তার কম্পনভিত্তিক প্রাসঙ্গিকতা ফিকে হয়ে যাওয়ার কারণে।

এই একই ধারা সব বিষয়ের ক্ষেত্রেই প্রযোজ্য—আপনার সমৃদ্ধির ক্ষেত্রেও।

মহাজাগতিক মূল সত্য

মহাবিশ্বে কোনো বিষয়ই শুধু উপস্থিত বা শুধু অনুপস্থিত হয়ে থাকে না।
প্রতিটি বিষয়ের ভেতরে থাকে:

- সমান শক্তিশালী একটি উপস্থিত অংশ, এবং
- সমান শক্তিশালী একটি অনুপস্থিত অংশ

এই দুই অংশ একই সঙ্গে বিদ্যমান থাকে,
কিন্তু ভিন্ন ভিন্ন ফ্রিকোয়েন্সিতে।

আপনি যখনই কোনো বিষয়ের দিকে মনোযোগ দেন,
আপনি সেটাকেই আকর্ষণ করছেন—
আপনি সেটা চান বলেই হোক,
অথবা সেটাকে সরাতে চান বলেই হোক।

মহাবিশ্ব আপনার “হ্যাঁ” বা “না” শব্দ বোঝে না।
সে শুধু কম্পনে সাড়া দেয়।
আর আপনার কম্পন প্রকাশপায় আপনার আবেগের মাধ্যমে।

আবেগগত হারমনিক্স ও আকর্ষণ

আপনার আবেগগত অবস্থা যখন নেতিবাচক স্তরে নেমে যায়–
ইমোশনাল হারমোনিক্স মিটার-এ একঘেয়েমি (৮) থেকে নিচের দিকে–
তখন আপনি অবাঞ্ছিত অভিজ্ঞতাই আকর্ষণ করছেন,
এমনকি আপনার উদ্দেশ্য যদি সেগুলো থামানোও হয়।

আর যখন আপনার আবেগগত অবস্থা ইতিবাচক স্তরে উঠে আসে–
তৃপ্তি / সন্তুষ্টি (৭) থেকে উপরের দিকে–
তখন আপনি বাঞ্ছিত ও উপকারী অভিজ্ঞতা আকর্ষণ করেন, কোনো অতিরিক্ত প্রচেষ্টা ছাড়াই।

একটি কম্পনভিত্তিক মহাবিশ্বে:
কম্পনগত সমন্বয় ছাড়া কিছুই আপনার অভিজ্ঞতায় প্রবেশ করে না।
আপনার সাথে কিছু ঘটে না।
সবকিছু আপনার ভেতর দিয়েই ঘটে।

কেন প্রতিরোধ সমৃদ্ধিকে আটকে দেয়

কোনো কিছুর বিরুদ্ধে লড়াই করা মানেই সেখানে মনোযোগ দেওয়া।
আর মনোযোগ মানেই আকর্ষণ।

যেই মুহূর্তে আপনি কোনো কিছুকে প্রতিরোধ করেন,
সেই মুহূর্তেই আপনার কম্পন তার সাথেই আটকে যায়।

এই কারণেই –

- দারিদ্র্য
- অবিচার
- রোগ
- দুর্নীতিগ্রস্ত ব্যবস্থা
- অন্য মানুষের আচরণ

–এর বিরুদ্ধে লড়াই কখনোই স্বাধীনতা বা প্রাচুর্য আনে না।
এটা শুধু আপনি যা চান না, তার কম্পনকেই আরও শক্তিশালী করে।

যে স্বাধীনতাটা আপনি ভুলে গেছেন

প্রত্যেকে নিজের পক্ষ থেকেই আকর্ষণ করছে।
কেউ আপনার অভিজ্ঞতার ভেতর কিছু ঢুকিয়ে দিতে পারে না।
কেউ আপনার অভিজ্ঞতা থেকে কিছু সরিয়েও নিতে পারে না।

একইভাবে, আপনি কাউকে জোর করে কিছু দিতে পারেন না–
বা কারও জীবন থেকে কিছু সরাতে পারেন না।

অন্যরা যা অভিজ্ঞতা করছে, সেটা তাদের বিষয়–যতক্ষণ না আপনি সেখানে মনোযোগ দিচ্ছেন।
আর যেই মুহূর্তে আপনি সেখানে মনোযোগ দেন–বিশেষ করে প্রতিরোধ থেকে–
আপনি সেটাকেই নিজের কম্পনক্ষেত্রে ডেকে আনেন।

এটাই সবচেয়ে বড় বোঝার ভুল।

কেউ আপনার অর্থ আটকে রাখছে না।
কোনো ব্যবস্থা আপনাকে থামিয়ে রাখেনি।
কোনো মানুষ আপনার সমৃদ্ধির ওপর ক্ষমতাবান নয়।
শুধু অগোছালো মনোযোগই সেটা করে।

মোড় ঘোরার জায়গা

আপনি যখন সবকিছুর বিরুদ্ধে লড়াই করা বন্ধ করেন, তখন সত্যিই অস্বাভাবিক কিছু ঘটে:
আপনি বিপুল পরিমাণ ইতিবাচক শক্তি ফিরে পান।
অন্যদের জীবন, সমস্যা আর সীমাবদ্ধতা থেকে
আপনার মনোযোগ ফিরে আসে–
নিজের কম্পনগত সংমিশ্রণের দিকে।

আর যখন তা ঘটে,
আপনার বিশুদ্ধ ইতিবাচক-সত্তা – সমৃদ্ধির সব পথ জ্ঞাত সেই অংশটি–
অবশেষে আপনাকে স্পষ্টভাবে পথ দেখাতে পারে।

এই দিকনির্দেশনা সবসময় আসে:

- ভালোলাগা চিন্তা হিসেবে
- অনুপ্রাণিত বুদ্ধি হিসেবে

- স্বাভাবিক তাগিদ হিসেবে
- আর অনায়াস কর্মের মাধ্যমে

শেষ নির্দেশনা

আপনার কম্পনই আপনার একমাত্র আকর্ষণকারী শক্তি।
আপনার ভেতরেই এমন একটি বিশুদ্ধ ইতিবাচক অংশ আছে,
যে জানে কীভাবে আপনাকে প্রাচুর্যের দিকে নিয়ে যেতে হয়।

তাই:

- কোনো কিছুর বিরুদ্ধেই বিরোধ করবেন না
- যা চান না, তার সাথে লড়াই করবেন না
- পৃথিবীর সাথে প্রতিরোধে যাবেন না

বরং:

- যা একটু ভালোলাগা দেয়, সেটাকে অনুসরণ করুন
- এমন চিন্তা বেছে নিন, যা আপনাকে তৃপ্তি দেয় - সন্তুষ্টিতে নিয়ে যায়
- কাজের সিদ্ধান্ত কমপক্ষে স্পষ্টতা আর স্বস্তির আবেগে দাড়িয়ে নিন

কোনো কিছুর বিরুদ্ধে লড়াই করা আপনাকে সবসময়ই সমৃদ্ধি থেকে দূরে রাখবে।
আর বৃহদাংশের সাথে সংমিশ্রণ–
সমৃদ্ধিকে অনায়াসে আপনার দিকে টেনে আনবে।

এটাই মহাজাগতিক নিয়ম।

∞

২. "স্বীকার করুন"—সমাধান ছাড়া কোনো সমস্যা থাকতে পারে না

পার্থিব জগতে কোনো কিছুকে কীভাবে ভারসাম্যে আনা হয়?
উত্তরটি খুবই সহজ:
দুই পাশে সমান পরিমাণ রাখা হয়।
মহাবিশ্বও ঠিক এই একই নীতিতে কাজ করে।

মহাবিশ্ব যত বিশাল, জটিল বা অসীমই মনে হোক না কেন,
সে সবসময়ই নিখুঁত ভারসাম্যে থাকে।
এই ভারসাম্য বাইরে থেকে চাপিয়ে দেওয়া হয় না।
এটা স্বাভাবিকভাবেই সৃষ্টি হয়—কারণ প্রতিটি কণা, প্রতিটি সত্তা, এবং প্রতিটি বিষয়
নিজের ভেতরেই এমন এক সহজাত চৈতন্য বহন করে,
যা নিরবচ্ছিন্নভাবে নিজের বিপরীত অংশকে সৃষ্টি করে।
কেউ এটা সচেতনভাবে করে না।
এটা ঘটে অস্তিত্বের মূল চেতনা থেকেই।

মহাবিশ্বে ভারসাম্য কীভাবে বজায় থাকে

আমরা আগেই আলোচনা করেছি, আকর্ষণের মহাজাগতিক নিয়ম অনুযায়ী:

- যখন ইতিবাচক কম্পন ইতিবাচক কম্পনের সাথে মিশে যায়,
- অথবা নেতিবাচক কম্পন নেতিবাচক কম্পনের সাথে মিশে যায়,

তখন একটি নতুন ও বিস্তৃত কম্পনভিত্তিক সমন্বয় তৈরি হয়।
এই নতুন কম্পন গঠিত হওয়ার মুহূর্তেই ভারসাম্য ফিরে আসা প্রয়োজন হয়।
আর তাই—স্বয়ংক্রিয়ভাবে, অনায়াসে, এবং সঙ্গে সঙ্গেই—
একটি সমান ও বিপরীত কম্পনভিত্তিক অংশ সৃষ্টি হয়।

এটা কোনো প্রতিক্রিয়া নয়।
এটা কোনো সংশোধনও নয়।
মহাজগতের এটাই নিয়ম।

মহাজাগতিক ভারসাম্যের সমীকরণ

এই মহাবিশ্বে ভারসাম্যের সমীকরণ সম্পূর্ণ নির্ভুল:
প্রতিটি বিষয়ের প্রতিটি কণার ভেতরে থাকে দুটি সমান ও বিপরীত অংশ।

একটি হলো ইতিবাচক / বাঞ্ছিত অংশ।
অন্যটি হলো নেতিবাচক / অবাঞ্ছিত অংশ।
এই দুই অংশ পরস্পরের শত্রু নয়।
এরা পরস্পরের ধারক।
শক্তির স্তরে এরা একে অপরকে নিরবচ্ছিন্নভাবে পর্যবেক্ষণ করে এবং ভারসাম্যে রাখে।
যখনই এক দিক নতুন কোনো কম্পনভিত্তিক রূপে বিস্তার লাভ করে, অন্য দিক ঠিক তার বিপরীত রূপে বিস্তার লাভ করে–এবং সঙ্গে সঙ্গেই সমতা ফিরে আসে।
এইভাবেই সবকিছু তার অস্তিত্ব বজায় রাখে।

সমস্যা ও সমাধান: একই মুদ্রার দুই পিঠ

প্রতিটি সমস্যা থাকে, কারণ একটি সমাধান থাকে।
প্রতিটি সমাধান থাকে, কারণ একটি সমস্যা থাকে।
এরা আলাদা নয়।
এরা অবিচ্ছেদ্য সহচর।
অধিকাংশ মানুষ বিশ্বাস করে–জীবনের সব সমস্যা দূর হলেই সুখ আসবে।
চলুন, এই বিশ্বাসটি একটু দেখি।

সমস্যাহীন জীবনের ভ্রম

ভাবুন, আপনি জীবনের সব সমস্যা সমাধান করে ফেলেছেন।
আপনার আছে:

- সীমাহীন অর্থ
- সুন্দর বাড়ি
- গাড়ি
- প্রেমের সম্পর্ক
- নিখুঁত পেশা
- পূরণ হওয়া সব আকাঙ্ক্ষা

এখন আর কিছু সমাধান করার নেই।
কিছু উন্নত করার নেই।
কিছু এগোনোরও নেই।
এই জীবন এক মাসের মধ্যেই আপনাকে বিরক্ত করে তুলবে।
যদি এটা মানতে কষ্ট হয়, তাহলে শুধু নিজের জীবনের দিকে তাকান।
কত কিছু একসময় আপনি গভীরভাবে চেয়েছিলেন–
যেগুলো আজ আর তেমন মনোযোগই টানে না?

আকাঙ্খার পার্থিব রূপ নেওয়া স্থায়ী সন্তুষ্টি আনে না।
বিস্তার আনে।

কেন সমস্যা শত্রু নয়

সমস্যা ধ্বংস করাই সুখের পথ নয়।
সমাধানকে অনুমতি দেওয়া—সেটাই পথ।
আপনি চাইলে কোনো কিছুর সাথে যুক্ত না হতে পারেন—কিন্তু তাকে অস্তিত্ব থেকে মুছে ফেলতে পারবেন না।
মহাবিশ্ব থেকে কিছুই সরানো যায় না।
সমাধান থাকতে হলে সমস্যা থাকবেই।
তাই সমস্যা জীবনের ত্রুটি নয়—এটা একটি প্রবেশদ্বার।
সমস্যা বাধা নয়।
এগুলো নতুন শক্তির সক্রিয় স্থান।

কেন পার্থিব প্রাপ্তি ফাঁকা লাগে

যা কিছু পার্থিব বাস্তবতায় প্রকাশপায়, এক সময় তা পুরোনো মনে হয়।
কেন?
কারণ আপনি প্রাথমিক ভাবে পার্থিব সত্তা নন—আপনি শক্তির সত্তা।
আপনার জীবন্ত অনুভব আসে গতি, সৃষ্টি আর বিস্তার থেকে।
একবার কোনো কিছু পুরোপুরি পার্থিব রূপ নিলে, তার দিকে আর নতুন শক্তি প্রবাহিত হয় না।
আর যেখানে শক্তির প্রবাহ থেমে যায়, সেখানেই একঘেয়েমি শুরু হয়।

সমস্যা ও সমাধানের ফ্রিকোয়েন্সির ব্যবধান

এখানে সবচেয়ে গুরুত্বপূর্ণ পার্থক্যটি হলো:

- সমস্যা থাকে নেতিবাচক ফ্রিকোয়েন্সিতে
- সমাধান থাকে ইতিবাচক ফ্রিকোয়েন্সিতে

এই দুইয়ের মাঝের কম্পনগত ব্যবধান অনেক বড়।
এই কারণেই:
সমস্যার দিকে মনোযোগ রেখে আপনি কখনোই সমাধান খুঁজে পাবেন না। কখনোই না।
খারাপ লাগা আবেগ কোনো বাধা নয়।
এগুলো সংকেত।

এগুলো আপনাকে জানায়:
"আপনি এমন জায়গায় মনোযোগ দিচ্ছেন, যেখানে সমাধান থাকতে পারে না।"

সমাধান আসলে কীভাবে অনুমতি পায়

যেই মুহূর্তে আপনি এই সত্যটি স্বীকার করেন–
"সমাধান ছাড়া কোনো সমস্যা নেই"–
সেই মুহূর্তেই প্রতিরোধ প্রশমিত হয়।
তারপর আপনাকে করতে হয়:

- সমস্যার বিশ্লেষণ থামানো
- তার বিরুদ্ধে লড়াই করা বন্ধ করা
- একই ফ্রিকোয়েন্সি থেকে উত্তর দাবি না করা

বরং:

- মনোযোগ সরানো
- নিজেকে সামান্য ব্যস্ত করা
- একটু ভালোলাগা চিন্তার দিকে যাওয়া
- স্বস্তি, হালকাভাব বা নিরপেক্ষতায় মন রাখা

আপনার কম্পন সামান্য হলেও ওপরে উঠলেই, আপনি সেই ফ্রিকোয়েন্সিতে প্রবেশ করেন যেখানে সমাধান থাকে।
আর সেই ফ্রিকোয়েন্সিতে সমাধান আপনাতে আসতেই হয়।

শেষ সত্য

আপনাকে সমস্যা সমাধান করতে হবে না।
আপনার দরকার শুধু একটাই বিষয়:
পরিষ্কার, দ্বিধাহীন স্বীকৃতি–যে একটি সমাধান আগেই বিদ্যমান।
এই স্বীকৃতিটুকুই আপনাকে সমাধানের সাথে সমন্বয়ে নিয়ে আসে।
আপনার জীবনে যেসব সমাধান কখনো প্রয়োজন হবে, সবই ইতিমধ্যেই উপস্থিত–
ইতিবাচক ফ্রিকোয়েন্সিতে, আপনার সাথে মিলিত হওয়ার অপেক্ষায়।
এটাই ভারসাম্য।
এটাই মহাজাগতিক নিয়ম।
এইভাবেই মহাবিশ্ব কাজ করে।

∞

৩. "বিশ্বাস করুন" আপনি যেটাই চাইতে পারেন এই ব্রহ্মাণ্ড সেটাই আপনাকে দিতে পারবে

আপনার আকাঙ্ক্ষাগুলো কখনোই হঠাৎ করে সৃষ্টি হয় না।তবুও অধিকাংশ মানুষের এমনটাই মনে হয়।

তারা বিশ্বাস করে, আকাঙ্ক্ষা আচমকা, এলোমেলোভাবে, কোনো প্রক্রিয়া ছাড়াই আসে।

কিন্তু বাস্তবে তা কখনোই এমন নয়।

আপনার প্রতিটি আকাঙ্ক্ষাই দীর্ঘ সময় ধরে গড়ে ওঠা একটি কম্পনভিত্তিক সৃষ্টি, যা আপনার জীবনের অভিজ্ঞতার মধ্য দিয়ে তৈরি হয়।

এই প্রক্রিয়াটি এত সূক্ষ্ম ও ধারাবাহিকভাবে ঘটে যে, আপনি সাধারণত এর ধাপগুলো লক্ষ করেন না–বিশেষ করে যখন আপনি বুঝতে পারেন না জীবন আসলে কীভাবে কাজ করে, মহাবিশ্ব কত গভীরভাবে আপনাকে অভিজ্ঞতা করে, এবং কী নিখুঁতভাবে আকর্ষণের মহাজাগতিক নিয়ম প্রতিটি মুহূর্তে কম্পন পরিচালনা করে।

এই প্রক্রিয়া সম্পর্কে আপনার অজ্ঞতা একে থামাতে পারে না।

এটা শুধু আপনাকে অচেতন রাখে–আপনি ইতিমধ্যেই কী সৃষ্টি করেছেন, সে বিষয়ে।

কম্পনভিত্তিকভাবে আকাঙ্ক্ষা কীভাবে তৈরি হয়

আকর্ষণের মহাজাগতিক নিয়ম কখনোই থামে না।

আপনি তা বুঝুন বা না বুঝুন, যেকোনো বিষয়ের দিকে আপনি মাত্র ১৫ সেকেন্ড মনোযোগ দিলেই, আপনার কম্পন সেই বিষয়ের কম্পনের সাথে মিশতে শুরু করে।

আর যখনই দুটি কম্পন একত্র হয়, আপনার ভেতরে একটি নতুন কম্পনভিত্তিক সমন্বয় তৈরি হয়।

এরপর সেই নতুন কম্পনের ভারসাম্য আসতেই হয়–

আর ভারসাম্য সবসময়ই ফিরে আসে সমান ও বিপরীত একটি ফ্রিকোয়েন্সি সৃষ্টির মাধ্যমে।

অভাব কীভাবে প্রাচুর্য সৃষ্টি করে

চলুন, অর্থের উদাহরণ নিই।

আপনি যখন অর্থের অনুপস্থিতির দিকে মনোযোগ দেন, আপনার খারাপ লাগে।

এই খারাপ লাগা কোনো শাস্তি নয়–এটা দিকনির্দেশনা।

এটা আপনাকে জানায় যে আপনি অর্থ-বিষয়ের এমন একটি অংশে মনোযোগ দিচ্ছেন, যেটা আপনি পছন্দ করেন না।
কিন্তু আপনি যদি ১৫ সেকেন্ডের বেশি সময় সেখানে মনোযোগ ধরে রাখেন, তখন একটি গুরুত্বপূর্ণ বিষয় ঘটে:

- আপনি অভাবের কম্পনের সাথে যুক্ত হন
- আপনার ভেতরে একটি অভাবভিত্তিক ফ্রিকোয়েন্সি তৈরি হয়
- এবং সঙ্গে সঙ্গেই সেটার ভারসাম্য আনতে প্রাচুর্যের একটি সমান ও বিপরীত ফ্রিকোয়েন্সি সৃষ্টি হয়

এই ভারসাম্য এত দ্রুত ও স্বয়ংক্রিয়ভাবে ঘটে যে, আপনি সচেতনভাবে তা টেরই পান না—যদি না আপনি আপনার আবেগগত দিকনির্দেশনা ব্যবস্থা বুঝে থাকেন।

আপনার বিশুদ্ধ ইতিবাচক-সত্তার ভূমিকা

এখানে সবচেয়ে গুরুত্বপূর্ণ ভূমিকা পালন করে আপনার বিশুদ্ধ ইতিবাচক-সত্তা—অর্থাৎ আপনার **সম্পূর্ণ সত্তা**।
আপনি যখন নেতিবাচক কম্পনে থাকেন, তখন আপনার পার্থিব-মনোযোগী অংশ নতুন তৈরি হওয়া ইতিবাচক ফ্রিকোয়েন্সিগুলো সবসময় ধরে রাখতে বা চিনতে পারে না।
আকর্ষণের মহাজাগতিক নিয়ম অসমন্বিত কম্পনকে একসাথে থাকতে দেয় না।
তাহলে নতুন তৈরি হওয়া সেই ইতিবাচক ফ্রিকোয়েন্সিগুলো যায় কোথায়?
সেগুলো আপনার বিশুদ্ধ ইতিবাচক-সত্তার সাথে মিশে যায়।

আপনার বিশুদ্ধ ইতিবাচক-সত্তা:

- চিরস্থায়ী ইতিবাচক গতিবেগ ধারণ করে
- কখনোই অবাঞ্ছিত দিকের দিকে মনোযোগ দেয় না
- সবসময় ইতিবাচক ফ্রিকোয়েন্সির সাথে সমন্বয়ে থাকে

এই কারণেই আপনি কখনোই আপনার পছন্দগুলো হারান না, এমনকি যখন আপনি নেতিবাচক অনুভব করছেন তখনও।
আপনি যত নতুন ইতিবাচক ফ্রিকোয়েন্সি সৃষ্টি করেন, সবই নিরাপদে ধরে রাখা হয় এবং আপনার সম্পূর্ণ সত্তার মাধ্যমে বিস্তার লাভ করে।

বৈপরীত্যই সৃষ্টির ইঞ্জিন

এই কাজটাই করতে আপনি এখানে এসেছেন।
প্রতিবার যখন আপনি অনুভব করেন:

- অভাব → আপনি প্রাচুর্য সৃষ্টি করেন
- অভদ্রতা → তখনই আপনি সদাচার সৃষ্টি করেন
- সমস্যা → আপনি সমাধান সৃষ্টি করেন

এই ইতিবাচক ফ্রিকোয়েন্সিগুলো অজান্তেই সৃষ্টি হয়–শুধু বৈপরীত্যের সাথে যুক্ত হওয়ার মাধ্যমে।

- মনোযোগের মাধ্যমে নেতিবাচক কম্পনের সাথে যুক্ত হওয়া
- সেখান থেকে নতুন ইতিবাচক ফ্রিকোয়েন্সি সৃষ্টি করা
- এবং তারপর ইচ্ছাকৃতভাবে মনোযোগ বদলে সেগুলোকে পার্থিব বাস্তবতায় রূপ দেওয়া

এটা কেবল মানুষই পারে।

আকাঙ্ক্ষা প্রকাশ পেতে সময় কেন লাগে

আকর্ষণের মহাজাগতিক নিয়ম তাৎক্ষণিকভাবে কম্পনের দিক উল্টে দিতে দেয় না।
আপনি শক্ত নেতিবাচক গতিবেগ থেকে এক লাফে সম্পূর্ণ ইতিবাচক বাস্তবতায় যেতে পারেন না।
এটা বিচার নয়–এটা স্থিতিশীলতা।
আপনি যেহেতু নেতিবাচক কম্পনে থাকাকালীন নতুন তৈরি হওয়া ইতিবাচক ফ্রিকোয়েন্সির সাথে সমন্বয় করতে পারেন না, তাই আপনার বিশুদ্ধ ইতিবাচক-সত্তা সেগুলো সাময়িকভাবে ধরে রাখে, পরিচর্যা করে, এবং বিস্তার ঘটিয়ে সেগুলোকে স্পষ্ট আকাঙ্ক্ষায় রূপ দেয়।

উদাহরণ: একটি আকাঙ্ক্ষা কীভাবে জন্ম নেয় (আপনার পছন্দের গাড়ি)

চলুন, একটি সহজ উদাহরণ দেখি–একটি গাড়ি।
প্রথমবার আপনি যখন কোনো গাড়ির দিকে ১৫ সেকেন্ডের বেশি সময় মনোযোগ দেন, তখন একটি ক্ষুদ্র পছন্দ তৈরি হয়।
এটা দুর্বল, সূক্ষ্ম, প্রায় অদৃশ্য–তবুও সেটি থাকে।
আপনার বিশুদ্ধ ইতিবাচক-সত্তা সেটিকে ধরে রাখে।

তারপর:

- আপনি একটি সুন্দর গাড়ি দেখলেন → তৈরীর প্রতি পছন্দ
- আপনি অস্বস্তিকর গাড়িতে বসলেন → আরামের প্রতি পছন্দ
- আপনি ধীর গাড়ির অভিজ্ঞতা পেলেন → গতির প্রতি পছন্দ
- আপনি মসৃণ যাত্রা উপভোগ করলেন → গুণগত মানের প্রতি পছন্দ

প্রতিটি অভিজ্ঞতা আরও একটি ইতিবাচক ফ্রিকোয়েন্সি যোগ করে।
সময় গড়ানোর সাথে সাথে এই পছন্দগুলো একত্র হয়, শক্তিশালী হয়, এবং গতিবেগ পায়–যতক্ষণ না একদিন, একটি ভালোলাগা মুহূর্তে, আপনি সচেতনভাবে উপলব্ধি করেন:
"আমি এই গাড়িটা চাই।"
আপনার সচেতনতায় আকাঙ্ক্ষাটি আসার আগেই, কম্পনভিত্তিক কাজটি সম্পন্ন হয়ে গিয়েছিল।

কেন প্রতিটি আকাঙ্ক্ষাই নিশ্চিত

একবার কোনো আকাঙ্ক্ষা আপনাতে সচেতন হলে, তা অ-পার্থিব স্তরে ইতিমধ্যেই সম্পূর্ণ।
কেউ আপনার অভিজ্ঞতায় কিছু ঢুকিয়ে দিতে পারে না–কিন্তু কম্পনভিত্তিকভাবে সম্পূর্ণ কোনো বিষয় পার্থিব রূপ নিতে ব্যর্থও হতে পারে না।
এখন আপনার বাকি কাজ খুবই সহজ:

- যখন পারেন, ভালোলাগা অনুভব করুন
- না পারলে, একটু ভালোলাগার দিকে যান
- যা ইতিমধ্যেই আছে, তাতে বিশ্বাস করুন
- এবং আপনার আবেগগত দিকনির্দেশনা অনুসরণ করুন

আপনার ভালোলাগা আবেগ এলোমেলো নয়।
এগুলো আপনার বিশুদ্ধ ইতিবাচক-সত্তার পক্ষ থেকে আসা আমন্ত্রণ–আপনি যা ইতিমধ্যেই সৃষ্টি করেছেন, সেখানে প্রবেশ করার জন্য।

চূড়ান্ত সত্য

আপনার প্রতিটি আকাঙ্ক্ষা:

- বৈপরীত্যের মধ্য দিয়ে জন্ম নিয়েছে
- অভিজ্ঞতার মাধ্যমে বিস্তার লাভ করেছে

- আপনার বিশুদ্ধ ইতিবাচক-সত্তা দ্বারা সুরক্ষিত হয়েছে
- এবং পার্থিব বাস্তবতায় প্রকাশের জন্য প্রস্তুত হয়েছে

যেই মুহূর্তে আপনি কোনো আকাঙ্ক্ষা গ্রহণ করেন, সেই মুহূর্তেই সেটি সম্পন্ন।
এখন আপনার কাজ পরিশ্রম নয়।
আপনার কাজ বৃহদাংশের সাথে সংমিশ্রণ (Alignment)।
যেভাবেই পারেন, ইতিবাচক হন।
যেভাবেই পারেন, সুখী হন–খুশি হন।
আর আপনি যা আকাঙ্ক্ষা করেন, তা আসতেই হবে–
কারণ তা ইতিমধ্যেই বিদ্যমান।

———— ∞ ————

৪. “আত্মস্থ করুন” এই জ্ঞান, যে আপনি আপনার প্রতিটি আকাঙ্খা পূরণের সম্পূর্ণ যোগ্য

মহাবিশ্বে আছে অসীম চিন্তা-শক্তি।
সবকিছুর ভেতরেই আছে চিরন্তন গতি।
প্রতিটি কণা প্রতি ১৫ সেকেন্ডে বিস্তার লাভ করে।
আর প্রতিটি বিষয়ের ভেতরেই রয়েছে সীমাহীন বৈচিত্র্য।

এখন এই বিষয়টি ভাবুন:
এই সবকিছুই ঘটে আপনার কারণে।
আপনার অস্তিত্ব না থাকলে, মহাবিশ্ব এইভাবে বিস্তার লাভ করত না।
আপনি না থাকলে, মহাবিশ্ব নিজেকে নতুন করে গড়ে তুলত না।
আপনি না থাকলে, মহাবিশ্ব তার অগ্রগামী গতিবেগ হারিয়ে ফেলত।

এই বইয়ের আগের অংশে আমরা এই উপলব্ধি ছুঁয়ে দেখেছিলাম–
কিন্তু এখন সময় এসেছে পুরো ছবিটা দেখার, যে আপনি সত্যিই কতটা মূল্যবান।

মহাবিশ্বের দুই ভিত্তি

মহাবিশ্ব যত বিশাল বা অসীমই মনে হোক না কেন, তার ভেতরের সবকিছু গঠিত হয়েছে মাত্র দুটি মৌলিক নীতিতে:
১.কম্পন
২. আকর্ষণের মহাজাগতিক নিয়ম

কম্পন হলো অস্তিত্বের ক্ষুদ্রতম একক।
আকর্ষণের মহাজাগতিক নিয়ম হলো সব কম্পনের ব্যবস্থাপক।

আকর্ষণের মহাজাগতিক নিয়ম-এর মাধ্যমে:

- সমধর্মী কম্পন একত্র হয়,
- কম্পনভিত্তিক সমন্বয় সৃষ্টি হয়,
- আর এই সমন্বয়গুলো চিন্তা হিসেবে অনুভূত হয়।

চিন্তার ভেতরে থাকে যথেষ্ট কম্পনগত সাদৃশ্য,
যা শক্তি উৎপন্ন করতে পারে–যাকে আমরা বলি চিন্তা-শক্তি।
এই চিন্তা-শক্তিই মহাবিশ্বের জ্বালানি।

কেন আপনি অপরিহার্য

এই জায়গাতেই আপনি দৃশ্যে প্রবেশ করেন।
আপনি একজন পার্থিবভাবে মনোযোগী, চৈতন্যশীল সত্তা হিসেবে না থাকলে–
এই চিন্তা-শক্তির কোনো অর্থপূর্ণ ব্যবহার হতো না।

আর যে শক্তির ব্যবহার নেই,
ব্যবহারিক অর্থে সেটি অস্তিত্বহীন।

যেমন অব্যবহৃত কোনো বস্তু ধীরে ধীরে গুরুত্ব হারিয়ে ফেলে,
তেমনই অব্যবহৃত চিন্তা-শক্তিও অস্তিত্ব থেকে ঝরে পড়ে।

আপনিই সেই সত্তা, যে:

- চিন্তা-শক্তি গ্রহণ করে,
- সচেতনভাবে তাতে মনোযোগ দেয়,
- অভিজ্ঞতার ভেতর দিয়ে তা প্রবাহিত করে,
- আর নতুন, উন্নত রূপে মহাবিশ্বে ফিরিয়ে দেয়।

আপনি না থাকলে, মহাবিশ্ব ধীর হয়ে যেত না–
সে স্থির হয়ে যেত।

আপনার স্বাধীনতাই নবীকরণের ইঞ্জিন

কোন চিন্তা আপনার ভেতর দিয়ে প্রবাহিত হবে, তা বেছে নেওয়ার সম্পূর্ণ স্বাধীনতা আপনার আছে।

চিন্তাটি হোক:

- ইতিবাচক বা নেতিবাচক,
- সৃজনশীল বা ধ্বংসাত্মক,
- আরামদায়ক বা অস্বস্তিকর–

এগুলো মুখ্য নয়।
মুখ্য হলো–আপনি সেটার সাথে যুক্ত হচ্ছেন কি না।

যেই মুহূর্তে আপনি কোনো চিন্তায় মনোযোগ দেন:

- সেটি স্বীকৃতি পায়,
- আপনার পার্থিব মনোযোগী শক্তির সাথে মিশে যায়,
- আর একটি নতুন আগের চেয়ে উন্নত কম্পনভিত্তিক রূপে পরিণত হয়।

এই নবীকৃত কম্পন তারপর
মহাবিশ্বে ফিরে যায়–
নতুন, বিস্তৃত, রূপান্তরিত হয়ে।

কেন আপনি কখনোই মহাবিশ্বের ক্ষতি করতে পারেন না

চিন্তার মাধ্যমে আপনি মহাবিশ্ব ধ্বংস করতে পারেন না।
মহাবিশ্ব প্রতিটি কণার সহজাত চৈতন্যের মাধ্যমে নিখুঁত ভারসাম্যে থাকে।

প্রতিটি সৃষ্টি সঙ্গে সঙ্গেই
সমান ও বিপরীত একটি প্রতিরূপ সৃষ্টি করে।
প্রতিটি ধ্বংস একই সাথে
নতুন একটি সৃষ্টির জন্ম দেয়।

এই ভারসাম্য স্বয়ংক্রিয়।
এটাই মহাজাগতিক নিয়ম।

আপনি সৃষ্টি করতে পারেন না ধ্বংস ছাড়া।
আপনি ধ্বংস করতে পারেন না সৃষ্টি ছাড়া।
দুটোই সবসময় একসাথে বিদ্যমান থাকে।

আপনার প্রকৃত ভূমিকা

আপনি মহাবিশ্বকে নবীকরণ করার জন্যই আছেন।
সচেতনভাবে নয়।
চেষ্টা করে নয়।
শুধু জীবন বাঁচার মাধ্যমে।

বৈপরীত্য, আকাঙ্ক্ষা, পছন্দ, প্রতিরোধ, স্পষ্টতা, বিভ্রান্তির ভেতর দিয়ে–
আপনি নিরবচ্ছিন্নভাবে নতুন নতুন কম্পনভিত্তিক সমন্বয় সৃষ্টি করেন।

এমনকি যখন আপনি তা জানেনও না, তখনও।

আর কখনো ভাববেন না যে,
অচেতন সৃষ্টি আপনাকে কম মূল্যবান করে তোলে।

আপনার অস্তিত্বই সেই কারণ,
যার জন্য মহাবিশ্ব এগিয়ে চলে।
আপনার আকাঙ্ক্ষাগুলোই সেই কারণ,
যার জন্য মহাবিশ্ব বিস্তার লাভ করে।
আপনার জীবনই সেই কারণ,
যার জন্য চিন্তা-শক্তি জীবিত থাকে।

আপনি মহাবিশ্বের কর্মী নন

আপনি মহাবিশ্বের সেবা করতে এখানে আসেননি।
আপনি এখানে এসেছেন তার সাথে সহ-সৃষ্টি করতে।

আপনি পার্থিবভাবে কোনো আকাঙ্খাকে ভৌত বাস্তব করুন বা না করুন,
আপনি শক্তির স্তরে সবসময়ই মহাবিশ্বকে উন্নত করেন–
কারণ আপনি যে প্রতিটি পছন্দ সৃষ্টি করেন,
তা আপনার বিশুদ্ধ ইতিবাচক-সত্তা দ্বারা ধরে রাখা হয়, বিস্তার পায়, এবং স্থিতিশীল হয়।

সবকিছুর বিস্তারে অবদান না রেখে
আপনার পক্ষে জীবনযাপন করা অসম্ভব।

আপনার যোগ্যতা নিঃশর্ত

মহাবিশ্বের দেওয়ার মতো সবকিছুই আছে।
আর দেওয়ার জায়গা একটাই–**আপনি**।

এই কারণেই:

- আপনি যা চান, তার কিছুই অযৌক্তিক নয়,
- আপনি যা চান, তার কিছুই অতিরিক্ত নয়,
- আপনি যা চান, তার কিছুই অযোগ্য নয়।

আপনি যদি চাইতে পারেন,
আপনি যদি আকাঙ্ক্ষা করতে পারেন,

আপনি যদি কল্পনা করতে পারেন–
তা ইতিমধ্যেই আপনার।

আপনার পার্থিব অস্তিত্ব নিজেই আপনার যোগ্যতা।
আপনি সবসময়ই যোগ্য ছিলেন ।
আপনি সবসময়ই যোগ্য আছেন।
আর আপনি সবসময়ই যোগ্য থাকবেন–
আপনি যা কিছু আকাঙ্ক্ষা করেন, তার সবকিছুর জন্য।

∞

৫. "উপভোগ করুন" আপনার প্রতিটি অনিবার্য আকাঙ্ক্ষা পূরণের দিকে আপনার প্রতিটি যাত্রা

আপনি আপনার চারপাশে যা কিছু দেখেন, তার সবকিছুই চিন্তা থেকে বিবর্তিত।

প্রতিটি মানুষই চিন্তা-শক্তির একজন মনোযোগকারী, কারণ কম্পন অনুবাদ করার জন্য আমাদের আছে ছয়টি অত্যন্ত উন্নত প্রক্রিয়া।

আপনি যখন কোনো চিন্তায় বিশুদ্ধ ও ধারাবাহিকভাবে মনোযোগ দেন, সেই চিন্তাই আপনার বাস্তবতায় অভিজ্ঞতা হয়ে ওঠে।

এর মানে এই নয় যে পার্থিব রূপ নেওয়া বিষয়গুলো আর কম্পন থাকে না।

আপনি যাকে বস্তু বলেন, সেটিও আসলে একটি কম্পনভিত্তিক সমন্বয়।

কিন্তু দীর্ঘস্থায়ী, বিশুদ্ধ মনোযোগের মাধ্যমে আপনি ধীরে ধীরে আপনার পাঁচটি ইন্দ্রিয়কে সংগতিপূর্ণ করে তোলেন এবং পুনর্বিন্যাস করেন, যাতে তারা সেই নির্দিষ্ট কম্পন অনুবাদ করতে পারে।

একবার তা ঘটলে, সেই চিন্তার কম্পন–এবং তার আশপাশের সব সামঞ্জস্যপূর্ণ কম্পন–শুধু আপনার কাছেই নয়, আপনার চারপাশের মানুষের কাছেও পার্থিব বস্তু হিসেবে ধরা পড়ে।

আকাঙ্ক্ষা ও সমৃদ্ধি প্রথমে কম্পন

আপনার আকাঙ্ক্ষাগুলো–যেটির মধ্যে আপনি যে সমৃদ্ধি চান সেটিও আছে–একইভাবেই বিদ্যমান।

এগুলো নির্দিষ্ট কম্পনভিত্তিক সমন্বয়–অর্থাৎ চিন্তা-শক্তি।

জীবনযাপন করার মধ্য দিয়ে আপনি এই কম্পনগুলোর ইতিবাচক, উপস্থিতিভিত্তিক অংশ ইতিমধ্যেই সৃষ্টি করেছেন।

আপনার বিশুদ্ধ ইতিবাচক-সত্তা এই ফ্রিকোয়েন্সিগুলো আপনার জন্য ধরে রাখে এবং নিরবচ্ছিন্নভাবে সেগুলো নিঃসৃত করে, যাতে আপনি নিজেকে সেগুলোর সাথে সংগতিপূর্ণ করে তুলতে পারেন এবং পার্থিবভাবে অনুবাদ করতে পারেন।

আপনার বিশুদ্ধ ইতিবাচক-সত্তা আপনার থেকে আলাদা নয়।

সেটা আপনিই –আপনার চিরন্তন অ–পার্থিব রূপে, যা সবসময় বিশুদ্ধ ইতিবাচক কম্পনের সংমিশ্রণ।

এই কারণেই প্রতিটি আকাঙ্ক্ষার উপস্থিতি ইতিমধ্যেই আপনার ভেতরে আছে:

- আপনার ইতিবাচক চিন্তায়,
- আপনার ভালোলাগা আবেগে,
- আপনার অন্তর্গত উপলব্ধিতে।

উপলব্ধিকে আটকে দেওয়া সামাজিক প্রশিক্ষণ

সমাজ আপনাকে শিখিয়েছে কেবল দৃশ্যমান পার্থিব ফলকেই মূল্য দিতে।
আপনাকে শেখানো হয়েছে যে আপনার চিন্তা, সক্ষমতা ও মূল্য বাইরের প্রমাণের মাধ্যমেই প্রতিষ্ঠিত হতে হবে, যাতে অন্যরা আপনাকে শ্রেণিবদ্ধ ও বৈধতা দিতে পারে।
আপনি এই প্রশিক্ষণ গ্রহণ করেছেন।
আপনি সমাজকে–এমনকি প্রিয়জনদেরও–সাফল্য ও পূর্ণতার সংজ্ঞা নির্ধারণের কর্তৃত্ব দিয়েছেন।
এর ফলে আপনি দ্রুত পার্থিব প্রমাণ আনতে চাপ অনুভব করেছেন–আনন্দের জন্য নয়, বরং স্বীকৃতির জন্য।
কিন্তু সেটা তখনকার কথা।
এখন আপনি বৃহৎ জ্ঞানে সমৃদ্ধ।
এখন আপনি বুঝতে পারেন, আপনি আপনার আকাঙ্ক্ষাগুলো চান শুধু ভালোলাগার জন্যই।
এই অনুভূতিটি কেবল আপনার আর আপনার সম্পূর্ণ সত্তার মধ্যেই সীমাবদ্ধ।
এই পূর্ণতার ক্ষেত্রে অন্য সবাই অপ্রাসঙ্গিক।

কেন পার্থিব প্রমাণ শেষে আসে

আপনার চারপাশের পরিবেশ মূলত নেতিবাচক।
আর সেই প্রভাবের ভেতরে থেকেই অধিকাংশ মানুষ কম্পনগত সংমিশ্রণ তৈরি করার আগেই পার্থিব ফলাফল পেতে চায়।
এই জায়গাতেই আকাঙ্ক্ষাগুলো হারিয়ে যায়।
মানুষ যখন পার্থিব প্রমাণ দেখে না, তখন তারা ধরে নেয় অনুপস্থিতি।
কিন্তু পার্থিব প্রকাশআসলে আপনার পাঁচটি ইন্দ্রিয়ের মাধ্যমে একটি ফ্রিকোয়েন্সির অনুবাদ মাত্র।
প্রতিটি আকাঙ্ক্ষাই কেবল একটি কম্পনভিত্তিক সমন্বয়।
আর মনে রাখুন:
মহাবিশ্বে সবকিছু গঠিত হয় মাত্র দুটি জিনিস দিয়ে:

১. কম্পন
২. আকর্ষণের মহাজাগতিক নিয়ম

সবকিছুই কম্পনগতভাবে সবসময়ই উপলব্ধ।
কিন্তু আপনি যদি কোনো কিছুর সাথে কম্পনগত সমন্বয়ে না থাকেন, তাহলে যতই খুঁজুন না কেন, আপনি সেটিকে কখনোই উপলব্ধি করতে পারবেন না।

আবেগ: আপনার একমাত্র নির্ভরযোগ্য প্রমাণ

আপনি কীভাবে জানবেন যে আপনি আপনার আকাঙ্ক্ষার সাথে কম্পনগতভাবে সংমিশ্রণে আসছেন?
আপনার আবেগের মাধ্যমে।
ভালোলাগা আবেগই একমাত্র নির্ভরযোগ্য প্রমাণ যে আপনি এমন একটি আকাঙ্ক্ষার উপলব্ধির দিকে এগোচ্ছেন, যা অ-পার্থিব স্তরে ইতিমধ্যেই বিদ্যমান।
এই কারণেই ভালোলাগা ছাড়া আপনি কখনোই আপনার আকাঙ্ক্ষা উপলব্ধি করতে পারেন না।
আপনার সমৃদ্ধি প্রথমে পার্থিবভাবে আসে না—এটি প্রথমে কম্পনগতভাবে চেনা যায়।
শুরুর দিকে আপনার পাঁচটি ইন্দ্রিয় সেটিকে ধরতে পারে না, কারণ সেগুলো নেতিবাচক পরিবেশে প্রশিক্ষিত হয়ে মূলত অর্থের অনুপস্থিতি অনুবাদ করতেই অভ্যস্ত।
তাই, যতক্ষণ না আপনার ইন্দ্রিয়গুলো নতুনভাবে প্রশিক্ষিত হচ্ছে, ততক্ষণ আপনাকে আপনার আবেগগত অনুভূতির উপর নির্ভর করতে হবে।

আপনার কাছে থাকা সবচেয়ে সুন্দর বিকল্প

আর এটাই সবচেয়ে সুন্দর সত্য:
এগিয়ে যাওয়ার জন্য আপনার কোনো পার্থিব প্রমাণের দরকার নেই।
আপনার শুধু ভালোলাগা অনুভব করলেই যথেষ্ট।
প্রতিটি ধাপে ভালোলাগা অনুভব করাই সেই প্রমাণ, যা আপনি খুঁজছেন।
ইতিবাচক শক্তির এই ভালোলাগা প্রবাহই আসলে আপনি প্রতিটি আকাঙ্ক্ষা থেকে চান।
এটাই আপনার পূর্ণতা।
এটাই আপনার জীবনীশক্তির চলমান রূপ।
সমৃদ্ধির ফ্রিকোয়েন্সির সাথে নিজেকে সংগতিপূর্ণ করার এই যাত্রাই আপনার চিরন্তন সত্তার পার্থিব রূপে প্রকাশ।
আর অর্থ সম্পর্কে আপনি যে প্রতিটি একটু ভালোলাগা চিন্তা আবিষ্কার করেন—তা সে সূক্ষ্ম হোক না কেন—সেটা হলো আপনার অসীম, সীমাহীন সম্পূর্ণ সত্তাকে এই সুন্দর পৃথিবীতে আপনার পার্থিব শরীরের মাধ্যমে বাঁচতে দেওয়া।
এই আনন্দময় উন্মোচনকেই আপনি জীবন বলে চেনেন।

∞

৬. “অনুসরণ করুন” আপনার -ভালোলাগা -উদ্দীপনা -আগ্রহকে, অর্থকে নয়

পৃথিবীর অধিকাংশ মানুষ জীবনকে দেখে অভাবভিত্তিক দৃষ্টিভঙ্গি থেকে।
এই প্রভাব আসে সমাজ ও পরিবেশ থেকে, যেখানে নেতিবাচকতা প্রধান কম্পন হিসেবে কাজ করে।

এই অভাবের জায়গা থেকেই মানুষ তাদের জীবন যাপন করে এবং অধিকাংশ সিদ্ধান্ত নেয়।
অর্থের বিষয়টিও এর ব্যতিক্রম নয়।
মানুষ অর্থকে সীমিত সম্পদ হিসেবে দেখে, আর যেহেতু অর্থ অধিকাংশ পার্থিব অভিজ্ঞতার সাথে যুক্ত, তাই তারা প্রায়ই ভালোলাগা, স্বাধীনতা বা আনন্দের ওপর অর্থকে বেছে নেয়।
শুধু পার্থিব দৃষ্টিকোণ থেকে দেখলে, এই সিদ্ধান্তটি যুক্তিসঙ্গতই মনে হয়।
কিন্তু অ-পার্থিব, কম্পনভিত্তিক দৃষ্টিকোণ থেকে দেখলে, এটিই অধিকাংশ মানুষের আকাঙ্ক্ষা অপূর্ণ থেকে যাওয়ার প্রধান কারণগুলোর একটি।

আপনাকে সবসময় এই মৌলিক সত্যটি মনে রাখতে হবে:
শুধুমাত্র অ-পার্থিব চিন্তা-শক্তিই পার্থিব বাস্তবতায় রূপ নেয়।
পার্থিব বস্তু নিজেরা নিজেরা আরও পার্থিব বস্তু সৃষ্টি করতে পারে না।
বিস্তার ঘটে কেবল তখনই, যখন আপনার মতো একজন মনোযোগকারী কোনো বিষয়ের দিকে চিন্তা-শক্তি পরিচালনা করে।
অতএব, পার্থিব জগতে কোনো কিছুর উপলব্ধি, বৃদ্ধি বা উন্নয়ন সম্পূর্ণভাবে নির্ভর করে মনোযোগকারীর মনোযোগের উপর।
অর্থও এর ব্যতিক্রম নয়।
অর্থ হলো একটি কম্পনভিত্তিক ফ্রিকোয়েন্সির পার্থিব পদার্থগত প্রকাশ ,
আর তার বৃদ্ধি বা প্রবাহ পুরোপুরি নির্ভর করে আপনার মনোযোগের উপর।

অর্থ, অভাব ও নির্ভরশীলতা

অর্থের দুটি সমান ও বিপরীত অংশ আছে:

- অর্থের উপস্থিতি (যেটা আপনি চান),
- আর অর্থের অনুপস্থিতি (যা আপনি চান না)।

আপনি যখন ভালোলাগাহীন, অভাবভিত্তিক কম্পন থেকে জীবনকে দেখেন
এবং প্রধানত অর্থ পাওয়ার জন্য কাজ বেছে নেন,
তখন স্বাভাবিকভাবেই আপনি এমন অর্থের দিকেই মনোযোগ দেন,
যা ইতিমধ্যেই অন্য কারও অভিজ্ঞতায় আছে।
এর ফল হিসেবে, আপনি অর্থের জন্য অন্যের উপর নির্ভরশীল হয়ে পড়েন।

কিন্তু এই বই থেকেই আপনি ইতিমধ্যেই শিখেছেন:
আপনাকে কখনোই কারও উপর কিছুতেই নির্ভর করতে হয় না—এমনকি অর্থের জন্যও না।
অর্থ, অন্য সবকিছুর মতোই, একটি নির্দিষ্ট ফ্রিকোয়েন্সির কম্পনভিত্তিক সমন্বয় মাত্র।
অর্থ অভিজ্ঞতা করতে হলে, আপনাকে নিজেকে তার ইতিবাচক ফ্রিকোয়েন্সির সাথে
সংগতিপূর্ণ করে তুলতে হবে—
যার মানে হলো, আগে পার্থিব প্রমাণ না চেয়েই অর্থ সম্পর্কে ভালোলাগা অনুভব করা।

কেন ধীরে ধীরে মনোযোগ বদলানো জরুরি

আকর্ষণের মহাজাগতিক নিয়ম নিখুঁত ও শক্তিশালী।
আপনি চাইলেই এটি আপনার কম্পনকে হঠাৎ করে অভাব থেকে প্রাচুর্যে লাফ দিতে দেবে না।
এই পরিবর্তনটি ধাপে ধাপেই ঘটতে হবে।
আর যেহেতু অর্থ দৈনন্দিন জীবন, নিরাপত্তা ও পার্থিব অবস্থার সাথে গভীরভাবে জড়িত,
তাই শুরুতে অর্থ সম্পর্কে সত্যিকারের ভালোলাগা অনুভব করা প্রায়ই কঠিন হয়।

এই কারণেই সবচেয়ে কার্যকর পথ হলো—অর্থ দিয়ে শুরু না করা।
বরং শুরু করুন:

- আগ্রহ দিয়ে,
- উপভোগ দিয়ে,
- কৌতূহল দিয়ে,
- স্বাধীনতা দিয়ে,
- সহজতা দিয়ে।

এই অবস্থাগুলো ইতিমধ্যেই ইতিবাচক কম্পনের অনেক কাছাকাছি।

কেন আগ্রহ ও স্বাধীনতা স্বাভাবিকভাবেই অর্থকে আকর্ষণ করে

সবসময় মনে রাখবেন:
আপনার কম্পনই আপনার প্রতিটি অভিজ্ঞতার একমাত্র কারণ।
আপনি যদি ধারাবাহিকভাবে ইতিবাচক কম্পনে থাকেন–
যদি আপনি ধারাবাহিকভাবে ভালোলাগা অনুভব করেন–
তাহলে অর্থকে আপনার দিকে আসতেই হবে,
নির্বিশেষে যে:

- আপনি কোন বিষয়ে মনোযোগ দিচ্ছেন,
- আপনি কী কাজ করছেন,
- বা আপনার বর্তমান পার্থিব অবস্থা কেমন।

এই কারণেই, সহজে সমৃদ্ধি আকর্ষণ ও ধরে রাখতে চাইলে,
এমন বিষয়, কাজ ও কর্মকাণ্ড বেছে নেওয়াই বুদ্ধিমানের,
যেগুলো আপনাকে স্বাভাবিকভাবেই আগ্রহী করে এবং স্বাধীন অনুভব করায়।

সমৃদ্ধি কখনোই এটা নয় যে:

- আপনি অপছন্দের কিছু করছেন,
- আর কেউ আপনাকে অর্থ দিচ্ছে।

প্রতিটি অভিজ্ঞতাই আসলে মৌলিক ভাবে–
আপনি আপনার কম্পনের মাধ্যমে সবার কাছ থেকে সবকিছু আকর্ষণ করছেন।

যখন কোনো কিছু আপনার আগ্রহ জাগায় বা স্বাধীনতার অনুভূতি দেয়,
তার মানে হলো আপনি ইতিমধ্যেই সেই বিষয়ের ইতিবাচক, বাঞ্ছিত ফ্রিকোয়েন্সিতে মনোযোগ দিচ্ছেন।
সেই জায়গা থেকেই ভালোলাগা চিন্তা, বুদ্ধি ও তাগিদ সহজে আসে।
অর্থের মতো ভারী, অভাবভরা বিষয়ের চেয়ে
কোনো আগ্রহের বিষয় দিয়ে ইতিবাচক কম্পনে সংগতিপূর্ণ হওয়া অনেক সহজ–
কারণ অধিকাংশ মানুষ অর্থের ক্ষেত্রে আগেই অনুপস্থিতি ও সংগ্রামে মনোযোগ দিয়ে থাকে।

কেন অর্থের পার্থিব চিহ্ন অনুসন্ধান সমৃদ্ধিকে ধীর করে

আপনি যদি বারবার লক্ষ্য করেন–অর্থ এসেছে কি আসেনি,
তাহলে আপনি আপনার ভালোলাগা মনোযোগে বিঘ্ন ঘটান।
যেই মুহূর্তে আপনি আপনার ব্যাংকের বা গাঁটের হিসাব দেখা শুরু করেন,

সেই মুহূর্তেই ধারাবাহিকতা ভেঙে যায়,
আর আপনার ইতিবাচক গতিবেগ দুর্বল হয়ে পড়ে।

আপনার মনোযোগ যদি বারবার অভাবে ফিরে যায়,
তাহলে আগ্রহ ও স্বাধীনতা আপনার হয়ে অর্থ আকর্ষণ করতে পারে না।
এই কারণেই সরাসরি অর্থের উপর মনোযোগ দেওয়া প্রায়ই উল্টো ফল দেয়।
অভাবভিত্তিক অবস্থায় অর্থ নিয়ে ভাবা আর একই সাথে ভালোলাগা অনুভব করা খুবই কঠিন।
আর ভালোলাগাই একমাত্র গুরুত্বপূর্ণ বিষয়।
ইতিবাচক কম্পনই একমাত্র গুরুত্বপূর্ণ বিষয়।

টেকসই সমৃদ্ধির পথ

তাই, সচেতনভাবে:

- এমন বিষয় বেছে নিন, যা সত্যিই আপনার আগ্রহ জাগায়।
- এমন কাজ বেছে নিন, যা আপনাকে স্বাধীন অনুভব করায়।
- এমন জায়গায় মনোযোগ দিন, যেখানে ভালোলাগা স্বাভাবিকভাবেই আসে।

আপনি যা ভালোবাসেন, তা নিয়ে যত বেশি সম্ভব ভালোলাগা চিন্তা খুঁজে বের করুন।
এই বইয়ের প্রক্রিয়াগুলো ব্যবহার করে ইতিবাচক শক্তির প্রবাহ বাড়ান।
খুব শিগগিরই সেই ধারাবাহিক ভালোলাগা গভীর হয়ে
আপনি যাকে আবেগপূর্ণ আগ্রহ বা প্যাশন বলেন, তাতে রূপ নেবে।

সেই দৃঢ়, স্থিতিশীল ইতিবাচক কম্পন থেকে:

- বুদ্ধি আসবে,
- অনুপ্রেরণা প্রবাহিত হবে,
- কাজ অনায়াস লাগবে,
- আর অর্থ স্বাভাবিকভাবেই সেই বিষয়ের মধ্য দিয়ে পার্থিব রূপ নিতে শুরু করবে।

শুধু সমৃদ্ধিই আপনার দিকে আসবে না–
আপনি তা সহজেই ধরে রাখতেও পারবেন।
অর্থ সবসময়ই গভীর, ধারাবাহিক ভালোলাগা মনোযোগেই অবস্থান করে।
আপনি যখন আগে সেই ভিত্তিটা গড়ে তোলেন,
সমৃদ্ধির তখন আর অনুসরণ করা ছাড়া কোনো উপায় থাকে না।

∞

৭. "প্রচেষ্টা করুন" এই অংশের ব্যাখ্যা অনুসারে, নিজের সমৃদ্ধি আকর্ষণ ও ধরে রাখার জন্য

এই পার্থিব জগৎ সৃষ্টি হয়েছে অ-পার্থিব সৃজনশীল শক্তির মাধ্যমে, বৈচিত্র্য ও বৈপরীত্য দেওয়ার জন্য।

বৈচিত্র্য ও বৈপরীত্যই নতুন কিছু সৃষ্টি করা এবং বিস্তার অনুভব করার প্রথম উপাদান।

যে কোনো কিছু যত বড়, সুন্দর, উপভোগ্য বা সন্তোষজনকই হোক না কেন, সময়ের সাথে তা সাধারণ–এমনকি একঘেয়ে–লাগতে শুরু করে।

পার্থিব দৃষ্টিকোণ থেকে আপনি নিজেকে রক্ত, মাংস ও হাড় হিসেবে দেখতে পারেন।

কিন্তু আপনি কখনোই শুধু আপনার শরীর নন।

আপনি সবসময়ই আপনার পার্থিব রূপের চেয়ে অনেক বড় ও বিস্তৃত।

আপনি যেমনটি ইতিমধ্যেই বুঝেছেন, আপনি অ-পার্থিব চৈতন্যশীল শক্তি, যা একটি পার্থিব শরীরে মনোযোগী হয়ে আছে।

আপনি যেহেতু শক্তি, তাই স্থির থাকতে পারেন না–আপনাকে প্রবাহিত হতেই হয়।

আপনি একই সাথে পার্থিব ও অ-পার্থিব, আর এটাই আপনার সবচেয়ে বড় সুবিধা।

পার্থিবভাবে মনোযোগী অবস্থায় আপনি মূলত পার্থিব রূপ নেওয়া বিষয়গুলোর দিকেই মনোযোগ দেন।

এই পার্থিব বিষয়গুলো হলো চিন্তার বাস্তবায়িত রূপ, আর তাদের অস্তিত্ব ও বিস্তার আপনার মতো মনোযোগকারীদের উপরই নির্ভরশীল।

যেহেতু অধিকাংশ মানুষ খুব কমই তাদের চিন্তার ধরণ বদলায়, তাই তাদের চারপাশের পার্থিব প্রকাশও খুব বেশি বদলায় না।

এর ফল হিসেবে, আপনার নিজের বাঞ্ছিত অকাঙ্খিত পার্থিব রূপের প্রকাশগুলোও–যেগুলো একসময় স্বপ্ন ছিল–শেষ পর্যন্ত পুরোনো, সাধারণ ও অনুপ্রেরণাহীন মনে হয়।

কেন পার্থিব প্রকাশগুলো তাদের জাদু হারায়

এর কারণ হলো–আপনি যা ইতিমধ্যেই পার্থিব রূপে পেয়েছেন, তার দিকে ভালোলাগা চিন্তার প্রবাহ থামিয়ে দেন।

আপনি কদর করা বন্ধ করেন।

ভালোলাগা দৃষ্টিভঙ্গি খোঁজা বন্ধ করেন।

আপনি ত্রুটির দিকে মনোযোগ দিতে শুরু করেন।

আপনার জীবনের দিকে তাকান।
আপনি ইতিমধ্যেই এমন জিনিসের সাথে তাদের মাঝে বসবাস করছেন, যেগুলো নিয়ে একসময় আপনি স্বপ্ন দেখেছিলেন।
আপনার এমন সম্পর্ক আছে, যেগুলো একসময় আপনি চেয়েছিলেন।
আপনি ইতিমধ্যেই এমন পরিমাণ অর্থ উপার্জন করছেন, যা একসময় 'অনেক' মনে হতো।
তবুও উত্তেজনা নেই।
এটা এই কারণে নয় যে সেগুলো ব্যর্থ হয়েছে–
বরং এই কারণে যে আপনি আপনার শক্তিগত প্রকৃতিকে বুঝতে পারেননি।

সমৃদ্ধি আসলে কী

আপনি যে সমৃদ্ধি খুঁজছেন, তা কোনো ব্যাংক অ্যাকাউন্টের সংখ্যা নয়।
সমৃদ্ধি হলো অর্থ সম্পর্কে ভালোলাগা চিন্তার প্রবাহে থাকতে পারার সক্ষমতা।
আপনি যদি সমৃদ্ধিকে অর্থের নির্দিষ্ট পরিমাণের সাথে বেঁধে ফেলেন, তাহলে দুটি বিষয় ঘটে:

১. সেই পরিমাণ আকর্ষণ করা কঠিন হয়ে যায়।

২. আর যদি আপনি সেটি আকর্ষণও করেন, তবুও খুব দ্রুত তা নিষ্প্রাণ ও অসম্পূর্ণ মনে হয়।

কারণ অর্থ নিজে সমৃদ্ধি সৃষ্টি করে না।
অর্থ সম্পর্কে আপনার কম্পনই তা করে।
অর্থ নিয়ে বিশুদ্ধ, ইতিবাচক, ভালোলাগা চিন্তা করতে পারার সক্ষমতাই অর্থকে আপনার অভিজ্ঞতায় জীবন্ত, উপভোগ্য ও পরিপূর্ণ করে তোলে।

কেন আপনি কখনোই অভাবে নেই

অর্থ নিয়ে আপনার জীবনে যত অভাবভিত্তিক অভিজ্ঞতা হয়েছে,
সবকটিই আপনার ভেতরে নতুন সমৃদ্ধির ফ্রিকোয়েন্সি সৃষ্টি করেছে।
আপনার সম্পূর্ণ সত্তা–আপনার বিশুদ্ধ ইতিবাচক-সত্তা–
এই ফ্রিকোয়েন্সিগুলো সংগ্রহ করেছে এবং বিস্তার ঘটিয়েছে।
এই কারণেই অর্থ নিয়ে নতুন ইতিবাচক চিন্তা-শক্তির কোনো অভাব আপনার কখনোই হয় না।

আসলে যা সমৃদ্ধিকে আটকে দেয়, তা হলো এটি:
আপনার ধারাবাহিক অভাবভিত্তিক চিন্তা আকর্ষণের মহাজাগতিক নিয়ম-এর বিশাল শক্তিকে সক্রিয় করে,
যা আপনার নেতিবাচক গতিবেগকেই আরও শক্তিশালী করে তোলে।
আকর্ষণের মহাজাগতিক নিয়ম প্রতিরোধ করে না–
এটি বৃদ্ধি করে।

তাই আপনার কম্পন বদলাতে হলে,
আপনাকে সচেতন প্রচেষ্টা প্রয়োগ করতেই হবে।

একমাত্র যে প্রচেষ্টা কাজ করে

মহাবিশ্বে সমৃদ্ধির ক্ষেত্রে ধারাবাহিকভাবে সহায়ক এমন একটাই প্রচেষ্টা আছে:
ভালোলাগা কোনো চিন্তা খুঁজে বের করার প্রচেষ্টা।
এর বাইরে কিছুই নয়।

আপনি ইতিমধ্যেই নেতিবাচক জায়গা থেকে বিপুল প্রচেষ্টা করেছেন–
আরও বেশি কাজ করা, ফল জোর করে আনা, দুশ্চিন্তা করা, ভারসাম্য আনার চেষ্টা করা।
এর কোনোটাই দীর্ঘমেয়াদে কাজ করে না।

একটাই প্রচেষ্টা কার্যকর:
এমন একটি চিন্তা খুঁজে বের করা, যা অন্তত একটু ভালোলাগা দেয়।
সেই চিন্তাটি অর্থ সম্পর্কিত হওয়া জরুরি নয়।
এটা যেকোনো বিষয়েই হতে পারে।
উদ্দেশ্য একটাই–ভালোলাগা অনুভব করা।

এক মিনিটের নিয়ম

আপনি যখন সচেতনভাবে ভালোলাগা চিন্তা খুঁজতে যান:

- পুরোনো নেতিবাচক চিন্তা ফিরে আসতে পারে (গতিবেগের কারণে)।
- এটা স্বাভাবিক।

আপনার কাজ খুবই সহজ:
ভালোলাগা একটি চিন্তা খোজার চেষ্টা করুন।
কিন্তু এক মিনিটের বেশি নয়–

যদি এক মিনিটের বেশি সময় লাগে:

- থামুন।
- বিভ্রান্তির মাধ্যমে চিন্তার গতিকে প্রশমিত করুন।
- মনোযোগের বিষয় সম্পূর্ণ বদলে ফেলুন।

কখনোই লড়াই করবেন না।
লড়াই প্রতিরোধকেই শক্তিশালী করে।

প্রচেষ্টা সম্পর্কে চূড়ান্ত সত্য

সমৃদ্ধি আকর্ষণ ও ধরে রাখতে:

- কাজ জোর করে করবেন না।
- সমস্যার সাথে লড়াই করবেন না।
- অর্থ নিয়ে অতিরিক্ত ভাববেন না।

একটাই প্রচেষ্টা ব্যবহার করুন:
→ এক মিনিটের জন্য ভালোলাগা চিন্তা খোঁজা।

এর বাইরে সব প্রচেষ্টাই উল্টো ফল দেয়।
এর বাইরে সব প্রচেষ্টাই পার্থিব রূপ নেওয়াকে ধীর করে।

ভালোলাগাই প্রবেশদ্বার।
প্রবাহই পথ।
সহজতাই সূচক।

আর সমৃদ্ধি আসে– স্বাভাবিকভাবে, অনিবার্যভাবে,
আর আনন্দের সাথে।

——— ∞ ———

৮. “বাচুন” মুহূর্ত থেকে মুহূর্তে, আবেগপ্রবন হয়ে সম্পূর্ণ রূপে অনুপ্রেরণা অনুসরণ করুন

আকর্ষণের মহাজাগতিক নিয়ম প্রতি ১৫ সেকেন্ডে সমধর্মী কম্পনকে একত্র করে।
এর মানে হলো–আপনি ভেতরে যেই কম্পনে আছেন, বাইরেও ঠিক সেটাই বাস্তবায়িত হচ্ছে–নিরবচ্ছিন্নভাবে ও নিখুঁতভাবে।
আপনার জীবন-অভিজ্ঞতা নির্ভর করে না আপনি অতীতে কী কম্পন করেছিলেন তার উপর,
আর না আপনি ভবিষ্যতে কী কম্পন করতে যাচ্ছেন তার উপর।
আপনার জীবন-অভিজ্ঞতা সবসময়ই এখন।
এটা সবসময়ই এই বর্তমান মুহূর্তেই বিদ্যমান।

যদিও পার্থিব জগতে আপনি সময় ও স্থান অনুভব করেন,
মহাজাগতিক বাস্তবতায় সময়ের অস্তিত্ব নেই।
সময় কেবল উপলব্ধিতেই থাকে।

আপনার এই জগতে সবকিছু ঠিক ততটাই প্রকাশপায়, যতটা আপনি উপলব্ধি করতে সক্ষম–
কারণ আপনি আপনার পার্থিব ইন্দ্রিয়ের মাধ্যমে কম্পন অনুবাদ করছেন
এবং সেগুলোকে পার্থিব বাস্তবতা হিসেবে ব্যাখ্যা করছেন।

যে কোনো চিন্তা কখনো চিন্তা করা হয়েছে–
তা এখনো বিদ্যমান এবং এই মুহূর্তেই উপলব্ধ।
এই মুহূর্তের বাইরে কিছুই নেই।
আপনি যখন অতীত স্মরণ করেন বা ভবিষ্যৎ কল্পনা করেন,
সেটাও আপনি করছেন এখনই।
বর্তমান মুহূর্ত ছাড়া অন্য কোথাও আপনার বাস করা সম্ভব নয়।

এই উপলব্ধি কেন এত শক্তিশালী

আপনার জীবন-অভিজ্ঞতা সৃষ্টিতে মাত্র দুটি উপাদান কাজ করে:

১. আপনার কম্পন

২. সেই কম্পনের প্রতি আকর্ষণের মহাজাগতিক নিয়ম-এর সাড়া

এর মানে হলো–আপনার প্রকৃত শক্তি কেবল এই মুহূর্তেই বিদ্যমান।
আপনি ২০ বছর আগে, ১০ বছর আগে, গত বছর বা এমনকি গতকাল কী কম্পন করেছিলেন–তা গুরুত্বপূর্ণ নয়।
একইভাবে, আপনি ভবিষ্যতে কী কম্পন করবেন বলে ভাবছেন–তাও গুরুত্বপূর্ণ নয়।

আপনি এখন যেই কম্পনে আছেন,
এবং এই মুহূর্তে যা অনুভব করছেন তার প্রতি আপনার আবেগগত সাড়া–পুরো মহাবিশ্বকে প্রভাবিত করছে এবং আপনার জীবনের প্রতিটি বিষয়ের অভিজ্ঞতাকে নতুনভাবে গড়ে তুলছে।

আপনি যদি বুঝতে না পারেন যে আপনি বর্তমান মুহূর্তেই কম্পন অনুবাদ করছেন–
এমনকি যখন আপনি তাকে অতীত বা ভবিষ্যৎ বলে চিহ্নিত করেন–
তাহলে আপনার সবসময়ই মনে হবে জীবন আপনার সাথে ঘটছে,
আপনার ভেতর দিয়ে ঘটছে না।

কিন্তু যেই মুহূর্তে আপনি বুঝে ফেলেন যে সবকিছুই এখন ঘটছে,
এবং সবকিছুই এখনই উপলব্ধ,
তখন স্বাভাবিকভাবেই আপনার মনোযোগ যায় একমাত্র গুরুত্বপূর্ণ বিষয়ের দিকে:
এই মুহূর্তে আপনার কম্পন।

নিয়ন্ত্রণ নেওয়ার মুহূর্ত

আপনি যখন বুঝে ফেলেন যে আপনার বর্তমান কম্পনই ঠিক করে দেয়:

- আপনি কী অভিজ্ঞতা করেছেন,
- আপনি এখন কী অভিজ্ঞতা করছেন,
- এবং আপনি ভবিষ্যতে কী অভিজ্ঞতা করবেন,

তখন আপনি অতীত সামলানোর চেষ্টা ছেড়ে দেন
এবং ভবিষ্যৎ নিয়ন্ত্রণ করার চেষ্টাও বন্ধ করেন।

আপনি কেবল আপনার এখনকার কম্পন পর্যবেক্ষণ ও পরিচালনা করতে শুরু করেন।
এই মুহূর্ত থেকেই,
আপনার আবেগের দিকনির্দেশনা অনুসরণ করে
আপনি আপনার জীবনের চালকের আসনে বসে পড়েন।

এই সিদ্ধান্তটি সঙ্গে সঙ্গেই আপনাকে
আপনার সম্পূর্ণ সত্তা–আপনার বিশুদ্ধ ইতিবাচক-সত্তার সাথে পুনরায় যুক্ত করে।

কেন?
কারণ আপনি যখন কেবল বর্তমান মুহূর্তের দিকে তাকান,
তখন সেখানে চিন্তার কিছুই থাকে না,
সন্দেহেরও কিছু থাকে না।

চিন্তা ও সন্দেহ সবসময়ই কল্পিত অতীত বা কল্পিত ভবিষ্যতের বিষয়।
আপনি কখনোই সত্যিকারের বর্তমান মুহূর্ত নিয়ে চিন্তিত নন–
কারণ আপনি সেটাকে ইতিমধ্যেই বাঁচছেন।
আর যেহেতু বর্তমান মুহূর্ত ইতিমধ্যেই ঘটছে,
আপনি তার জন্য সবসময়ই প্রস্তুত।

বর্তমান মুহূর্তে বাস করা আপনাকে সম্পূর্ণ সত্তার সাথে সংমিশ্রণে আনে

আপনি যখন কেবল বর্তমান মুহূর্তেই বাস করার সিদ্ধান্ত নেন:

- চিন্তা গলে যায়
- সন্দেহ মিলিয়ে যায়
- প্রতিরোধ কোমল হয়ে আসে

আপনার কম্পন স্বাভাবিকভাবেই ইতিবাচক হয়ে ওঠে।
এই ইতিবাচকতা আপনাকে স্বয়ংক্রিয়ভাবে
আপনার সম্পূর্ণ সত্তা–আপনার বিশুদ্ধ ইতিবাচক-সত্তার সাথে পুনঃসংযুক্ত করে।

আর এই সংযোগের বিশাল উপকারিতা আপনি আগেই জানেন:

- আরও স্পষ্ট চিন্তা
- আরও ভালো সিদ্ধান্ত
- অনুপ্রাণিত বুদ্ধি
- ভালোলাগা তাগিদ
- নিখুঁত সময়ে নিখুঁত কর্ম
- আপনার আকাঙ্ক্ষার সাথে অনায়াস সংমিশ্রণ

আপনি যখন প্রতিটি কম্পন অনুবাদ করেন
এবং প্রতিটি চিন্তা করেন এখন-এর দৃষ্টিকোণ থেকে,
তখন জীবন হয়ে ওঠে প্রবাহমান ও বুদ্ধিদীপ্ত।

ফলাফল: শক্তি, পরমানন্দ ও সমৃদ্ধি

আপনি গভীরভাবে শক্তিশালী ও আনন্দময় হয়ে ওঠেন
যখন আপনি বর্তমান মুহূর্তে বাস করার
এবং আপনার ভালোলাগা তাগিদ অনুসরণ করার অঙ্গীকার করেন।

এই নির্বাচনটি আপনাকে ধারাবাহিকভাবে অসাধারণ বুদ্ধি
ও অনুপ্রাণিত কর্মের সাথে যুক্ত করে–
যে কর্মগুলো স্বাভাবিকভাবেই অসাধারণ সমৃদ্ধির দিকে নিয়ে যায়।

এই সংমিশ্রণ কেবল সমৃদ্ধি আকর্ষণই করে না,
এটি আপনাকে তা সুন্দরভাবে সামলাতে
এবং ধরে রাখতেও সক্ষম করে।

বর্তমান মুহূর্ত শুধু সেই জায়গা নয়,
যেখানে জীবন ঘটে।
বর্তমান মুহূর্তই সেই জায়গা,
যেখানে আপনার প্রকৃত শক্তি বাস করে।

∞

৯. “প্রশংসা করুন” সমালোচনা, তুলনা বা প্রতিযোগিতার বদলে

প্রজন্ম থেকে প্রজন্মে বহন হয়ে আসা সবচেয়ে গভীরভাবে গেথে থাকা এবং সবচেয়ে অকার্যকর বিশ্বাসগুলোর একটি হলো এটি:
“নিজেকে প্রমাণ করতে হলে প্রত্যেককে নিজ নিজ ক্যারিয়ার ও জীবন নিজেকেই গড়ে তুলতে হবে।”

আপনি ইতিমধ্যেই বুঝেছেন যে অধিকাংশ সমাজ–প্রায় সব সভ্যতাতেই–মূলত অভাবভিত্তিক।
আমরা যাকে “আধুনিক সমাজ” বলি, সেটিও এর ব্যতিক্রম নয়।
যখন কোনো সমাজ অভাবের দিকে মনোযোগী থাকে, তখন সেই সমাজ যে বিশ্বাসগুলো তৈরি করে, সেগুলোকেও অভাব থেকেই জন্ম নিতে হয়।
আর অভাব থেকে জন্ম নেওয়া কোনো বিশ্বাসই আপনাকে প্রাচুর্যের দিকে নিয়ে যেতে পারে না।

আপনি কি কখনো নিজেকে জিজ্ঞেস করেছেন–
সমাজ কেন এত জোর দিয়ে বলে যে আপনাকে একাই ক্যারিয়ার ও জীবন গড়ে তুলে নিজেকে প্রমাণ করতে হবে?

এর কারণ হলো–সমাজ বিশ্বাস করে অর্থ ও কদর সীমিত সম্পদ।
এবং কেবল তারাই এগুলোর ভাগ পাওয়ার যোগ্য,
যারা সামাজিক নিয়ম ও সম্মিলিত বিশ্বাস কঠোরভাবে অনুসরণ করে।

এই একটিমাত্র ত্রুটিপূর্ণ বিশ্বাসই লুকিয়ে আছে:

- অস্বাস্থ্যকর প্রতিযোগিতার পেছনে
- অবিরাম তুলনার পেছনে
- অর্থহীন যোগাযোগের পেছনে
- এমনকি যুদ্ধের পেছনেও

সবাই প্রমাণ করতে চায়–
সে অন্যদের চেয়ে ভালো,
অন্যদের চেয়ে বেশি যোগ্য,
অন্যদের চেয়ে বেশি প্রাপ্য।

এই বিশ্বাস থেকেই জন্ম নেয় পরীক্ষা-পদ্ধতি, ডিগ্রি, র‍্যাংকিং, উপাধি, আর আর্থিক মাপকাঠি–
যেসব ব্যবস্থার কাজ হলো অন্যদের চোখে আপনি “কতটা মূল্যবান” তা নির্ধারণ করা।

সমাজের নিয়ম থেকে মুক্তি

সমাজকে তার নিজের মতো করে বাঁচতে দিন, তাদের ওভাবেই ভাবতে দিন।
মানুষকে তারা যা বিশ্বাস করতে চায়, তা বিশ্বাস করতে দিন।

আপনি এগুলোর সবকিছুর উর্ধ্বে গিয়ে বাঁচার জন্য স্বাধীন–
মহাজাগতিক নিয়ম অনুসারেই।

তাদের বিশ্বাস আপনাকে বেঁধে রাখতে পারে না,
যতক্ষণ না আপনি নিজেই সেগুলো গ্রহণ করেন।

যেই মুহূর্তে আপনি সমাজের চিন্তা থেকে নিজেকে আলাদা করেন
এবং একের পর এক ভালোলাগা চিন্তা বেছে নিয়ে
আপনার বিশুদ্ধ ইতিবাচক-সত্তার সাথে পুনঃসংযুক্ত হন–
জীবন অনায়াসে প্রবাহিত হতে শুরু করে।

সেই মুহূর্তে:

- আপনি পুরো মহাবিশ্বের মহাজাগতিক সহযোগ পান
- আকর্ষণের মহাজাগতিক নিয়ম আপনার পক্ষে অনায়াসে কাজ করে
- যা একসময় কঠিন লাগত, তা হয়ে ওঠে স্বচ্ছন্দ
- যা একসময় ঘৃণার মনে হতো, তা নিরপেক্ষ–এমনকি সুন্দরও লাগতে পারে

কেউ এখানে অন্যদের কাছ থেকে সুন্দর জীবন পাওয়ার জন্য নিজেকে প্রমাণ করতে আসেনি।
আমরা সবাই এখানে এসেছি–
আমাদের নিজের জৈবিক অস্তিত্বের মাধ্যমে
ইতিমধ্যেই সৃষ্টি করা সুন্দর জীবনটাকে বাঁচতে।

সমালোচনা, তুলনা ও প্রতিযোগিতার বাইরে

সমালোচনা মহাজাগতিক সত্যের অংশ নয়।
তুলনা কখনোই এমন কোনো সত্তাকে শক্তিশালী করে না,
যে নিজের স্বতন্ত্রতা চিনে ফেলেছে।
প্রতিযোগিতা আছে কেবল বৈচিত্র্য, খেলার আনন্দ ও বিস্তার যোগ করার জন্য–
শ্রেষ্ঠত্ব প্রমাণের জন্য নয়।

আপনি এখানে আসেননি:

- জিততে বা হারতে
- ঠিক করতে বা বদলাতে
- শেখাতে বা শেখার জন্য

আপনি এই সময়-স্থান বাস্তবতায় আছেন
অ-পার্থিব কম্পনকে পার্থিব রূপে অভিজ্ঞতা করতে,
আর সেই অভিজ্ঞতার মাধ্যমে
নতুন নতুন কম্পনভিত্তিক সমন্বয় সৃষ্টি করতে–
যেগুলো মহাবিশ্বের অস্তিত্বকেই ধারণ করে।

আর সবচেয়ে গুরুত্বপূর্ণভাবে,
আপনি এখানে আছেন–
এই সবকিছু করতে করতে
আপনার ভেতর দিয়ে বিশুদ্ধ ইতিবাচক শক্তির আনন্দময় প্রবাহ অনুভব করার জন্য।

মানতেই হবে এমন কোনো বাধ্যতামূলক নিয়ম নেই।
গ্রহণ করতেই হবে এমন কোনো বাধ্যতামূলক বিশ্বাস নেই।
অনুসরণ করার মতো একটাই বিষয় আছে:
আপনার ঐশ্বরিক দিকনির্দেশনা ব্যবস্থা–'আপনার আবেগ'।

পৃথিবীতেই স্বর্গ–একটি নির্বাচন

ভালোলাগা চিন্তা বেছে নিন।
আনন্দময় কাজ বেছে নিন।
কদর, সম্মান, শ্রদ্ধা ও প্রশংসা বেছে নিন।

আপনি এখন দেখতে পান বা না পান–
সবকিছুর মধ্যেই সৌন্দর্য আছে।

আর যেই মুহূর্তে আপনি সচেতনভাবে
আপনি যেদিকে মনোযোগ দিচ্ছেন, সেটাকেই প্রশংসা করা বেছে নেন,
সেই মুহূর্ত থেকেই আপনার জীবন রূপ নিতে শুরু করে–
স্বাভাবিকভাবে,
অনিবার্যভাবে–
এমন এক বাস্তবতায়, যাকে শুধু একভাবেই বলা যায়:

পৃথিবীতেই স্বর্গ

∞

✦ অধ্যায়ের শেষের প্রক্রিয়া ৯ ✦

“৬ ইন্দ্রিয়ভিত্তিক ভালোলাগা প্রক্রিয়া”

এই পার্থিব জগতে আপনি আপনার পার্থিব ইন্দ্রিয়ের মাধ্যমে কম্পন অনুবাদ করেন।
আপনার এই অনুবাদ ছাড়া, আপনার কাছে কিছুই বাস্তব নয়।

আপনি ইতিমধ্যেই আপনার পাঁচটি পার্থিব ইন্দ্রিয়ের মাধ্যমে কম্পন অনুবাদ করতে অত্যন্ত দক্ষ।
আপনি সারা জীবনই এটা অনায়াসে করে আসছেন।
কিন্তু যখন সচেতনভাবে নিজের অভিজ্ঞতা সৃষ্টি করার প্রশ্ন আসে,
তখন আপনার আবেগ সবচেয়ে গুরুত্বপূর্ণ ভূমিকা পালন করে।

আপনার আবেগই একমাত্র নির্ভরযোগ্য সূচক, যা আপনাকে জানায়:

- আপনি ইতিবাচক না নেতিবাচক কম্পনে আছেন
- আপনি সমৃদ্ধি আকর্ষণ করছেন, নাকি তার অনুপস্থিতি

অধিকাংশ মানুষ কম্পন অনুবাদ করতে কেবল তাদের পাঁচটি পার্থিব ইন্দ্রিয় ব্যবহার করে এবং তাদের আবেগগত ইন্দ্রিয়কে সম্পূর্ণ উপেক্ষা করে।
এই কারণেই সচেতন সৃষ্টি তাদের কাছে কঠিন ও বিভ্রান্তিকর মনে হয়।

আপনি ইতিমধ্যেই জানেন–ভালোলাগা সবসময়ই একটি নির্বাচন।
এটা ভেতর থেকে নেওয়া একটি সিদ্ধান্ত;
এটা কখনোই সত্যিকার অর্থে বাইরের পরিস্থিতির উপর নির্ভর করে না।

মহাজাগতিক দৃষ্টিকোণ থেকে,
সবকিছুই সবসময় সমানভাবে উপস্থিত এবং সমানভাবে অনুপস্থিত।
এর মানে হলো–আপনার বাইরের সবকিছুই স্বভাবত নিরপেক্ষ।
আপনার কম্পনই নির্ধারণ করে
আপনি কোনো কিছুর ইতিবাচক না নেতিবাচক দিকটি অনুভব করবেন।

এই কারণেই আপনার মনোযোগের দিকনির্দেশনার উপর
আপনার সবসময়ই নিয়ন্ত্রণ থাকে।

এই প্রক্রিয়াটি আপনাকে সহায়তা করার জন্য তৈরি করা হয়েছে, যাতে আপনি:

- আপনার আবেগের ভিত্তিতে সিদ্ধান্ত নিতে পারেন
- সচেতনভাবে আপনার মনোযোগ পরিচালনা করতে পারেন
- বুঝতে পারেন আপনার নির্বাচনগুলো ভালোলাগা জায়গা থেকে আসছে কি না

পাঁচ ইন্দ্রিয়ের আবেগগত সংমিশ্রণ প্রক্রিয়া

প্রক্রিয়ার উদ্দেশ্য

এই প্রক্রিয়ার লক্ষ্য হলো–
প্রতিদিন অন্তত পাঁচটি ছোট সিদ্ধান্ত নেওয়া,
যেগুলো সম্পূর্ণভাবে ভালোলাগা আবেগের উপর ভিত্তি করে নেওয়া হবে–
আপনার পাঁচটি পার্থিব ইন্দ্রিয়ের প্রতিটির জন্য একটি করে সিদ্ধান্ত।

প্রতিদিন আপনি স্বাভাবিকভাবেই আপনার চোখ, কান, নাক, জিহ্বা ও ত্বক
অসংখ্যভাবে ব্যবহার করেন।
এই প্রক্রিয়ায়, আপনি ইচ্ছাকৃতভাবে প্রতিটি ইন্দ্রিয়
অন্তত একবার ব্যবহার করবেন–
শুধু ভালোলাগা অনুভব করার উদ্দেশ্যে।

প্রক্রিয়াটি কীভাবে করবেন

প্রতিদিন বেছে নিন:

- এমন একটি দৃশ্য, যা আপনাকে শান্তি বা আনন্দ দেয়
- অন্তত পাঁচ মিনিটের এমন শব্দ, যা শুনতে আপনার ভালোলাগে
- এমন একটি গন্ধ, যা আপনি সত্যিই উপভোগ করেন
- এমন একটি খাবার, যা আপনি খেতে চান (যেটা খাওয়া উচিত মনে করেন, তা নয়)
- এমন কিছু স্পর্শ, যা আপনার শরীরের কাছে ভালোলাগে

এই প্রক্রিয়ায় আপনি এখনও আপনার পাঁচটি ইন্দ্রিয়
পার্থিব কাজের জন্যই ব্যবহার করছেন–
কিন্তু প্রতিটি সিদ্ধান্তের ভিত্তি হিসেবে
আপনি আপনার আবেগগত প্রতিক্রিয়াকে অগ্রাধিকার দিচ্ছেন।

এই প্রক্রিয়ায় কোনো সীমাবদ্ধতা নেই:

- আপনি কী বেছে নেবেন
- কাজটি কতটা সহজ বা সাধারণ হবে
- আনন্দের তীব্রতা কতটা হওয়া উচিত

একটাই নিয়ম:
প্রতিটি কাজ বেছে নিন কারণ আপনি চান–
আপনাকে করতে হবে বলে নয়।

আপনাকে আপনার জীবনধারা বা রুটিন বদলাতে হবে না।
আপনি আপনার স্বাভাবিক দৈনন্দিন কাজের মাঝেই এই প্রক্রিয়া করতে পারেন–
শুধু এমন পাঁচটি মুহূর্ত চিহ্নিত করে,
যেখানে আপনি আরাম, স্বস্তি বা সহজতাকে বেছে নিচ্ছেন।

আপনি চাইলে রুটিনের বাইরে আলাদা কাজও বেছে নিতে পারেন,
যদি সেটাই আপনার কাছে ভালোলাগা মনে হয়।
দুটো পদ্ধতিই সমানভাবে গ্রহণযোগ্য।
একমাত্র শর্ত হলো–
আপনার নির্বাচনটি আপনার কাছে ভালোলাগা অনুভব করাতে হবে।

প্রক্রিয়ার উপকারিতা

- আপনার জীবনের কোন কাজগুলো ইতিবাচক কম্পন থেকে আসে আর কোনগুলো নেতিবাচক কম্পন থেকে আসে–তা আপনি স্পষ্টভাবে বুঝতে পারবেন
- সিদ্ধান্ত নেওয়া সহজ ও আত্মবিশ্বাসী হয়ে উঠবে
- আপনার দৈনন্দিন জীবন আরও সন্তোষজনক ও কোমল অনুভূত হবে
- আপনি স্বাভাবিকভাবেই ভালোলাগা চিন্তা ও অভিজ্ঞতার দিকে ঝুঁকবেন
- অবাঞ্ছিত নেতিবাচক চিন্তা ধীরে ধীরে তাদের প্রভাব হারাবে
- আপনার জীবনের সংগ্রামের অনুভূতি ধীরে ধীরে কোমল হয়ে আসবে
- আপনার প্রতিদিনের অভিজ্ঞতায় সৌন্দর্য, সহজতা ও আনন্দের ধারাবাহিক বৃদ্ধি আপনি লক্ষ্য করবেন

এই প্রক্রিয়াটি আপনাকে ধীরে ধীরে শেখায়–
আপনার আবেগকে প্রতিক্রিয়া হিসেবে নয়,
বরং দিকনির্দেশনা হিসেবে বিশ্বাস করতে।

সময়ের সাথে সাথে,
এটি আপনার পার্থিব ইন্দ্রিয়গুলোকে
আপনার আবেগগত বুদ্ধিমত্তার সাথে সংমিশ্রণে নিয়ে আসে–
আর এই সংমিশ্রণই সচেতন সৃষ্টিকে অনায়াস করে তোলে।

∞

লেখকের উক্তি-

"যেকোনো মুহূর্তে আপনার জন্য সবচেয়ে উপকারী, হাসির একটি কারণ খুঁজে পাওয়া।"

অধ্যায় ১০

কীভাবে, কোথায় এবং কখন আপনি আপনার সমৃদ্ধি খুঁজে পাবেন

এই সমস্ত সার্বজনীন উপলব্ধি আর সুন্দর কার্যকর প্রক্রিয়াগুলো বোঝার পর
আপনার মনে এখন স্বাভাবিকভাবেই প্রশ্ন উঠতে পারে–
"তাহলে আমার অর্থ বা সমৃদ্ধি–কোথায়, কখন, কীভাবে পাব?"

এই অধ্যায়ে আপনি সেই প্রশ্নেরই সহজ ও বিস্তারিত উত্তর জানবেন।
এখানে একটি সুন্দর মেলবন্ধন তৈরি হবে–
আপনি এই বই থেকে যে সার্বজনীন সত্যগুলো শিখেছেন,
তার সঙ্গে আপনার দৈনন্দিন পথিব শারীরিক জীবনের অভিজ্ঞতার।

অর্থাৎ,
এখানে আপনি উপলব্ধি করবেন
কীভাবে অদৃশ্য মহাবিশ্বের উপলব্ধি
আপনার দৃশ্যমান বাস্তব জীবনের সমৃদ্ধির সঙ্গে একীভূত হয়।

এই অধ্যায়ে আপনি পাবেন:

অনুশীলন

১. ধনী হতে কত সময় লাগে?

সৃষ্টি ও সম্পদ সম্পর্কে সবচেয়ে ভুল বোঝা ধারণা গুলোর একটি হলো–
"ধনী হতে সময় লাগে।"
এই বিশ্বাসটিই মানুষকে প্রয়োজনের চেয়ে অনেক বেশি সময় সংগ্রামে রাখে, কারণ এটি সৃষ্টির প্রকৃত কাজকর্মকে আড়াল করে দেয়।

প্রকৃত সত্য হলো–সৃষ্টি তাৎক্ষণিক।
দেরি হয় কেবল **পার্থিব রূপ নেওয়ায়**।
এই পার্থক্যটি সবকিছু বদলে দেয়।

---

১৫ সেকেন্ডের সৃষ্টির জানালা

আপনি যখন কোনো বিষয়ের দিকে ১৫ সেকেন্ডের বেশি সময় মনোযোগ দেন, তখনই আপনি নতুন বাস্তবতা সৃষ্টি করেন।
এই ১৫ সেকেন্ডে একটি নির্দিষ্ট ঘটনা ঘটে:
আপনার কম্পন সেই বিষয়ের কম্পনের সাথে মিশে যায়।
এই সংমিশ্রণ থেকেই জন্ম নেয় একটি নতুন কম্পনভিত্তিক সমন্বয়।

এই ফ্রিকোয়েন্সি কোনো প্রতীক নয়, কল্পনাও নয়।
এটি একটি বাস্তব, সদ্য সৃষ্ট বাস্তবতা।
আর যেহেতু প্রতিটি সৃষ্টি ভারসাম্য বহন করে, তাই একই মুহূর্তে–স্বয়ংক্রিয়ভাবে ও অচেতনভাবে–একটি সমান ও বিপরীত কম্পনও গঠিত হয়।
এটাই মহাজাগতিক নিয়ম।

কম্পনের বিভাজন

প্রতিটি নতুন সৃষ্ট কম্পন সঙ্গে সঙ্গেই দুটি অংশে বিভক্ত হয়:

- ইতিবাচক (+) অংশ, যা আপনার বিশুদ্ধ ইতিবাচক-সত্তার সাথে মিশে যায়
- নেতিবাচক (-) অংশ, যা সম্মিলিত অভাবভিত্তিক চেতনার সাথে যুক্ত হয়

আপনি কোন অংশটি অভিজ্ঞতা করবেন, তা বিষয়টি নিজে নির্ধারণ করে না।
এটি নির্ধারিত হয় আপনার কম্পনগত অবস্থান দ্বারা।

অর্থ পার্থিব নয়

আপনাকে হয়তো শেখানো হয়েছে–আপনি কেবল রক্ত, মাংস ও হাড়।
কিন্তু মহাজাগতিক দৃষ্টিকোণ থেকে, আপনি ও অর্থসহ সবকিছুই একটি নির্দিষ্ট ফ্রিকোয়েন্সির কম্পনভিত্তিক সমন্বয় মাত্র।

অর্থ পার্থিবভাবে সৃষ্টি হয় না।
অর্থ কম্পনগতভাবে সৃষ্টি হয়।
সমৃদ্ধির প্রকৃত সৃষ্টি ঘটে সেই মুহূর্তেই, যখন আপনি "অর্থ" নামের কম্পনের দিকে মনোযোগ দেন।

আর এখানে এমন একটি বিষয় আছে, যা অধিকাংশ মানুষ বুঝতে পারে না:
আপনি যখন অর্থের দিকে মনোযোগ দেন এবং তার অনুপস্থিতি অনুভব করেন, তখনও আপনি সমৃদ্ধি সৃষ্টি করেন।

অভাব কীভাবে সম্পদ সৃষ্টি করে

আপনি প্রতিবার অর্থের অভাবের দিকে মনোযোগ দিলে, আপনি সমৃদ্ধির একটি সম্পূর্ণ নতুন কম্পন সৃষ্টি করেন।
এই ফ্রিকোয়েন্সিটি সম্পূর্ণভাবে আপনার নিজস্ব; এভাবে আর কেউ এতে প্রবেশ করতে পারে না।

তাই হ্যাঁ–এই ১৫ সেকেন্ডের মধ্যেই আপনি ধনী হয়ে যান, তবে তা কম্পনগতভাবে।
এই কম্পন শক্তিশালী, উচ্চ-ফ্রিকোয়েন্সির এবং গতিবেগে ভরা।
এটি এতটাই সূক্ষ্ম যে শুধু আপনার বিশুদ্ধ ইতিবাচক-সত্তাই এটিকে গ্রহণ ও অনুবাদ করতে পারে।

আপনার পার্থিবভাবে মনোযোগী সত্তা এখনো এটিকে উপলব্ধি করতে পারে না–
অস্তিত্বহীন বলে নয়, বরং আপনি এখনো এর সাথে কম্পনগত সমন্বয়ে নেই বলেই।

কেন সমৃদ্ধি অদৃশ্য লাগে

আপনি যে পার্থিব জগৎ অনুভব করেন, তা নিজেই বাস্তবতা নয়; এটি আপনার পার্থিব ইন্দ্রিয়ের মাধ্যমে কম্পনের অনুবাদ।

আপনি কোনো কিছুকে অনুবাদ করতে না পারা পর্যন্ত, তা আপনার কাছে “বাস্তব” হয়ে ওঠে না।

এই কারণেই, আপনার সমৃদ্ধি ইতিমধ্যেই সৃষ্টি হয়ে থাকলেও তা অদৃশ্য থাকে—কারণ আপনার বর্তমান আবেগগত অবস্থা এখনো তার ফ্রিকোয়েন্সির সাথে মেলে না।
এটা ব্যর্থতা নয়।
এটা প্রতিক্রিয়া।

সংমিশ্রণই একমাত্র কাজ

আপনার একমাত্র কাজ হলো সংমিশ্রণ (Alignment)।
আপনাকে আর নতুন করে সমৃদ্ধি সৃষ্টি করতে হবে না; আপনি তা ইতিমধ্যেই করেছেন।
আপনাকে শুধু আপনি যা সৃষ্টি করেছেন, তার সাথে কম্পনগতভাবে মিলে যেতে হবে।

আর সেটা হয় এভাবে:

- অর্থ সম্পর্কে একটু ভালোলাগা চিন্তা খুঁজে বের করে
- অবাঞ্ছিত ও ভারী বিষয় থেকে মনোযোগ সরিয়ে
- সংগ্রামের বদলে আবেগগত স্বস্তি বেছে নিয়ে
- ধ্যান বা এমন যে কোনো প্রক্রিয়া ব্যবহার করে, যা আপনাকে ভালোলাগা অনুভব করায়

ভালোলাগা কোনো পুরস্কার নয়।
এটি **সঙ্গতিপূর্ণতার** একটি প্রক্রিয়া ।

কখন অর্থ দৃশ্যমান হয়

আপনি যখন অর্থ সম্পর্কে ধারাবাহিক ভালোলাগা অনুভব করতে স্থিত হতে শুরু করেন, সংমিশ্রণ স্বাভাবিকভাবেই ঘটে।
সেই জায়গা থেকে বুদ্ধি সহজলভ্য ও উত্তেজনাপূর্ণ লাগে, সুযোগ অনায়াসে দেখা দেয়, এবং অর্থ প্রত্যাশিত ও অপ্রত্যাশিত—উভয় দিক থেকেই প্রবাহিত হয়।

জোর করার কারণে নয়।
সংগ্রামের মাধ্যমে অর্জনের কারণে নয়।
বরং এই কারণে যে আপনি যা ইতিমধ্যেই সৃষ্টি করেছিলেন, অবশেষে তার সাথেই মিলে গেছেন।

আপনি কখনোই দেরি করেননি।
আপনি কখনোই আটকে ছিলেন না।
আপনি শুধু নিজেকে সংগতিপূর্ণ করে তুলছিলেন।

এবং একবার এই সংগতিপূর্ণতা স্থিতিশীল হলে,
সমৃদ্ধি দৃশ্যমান হয়ে ওঠে–

আপনি ইতিমধ্যেই যা, তারই এক স্বাভাবিক বিস্তার হিসেবে।

∞

২. আপনি যেকোনো জায়গায়, যেকোনো পরিস্থিতিতে এবং যেকোনো সময় সমৃদ্ধ হতে পারেন

অর্থ সম্পর্কে সবচেয়ে সাধারণ ভুল ধারণা গুলোর একটি হলো এটি:
"যেটা যত বেশি জনপ্রিয়, সেটা তত বেশি অর্থ উপার্জন করতে পারে।"

এই বিশ্বাসের কারণে, অনেক মানুষ ধরে নেয় যে সাফল্য নির্ভর করে
ভিড়ভাট্টা শহর, ট্রেন্ডিং বাজার,
বা সবাই যেটা করছে ঠিক সেটাই করার উপর।
তারা বিশ্বাস করে–অর্থ থাকে মানুষের ভিড়ে।

কিন্তু এই বিশ্বাসটি অসম্পূর্ণ।

কেউই একই পৃথিবী দেখে না

কোনো দুইজন মানুষ কখনোই একই বিষয়কে একইভাবে উপলব্ধি করে না।
এটা দার্শনিক কথা নয়।
এটা সরাসরি সত্য।

আপনি যে পার্থিব জগৎ অনুভব করেন, তা কোনো নিরপেক্ষ বাস্তবতা নয়।
এটা হলো আপনার ইন্দ্রিয়ের মাধ্যমে কম্পনের ব্যক্তিগত অনুবাদ।

আপনি যাকে "বাজার", "প্রতিযোগিতা", বা "জনপ্রিয়তা" মনে করেন,
সেগুলো আসলে আপনি যেভাবে ব্যাখ্যা করছেন, তারই প্রতিফলন।
তাই জনপ্রিয়তা নিজে কোনো ক্ষমতা বহন করে না।

মূল্যই একমাত্র সক্রিয়কারী

এটা কোনো বিষয় নয়:

- কতজন মানুষ ইতিমধ্যেই কিছু করছে
- কোনো শহর কতটা ভিড়পূর্ণ
- কোনো ব্যবসার বুদ্ধি কতটা সাধারণ বা বিরল
- একই পণ্য কতজন ব্যবহার করছে

একটাই বিষয় গুরুত্বপূর্ণ:
আপনি কতটা মূল্য দেখতে পাচ্ছেন।

আপনি যখন সত্যিকার অর্থে কোনো বিষয়ের মধ্যে মূল্য দেখতে পান
এবং সেখানে আপনার মনোযোগ ধরে রাখেন,
তখনই কিছু বদলাতে শুরু করে।

আপনার কম্পন সেই বিষয়ের বাঞ্ছিত, উপস্থিত, ইতিবাচক অংশের সাথে সংগতিপূর্ণ হতে থাকে।
আর ঠিক সেখান থেকেই সৃষ্টি শুরু হয়।

সংমিশ্রণের মুহূর্ত

মূল্যের দিকে প্রতিটি বিশুদ্ধ ইতিবাচক মনোযোগের সাথে,
আপনার কম্পন সেই বিষয়ের নিজস্ব ইতিবাচক কম্পনের সাথে মিশে যায়।

এই সংমিশ্রণ আপনাকে স্বয়ংক্রিয়ভাবে
আপনার বিশুদ্ধ ইতিবাচক-সত্তার সাথে যুক্ত করে।

আপনার বিশুদ্ধ ইতিবাচক-সত্তা ইতিমধ্যেই ধরে রেখেছে:

- প্রয়োজনীয় বুদ্ধি
- প্রয়োজনীয় অনুপ্রেরণা
- অনুপ্রাণিত কর্ম
- নিখুঁত সময়জ্ঞান
- সহায়ক উপাদানসমূহ

যেগুলোর মাধ্যমে অন্যদের জন্য মূল্যকে পার্থিব রূপ দেওয়া যায়।

আপনাকে এগুলো হিসাব করে বের করতে হয় না।
এগুলো আগেই প্রস্তুত।

মহাজগতের মহাজাগতিক সহযোগ

যখন আপনার মূল্য-কেন্দ্রিক মনোযোগ ধারাবাহিক হয়ে ওঠে,
তখন একটি শক্তিশালী পরিবর্তন ঘটে।

আপনি মহাজগতের মহাজাগতিক সহযোগ-এর নাগাল পান।
আকর্ষণের মহাজাগতিক নিয়ম আর কেবল নীরব নীতি থাকে না–
এটি আপনার সক্রিয় ব্যবস্থাপক হয়ে ওঠে।

আপনার বিশুদ্ধ ইতিবাচক-সত্তার মাধ্যমে,
আপনি সরাসরি মহাবিশ্বের অ-পার্থিব সৃজনশীল শক্তির সাথে যুক্ত হন।

এই কারণেই একজন মানুষ, যিনি মূল্যের দিকে মনোযোগী,
ত্রুটির দিকে মনোযোগী লক্ষ লক্ষ মানুষের সমষ্টিগত আয়তনের চেয়েও এগিয়ে যেতে পারেন।

কেন মনোযোগ প্রতিযোগিতার চেয়ে অনেক শক্তিশালী

যারা ত্রুটির দিকে মনোযোগ দেয়, তারা নিজেদের কম্পন দুর্বল করে।
যারা মূল্যের দিকে মনোযোগ দেয়, তারা সেটাকে শক্তিশালী করে।

আপনার বিশুদ্ধ ইতিবাচক মনোযোগ আপনাকে যুক্ত করে দেয়:

- সঠিক মানুষের সাথে
- সঠিক বুদ্ধির সাথে
- সঠিক সাক্ষাতের সাথে
- সঠিক অনুপ্রেরণার সাথে
- সঠিক কর্মের সাথে

আর আকর্ষণের মহাজাগতিক নিয়মের মাধ্যমে
এই সবকিছু স্বাভাবিকভাবেই আপনার অভিজ্ঞতায় আসে।

এরপর অর্থ আসে– আপনি যে মূল্য ইতিমধ্যেই দেখছেন,
তা ভাগ করে নেওয়ার স্বাভাবিক ফল হিসেবে।

একমাত্র গুরুত্বপূর্ণ প্রশ্ন

আকর্ষণভিত্তিক এই মহাবিশ্বে আপনি কম্পনের মাধ্যমেই সবকিছু আকর্ষণ করছেন।

তাই এটা গুরুত্বপূর্ণ নয়:

- আপনি কোথায় থাকেন
- কোনো বিষয় কতটা জনপ্রিয়

- অন্যরা কী করছে
- আপনার চারপাশের পরিস্থিতি কেমন

একটাই প্রশ্ন প্রাসঙ্গিক:
আপনি কোন কম্পনে আছেন?

সহজ কথায়:
আপনি কেমন অনুভব করছেন?

যেকোনো জায়গায় সমৃদ্ধি

আপনি যখন কোনো বিষয়ের ব্যাপারে ভালোলাগা অনুভব করেন,
তখন আপনি আপনার বিশুদ্ধ ইতিবাচক-সত্তার সাথে সংমিশ্রণে থাকেন।

আর যখন আপনি সংমিশ্রণে থাকেন,
তখন আপনি সম্পূর্ণ ও সর্বজনীনভাবে সহায়তা পান।

এখন আপনি এই সত্যটি বুঝতে পারেন:
আপনি যেকোনো জায়গায় সমৃদ্ধ হতে পারেন।
যেকোনো পরিস্থিতিতে।
যেকোনো সময়ে।

কারণ আপনি যখন মূল্যের দিকে মনোযোগ দেন,
তখন পুরো মহাবিশ্বই আপনার সাথে সংগতিপূর্ণ হয়ে
সেই মূল্যকে আপনার আকাঙ্ক্ষায় রূপ দিতে সাহায্য করে।

আপনি কখনোই জায়গার কারণে সীমাবদ্ধ ছিলেন না।
আপনি কখনোই জনপ্রিয়তার কারণে সীমাবদ্ধ ছিলেন না।
আপনি সবসময়ই পরিচালিত হয়েছেন—কম্পনের দ্বারা।

——— ∞ ———

৩. যেকোনো মুহূর্তে, আপনার অর্থ পাওয়ার জন্য ২০০ থেকে ৩০০টি কার্যকর পথ থাকে

মানুষ যে নীরব হতাশাগুলোর একটি অনুভব করে, তা হলো এটি:
তারা জানে তারা কী চায়–কিন্তু সেখানে পৌঁছানোর পথ দেখতে পায় না।

আপনি যদি এই মুহূর্তে থেমে আপনার আকাঙ্ক্ষাগুলো গুনে দেখেন,
হয়তো পাঁচ বা দশটির বেশি পাবেন না।
কিন্তু যখন আপনি এমন একটি পরিষ্কার পার্থিব পথ খুঁজতে যান,
যেটি একসাথে সবগুলো পূরণ করতে পারে,
তখন কোনো পথই দেখা যায় না।

এর মানে এই নয় যে আপনার আকাঙ্ক্ষাগুলো অবাস্তব।
এর মানে হলো–আপনি সেগুলোকে সীমিত দৃষ্টিভঙ্গি থেকে দেখছেন।

পার্থিব সীমাবদ্ধতার উদ্দেশ্য

আপনার পার্থিব মন কম্পন অনুবাদ করার ক্ষেত্রে সীমিত ক্ষমতাসম্পন্ন।
এই সীমাবদ্ধতা কোনো ত্রুটি নয়।
এটি সময়-স্থান বাস্তবতার একটি বৈশিষ্ট্য।

এটি আপনাকে চিন্তা-শক্তিতে মনোযোগ দিতে সাহায্য করে।
কিন্তু শুধু মনোযোগী চিন্তাই আকাঙ্ক্ষাকে সচেতনভাবে পার্থিব রূপে প্রকাশের জন্য যথেষ্ট নয়।

এর জন্য আপনাকে মহাবিশ্ব আসলে কীভাবে কাজ করে,
তার আরও বিস্তৃত উপলব্ধিতে প্রবেশ করতে হয়।

নিরবচ্ছিন্ন সংমিশ্রণের মহাবিশ্ব

এটি একটি কম্পনভিত্তিক মহাবিশ্ব।
প্রতি ১৫ সেকেন্ডে, আকর্ষণের মহাজাগতিক নিয়ম অনুযায়ী
একই ধরনের কম্পন একে অপরের সাথে মিশে যায়।

কিছুই একা অস্তিত্বশীল নয়।
প্রতিটি কম্পনই যৌথ রূপে থাকে–
সমমানের ফ্রিকোয়েন্সির একটি সঙ্গতি হিসেবে।

আগে আপনি এই সমন্বয়গুলোকে
কম্পনগত হারমোনিক হিসেবে বুঝেছিলেন।
এই নীতিটিই সরাসরি আপনার আকাঙ্ক্ষার ক্ষেত্রেও প্রযোজ্য।

আপনার আকাঙ্ক্ষা একক নয়

আপনার প্রতিটি আকাঙ্ক্ষা কোনো একটিমাত্র পথ নয়।
এটি একটি শক্তিশালী কম্পনভিত্তিক সমন্বয়,
যার ভেতরে হাজার হাজার–অনেক সময় লক্ষ লক্ষ–সমমানের কম্পন থাকে।

এই প্রতিটি সমমানের কম্পনই একটি পথের প্রতিনিধিত্ব করে।
একটি প্রবেশদ্বার।
একটি জায়গা, যেখান থেকে সংমিশ্রণ শুরু হতে পারে।

এই কম্পনগত হারমোনিকগুলো
আবেগগত অভিজ্ঞতার সব স্তর জুড়ে ছড়িয়ে থাকে।

এর মানে একটি খুব গুরুত্বপূর্ণ বিষয়:
এই মুহূর্তে আপনি যেমনই অনুভব করুন না কেন,
আপনার আকাঙ্ক্ষার সাথে আপনার সংযোগ কখনোই বিচ্ছিন্ন হয় না।

আপনার ধারণার চেয়েও বেশি পথ–সবসময়

যেকোনো মুহূর্তে–
আপনার আবেগগত অবস্থা যাই হোক না কেন–
আপনার কাছে প্রবেশাধিকার থাকে অন্তত:

- ২০০ থেকে ৩০০টি কম্পনগত হারমোনিক
- ২০০ থেকে ৩০০টি একটু ভালোলাগা চিন্তা
- প্রতিটি আকাঙ্ক্ষার দিকে যাওয়ার ২০০ থেকে ৩০০টি কার্যকর পথ

প্রতিটি কম্পনগত হারমোনিক নিজেই সমমানের কম্পনের একটি সমন্বয়।
আর প্রতিটিই আপনার কাছে আসতে পারে:

- একটি বুদ্ধি হিসেবে
- একটি ধারণা হিসেবে
- একটি তাগিদ হিসেবে
- কর্মের দিকে এক নরম ইঙ্গিত হিসেবে

কিছুই অনুপস্থিত নয়।

সমৃদ্ধির নতুন সংজ্ঞা

আপনার সমৃদ্ধির আকাঙ্ক্ষা সীমাবদ্ধ নয় শুধু:

- বাড়ি
- গাড়ি
- উপাধি
- ক্যারিয়ার–এর মধ্যে

আসলে এই সমৃদ্ধি সহজতা, আরাম, স্বাধীনতা এবং সুস্থতার একটি বিশাল সঞ্চয়– যা আপনি সারা জীবনের অভিজ্ঞতার মাধ্যমে জমা করেছেন।

আপনি আপনার জীবনের প্রতিটি অভিজ্ঞতার মাধ্যমেই
সমৃদ্ধির কম্পন সৃষ্টি করেছেন।

এর মানে হলো:
আপনি আর্থিকভাবে যেখানে থাকুন না কেন,
আপনার প্রবেশাধিকার কখনোই বন্ধ হয়নি।

ভালোলাগা চিন্তার শক্তি

যেকোনো পরিস্থিতিতে–যতই ভালো বা খারাপ মনে হোক না কেন–
আপনি ২০০ থেকে ৩০০টি ভালোলাগা চিন্তা খুঁজে পেতে পারেন।

প্রতিটি ভালোলাগা চিন্তা খুলে দেয়:

- একটি নতুন পরিকল্পনা
- একটি নতুন বুদ্ধি
- একটি নতুন পদ্ধতি
- একটি নতুন অনুপ্রাণিত দিকনির্দেশনা

আর যেহেতু মহাবিশ্ব সবসময় বিস্তৃত হচ্ছে,
এই পথগুলো কখনোই স্থির নয়।
এগুলো প্রতি ১৫ সেকেন্ডেই নিজেকে আরো উন্নত করে।

কেন পথগুলো অদৃশ্য লাগে

আপনার পথ কখনোই শেষ হয়ে যায় না।
কিন্তু চিন্তা-শক্তির মনোযোগকারী হিসেবে আপনাকেই সংমিশ্রণ বেছে নিতে হয়।

আপনি যদি যেখানে আছেন সেখান থেকেই একটু ভালোলাগা চিন্তার দিকে হাত না বাড়ান,
তাহলে পথগুলো অদৃশ্যই থেকে যায়।

এগুলো স্পষ্টভাবেই বিদ্যমান।
কিন্তু আকর্ষণভিত্তিক মহাবিশ্বে—এগুলো নিজে থেকে সামনে আসতে পারে না।

কম্পনগত সংমিশ্রণই হলো আমন্ত্রণ।

দৃশ্যমান হতে হলে মিলতে হয়

এই পথগুলো জোর করে আপনার জীবনে ঢুকে পড়ে না।
আপনাকেই এর সাথে কম্পনগতভাবে মিলতে হয়।

আর সেটা করার একটাই উপায়:
ভালোলাগা চিন্তা বেছে নেওয়া।

এই মহাবিশ্ব চিন্তা-শক্তিতে চলে।
আর এমন মহাবিশ্বে,
একটি ভালোলাগা চিন্তা সবসময়ই উপলব্ধ থাকে
যেই মুহূর্তে আপনি সেটি গ্রহণ করার সিদ্ধান্ত নেন।

আপনি কখনোই পথহীন ছিলেন না।
আপনি শুধু একটির সাথে সংগতিপূর্ণ হওয়ার অপেক্ষায় ছিলেন।

∞

৪. অর্থের সহজলভ্যতার প্রতি আপনার বিশুদ্ধ, অবিরোধিত বিশ্বাসই যথেষ্ট

আপনার পার্থিব জীবনের অভিজ্ঞতার মধ্য দিয়ে আপনি ধীরে ধীরে একটি সত্য উপলব্ধি করেছেন:

সবসময়ই আরেকটি দৃষ্টিভঙ্গি থাকে।

সময় গড়ালে আপনি দেখতে পান–কোনো কিছুর মধ্যে কেবল ত্রুটিই থাকে না; সেখানেও মূল্য বিদ্যমান।

কোনো কিছুই শুধু ধ্বংস বহন করে না–সৃষ্টির বা রক্ষার সক্ষমতাও তার ভেতরে থাকে।

সম্পূর্ণ নেতিবাচক বলে কিছু নেই।

প্রতিটি বিষয়ের মধ্যেই সমমানের একটি ইতিবাচক দিক রয়েছে।

ভারসাম্যহীনতার ভ্রম

সীমিত পার্থিব দৃষ্টিভঙ্গি থেকে মনে হতে পারে–
নেতিবাচকতা ইতিবাচকতার চেয়ে বেশি,
অনুপস্থিতি উপস্থিতির চেয়ে বড়।

কিন্তু নিখুঁত ভারসাম্য ছাড়া কিছুই অস্তিত্বে থাকতে পারে না।
তাই আপনি যদি উপস্থিতির চেয়ে অনুপস্থিতি বেশি দেখেও থাকেন,
যেই মুহূর্তে আপনি এই মহাজাগতিক উপলব্ধি প্রয়োগ করতে শুরু করেন–
শুধু একটু ভালোলাগা চিন্তার দিকে হাত বাড়িয়েই–
আপনি একটি গুরুত্বপূর্ণ বিষয় আবিষ্কার করেন:
যে কোনো বিষয়ের ব্যাপারে ইতিবাচক দৃষ্টিভঙ্গির কোনো প্রকৃত শেষ নেই।
অর্থ এবং সমৃদ্ধিও এর ব্যতিক্রম নয়।

অভাব আসলে কী সৃষ্টি করছে

আপনি যে প্রতিটি অভাবভিত্তিক অভিজ্ঞতা বেঁচেছেন,
তা ইতিমধ্যেই একটি সমমানের সমৃদ্ধ চিন্তা সৃষ্টি করেছে।
এই প্রতিটি চিন্তাই একটি নির্দিষ্ট ইতিবাচক ফ্রিকোয়েন্সি বহন করে।

কিন্তু আপনার পার্থিব ইন্দ্রিয় সেগুলো অনুবাদ করতে পারে না।
সেজন্য আপনাকে আবেগের উপর নির্ভর করতে হয়।
আবেগই হলো আপনার কম্পনগত অনুবাদ ব্যবস্থা, যা সবচেয়ে সূক্ষ্ম ফ্রিকোয়েন্সিকেও অনুবাদ করতে সক্ষম।

সহজতাই সূচক

আপনি যখন আবেগগত দিকনির্দেশনা ব্যবহার করতে শুরু করেন,
তখন আপনি বুঝতে শেখেন–
কখন আপনি ইতিবাচক ফ্রিকোয়েন্সি অনুবাদ করছেন,
আর কখন করছেন না।

যখনই আপনি সহজতা ও আরাম অনুভব করেন,
তখন আপনার দিকনির্দেশনা ব্যবস্থা সঠিকভাবে কাজ করছে।
এই অবস্থায় আপনি আপনার বিশুদ্ধ ইতিবাচক-সত্তার সাথে যুক্ত থাকেন।

এই সংযোগ থেকেই, আপনি যে বিষয়ের দিকে মনোযোগ দিচ্ছেন,
তার সাথে সম্পর্কিত মহাজাগতিক ইতিবাচক চিন্তা-শক্তির সম্পূর্ণ প্রবাহে প্রবেশাধিকার পান।

সহজতা ও আরাম কোনো আকস্মিক বিষয় নয়।
এগুলোই অনুমতি দেওয়ার জন্য সবচেয়ে নিখুঁত কম্পনগত অবস্থা।

মহাজাগতিক ভারসাম্যের উপর বিশ্বাস

মহাজাগতিক জ্ঞান এই ভারসাম্য নিশ্চিত করে:

- যদি সমস্যা থাকে, তবে সমমানের সমাধানও আছে
- যদি অর্থের অনুপস্থিতি থাকে, তবে সমমানের অর্থের উপস্থিতিও আছে

আপনি এটাকে প্রশ্ন করতে পারেন,
কারণ আপনি এখনো সেটি দেখতে পাচ্ছেন না।
কিন্তু আপনি যা দেখতে পান না,
তা হলো–যার সাথে আপনি এখনো কম্পনগতভাবে মেলেননি।

আপনি অনুপস্থিতি অনুভব করেন, কারণ আপনি অনুপস্থিতির কম্পনে আছেন।
আর সংমিশ্রণের আগে পার্থিব প্রমাণ দাবি করা
শুধু সেই কম্পনকেই আরও শক্তিশালী করে।

কেন অভাব বাড়তে থাকে বলে মনে হয়

আপনি লক্ষ্য করতে পারেন–
আজ আপনি দশ বছর আগের চেয়ে বেশি অর্থ আকর্ষণ করছেন,
তবু আপনার অভাববোধ আরও তীব্র লাগছে।

এটা কোনো বিরোধ নয়।
প্রতিটি নতুন জীবন-অভিজ্ঞতার সাথে
আপনার আকাঙ্ক্ষাও বিস্তৃত হয়।

তাই সীমিত পার্থিব উপলব্ধি থেকে
সমৃদ্ধ হওয়ার চেষ্টা কখনোই স্থায়ী স্বস্তি দিতে পারে না।
এর জন্য প্রয়োজন আরও বিস্তৃত দৃষ্টিভঙ্গি।

আপনার ভেতরে ধারণ করা প্রাচুর্য

আপনার বিশুদ্ধ ইতিবাচক-সত্তা এমন একটি দৃষ্টিভঙ্গি ধারণ করে,
যা বিস্তৃত, সীমাহীন ও সম্পূর্ণ।
সেই দৃষ্টিভঙ্গি থেকে, প্রাচুর্য এমন পরিমাণে বিদ্যমান–
যা একটি জীবনে গুনে শেষ করা যায় না।

বিশ্বাসই আপনাকে সেখানে প্রবেশাধিকার দেয়।
আপনি যখন অর্থের সহজলভ্যতা স্বীকার করেন,
তাতে আপনি যে শান্তি, স্বস্তি ও স্থিরতা অনুভব করেন–
সেগুলোই আবেগগত প্রমাণ যে
আপনি মহাজাগতিক সত্যের সাথে সংমিশ্রণে আসছেন।

প্রতিবার আপনি যখন এই সত্য গ্রহণ করেন,
আপনি আপনার বিশুদ্ধ ইতিবাচক-সত্তার সাথে সমন্বিত হন।

অবিরোধিত বিশ্বাসের মাধ্যমে সমৃদ্ধি

অর্থ সম্পর্কে প্রতিটি অবিরোধিত, ভালোলাগা চিন্তা
আপনার দৃষ্টিভঙ্গি বদলে দেয়।
আপনি তখন অভাব নয়,
সম্পূর্ণতার দৃষ্টিকোণ থেকে আপনার আর্থিক অবস্থাকে দেখতে শুরু করেন।

অসাধারণ সমৃদ্ধি
শুধু কর্মের মাধ্যমে সৃষ্টি বা ধরে রাখা যায় না।
এর জন্য প্রয়োজন এমন বিশ্বাস, যা আপনি পার্থিবভাবে এখনো দেখতে পাচ্ছেন না।

যখন বিশ্বাসই প্রমাণ হয়ে ওঠে

আপনি যখন অর্থের অ-পার্থিব সহজলভ্যতার উপর বিশ্বাস রাখেন,
পার্থিব প্রমাণকে আসতেই হয়।

যখন বিরোধ বিলীন হয়,
তখন আপনার শরীর, মন ও পরিস্থিতি স্বাভাবিকভাবেই নতুন উন্নত কম্পনে পুনর্গঠিত হয়।
সমাধান স্পষ্ট হয়।
পথ পরিষ্কার হয়।

পরিবর্তন জোর করে আনার কারণে নয়– বরং সংমিশ্রণ ফিরে আসার কারণেই।

আসলে কী প্রয়োজন

অসাধারণ সমৃদ্ধি পেতে ও ধরে রাখতে
একটাই বিষয় প্রয়োজন:
অর্থের সহজলভ্যতার প্রতি বিশুদ্ধ, অবিরোধিত বিশ্বাস।

এই বিশ্বাসই যথেষ্ট।
বাকি সবকিছু স্বয়ংক্রিয়ভাবে অনুসরণ করে।

∞

৫. অর্থ পাওয়ার আগে আপনাকে শুধু দুটি প্রশ্নের সত্যতার সাথে উত্তর দিতে হবে

যে মহাবিশ্বে সবকিছু কম্পনভিত্তিক সমন্বয় হিসেবে বিদ্যমান, সেখানে অর্থ কেবল কম্পনগত আকর্ষণের মাধ্যমেই অভিজ্ঞতায় আসে।

এই আকর্ষণ জোর করে ঘটানোর বিষয় নয়।

আকর্ষণের মহাজাগতিক নিয়ম মহাবিশ্বের সব আকর্ষণ পরিচালনা করে।

আপনার একমাত্র কাজ হলো নিজের বিশুদ্ধ ইতিবাচকতার সঙ্গে সংমিশ্রণ।

আপনার ভূমিকা হলো–অর্থের ইতিবাচক কম্পনের সাথে সংগতিপূর্ণ হয়ে কম্পিত হওয়া।

আপনি সমৃদ্ধির জন্য কতটা প্রস্তুত?

আপনার আবেগ সবসময়ই আপনার প্রধান দিকনির্দেশক।
তবু যদি কোনো মুহূর্তে আপনি স্পষ্টভাবে জানতে চান–
আপনি সমৃদ্ধি আকর্ষণের জন্য কতটা প্রস্তুত,
তাহলে তা জানার একটি খুব সহজ উপায় আছে।

আপনার শুধু নিজেকে দুটি প্রশ্ন করতে হবে–
এবং সেগুলোর উত্তর দিতে হবে সম্পূর্ণ সত্যনিষ্ঠভাবে।

এই উত্তরগুলো সঙ্গে সঙ্গেই প্রকাশ করে দেবে:

- আপনি অর্থের সাথে কতটা সংগতিপূর্ণ
- আপনি সমৃদ্ধির সাথে কতটা সংমিশ্রণে আছেন
- আপনার কম্পন ইতিমধ্যেই কতটা প্রস্তুত

প্রশ্ন এক: যুক্তির পরীক্ষা

প্রথম প্রশ্নটি হলো:
আমার কাছে নিজের সমৃদ্ধ বা ধনী হওয়াটা কতটা যৌক্তিক মনে হয়?

আপনার উত্তরটি যুক্তিসঙ্গত হতে হবে না:

- সমাজের কাছে
- বিজ্ঞানের কাছে
- অন্য মানুষের কাছে

আপনার যুক্তি শুধু আপনার কাছেই পরিষ্কার ও দৃঢ় মনে হলেই যথেষ্ট।
কারণ আকর্ষণে একমাত্র কার্যকর উপাদান হলো আপনার কম্পন।
কম্পনগত সংমিশ্রণ ছাড়া,
কোনো কিছুরই আপনার অভিজ্ঞতায় প্রবেশ করার ক্ষমতা নেই।

যুক্তি কোথা থেকে আসে

আপনার যুক্তিবোধ গড়ে ওঠে পুনরাবৃত্ত চিন্তার ধারা থেকে।
যখন কোনো চিন্তা ধারাবাহিকভাবে পুনরাবৃত্ত হয়:

- আপনি তার সাথে সঙ্গতিপূর্ণ কম্পনে যেতে শুরু করেন
- সেটি আবেগগত গতিবেগ অর্জন করে
- এবং ধীরে ধীরে বিশ্বাসে রূপ নেয়

তাই এই প্রশ্নের উত্তরে আপনি যে যুক্তি দেন,
তা আসলে সমৃদ্ধি সম্পর্কে আপনার বর্তমান বিশ্বাসই প্রকাশকরে।
আর আপনি যেমনটি ইতিমধ্যেই জানেন–
আপনি আপনার বিশ্বাসের বাইরে কিছু গ্রহণ করতে পারেন না।

আপনি যদি দ্বিধাহীনভাবে, আত্মবিশ্বাসের সাথে এই প্রশ্নের উত্তর দিতে পারেন,
তাহলে আপনার অর্থের পার্থিব প্রকাশ খুব কাছেই।
আর যদি উত্তরটি অনিশ্চিত, ছিন্নভিন্ন বা দুর্বল লাগে,
তাহলে আপনার কম্পন এখনো অর্থের ইতিবাচক কম্পনের সাথে সংমিশ্রণে আসেনি।

এটা ব্যর্থতা নয়।
এর মানে শুধু এই–
আপনার চিন্তার ধারা ইতিবাচকভাবে আরও সূক্ষ্ম তথা সংগঠিত করার প্রয়োজন আছে।

প্রশ্ন দুই: স্বাভাবিকতার পরীক্ষা

দ্বিতীয় প্রশ্নটি হলো:
আমার কাছে নিজের সমৃদ্ধ বা ধনী হওয়াটা কতটা স্বাভাবিক মনে হয়?

এই প্রশ্নটি প্রকাশকরে–
অর্থের বিষয়ে আপনি আপনার **সম্পূর্ণ সত্তা**–আপনার বিশুদ্ধ ইতিবাচক-সত্তার সাথে কতটা গভীরভাবে সংযুক্ত।

আপনি সেই সম্পূর্ণ সত্তার একটি মনোযোগী প্রসারণ।
আর আপনার বিশুদ্ধ ইতিবাচক-সত্তা
আপনার সব আকাঙ্ক্ষার দিকে বিশাল ও নিরবচ্ছিন্ন গতিবেগ ধরে রেখেছে।

আপনার বিশুদ্ধ ইতিবাচক-সত্তা ইতিমধ্যেই:

- প্রাচুর্যের সাথে কম্পনগত সমন্বয়ে আছে
- পূর্ণ হওয়া আকাঙ্ক্ষার সাথে সংযুক্ত
- আপনি যে ফলাফল চান, সেটিই বেঁচে চলেছে

যখন সংমিশ্রণ স্বাভাবিক হয়ে ওঠে

সমৃদ্ধি পার্থিব রূপ নিতে হলে,
আপনাকে আপনার কম্পনকে আপনার বিশুদ্ধ ইতিবাচক-সত্তার সাথে মেলাতে হবে।
এটা ঘটে ধারাবাহিক ভালোলাগা চিন্তার মাধ্যমে।

যখন সমধর্মী চিন্তা ও সংগতিপূর্ণ কর্ম বারবার ঘটে:

- সেগুলো স্বাভাবিক লাগে
- পরিচিত লাগে
- স্বাভাবিক আচরণের অংশ হয়ে ওঠে

আর যা আপনার কাছে স্বাভাবিক মনে হয়,
সেটাই সেই কম্পন–যার সাথে আপনি সঙ্গতিপূর্ণ।

তবে এখানে একটি গুরুত্বপূর্ণ পার্থক্য আছে।

কিছু চিন্তা ও আচরণ স্বাভাবিক লাগে, কারণ সেগুলো ইতিবাচক গতিবেগের সাথে সংযুক্ত।
আর কিছু স্বাভাবিক লাগে, কারণ সেগুলো দীর্ঘদিনের প্রতিরোধের সাথে যুক্ত।

এই প্রশ্নটি আপনাকে দুটির পার্থক্য বুঝতে সাহায্য করে।

আপনার উত্তর কী প্রকাশকরে

আপনার উত্তর দুটি গুরুত্বপূর্ণ বিষয় স্পষ্ট করে দেয়:

১. যদি সমৃদ্ধি, বড় সম্পদ এবং অর্থ নিয়ে স্বাচ্ছন্দ্য আপনার কাছে স্বাভাবিক লাগে, তবে আপনি ইতিমধ্যেই কম্পনগত সমন্বয়ে আছেন–এবং পার্থিব রূপ খুব কাছেই।

২. আর যদি সংগ্রাম, দুশ্চিন্তা বা অভিযোগই অর্থের বিষয়ে স্বাভাবিক মনে হয়, তবে:

- o আপনার চিন্তার ধারা বদলানো প্রয়োজন
- o আপনার আবেগগত অবস্থানের পুনঃসমন্বয়ের সময় এসেছে
- o সংমিশ্রণ এখনও সম্পন্ন হয়নি

সম্পূর্ণ সততার ভূমিকা

এই প্রশ্নগুলোর উত্তর করার সময় সততা অত্যন্ত গুরুত্বপূর্ণ।
কেউ আপনার সমৃদ্ধি আটকে রাখতে পারে না।
কিন্তু আপনি যদি নিজের সাথে পুরোপুরি সত্যনিষ্ঠ না হন–
বিশেষ করে আপনি কেমন অনুভব করছেন তা নিয়ে–
তাহলে আপনি নিজেই আপনার সংমিশ্রণ ধীর করে দেন।

- সত্য গতি বাড়ায়
- ভান গতি কমায়

যা সত্যিই আপনাকে এগিয়ে নিয়ে যায়

এই দুটি প্রশ্ন কোনো বিচার নয়।
এগুলো সূচক।

এগুলো আপনাকে দেখায়:

- আপনি কোন কম্পনে আছেন
- আপনার কাছে কী স্বাভাবিক লাগে
- জীবনের কোন জায়গা পরিবর্তনের জন্য প্রস্তুতি নিচ্ছে

যখন সংমিশ্রণ ফিরে আসে,
আকর্ষণ অনায়াস হয়ে ওঠে।
আর সমৃদ্ধি আসে–
আপনি ইতিমধ্যেই যেই সত্তায় রূপ নিয়েছেন,
তার স্বাভাবিক প্রতিক্রিয়া হিসেবে।

——————— ∞ ———————

৬. আপনি যা ভালোবাসেন তা করেই অর্থ আকর্ষণ করতে পারেন

এটি একটি সীমাহীন মহাবিশ্ব।
এমন কিছু নেই যা আপনি করতে, হতে বা পেতে পারেন না।
আপনি যেমনটি ইতিমধ্যেই বুঝতে শুরু করেছেন, আপনি মহাবিশ্বের সাথে একজন সহ-স্রষ্টা।
আর মহাবিশ্ব নিজেই আপনার অংশগ্রহণের উপর নির্ভরশীল।
এই কারণেই, আপনি যা কিছু আকাঙ্ক্ষা করেন তা অর্জনে মহাবিশ্ব আপনাকে সহায়তা করে—এটা স্বাভাবিক।

কেন আপনার আকাঙ্ক্ষা মহাবিশ্বের কাছে গুরুত্বপূর্ণ

আপনার আকাঙ্ক্ষাগুলো কখনোই আকস্মিক নয়।
এগুলোই আপনার পার্থিব জীবন-যাত্রার মৌলিক উপাদান।
পুরোনো আকাঙ্ক্ষা যদি পূরণের দিকে না যেত, নতুন আকাঙ্ক্ষা জন্মাত না।
আর নতুন আকাঙ্ক্ষা না থাকলে, গতি থেমে যেত।
গতি না থাকলে, সংমিশ্রণ হতো না।
সংমিশ্রণ না হলে, বিস্তারও ঘটত না।

এই কারণেই আপনার আকাঙ্ক্ষার পূরণ মহাবিশ্বের কাছে একটি অগ্রাধিকার।

মহাজাগতিক সহায়তা সবসময়ই উপলব্ধ

আপনি মহাবিশ্বের কাছে এতটাই মূল্যবান যে, এটা কোনো বিষয় নয়:

- আপনি কোন বিষয়ের দিকে মনোযোগ দিচ্ছেন
- আপনি কোন কাজ বেছে নিচ্ছেন
- আপনি কোন ক্যারিয়ার পথ অনুসন্ধান করছেন

মহাবিশ্ব সবসময়ই প্রস্তুত প্রবাহিত করতে:

- অসীম জ্ঞান
- সীমাহীন সম্পদ
- নিরবচ্ছিন্ন আর্থিক সহায়তা

শুধু একটি শর্ত আছে।
মহাবিশ্ব আপনার অভিজ্ঞতায় কিছু জোর করে প্রবেশ করাতে পারে না।
আপনাকেই সেটি আকর্ষণ করতে হয়।

একমাত্র প্রবেশদ্বার

আকর্ষণের মহাজাগতিক নিয়ম কার্যকর হতে হলে,
প্রথমেই প্রয়োজন **বৃহদাংশের সাথে সংমিশ্রণ**।
আপনার বিশুদ্ধ ইতিবাচক-সত্তাই সব মহাজাগতিক সম্পদের প্রবেশদ্বার।

এই সংযোগ ছাড়া, আপনি প্রবেশ করতে পারেন না:

- অসীম বুদ্ধিমত্তায়
- মহাজগতের মহাজাগতিক সহযোগে
- সীমাহীন প্রাচুর্যে

আর এই সংযোগ কেবল বিশুদ্ধ ইতিবাচক চিন্তার মাধ্যমেই স্থাপিত হয়।

প্রতিটি বিষয়েরই একটি ইতিবাচক প্রবেশপথ আছে

মহাবিশ্বের প্রতিটি কণাই ভারসাম্য বহন করে। প্রতিটি বিষয়ের ভেতরে থাকে:

- একটি ইতিবাচক দিক
- একটি সমমানের নেতিবাচক দিক

তাই আপনি যাই বেছে নিন না কেন, সবসময়ই এমন একটি ইতিবাচক দিক থাকে
যার সাথে আপনি সংগতিপূর্ণ হতে পারেন–
আর সেই ইতিবাচক দিকটাই হলো
মহাজাগতিক উপলব্ধিতে প্রবেশের পথ।

আপনি যখন আপনার মনোযোগের বিষয়ের ইতিবাচক দিকেই শুধু মনোযোগ দেন,
সংযোগ আপনাআপনিই ঘটে।

নতুন অনন্য উদ্ভাবনী বুদ্ধির উৎস কোথায়

আপনি যখন ইতিবাচক মনোযোগের মাধ্যমে মহাজাগতিক জ্ঞানে প্রবেশ করেন,
তখন একটি নির্দিষ্ট পরিবর্তন ঘটে।

আপনি এমন বুদ্ধি পেতে শুরু করেন, যা হয়:

- অনন্য
- মৌলিক
- অনুকরণের বাইরে

আপনি যখন সেই বুদ্ধির উপর কাজ করেন,
তখন এমন কিছু সৃষ্টি হয় যা প্রচলিত কল্পনার সীমা ছাড়িয়ে যায়।

কঠোর চেষ্টা করার কারণে নয়–
বরং আরও গভীর সংমিশ্রণের কারণে।

ক্যারিয়ার নির্ধারক নয়

আপনি কী করেন–এটা নির্ধারক নয়।
আপনি করতে করতে কেমন অনুভব করেন–সেটাই নির্ধারক।

যে কোনো ক্যারিয়ারে বিকশিত হওয়ার একটাই শর্ত:
আপনাকে ধারাবাহিকভাবে আপনি যা করছেন তার ভেতরে ভালোলাগা দিক খুঁজে নিতে হবে।

এই ধারাবাহিকতাই
আপনাকে আপনার বিশুদ্ধ ইতিবাচক-সত্তার সাথে যুক্ত রাখে।
আর এই সংযোগই আপনাকে দেয়
সীমাহীন মহাজগতের মহাজাগতিক সহযোগের প্রবেশাধিকার।

সৃষ্টি আগেই সম্পন্ন হয়েছে

আপনাকে আবার নতুন করে
আপনার স্বপ্নের জীবন সৃষ্টি করতে হয় না।
আপনি তা ইতিমধ্যেই কম্পনগতভাবে সৃষ্টি করেছেন–
শুধু বেঁচে থাকার মাধ্যমে, পছন্দ করার মাধ্যমে, আকাঙ্ক্ষা করার মাধ্যমে।

এখন আপনার কাজ একটাই–
অনুমতি দেওয়া।

কেন ভালোবাসা সংকেত

আপনি যখন কোনো বিষয়ের ব্যাপারে ধারাবাহিকভাবে ভালোলাগা চিন্তা করেন, ভালোবাসা স্বাভাবিকভাবেই প্রকাশপায়।

ভালোবাসা কোনো আবেগী অলংকার নয়।
এটি কম্পনগত নিশ্চিতকরণ। এটি আপনাকে জানায়:

- আপনি সংমিশ্রণে আছেন
- আপনি সমর্থিত
- মহাবিশ্ব সহযোগিতা করছে

এই কারণেই, যেকোনো ক্ষেত্রে সফল হতে হলে
সেখানে আপনার ভালোবাসা খুঁজে পাওয়া অপরিহার্য।

চূড়ান্ত উপলব্ধি

আপনি যখন যা ভালোবাসেন তা করেন,
মহাবিশ্ব আপনার পাশে থাকে।
আর মহাবিশ্ব পাশে থাকলে,
সমৃদ্ধি অনুসরণ করেই আসে–

আপনি কোন বিষয়, কোন শিল্প বা কোন পথ বেছে নিলেন, তা নির্বিশেষে।

এখন আপনি বুঝতে পারেন,
কেন আপনি যা ভালোবাসেন তা করেই
অসাধারণ সমৃদ্ধি আকর্ষণ করতে পারেন।

আপনি কী বেছে নিয়েছেন–তার কারণে নয়,
বরং বেছে নেওয়ার সময়
আপনি কীভাবে সংমিশ্রণে ছিলেন–তার কারণেই।

∞

৭. অন্যরা আপনাকে নিয়ে কী ভাবছে–তা নিয়ে ভাববেন না; তাহলেই আপনি খুব সহজে আপনার সমৃদ্ধিকে অনুমতি দেবেন

শৈশব থেকেই আপনাকে শেখানো হয়েছে–
অন্যরা আপনার সম্পর্কে কী ভাবছে, সেটি গুরুত্বপূর্ণ।
আপনি শিখেছেন যে সমাজে ভালোভাবে দেখা যাওয়াই দায়িত্বশীল হওয়ার অংশ।
দীর্ঘ সময় ধরে এটিই সঠিক জীবনপথ বলে মনে হয়েছে।
কিন্তু এখন, আপনি যখন মহাজাগতিক নীতিগুলো এবং আকর্ষণের মহাজাগতিক নিয়ম কীভাবে সত্যিই কাজ করে তা বুঝতে শুরু করেছেন,
তখন এই পুরোনো ধরণগুলো ছেড়ে দেওয়া সম্ভব।

কেন সমাজ মতামতকে এত মূল্য দেয়

অধিকাংশ মানুষ আকর্ষণের মহাজাগতিক নিয়ম বোঝে না।
তারা জানে না মহাবিশ্বে জীবন কীভাবে প্রবাহিত হয়।
তারা বোঝে না অভিজ্ঞতা কীভাবে গঠিত হয় বা কেন একই ফল বারবার ফিরে আসে।

এই অজ্ঞতা থেকেই তারা ধরে নেয়–
অন্যরা তাদের জীবনে কিছু ঢুকিয়ে দিতে পারে।

এই ভুল বোঝাবুঝি থেকেই জন্ম নেয় বিশ্বাস যে:

- আপনাকে আপনার ভাবমূর্তি রক্ষা করতে হবে
- অন্যরা আপনাকে কীভাবে দেখছে তা নিয়ন্ত্রণ করতে হবে
- অন্যদের খুশি রেখে অবাঞ্ছিত অভিজ্ঞতা জীবনে আশা থেকে ঠেকাতে হবে

কিন্তু এই বিশ্বাসটির ভিত্তিই ভুল।

এখানে কোনো "জোর করার নিয়ম" নেই

এখন আপনি জানেন।
মহাবিশ্বে **জোর করার কোনো নিয়ম নেই**।
এখানে আছে শুধু **আকর্ষণের মহাজাগতিক নিয়ম**।

আপনার কম্পনগত আমন্ত্রণ ছাড়া
কেউ আপনার অভিজ্ঞতায় কিছু ঢুকিয়ে দিতে পারে না।
অন্যরা আপনাকে নিয়ে কী ভাবছে–তা আপনার জীবনে প্রবেশ করে না।
আপনি তাদের সাথে যা অভিজ্ঞতা করেন, তা আপনার নিজের কম্পনের প্রতিফলন।

তারা আপনাকে কিছু দিচ্ছে না।
আপনিই আপনার অভিজ্ঞতাকে আকর্ষণ করছেন।

এই চিন্তাগুলো কেন টিকে থাকে

আপনি হয়তো ইতিমধ্যেই অনুভব করেন–
অন্যদের মতামতের উপর মনোযোগ দেওয়া আপনাকে এগিয়ে নেয় না।
কিন্তু এই মনোযোগ এতদিন ধরে অনুশীলিত হওয়ায়,
এটি এখন একটি বিশ্বাসে পরিণত হয়েছে।

আর বিশ্বাস এক মুহূর্তে ভেঙে যায় না।
এই কারণেই সরে আসাটাও ধীরে ধীরে হয়।

বাহ্যিক স্বীকৃতির মূল্য

আপনি যদি আপনার চিন্তা, বুদ্ধি বা কাজের বৈধতা
অন্যদের মতামতের মাধ্যমে যাচাই করতে থাকেন,
তাহলে একটি অবাঞ্ছিত বিষয় ঘটে:

- আপনার সৃজনশীলতা সংকুচিত হয়
- আপনার স্বাতন্ত্র্য দুর্বল হয়
- আপনার সমৃদ্ধি সীমিত থেকে যায়

কেউ আপনার হয়ে আপনার জীবন বাঁচতে পারে না।
কেউ আপনার হয়ে সৃষ্টি করতে পারে না।
কেউ আপনার সমৃদ্ধিকে আপনার চেয়ে বেশি চাইতে পারে না।

অন্যরা কী দেখতে পারে–আর কী পারে না

অন্যরা আপনার জীবনকে দেখে কেবল পার্থিব ইন্দ্রিয়ের মাধ্যমে।
তারা পারে:

- আপনি যা ইতিমধ্যেই পার্থিব রূপ দিয়েছেন তা দেখতে
- আপনি যা বলতে চান তা শুনতে
- দৃশ্যমান ফলাফলের ভিত্তিতে বিচার করতে

কিন্তু আবেগ আপনার ব্যক্তিগত সৃজনী যন্ত্র।
আপনি আপনার আকাঙ্ক্ষা নিয়ে কী অনুভব করছেন, তা কেউ অনুভব করতে পারে না। আপনার ভালোলাগা অবস্থা থেকে কোন বুদ্ধি, কাজের অনুপ্রেরণা বা পদক্ষেপ আসছে–তা কেউ জানে না।

কেন মৌলিকতা প্রায়ই প্রত্যাখ্যাত হয়

সংমিশ্রিত, ভালোলাগা অবস্থা থেকে আসা বুদ্ধিগুলো প্রায়ই হয়:

- বিরল
- অপ্রথাগত
- প্রচলিত উপলব্ধি থেকে এগিয়ে

অন্যরা যখন সেগুলোর সাথে মিল খুঁজে পায় না,
তখন তারা সেগুলোকে অযৌক্তিক বা অবাস্তব বলে চিহ্নিত করে।

এটি ভুলের লক্ষণ নয়।
এটি মৌলিকতার লক্ষণ।

মতামতনির্ভর জীবনের সীমা

আপনি যদি আপনার বুদ্ধির গ্রহণযোগ্যতা
অন্যদের মতামতের মাধ্যমে মাপতে থাকেন,
তাহলে আপনি কখনোই সত্যিকারের নতুন কিছু সৃষ্টি করতে পারবেন না।

এর ফল হিসেবে:

- সমৃদ্ধি আংশিক থাকে
- বিকাশ একটি সীমায় আটকে যায়
- সম্ভাবনা অপূর্ণ থেকে যায়

আপনি হয়তো গড়ের চেয়ে –অন্যদের চেয়ে –কিছুটা বেশি পাবেন,
কিন্তু কখনোই আপনার প্রকৃত সক্ষমতা অনুযায়ী নয়।

সঠিকভাবে মনোযোগ সরানো

অন্যদের মতামত থেকে মনোযোগ সরানো মানে মানুষকে উপেক্ষা করা নয়।
এর মানে হলো মনোযোগ স্থানান্তর।

বাহ্যিক অনুমোদন পর্যবেক্ষণ করার বদলে,
আপনি মনোযোগ দেন:

- আপনার আবেগে
- আপনার ভালোলাগা চিন্তায়
- আপনার কাজের অনুপ্রেরণায়
- আপনার কম্পনগত সংগতিপূর্ণতায়

ইতিবাচক গতিবেগ গড়ে তোলা

আপনাকে এমন যেকোনো প্রক্রিয়া বেছে নিতে হবে
যা আপনাকে ভালোলাগা অনুভব করায়।
কিন্তু কিছু না কিছু আপনাকে বেছে নিতেই হবে।

ভালোলাগার দৈনিক অনুশীলন গতিবেগ সৃষ্টি করে।
গতিবেগ সংমিশ্রণকে স্থিতিশীল করে।
আর সংমিশ্রণই সমৃদ্ধিকে অনুমতি দেয়।

আপনার নির্দেশনা যখন ভেতর থেকে আসে,
তখন কোনো বাহ্যিক মতামতেরই
আপনাকে সীমাবদ্ধ করার ক্ষমতা থাকে না।

∞

৮. কখনোই তাড়াহুড়া করবেন না—এটি সবসময় উল্টো ফল দেয়

আপনার সমৃদ্ধি আসে কম্পনভিত্তিক আকর্ষণ থেকে।
এর স্থায়িত্ব আসে ধারাবাহিক ইতিবাচক মনোযোগ থেকে।
আর এর অবিরাম প্রবাহ আসে আপনার বিশুদ্ধ ইতিবাচক-সত্তার সাথে চলমান সংযোগ থেকে।

তবু অধিকাংশ মানুষ এখানে একটি সবচেয়ে গুরুত্বপূর্ণ উপাদান উপেক্ষা করে—তাদের নিজস্ব কম্পন।

হারিয়ে যাওয়া ইন্দ্রিয়

এই পার্থিব জগতে সবাই একটি শারীরিক দেহ নিয়ে বাস করে,
যার সাথে আছে পাঁচটি ইন্দ্রিয়গত অনুবাদক।
অধিকাংশ মানুষ আবেগের ভূমিকা না বোঝায়, সেটিকে উপেক্ষা করে।
ফলে তারা বাস্তবতা বোঝার জন্য পুরোপুরি শারীরিক ইন্দ্রিয়ের উপর নির্ভরশীল হয়ে পড়ে।

এই নির্ভরতা একটি গুরুতর পরিণতি তৈরি করে:

- তারা তাদের আকাঙ্ক্ষা নিয়ে অধৈর্য হয়ে ওঠে
- যা এখনো দেখতে পায় না, তাতে বিশ্বাস রাখতে পারে না
- দৃশ্যমানতাকেই অস্তিত্ব বলে ধরে নেয়

অধৈর্যতা কেন তৈরি হয়

আকাঙ্ক্ষাগুলো যখন এখনো পার্থিবভাবে দৃশ্যমান নয়,
অনেকেই ধরে নেয় সেগুলো বাস্তব নয়।
শারীরিক প্রমাণ না পেলে, তারা নিজেদের সৃষ্টির সাথেই বিচ্ছিন্ন বোধ করে।

এটা আকাঙ্ক্ষার অনুপস্থিতির কারণে নয়।
এটা ঘটে, কারণ আবেগগত নির্দেশনাকে উপেক্ষা করা হয়।
আবেগই একমাত্র ইন্দ্রিয়, যা সূক্ষ্ম কম্পনকে অনুবাদ করতে পারে।

বাস্তবতা কীভাবে গঠিত হয়—এখন আপনি জানেন

মহাজাগতিক উপলব্ধির মাধ্যমে, আপনি এখন এই ধারাবাহিকতা জানেন:

- কম্পন থেকে চিন্তার জন্ম হয়
- চিন্তা থেকে পার্থিব গঠন জন্ম হয়
- সমগঠনের কম্পন সংমিশ্রণের পরেই পার্থিব রূপের প্রকাশ ঘটে

সবকিছু আপনার দিকে আসে–অথবা দূরে থাকে–
শুধু কম্পনের ভিত্তিতেই।
আপনার আকাঙ্ক্ষাগুলো কল্পনা নয়।
সেগুলো সম্পূর্ণ বাস্তবতা, যা কম্পনগতভাবে আপনার বিশুদ্ধ ইতিবাচক-সত্তা ধরে রেখেছে।
প্রতিটি আকাঙ্ক্ষা ইতিমধ্যেই একটি পূর্ণ বাস্তবতা হিসেবে বিদ্যমান।

আকাঙ্ক্ষাগুলো অবাস্তব কেন মনে হয়

আপনার শারীরিক ইন্দ্রিয়গুলো সূক্ষ্ম কম্পন ধরার জন্য তৈরি নয়।
তাই আবেগ অনুবাদ করতে না শিখলে,
আপনার আকাঙ্ক্ষার কম্পনগত উপস্থিতি অদৃশ্যই থেকে যায়।

অধিকাংশ মানুষের ক্ষেত্রে যা ঘটে তা হলো:

- তারা জানে তাদের আকাঙ্ক্ষা আছে
- কিন্তু তারা এর বাস্তবতা নিয়ে সন্দেহ করে
- আর সেই সন্দেহ দূর করতে পার্থিব প্রকাশের ক্ষেত্রে তারা তাড়াহুড়া করে

কিন্তু তাড়াহুড়া করলেই প্রতিরোধ তৈরি হয়।

তাড়াহুড়ার মূল্য

পার্থিব প্রমাণ জোর করে আনতে চাওয়ার প্রতিটি চেষ্টাই
একটি আবেগগত সংকেত বহন করে।
অধৈর্যতা সবসময়ই খারাপ লাগে।
আর খারাপ লাগা মানেই সংমিশ্রণ ভেঙে যাচ্ছে।

অধৈর্যতা তাড়াহুড়ো নয়।
এটি অবিশ্বাস।
আর এই অবিশ্বাসই আসল প্রতিবন্ধক–সময় নয়।

সংমিশ্রণ আসলে কী চায়

আপনি ইতিমধ্যেই প্রক্রিয়াটি জানেন।
কম্পনগত সমন্বয়ে আসতে হলে আপনাকে:

- আপনার আকাঙ্ক্ষার উপস্থিতির দিকে মনোযোগ দিতে হবে
- ভালোলাগা চিন্তাকে প্রবাহিত হতে দিতে হবে
- এর সাথে একটি ভালোলাগা আবেগগত সম্পর্ক বজায় রাখতে হবে

এটাই সংমিশ্রণ।
এর বেশি কিছু প্রয়োজন নেই।

স্থিরতা কেন গুরুত্বপূর্ণ

আপনি যখন কোনো কিছু তাড়াতাড়ি করতে বা পেতে চান,
আপনার আবেগ সঙ্গে সঙ্গে প্রকৃত সত্যটা জানিয়ে দেয়।
খারাপ লাগা মানে আপনি আপনার আকাঙ্ক্ষার ছন্দ থেকে সরে যাচ্ছেন।
সহজতা, স্থিরতা ও সন্তুষ্টি মানে সংমিশ্রণ সক্রিয়।

এই আবেগগুলো নিস্ক্রিয় অবস্থা নয়।
এগুলো নির্ভুল সূচক।

পার্থিব প্রকাশের স্বভাব

আপনাকে কখনোই তাড়াহুড়া করতে হয় না।
যখন কম্পনগত সংমিশ্রণ ঘটে,
তখন পার্থিব রূপ নেওয়া হয়:

- স্বাভাবিক
- তাৎক্ষণিক
- অবশ্যম্ভাবী

আপনি যখনই ফলাফলের কম্পনের সাথে মিলিত হন,
ফলাফলকে আসতেই হয়।

তাই শান্ত থাকুন।
আপনার আবেগকে বিশ্বাস করুন।
আর আপনার আকাঙ্ক্ষাকে আসতে দিন–
একটাই পথে যেভাবে তারা আসে:
জোর করে নয়, সংমিশ্রণের মাধ্যমে।

———— ∞ ————

৯. যে প্রকৃত প্রশ্নটি আপনাকে আপনার সমৃদ্ধির উত্তরের দিকে নিয়ে যায়

আধুনিক সমাজে আমরা পার্থিব অনুবাদের উপর গভীরভাবে নির্ভরশীল হয়ে পড়েছি।
এতটাই নির্ভরশীল যে, আমরা প্রায়ই ভুলে যাই–
এমন বাস্তব অভিজ্ঞতাও আছে, যা শারীরিক ইন্দ্রিয় দিয়ে অনুবাদ করা যায় না–
যেমন ভালোবাসা বা ঘৃণা।

আমরা এই অভিজ্ঞতাগুলোকে বলি আবেগ।
আপনি এগুলো দেখতে পারেন না।
স্পর্শ করতে পারেন না।
তবু এগুলোর উপস্থিতি আপনি সবসময় নিজের ভেতরে অনুভব করেন।

আবেগ আসলে কোথায় থাকে

আপনি কি কখনো ভেবেছেন–
আবেগ সত্যিই কোথায় থাকে?
পেটে?
মাথায়?
ফুসফুসে?
হৃদয়ে?

কোনো বৈজ্ঞানিক যন্ত্র এগুলোকে নির্দিষ্ট করে ধরতে পারে না।
কোনো চিকিৎসা পরীক্ষাও এগুলোকে পার্থিব তথ্যে রূপ দিতে পারে না।
কারণ আবেগ পার্থিব নয়।
এগুলো একমাত্র আপনার কম্পনগত অবস্থাকে অনুবাদ করার জন্যই বিদ্যমান।
আর সেই অনুবাদটি ভেতরের–শুধু আপনার জন্য।

আবেগ কেন ব্যক্তিগত

আপনার কম্পন মহাবিশ্বে অনন্য।
তাই সেই কম্পনের নির্দেশকও অনন্য হওয়াই স্বাভাবিক।
এই কারণেই কেউ আপনার মতো করে অনুভব করতে পারে না।
আর কেউ আপনার আবেগগত সংকেত আপনার হয়ে ব্যাখ্যা করতে পারে না।

এগুলো কখনোই বাহ্যিক হওয়ার জন্য তৈরি হয়নি।

অর্থের ক্ষেত্রে আবেগকে বিশ্বাস করা

আপনার মনে হতে পারে–
এতটা ব্যক্তিগত কিছু কীভাবে আপনাকে সমৃদ্ধির দিকে নিয়ে যাবে?
উত্তরটি সহজ।

আপনার অর্থের ইতিবাচক কম্পন
আপনার নিজের কম্পনের মতোই অনন্য।
কেউ আপনার হয়ে সেটি খুঁজে পেতে পারে না।
আর আপনি নিজেও সেটি অনুভব করতে পারেন না,
যতক্ষণ না আপনি তার সাথে কম্পনগতভাবে সংগতিপূর্ণ হন।

শুধু আপনিই আপনার সমৃদ্ধির উপস্থিতি অনুভব করতে পারেন।
আর সেটি অনুভব করার একমাত্র ইন্দ্রিয় হলো–আবেগ।

সংমিশ্রণ পর্যবেক্ষণ করা

ভালোলাগা বা আরও ভালোলাগা আবেগের দিকে মনোযোগ না দিলে,
আপনি কখনোই জানতে পারবেন না:

- আপনি কখন অর্থের উপস্থিতির সাথে সংমিশ্রণে আছেন
- কখন আপনি তার অভাবের দিকে মনোযোগ দিচ্ছেন
- কখন আকর্ষণ সক্রিয়

ধারাবাহিক ইতিবাচক মনোযোগ ও ভালোলাগা অনুভবই
অপার্থিব কম্পনকে পার্থিব অর্থে রূপান্তর করতে পারে।

সমৃদ্ধির দিকে নিয়ে যায় যে প্রশ্ন

তাহলে সেই প্রশ্নটি কী, যা আপনাকে সমৃদ্ধির দিকে নিয়ে যায়?

প্রায়ই সেটি এমন একটি প্রশ্ন, যার উত্তর এখনো আপনার কাছে নেই।

এটি সেই প্রশ্ন, যা আপনি করেন যখন সব পার্থিব কর্মের পথ শেষ হয়ে যায়:

"এখন যখন করার মতো আর কিছুই বাকি নেই, তাহলে আমি কী করব?"

যে সমস্যাটির কোনো সমাধান নেই বলে মনে হয়–
যে অবস্থা থেকে কেউ যেন আপনাকে উদ্ধার করতে পারবে না মনে হয়–
সেই সমস্যাই–সেই অবস্থাই প্রায়শ আপনার সমৃদ্ধির প্রবেশদ্বার হয়ে ওঠে।

এটি শুনতে বিস্ময়কর মনে হতে পারে।
কিন্তু এটি মহাজাগতিক নিয়মেরই অনুসরণ।

আত্মসমর্পণের শক্তি

আপনি যখন অনুভব করেন যে আর কোনো পথ নেই,
তখন একটি গুরুত্বপূর্ণ পরিবর্তন ঘটে।
আপনি জোর করা বন্ধ করেন।
সংগ্রাম থামান।
অভাবের জায়গা থেকে জীবন দেখা–কাজ করা থামান।

আপনার কম্পন স্বাভাবিকভাবেই নিরপেক্ষতায় এসে স্থির হয়।
আর নিরপেক্ষতা শক্তিশালী।
নেতিবাচক অবস্থায় সমাধান প্রবাহিত হয় না।
নিরপেক্ষতায় সংমিশ্রণ সম্ভব হয়।

আপনি যখন আত্মসমর্পণ করেন,
আপনার বিশুদ্ধ ইতিবাচক-সত্তা নেতৃত্ব নেয়।

সংমিশ্রণ ফিরে এলে

আপনার বিশুদ্ধ ইতিবাচক-সত্তা আসলে আপনিই–
শুধু আরও পরিষ্কার, আরও সুন্দর এক দৃষ্টিকোণের ধারক।
প্রতিরোধ শান্ত হলে, ইতিবাচক গতিবেগ আপনাআপনিই সক্রিয় হয়।

অপ্রয়োজনীয় লড়াইয়ে আত্মসমর্পণের মুহূর্ত গুলোতে অনেক সময় আপনি অনুভব করবেন:

- সমস্ত শরীরে শান্ত শক্তির একটি ঢেউ
- গভীর স্বস্তি
- আবেগগত হালকাভাব

কয়েক দিন বা কয়েক সপ্তাহের মধ্যেই
কাজের অনুপ্রেরণা ও ভালোলাগা পদক্ষেপ আসতে শুরু করে।
এটাই পুনঃসংমিশ্রণের প্রমাণ।

সহজ পথ ও কঠিন পথ

এই উপলব্ধিতে আসার জন্য
আবেগগত চরম অবস্থায় পৌঁছানো জরুরি নয়।
কিন্তু এমন এক সমাজে,
যা প্রায় পুরোপুরি পার্থিব কাজ-কর্মের উপর নির্ভরশীল,
সে চরম অবস্থাগুলো প্রায়ই ঘটে।

এই কারণেই এই উপলব্ধিটি গুরুত্বপূর্ণ।
প্রকৃত সমৃদ্ধি কেবল ভালোলাগা আবেগের মাধ্যমেই পাওয়া যায়।
আর অর্থ নিয়ে ভালোলাগা বজায় রাখলেই তা স্থায়ী হয়।

সহজ পথ বেছে নেওয়া

আপনি আবেগগত নির্দেশনা অনুসরণ শুরু করতে পারেন:

- কষ্টের পর
- অথবা কষ্টের আগেই

সহজ পথটি পরিষ্কার:

- এই জ্ঞানকে বোঝা
- আপনার আবেগকে বিশ্বাস করার সিদ্ধান্ত নেওয়া
- শুধু ভালোলাগা কাজের অনুপ্রেরণার উপর কাজ করা

এটাই সবচেয়ে স্বাভাবিক–
আর সবচেয়ে পরিশ্রমহীন–
উপায়,
আপনার সমৃদ্ধিকে অর্জন ও ধরে রাখার।

∞

১০. আপনার ভালোলাগা আবেগই আপনার প্রকৃত সম্পদ

সমৃদ্ধ জীবনের পেছনের প্রকৃত কাজ হলো
নিজের কম্পনকে বোঝা।
সমৃদ্ধিকে অনুমতি দেওয়ার জন্য প্রয়োজনীয় বাকি সবকিছু
ইতিমধ্যেই আপনার চারপাশে উপস্থিত।
আপনি যদি এখনো তার মুখোমুখি না হয়ে থাকেন,
তা অনুপস্থিতির কারণে নয়–
বরং আপনি এখনো তার সাথে কম্পনগতভাবে সংগতিপূর্ণ নন বলেই।

আকর্ষণ সবসময়ই সক্রিয়

আকর্ষণের মহাজাগতিক নিয়ম সমগ্র মহাবিশ্বে নিরবচ্ছিন্নভাবে সক্রিয়।
আপনি কখনোই এমন কিছুর সাথে পারস্পরিক যোগাযোগে আসেন না,
যার সাথে আপনি কোনো স্তরে কম্পনগত মিল রাখেন না।
অর্থ ও সমৃদ্ধিও এর ব্যতিক্রম নয়।

এগুলো বস্তু নয়।
এগুলো কম্পনগত বাস্তবতা।
আর যে মানুষ, পরিস্থিতি, কাজ ও সুযোগ
সমৃদ্ধির দিকে নিয়ে যায়–
সবই অর্থের ইতিবাচক, উপস্থিতিভিত্তিক কম্পনের সাথে সংগতিপূর্ণ।

আপনার বিশুদ্ধ ইতিবাচক-সত্তা কী করছে

আকর্ষণের মহাজাগতিক নিয়ম
আপনার সমৃদ্ধির জন্য প্রয়োজনীয় সবকিছু
ইতিমধ্যেই সারিবদ্ধ করে রেখেছে।
এটি করেছে আপনার বিশুদ্ধ ইতিবাচক-সত্তার কম্পনের প্রতিক্রিয়ায়।

আপনার বিশুদ্ধ ইতিবাচক-সত্তা আপনার থেকে আলাদা নয়।
এটি আপনারই ইতিবাচক অংশ–
যে অংশটি স্বাভাবিকভাবেই প্রতিরোধকে ভারসাম্য দেয়।

এটাই সেই স্থান,
যেখানে আপনি জীবনে যত ধরনের—যত গুলো—পছন্দের কম্পন সৃষ্টি করেছেন,
সব সঞ্চিত আছে।

ভারসাম্য সবসময় বজায় থাকে

আপনি যখনই কোনো বিষয়ের দিকে মনোযোগ দেন,
আপনার বিশুদ্ধ ইতিবাচক-সত্তাও আপনার সাথে মনোযোগ দেয়।
আপনি যদি কোনো কিছুর নেতিবাচক দিকের দিকে তাকান,
আপনার বিশুদ্ধ ইতিবাচক-সত্তা তার ইতিবাচক সমতুল্যটিই ধরে রাখে।

এই ভারসাম্য স্বয়ংক্রিয়।
এভাবেই মহাবিশ্ব একসাথে স্থিতিশীলও থাকে, আবার বিস্তৃতও হয়।

আপনার সমৃদ্ধি ইতিমধ্যেই কোথায় আছে

আপনি যখন পার্থিব চেহারার বাইরে সমৃদ্ধিকে স্বীকার করেন,
একটি বিষয় স্পষ্ট হয়ে ওঠে:
আপনার সমৃদ্ধি ইতিমধ্যেই কম্পনগতভাবে বিদ্যমান।

এটি রয়েছে আপনার বিশুদ্ধ ইতিবাচক-সত্তার ভেতরে।
জীবনে প্রথমবার অর্থের ধারণার সাথে পরিচিত হওয়ার মুহূর্ত থেকেই,
আপনার এই অংশটি
অর্থ-সম্পর্কিত সব ইতিবাচক, বাঞ্ছিত কম্পন সংগ্রহ করে আসছে।
কিছুই হারায়নি।

সৃষ্টি ইতিমধ্যেই সম্পন্ন

এই মহাবিশ্বে প্রতিটি নির্মাণ শুরু হয় কম্পন থেকে।
আপনার সমৃদ্ধির কম্পনগত নির্মাণ ইতিমধ্যেই সম্পন্ন।
এই কাজটি আপনার বিশুদ্ধ ইতিবাচক-সত্তা আপনার জীবনের মাধ্যমে আগেই করে ফেলেছে।

এখন আপনার ভূমিকা সৃষ্টি করা নয়—
বরং নিজেকে সেই অপার্থিব সৃষ্টির সাথে সংগতিপূর্ণ করে তোলা।

সংগতিপূর্ণ হওয়াই একমাত্র কাজ

পার্থিব মনোযোগে আপনার একমাত্র কাজ হলো
নিজের কম্পনকে
আপনার বিশুদ্ধ ইতিবাচক-সত্তার সাথে সংগতিপূর্ণ করা।
আপনি যখন তা করেন,
আপনি স্বাভাবিকভাবেই
আপনার আকাঙ্ক্ষার উপস্থিতিভিত্তিক কম্পনের সাথে মিল খুঁজে পান।

সেই অবস্থান থেকে আপনি পার্থিব অভিজ্ঞতায় অনুবাদ করতে পারেন:

- সঠিক মানুষ
- সঠিক পরিস্থিতি
- সঠিক কাজ
- সঠিক সুযোগ

সম্পদ ইতিমধ্যেই পাওয়া গেছে

আপনি যা খুঁজছেন,
তা ইতিমধ্যেই খুঁজে পাওয়া হয়েছে–
আপনার বিশুদ্ধ ইতিবাচক-সত্তার দ্বারা।
এখন আপনার একমাত্র কাজ হলো সংযোগ।

এই সংযোগ থেকেই আপনি পেতে শুরু করেন:

- ভালোলাগা চিন্তা
- পরিষ্কার বুদ্ধি
- কাজের অনুপ্রেরণা
- ইতিবাচক রূপে সুসংগঠিত পদক্ষেপ

এগুলোই অপার্থিব বাস্তবতা থেকে
পার্থিব রূপে নেমে আসা বার্তা।

আপনি কীভাবে বুঝবেন সংযোগ হয়েছে

আপনি কখনোই বৃহদাংশের সাথে সংযোগকে বুদ্ধিবৃত্তিকভাবে চিনবেন বা বুঝবেন না।
আপনি একে চিনবেন আবেগের মাধ্যমে।
ভালোলাগা আবেগই হলো সেই সংকেত।
এটাই সমৃদ্ধির কম্পনগত চাবি।

চাবিটি আপনার ভেতরেই

সমৃদ্ধির জন্য আপনাকে পৃথিবীজুড়ে খুঁজতে হয় না।
চাবিটি সবসময়ই আপনার ভেতরে ছিল।
প্রতিবার যখনই আপনি সামান্য হলেও ভালোলাগা অনুভব করেন,
আপনি দরজাটি আরেকটু খুলে দেন–
আর আপনার বিশুদ্ধ ইতিবাচক-সত্তার সাথে আরেকটু সংগতিপূর্ণ হয়ে ওঠেন।

প্রকৃত সম্পদ

এই উপলব্ধির সাথে এখন আপনি স্পষ্টভাবে দেখতে পারেন:
আপনার ভালোলাগার আবেগ কোনো আনুষঙ্গিক বা গৌণ ফল নয়।
এগুলোই প্রবেশদ্বার।
এগুলোই প্রকৃত সম্পদ।

আর এই পথ ধরেই
আপনার অসাধারণ সমৃদ্ধি
স্বাভাবিকভাবেই উন্মোচিত হয়।

∞

✦ অধ্যায়ের শেষের প্রক্রিয়া ১০ ✦

"আপনার নতুন সমৃদ্ধ জীবনের গল্প অনুভব করা ও বলা"– র প্রক্রিয়া

আপনার জীবনের অভিজ্ঞতা আকর্ষণ করার একমাত্র উপাদান হলো আপনার কম্পন।
আকর্ষণের মহাজাগতিক নিয়মের মাধ্যমে,
শুধু যা আপনার সাথে কম্পনগতভাবে সংগতিপূর্ণ–
তাই আপনার অভিজ্ঞতায় প্রবেশ করতে পারে।
আর আপনি যে চিন্তাগুলো ভাবতে বেছে নেন,
সেগুলোর মাধ্যমেই আপনি আপনার কম্পনকে সুরে বাঁধেন।

চিন্তা কীভাবে কম্পন গঠন করে

আপনি যখন কোনো চিন্তা ভাবেন,
সেই চিন্তাটি আপনার কম্পনের সাথে একীভূত হয়।
একীভূত হওয়ার সাথে সাথেই,
আপনার কম্পন নিজেকে তার সাথে সামঞ্জস্য করে নেয়।
এরপর আপনার আবেগ তৎক্ষণাৎ জানিয়ে দেয়–
এই চিন্তাটি আপনাকে আপনার বিশুদ্ধ ইতিবাচক-সত্তার সাথে যুক্ত করছে কিনা।

প্রতিটি ভালোলাগা বা আরও ভালোলাগা চিন্তা
আপনাকে সেই সংযোগের দিকে এগিয়ে নেয়।
আর কম্পনগতভাবে আপনার বিশুদ্ধ ইতিবাচক-সত্তার সাথে যুক্ত হওয়াই
আপনার আকাঙ্ক্ষিত সবকিছু পাওয়ার একমাত্র প্রকৃত কাজ।

বুদ্ধিগুলো কোথা থেকে আসে

আপনি কেবল সেসব আকাঙ্ক্ষার জন্যই বুদ্ধি পেতে পারেন,
যেগুলো ইতিমধ্যেই কম্পনগতভাবে নির্মিত।
এই নির্মাণগুলো থাকে আপনার অপার্থিব বাস্তবতায়–
আপনার বিশুদ্ধ ইতিবাচক-সত্তার দ্বারা ধারণ করা ও সংরক্ষিত।

তাই আপনি যখন ভালোলাগা কম্পনগত অবস্থান থেকে
আপনার আকাঙ্ক্ষা নিয়ে ভাবেন, বলেন, লেখেন বা স্বপ্ন দেখেন,
তখন আপনার কম্পন নিজেকে আরও নিখুঁতভাবে সুরে বাঁধে।
এই সুর–অর্থাৎ কম্পনের ধাঁচ–স্থিতিশীল হলে,
আপনার দেহ নিজেকে পুনর্গঠিত করে
ওই সকল অপার্থিব কম্পনকে পার্থিব রূপে অনুবাদ করতে।

এই প্রক্রিয়ার উদ্দেশ্য

এই প্রক্রিয়ায় আপনি ঠিক সেটাই করেন।
আপনি একটি সুন্দর, প্রাচুর্যময়, সমৃদ্ধ জীবনের গল্প লেখেন–
যেখানে আপনি ইতিমধ্যেই আপনার বিশুদ্ধ ইতিবাচক-সত্তার সাথে সংযুক্ত।
আপনি নিজেকে অনুমতি দেন
সংগতিপূর্ণ অবস্থান থেকে ভাবতে ও বাঁচতে।

প্রক্রিয়ার উদাহরণ - আপনার সমৃদ্ধ জীবনের নতুন গল্প

আমি একটি কম্পনগত সত্তা, একটি কম্পনগত জগতে বাস করছি,
এবং শক্তিশালী আকর্ষণের মহাজাগতিক নিয়মের মাধ্যমে সবকিছু আকর্ষণ করছি।
আমি আমার সব আকাঙ্ক্ষার যোগ্য।
এমন কিছু নেই যা আমি করতে, হতে বা পেতে পারি না।
আমার একটি চিরন্তন ইতিবাচক কম্পনগত অংশ রয়েছে, যা ইতিমধ্যেই আমার সমৃদ্ধি
এবং অন্যান্য সব আকাঙ্ক্ষার পথ তৈরি করে রেখেছে।

আমি ভালো অনুভব করি এটা জেনে যে
আমার একমাত্র কাজ হলো আমার বিশুদ্ধ ইতিবাচক-সত্তার সাথে যুক্ত হওয়া।
আমি ভালোবাসি এই উপলব্ধিটা যে প্রতিটি ভালোলাগা আবেগ মানেই
আমি নিজের সেই অংশের সাথে আরও গভীরভাবে যুক্ত হচ্ছি।

আমি ভালোবাসা ও স্বস্তি অনুভব করি এই জ্ঞানে যে
কিছুই জোর করে আমার অভিজ্ঞতায় প্রবেশ করতে পারে না।
এই উপলব্ধি আমাকে গভীর নিরাপত্তা ও স্বাধীনতা দেয়।
আমি নিজেকে নিয়ে গর্ব অনুভব করি কারণ আমি আমার ভালোলাগা চিন্তা, বুদ্ধি, তাড়না
ও কর্ম অনুসরণ করছি।

আমি ইতিমধ্যেই দেখতে পাচ্ছি আমার জীবন ইতিবাচক দিকে ঘুরছে–
এবং আরও সুন্দর অভিজ্ঞতা গড়ে উঠছে।

আমি মুক্ত অনুভব করি এটা জেনে যে
আমার জীবন কেউ নিয়ন্ত্রণ করে না–আমি ছাড়া।
আমি স্বস্তি অনুভব করি এটা মেনে নিয়ে যে আমি যেকোনো অবস্থায়, যেকোনো জায়গায়,
যেকোনো মানুষের সাথে,
বা যেকোনো কাজের মধ্যেই সন্তুষ্ট ও সুখী হতে পারি।
আমি বুঝি যে প্রতিটি বিষয়ের মধ্যেই আমার জন্য কিছু সুন্দর রয়েছে–
তার বিপরীত অভিজ্ঞতার পাশাপাশি–
এবং আমি কোথায় মনোযোগ দেব, তা আমি নিজেই বেছে নিই।

আমি শক্তিশালী অনুভব করি, কারণ আমি সচেতনভাবে সৌন্দর্যকে বেছে নিই।
আমি প্রাচুর্য ও সমৃদ্ধি অনুভব করি,
কারণ আমি এখন বুঝি–অর্থ বা অন্য কিছুর কোনো অভাব নেই,
শুধু অভাবের একটি অনুবাদিত উপলব্ধি আছে,
যা আমি ছেড়ে দেওয়ার সিদ্ধান্ত নিয়েছি।

আমি গভীরভাবে ক্ষমতাবান অনুভব করি আমার বিশুদ্ধ ইতিবাচক-সত্তাকে স্বীকার করে,
এবং আমার পছন্দ অনুসরণ করার মাধ্যমে
আমার জন্য ইতিমধ্যেই সৃষ্ট
সীমাহীন কম্পনগত প্রাচুর্যকে মেনে নিয়ে।

এটা জেনে আমি উৎসাহের অনুভূতি পাই যে আমার আকাঙ্ক্ষাগুলো অলীক কল্পনা নয়–
সেগুলো ইতিমধ্যেই বাস্তব।
আমার ভালোলাগা আবেগই সেই চাবি
যা এই কম্পনগত বাস্তবতাগুলোকে পার্থিব সমৃদ্ধিতে রূপান্তর করে।
আমি যত বেশি আমার জীবনের সৌন্দর্য লক্ষ্য করি,
আমার জীবন তত বেশি সুন্দর হয়ে ওঠে।
আমি যত বেশি সমৃদ্ধি অনুভব করি, সমৃদ্ধি তত বেশি আমার দিকে প্রবাহিত হয়।

আমি এখন বুঝি,
আমার জীবনের স্রষ্টা হিসেবে আমি নিজের সম্পর্কে যে গল্পটি বলি–
আমার জীবন ঠিক সেই গল্পের প্রতিক্রিয়াই দেয়।
এই কারণেই আমি আমার জীবন নিয়ে ভালোলাগা গল্প বলতে ভালোবাসি।
সেগুলো বলতে গিয়ে যে সুন্দর আবেগ আমি অনুভব করি,
সেটাই প্রমাণ যে

আমি আমার কম্পনকে ইতিবাচক সুরে বাঁধছি
এবং আমার আকাঙ্ক্ষাগুলোকে
পার্থিব বাস্তবতায় রূপ নিতে দিচ্ছি।

অসাধারণ ফলের জন্য মনে রাখার বিষয়

- ভালোলাগা জীবনের গল্প বলার কোনো সঠিক বা ভুল উপায় নেই।গুরুত্বপূর্ণ হলো–বলতে গিয়ে আপনি ভালো অনুভব করছেন কিনা।
- ভান করবেন না।শুধু সেটুকুই বলুন, যা আপনি সত্যিই বিশ্বাস করেন এবং স্বাভাবিকভাবে ভালো লাগে।
- আপনি নির্দিষ্ট আকাঙ্ক্ষা বা মানুষ যুক্ত করতে পারেন, তবে এমন মাত্রায়–যাতে অভাব বা অনুপস্থিতি সক্রিয় না হয়।
- এই গল্পটি শুধুই আপনার জন্য।যারা আপনার বিকাশের সাথে ইতিবাচকভাবে সংগতিপূর্ণ নয়, তাদেরকে এটি বলতে বা জানাতে যাবেন না।
- এটি একটি শক্তিশালী কম্পন-সুসংগঠনের উপকরণ, তাই নিয়মিত চর্চা করুন–প্রতিদিন অল্প সময় হলেও।

এই প্রক্রিয়ার উপকারিতা

- এটি আপনার জীবন ও নিজের সম্পর্কে নতুন, ক্ষমতাবান দৃষ্টিভঙ্গি তৈরি করে।
- এটি ইতিবাচক মনোযোগকে পরিশীলিত করে এবং নেতিবাচক চিন্তার ধরনগুলোকে ধীরে ধীরে পরিষ্কার করে।
- এটি আপনার প্রকৃত সত্তা এবং ইতিমধ্যেই সৃষ্ট কম্পনগত বাস্তবতাকে উন্মোচন করে।
- এটি আপনার সমৃদ্ধ জীবনের প্রতি বিশ্বাস এবং তা আকর্ষণ করার সক্ষমতাকে শক্তিশালী করে।
- এটি আপনার সাথে আপনার বিশুদ্ধ ইতিবাচক-সত্তার সংযোগকে গভীর করে।
- আপনার গল্প যত বেশি বাস্তব মনে হবে, পার্থিব প্রকাশগুলো তত বেশি সুন্দর ও সহজভাবে উন্মোচিত হবে।

∞

একটি মোড় ঘোরানো মুহূর্ত:

‘শব্দ শেখায় না–শুধু জীবন-অভিজ্ঞতাই শেখায়’।

এই বইটি শেষ করতে করতে, আপনি ৭৫ হাজারেরও বেশি শব্দ পড়ে ফেলবেন।
তবু, শুধু পড়া দিয়েই সমৃদ্ধি নিশ্চিত হয় না।

কারণ শব্দ শেখায় না–জীবন-অভিজ্ঞতাই শেখায়।

এই সার্বজনিক জ্ঞানকে আপনি যে জীবনটি বাস্তবে বাঁচছেন, তার সাথে যুক্ত না করা পর্যন্ত,
আপনি সম্পূর্ণভাবে বুঝতে পারবেন না যে আপনি সবসময়ই এই মহাবিশ্বের নিয়মগুলোর মধ্যেই কাজ করে এসেছেন।

কেন শুধু পড়া যথেষ্ট নয়

শব্দ পড়া–অল্প হোক বা বেশি–আপনার কম্পনকে স্বয়ংক্রিয়ভাবে বদলায় না।
এটি সঙ্গে সঙ্গে চিন্তার ধারা পাল্টায় না।
এবং এটি হঠাৎ করে অর্থের সাথে আপনার সম্পর্কও রূপান্তরিত করে না।

আকর্ষণের মহাজাগতিক নিয়ম হঠাৎ বুদ্ধিবৃত্তিক পরিবর্তনে সাড়া দেয় না।
এটি সাড়া দেয় ধারাবাহিক কম্পনগত অনুশীলনে।

অনুরণন থেকে স্থিতি

এই বইটি পড়তে পড়তে, এবং আপনার সীমাহীন সম্ভাবনার দিকে আন্তরিক মনোযোগ দিতে দিতে,
আপনি হয়তো ইতিমধ্যেই এই জ্ঞানের সাথে অনুরণনে প্রবেশ করেছেন।

কিন্তু অনুরণনই স্থিতি নয়।

উপলব্ধিকে টেকসই করতে হলে, আপনাকে তা অনুশীলনে আনতে হবে।
এই জ্ঞানকে নিয়মিত সক্রিয় করলে, তা ধীরে ধীরে আপনার মৌলিক কম্পনে প্রভাব ফেলে।

আর তখনই আপনার কম্পন এই সার্বজনিক সত্যের কম্পনের সাথে মিশতে শুরু করে।

অনুশীলন কী বদলায়

আপনি যত বেশি এই প্রক্রিয়াগুলো অনুশীলন করেন,
আপনি তত বেশি সংবেদনশীল হয়ে উঠেন আপনার আবেগের প্রতি।

এই সংবেদনশীলতাই স্পষ্টতা আনে।

আপনি লক্ষ্য করতে শুরু করেন–

- আপনি আবেগগতভাবে কেমন অনুভব করছেন
- আপনি পার্থিবভাবে কী পাচ্ছেন
- কীভাবে অভিজ্ঞতার আগে কম্পন কাজ করে

তখন আপনার জীবনই হয়ে ওঠে শিক্ষক।

আপনি নিজেই দেখেন–
ভালোলাগা আবেগ সুন্দর অভিজ্ঞতা তৈরি করে,
আর খারাপ লাগা আবেগ অনাকাঙ্ক্ষিত অভিজ্ঞতার দিকে নিয়ে যায়।

কেন এই জ্ঞান শুরুতে অপরিচিত লাগে

প্রথম দেখায়, এই উপলব্ধিকে হয়তো আরেকটি দৃষ্টিভঙ্গির মতোই মনে হতে পারে।
এটা ভুল বলে নয়–
বরং এটা অপরিচিত বলে।

জীবনকে দেখার এই পদ্ধতিটা সমাজ শেখায় না।
একাডেমিক ব্যবস্থাও এটাকে গুরুত্ব দেয় না।

তাই আপনার মন একটু থমকে যেতে পারে।

তবুও কেন আপনার ভালো লাগে

তবু—এই দ্বিধা সত্ত্বেও—এই অংশগুলো পড়তে গিয়ে আপনার ভালো লাগে।
এই অনুভূতিটা গুরুত্বপূর্ণ।

কারণ আপনার পার্থিব মন এই সত্য ভুলে গেলেও,
আপনার বিশুদ্ধ ইতিবাচক-সত্তা কখনোই ভুলে যায়নি।

ভালোলাগা আবেগ হলো স্মরণ।
এটাই আপনার সেই অংশের সাথে একমাত্র স্বাভাবিক যোগাযোগ।

ভেতরের সংকেতকে শক্ত করা

এই যোগাযোগটি আপনাকে চিনে নিতে শিখতে হবে।
শুধু বিশ্বাসের মাধ্যমে নয়—বরং পরিচিতির মাধ্যমে।

আপনি আসলে আপনার আবেগগুলোকেই অনুশীলন করেন।
আর এই আবেগগুলোর মাধ্যমেই আপনি শিখে নেন—

চিন্তা কীভাবে অভিজ্ঞতার উপর মহাজাগতিকভাবে প্রভাব ফেলে, তা বিশ্বাস করতে।

শব্দ হয়তো উত্তর দিতে পারে।
কিন্তু অনুশীলনই সেগুলোকে বাস্তবে রূপ দেয়।

জোর করার কোনো নিয়ম নেই

শব্দ পরিবর্তন জোর করে ঘটাতে পারে না।
কোনো বই আপনার জীবনে পরিবর্তন বা সমৃদ্ধি চাপিয়ে দিতে পারে না।

মহাবিশ্বে জোর করার কোনো নিয়ম নেই।
আছে কেবল আকর্ষণের নিয়ম।

আর আপনার জীবনে একমাত্র আপনিই সে যে আকর্ষণ করে—

- উপলব্ধি
- শিক্ষা
- বিশ্বাস
- পরিবর্তন

এই জ্ঞানকে নিজের করে নেওয়া

তাই শব্দের সংখ্যা গুরুত্বপূর্ণ নয়।

গুরুত্বপূর্ণ হলো এটা–

- আপনি ধারণা গুলো নিজের মত করে বুঝুন
- উদাহরণগুলো নিজের জীবনের সাথে মেলান
- অভিজ্ঞতার মাধ্যমে এই জ্ঞাণের পরীক্ষা করুন
- নতুন বিশ্বাস দিয়ে পছন্দ–অপছন্দের সিদ্ধান্তে আসুন

তখন শেখা শরীরের ভেতরে নেমে যায়–
অন্তস্থ হয়।

সমৃদ্ধি কোথা থেকে আসে

সেই মুহূর্তে, আপনি আর শব্দের ওপর নির্ভর করেন না।
আপনি নির্ভর করেন সংমিশ্রণের ওপর।

আর সেই সংমিশ্রণ থেকেই সমৃদ্ধি স্বাভাবিকভাবে আসে–
কারণ আপনাকে বিশ্বাস করতে বলা হয়েছিল বলে নয়,
বরং আপনি নিজেই সত্যটা অনুভব করেছেন বলে।

তখনই এই জ্ঞান অপ্রতিরোধ্য হয়ে ওঠে।

∞

লেখকের উক্তি-

"আপনি কে, আপনার কাছে কী আছে, আপনি কার সঙ্গে আছেন, অথবা আপনি জীবনে কোথায় যাচ্ছেন—এর কোনোটাই কখনো আপনার বাইরের কোনো ব্যক্তি বা কিছুর ওপর নির্ভর করে না।"

অধ্যায় ১১:

“অতিরিক্ত গুরুত্বপূর্ণ প্রক্রিয়াসমূহ”

প্রতিটি অধ্যায়ের শেষে আপনি যে প্রক্রিয়াগুলোর সাথে পরিচিত হয়েছেন—এবং যেগুলো এখন আবিষ্কার করতে যাচ্ছেন—সবকটিই আপনার সমৃদ্ধির জন্য শক্তিশালী সহায়ক।

এই প্রক্রিয়াগুলো নীরবে আপনার কম্পন ও আবেগকে ধারাবাহিক ভালোলাগা অবস্থার দিকে পরিচালিত করে।

আপনার কম্পন যত ইতিবাচকতার দিকে সরে আসে,
আপনি শুধু আরও স্বস্তির সাথে সমৃদ্ধি আকর্ষণই করেন না,
বরং একই সাথে অনুভব করতে শুরু করেন—

- স্বাচ্ছন্দ্য
- সন্তুষ্টি
- আবেগগত স্থিতি
- জীবনের সব ক্ষেত্রে সুখ

এই প্রক্রিয়াগুলোর উদ্দেশ্য জটিলতা নয়।
উদ্দেশ্য হলো গতি (momentum)।

বিশেষভাবে, এগুলো তৈরি করা হয়েছে যেন—

- নেতিবাচক চিন্তার গতি ধীর হয়
- মনোযোগ ইতিবাচক দিকে ফিরে আসে
- স্পষ্টতা ও ভারসাম্য পুনঃস্থাপিত হয়

যখন আপনার মনোযোগ ইতিবাচক দিকেই স্থির থাকে,
নেতিবাচকতা থেকে আপনার দৃষ্টি স্বাভাবিকভাবেই সরে যায়।
এর ফলে অবাঞ্ছিত চিন্তাগুলো গতি হারায়,
আর জীবনের প্রতি আপনার দৃষ্টিভঙ্গি হয়ে ওঠে আরও পরিষ্কার ও শান্ত।

আপনাকে প্রতিদিন প্রতিটি প্রক্রিয়া অনুশীলন করতে হবে—এমন নয়।
বরং অল্প, সহজে সামলানো যায়—এমন কয়েকটি প্রক্রিয়া বেছে নিন।

দৈনন্দিন অনুশীলনের জন্য এটুকুই যথেষ্ট—

- তিন থেকে চারটি প্রক্রিয়া
- যার মধ্যে ধ্যান (meditation) অবশ্যই থাকবে

এই অনুশীলনগুলো ধীরে ধীরে আপনার শক্তিগত প্রকৃতিকে আপনার কাছে উন্মোচিত করবে।
এগুলোর মাধ্যমে আপনি পরিবর্তন জোর করে আনার বদলে—

কম্পনগত ভারসাম্য বজায় রাখতে শিখবেন।

আপনার ভালোলাগা অনুভূতিই যাতে সবসময় অগ্রাধিকারের স্থানে থাকে।
এটা অপরিহার্য।

আপনার উচিত—

- যেসব প্রক্রিয়া আপনার কাছে ভালোলাগে, সেগুলো বেছে নেওয়া
- যতক্ষণ পর্যন্ত সেগুলো ভালোলাগে, ততটুকুই অনুশীলন করা
- নির্দেশনা কতটা নিখুঁতভাবে মানছেন, তার চেয়ে আপনি কেমন অনুভব করছেন—সে দিকে বেশি মনোযোগ দেওয়া

নিখুঁততা কখনোই বৃহদাংশে সংমিশ্রণের (alignment) চেয়ে গুরুত্বপূর্ণ নয়।

আপনার কম্পন কাজের মাধ্যমে বদলায় না।
বদলায় কাজ করতে গিয়ে আপনি কেমন অনুভব করছেন, তার মাধ্যমে।

ভালোলাগা অনুভূতিই সেই প্রক্রিয়া, যা আপনাকে নিয়ে যায়—

- সংমিশ্রণের দিকে
- স্বাচ্ছন্দ্যের দিকে
- প্রাচুর্যের দিকে
- সমৃদ্ধির দিকে

ভালোলাগা ছাড়া করা কোনো কর্মই আপনি যে পরিবর্তন খুঁজছেন—তা সৃষ্টি করে না।

এই সব প্রক্রিয়াই সম্পূর্ণভাবে আপনার মনের ভেতরেই করা সম্ভব।
কোনো বাহ্যিক উপকরণের প্রয়োজন নেই।

তবে কলম ও কাগজের মতো পার্থিব উপকরণ ব্যবহার করলে,
প্রক্রিয়াগুলো অনেক সময় আরও সহজ হয়ে ওঠে।
কারণ এতে আপনার আরও বেশি ইন্দ্রিয় সক্রিয় হয়,
আর তাই মনোযোগ স্বাভাবিকভাবেই স্থিতিশীল হয়।

যখন কোনো প্রক্রিয়ায় লেখার পরামর্শ দেওয়া হয়,
সেই পরামর্শ অনুসরণ করাই উপকারী।

নোটবুক বা কাগজ ব্যবহার বাধ্যতামূলক নয়–
তবে এটি স্পষ্টতা, স্বাচ্ছন্দ্য ও ধারাবাহিকতাকে গাঢ় তথা দৃঢ় করে।
আর ধারাবাহিকতাই হলো সেই উপাদান,
যা কম্পনকে কোমল ও টেকসইভাবে বদলাতে দেয়।

এই প্রক্রিয়াগুলো সম্পন্ন করতে হবে–এমন কোনো কাজ নয়।
এগুলো হলো ভালোলাগার আমন্ত্রণ।

আর প্রতিবার আপনি একটু ভালো অনুভব করলেই,
আপনি সেই সমৃদ্ধ ও ভারসাম্যপূর্ণ জীবনের আরও কাছাকাছি পৌঁছে যান–

যেটাকে আপনি অনুমতি দিচ্ছেন।

পরের পাতায় আপনি সব অতিরিক্ত প্রক্রিয়ার সম্পূর্ণ তালিকা পাবেন –

আসন্ন অতিরিক্ত প্রক্রিয়াসমূহের তালিকা

✦ প্রক্রিয়া: ১ - "বিশ্বাস করা ও ছেড়ে দেওয়ার" প্রক্রিয়া

সমৃদ্ধিকে অনুমতি দিতে হলে, আপনাকে অভাবের দিক থেকে আপনার মনোযোগ প্রত্যাহার করতে হবে।
সমাধানকে অনুমতি দিতে হলে, আপনাকে সমস্যার দিক থেকে আপনার মনোযোগ প্রত্যাহার করতে হবে।
কিন্তু আকর্ষণের মহাজাগতিক নিয়ম শক্তিশালী।
এই শক্তির কারণেই, বড় সমস্যাগুলো থেকে আপনি ইচ্ছামতো হঠাৎ করে মনোযোগ সরিয়ে নিতে পারেন না।
মনোযোগকে ধীরে ধীরে প্রশিক্ষিত করতে হয়।

কেন ছোট থেকে শুরু করা হয়

বড় সমস্যার সঙ্গে শক্তিশালী গতিবেগ জড়িয়ে থাকে।
একবারেই সেগুলোর দিক থেকে মনোযোগ প্রত্যাহার করতে চাইলে প্রায়ই প্রতিরোধ তৈরি হয়।
তাই এই অনুশীলন শুরু হয় তুলনামূলক ছোট বিষয় দিয়ে–
যেসব বিষয়ের সঙ্গে ভারী আবেগ জড়িত নয়।
ছোট সমস্যার দিক থেকে মনোযোগ ছাড়তে ছাড়তে, আপনার সক্ষমতা শক্তিশালী হয়।
আর সেই শক্তিশালী সক্ষমতাই পরে বড় সমস্যার সমাধানকে স্বাভাবিকভাবে পার্থিব রূপ নিতে দেয়।

প্রক্রিয়াটি করার পদ্ধতি

একটি কলম এবং একটি নোটবুক নিন।
এখন এমন একটি বিষয় বেছে নিন, যার মুখোমুখি আপনি বর্তমানে হচ্ছেন এবং যা–

- বাস্তব, কিন্তু অতিরিক্ত চাপ সৃষ্টি করে না
- বর্তমান, কিন্তু আবেগগতভাবে তীব্র নয়

পাতার একদম ওপরে এক বাক্যে সেই বিষয়টি লিখুন।

বিশ্বাস ও মনোযোগের স্থানান্তর

এখন সচেতনভাবে বিশ্বাস বেছে নিন।
বিশ্বাস করুন–আপনার বিশুদ্ধ ইতিবাচক-সত্তা ইতিমধ্যেই সমাধান ধারণ করে আছে।
বিশ্বাস করুন–সঠিক সময়ে সমাধান পৌঁছে দেওয়ার জন্য মহাবিশ্বের সক্ষমতায়।
এরপর, সমস্যাটির দিক থেকে ধীরে ধীরে আপনার মনোযোগ প্রত্যাহার করুন।

যখন খারাপ লাগবে বা অস্বস্তি হবে, তখন মনোযোগ ঘুরিয়ে দিন–

- আপনার বিশুদ্ধ ইতিবাচক-সত্তার প্রতি বিশ্বাসের দিকে
- মহাবিশ্বের প্রতি আপনার আস্থার দিকে

মনোযোগকে স্থানান্তরই এই প্রক্রিয়ার মূল।

লেখার মাধ্যমে উপলব্ধি দৃঢ় করা

এখন নিজের ভাষায় লিখতে শুরু করুন–

- আপনার বিশুদ্ধ ইতিবাচক-সত্তার প্রকৃতি সম্পর্কে আপনার উপলব্ধি
- সমাধান ধারণ করার তার ক্ষমতা সম্পর্কে
- মহাবিশ্বের বুদ্ধিমত্তা ও সাড়া দেওয়ার ক্ষমতা সম্পর্কে

লিখুন–কেন আপনার বিশ্বাস যুক্তিসংগত।
লিখুন–কেন আপনার আস্থা যুক্তিযুক্ত।

এটি পুনরাবৃত্তি নয়।
এটি উপলব্ধির দৃঢ়ীকরণ।

সময় ও মনোযোগের নির্দেশনা

পুরো প্রক্রিয়াটিতে পনেরো মিনিটের বেশি সময় ব্যয় করবেন না।
এবং সমস্যাটি নিয়ে এক মিনিটের বেশি ভাববেন না।
আপনার চিন্তা-শক্তির উদ্দেশ্য হলো বিশ্বাসের দিকে সরে যাওয়া–
সমস্যার ভেতরে আটকে থাকা নয়।

বিশ্বাসকে শক্তিশালী করা

লেখার সময়, এই বই থেকে পাওয়া উপলব্ধিগুলো অন্তর্ভুক্ত করুন–

- আপনার বিশুদ্ধ ইতিবাচক-সত্তা সম্পর্কে
- মহাজাগতিক ভারসাম্য সম্পর্কে
- আকর্ষণের মহাজাগতিক নিয়ম সম্পর্কে
- সমাধানের স্বাভাবিক আগমন সম্পর্কে

এই উপলব্ধিগুলিই বিশ্বাসের ভিত্তি গড়ে তোলে।
আর বিশ্বাসই কম্পন পরিবর্তনের অনুমতি দেয়।

সমাপ্তির ঘোষণা

লেখা শেষ করার পর, দুটি বাক্যে প্রক্রিয়াটি শেষ করুন–

"এখন, এই সব উপলব্ধির ভিত্তিতে, আমি আমার বিশুদ্ধ ইতিবাচক-সত্তার প্রতি পূর্ণ বিশ্বাস রাখছি
এবং মহাবিশ্বের প্রতি সম্পূর্ণ আস্থা রাখছি–যে সমাধানটি আসবেই।
অতএব, আমি এখন এই সমস্যাটি থেকে আমার মনোযোগ সরিয়ে নিচ্ছি

এবং এটিকে ছেড়ে দিচ্ছি।"

এটি অস্বীকার নয়।
এটি বৃহদাংশের সাথে সংমিশ্রণ।

কেন এই প্রক্রিয়াটি কাজ করে

এই প্রক্রিয়াটি বারবার করলে কিছু গুরুত্বপূর্ণ পরিবর্তন ঘটে–

- সমস্যার দিক থেকে মনোযোগ সরানো সহজ হয়ে যায়
- নেতিবাচক গতিবেগ ধীরে ধীরে তার প্রভাব হারায়
- আবেগগত প্রতিরোধ কোমল হয়

প্রতিরোধী মনোযোগ না থাকলে, সমস্যা স্বাভাবিকভাবেই প্রশমিত হতে শুরু করে।

এই প্রক্রিয়ার উপকারিতা

- সমস্যার দিক থেকে মনোযোগ ছেড়ে দিতে আপনি দক্ষ হয়ে ওঠেন
- প্রতিরোধী মনোযোগ না থাকলে সমস্যার শক্তি কমে যায়
- বিশুদ্ধ ইতিবাচক-সত্তার সাথে সংযোগ দৃঢ় হয়

- সমাধান স্বাভাবিকভাবে আসতে শুরু করে
- জীবন ধীরে ধীরে হালকা ও উপভোগ্য মনে হয়

বড় সমস্যাগুলো সঙ্গে সঙ্গে সমাধান না হলেও, ছোট সাফল্য আত্মবিশ্বাস ও আনন্দ ফিরিয়ে আনে।

গভীর প্রভাব

যখন প্রশান্তি পরিচিত হয়ে ওঠে, তখন অবাঞ্ছিত পরিস্থিতি সামলানোর ক্ষমতা বাড়ে।
সংগ্রামের জায়গা নেয় সহজতা।
আর সহজতার সাথেই আসে স্পষ্টতা, সন্তুষ্টি ও অগ্রগতি।

এই প্রক্রিয়াটি সমস্যা ঠিক করার জন্য নয়।
এটি প্রতিরোধ ছেড়ে দেওয়ার জন্য।
আর প্রতিরোধ চলে গেলে,
সমাধান প্রবেশের জায়গা তৈরি হয়।

∞

✦ প্রক্রিয়া: ২ - "স্বস্তির জন্য শ্বাস" – একটি SOS প্রক্রিয়া

এটি একটি **SOS** প্রক্রিয়া।
আপনি যখন অতিরিক্ত চাপে পড়েন, ভারসাম্য হারান, অথবা শক্তিশালী অবাঞ্ছিত অভিজ্ঞতায় পড়েন বা নেতিবাচক গতিবেগে টেনে নেওয়া অনুভব করেন–তখন তাৎক্ষণিক আবেগগত স্বস্তি দেওয়ার জন্যই এই প্রক্রিয়াটি তৈরি।

এই প্রক্রিয়াটি কাজ করে কেন্দ্রীভূত শারীরিক কার্যকলাপের মাধ্যমে।
এটি একটি শক্তিশালী, সচেতন মনোযোগ-বিভ্রান্তি তৈরি করে, যা নেতিবাচক চিন্তার ধারা ভেঙে দেয়।
সঠিকভাবে অনুসরণ করলে, এটি খুব দ্রুত স্বস্তি এনে দিতে পারে।

এই প্রক্রিয়াটি কী করে

এই প্রক্রিয়াটি একটি নির্দিষ্ট শ্বাস-প্রশ্বাসের প্যাটার্ন ব্যবহার করে।
এই শ্বাসের প্যাটার্নের সক্ষমতা আছে–

- নেতিবাচক আবেগগত গতিবেগ থামাতে
- তাৎক্ষণিক স্বস্তি তৈরি করতে
- স্বল্প সময়ের জন্য আপনাকে আপনার বিশুদ্ধ ইতিবাচক-সত্তার সাথে পুনঃসংযোগ করাতে

এই প্রক্রিয়া সংযোগটি দীর্ঘস্থায়ী করার জন্য নয়।
এটি দ্রুত কাজ কোরে শারীরিক স্থিতিশীলতা ফেরানোর জন্য।
প্রক্রিয়াটি থামানোর সঙ্গে সঙ্গেই এই সংযোগ স্বাভাবিকভাবে ম্লান হয়ে যায়–
আর যা থেকে যায়, তা হলো স্বস্তি।
এরপর, ভালোলাগা অবস্থাকে ধরে রাখতে আপনি অন্য কোনো প্রক্রিয়া ব্যবহার করতে পারেন।

কখন এই প্রক্রিয়াটি ব্যবহার করবেন

যখনই আপনি লক্ষ্য করবেন–

- দীর্ঘস্থায়ী নেতিবাচক আবেগগত অবস্থা
- হঠাৎ করে শক্তিশালী অবাঞ্ছিত অনুভূতির ঢেউ

- বারবার ফিরে আসা নেতিবাচক চিন্তা
- আবেগগত ভারসাম্যহীনতা

তখন আপনি এই প্রক্রিয়াটি ব্যবহার করতে পারেন।
এটি একটি সহায়ক উপকরণ–দীর্ঘমেয়াদি অনুশীলন নয়।

প্রক্রিয়াটি করার পদ্ধতি

আপনি নাক দিয়ে শ্বাস নেবেন
এবং মুখ দিয়ে শ্বাস ছাড়বেন।
এই শ্বাস-চক্রে দুটি ধাপ আছে।

ধাপ এক : বিভক্ত শ্বাস

১. নাক দিয়ে দুই ভাগে শ্বাস নিন:

- o অর্ধেক শ্বাস নিন
- o এক সেকেন্ড থামুন
- o বাকি শ্বাস সম্পূর্ণ নিন

২. এক সেকেন্ড শ্বাস ধরে রাখুন।

৩. মুখ দিয়ে তিন ভাগে শ্বাস ছাড়ুন:

- o শ্বাসের এক-তৃতীয়াংশ ছাড়ুন
- o এক সেকেন্ড থামুন
- o শ্বাসের দুই-তৃতীয়াংশ ছাড়ুন
- o এক সেকেন্ড থামুন
- o বাকি শ্বাস সম্পূর্ণ ছাড়ুন

এতেই প্রথম শ্বাস-চক্র সম্পন্ন হয়।

ধাপ দুই : পূর্ণ শ্বাস

১. নাক দিয়ে একটানা গভীর শ্বাস নিন।

- o কোনো বিরতি নয়
- o ফুসফুস পুরোপুরি ভরে নিন

২. এক সেকেন্ড শ্বাস ধরে রাখুন।

৩. মুখ দিয়ে একবারেই পুরো শ্বাস ছেড়ে দিন।
এতেই দ্বিতীয় শ্বাস-চক্র সম্পন্ন হয়।

প্রক্রিয়াটি সম্পন্ন করা

ধাপ এক এবং ধাপ দুই–এই দুটো মিলেই একটি পূর্ণ রাউন্ড।
আপনি এই প্রক্রিয়াটি পুনরাবৃত্তি করতে পারেন:

- পাঁচবার
- সর্বোচ্চ দশবার

যেই মুহূর্তে স্বস্তি অনুভব করবেন, সেখানেই থামুন।

কী অনুভব করতে পারেন

এই শ্বাস-প্রশ্বাস প্রয়োগ অথবা অনুশীলনের সময় আপনি লক্ষ্য করতে পারেন:

- আবেগের কোমল হয়ে আসা
- মনের ভেতরের নীরবতা
- স্বস্তির অনুভূতি
- স্বল্প সময়ের জন্য ভারসাম্যে ফিরে আসা

এই স্বস্তিটাই সংকেত।
এর মানে, প্রতিরোধ ঢিলে হয়েছে।

এরপর কী করবেন

এই প্রক্রিয়াটি দরজা খুলে দেয়।
স্বস্তি উপস্থিত হলে, ভালোলাগা অবস্থাকে ধরে রাখতে আরেকটি কোমল প্রক্রিয়া বেছে নিন।

এই **SOS** প্রক্রিয়াটি সমাধান খোঁজার জন্য নয়।
এটি স্থিতিশীল হওয়ার জন্য।
আর স্থিতিশীলতাই সবসময় বৃহদাংশের সাথে সংমিশ্রণে ফিরে যাওয়ার প্রথম ধাপ।

∞

✦ প্রক্রিয়া: ৩ - "ভালোলাগা চিন্তা খুঁজে পাওয়ার" প্রক্রিয়া।

এই প্রক্রিয়াটি সমস্যাকে সামলায় কেন্দ্রীভূত চিন্তা-শক্তির মাধ্যমে, তাড়াহুড়ো করা বা অকার্যকর শারীরিক কাজের মাধ্যমে নয়।
এটি কোমলভাবে আপনার মনোযোগকে খারাপ লাগার জায়গা থেকে ভালোলাগার জায়গায় সরিয়ে আনে।
আর এই স্থানান্তর–যতটাই ছোট হোক–সেখান থেকেই সমাধান আসা শুরু করে।

এই প্রক্রিয়ার উদ্দেশ্য

শুরুর দিকে এই প্রক্রিয়াটি কিছুটা কঠিন মনে হতে পারে।
জটিল বলে নয়–
বরং আকর্ষণের মহাজাগতিক নিয়ম হঠাৎ বড় লাফকে প্রতিরোধ করে তাই।
তবুও, এই প্রক্রিয়ার সরলতাই আপনার পক্ষে কাজ করে।
এর একমাত্র লক্ষ্য হলো–আপনি যেটার দিকে মনোযোগ দিচ্ছেন, সেটার বিষয়ে একটু ভালোলাগা অনুভব করা।
আর ভালোলাগা অনুভূতিই সবসময় ভাল অভিজ্ঞতাকে আকর্ষণ করে।

এই প্রক্রিয়াটি আপনাকে কী শেখায়

এই অনুশীলনের মাধ্যমে আপনি একটি মৌলিক বিষয় উপলব্ধি করতে শুরু করেন:

- মনোযোগের শক্তি আছে
- ইতিবাচক মনোযোগ গতি তৈরি করে
- ভালোলাগা চিন্তা ভালোলাগা ফলাফলে রূপ নেয়

এই প্রক্রিয়াটি সেই উপলব্ধিকে কোমলভাবে এবং নিরাপদে প্রশিক্ষিত করে।

সঠিক বিষয় নির্বাচন করা

এই প্রক্রিয়ার কার্যকারিতা নির্ভর করে আপনি কীসের দিকে মনোযোগ দিচ্ছেন তার ওপর।
আপনার সবচেয়ে বড় সমস্যাগুলো বেছে নেওয়া উচিত নয়।

বড়, আবেগে ভারী বিষয় সহজে স্বস্তি দেয় না।
বরং এমন একটি বিষয় বেছে নিন, যা–

- একেবারে সহজ নয়
- গভীরভাবে সমস্যাজনক নয়
- হালকা অস্বস্তিকর–কিন্তু সামলানো যায়

এই ভারসাম্যটাই প্রয়োজনীয়।

ব্যায়ামের উপমা

এই প্রক্রিয়াটিকে শারীরিক ব্যায়ামের মতো ভাবুন।
আপনি সবচেয়ে ভারী ওজন দিয়ে শুরু করেন না।
আপনি এমন একটি ওজন বেছে নেন, যা আপনাকে চ্যালেঞ্জ করে–চাপ সৃষ্টি না করে।
সময় গড়ানোর সঙ্গে সঙ্গে, শক্তি স্বাভাবিকভাবেই গড়ে ওঠে।
এখানেও একই নীতি প্রযোজ্য।

প্রক্রিয়াটি করার পদ্ধতি

একটি কলম ও কাগজ নিন।
এমন একটি বিষয় বা পরিস্থিতি বেছে নিন যা আপনার কাছে বিরক্তিকর, কিন্তু খুব সামান্যই।
পাতার একদম ওপরে একটিমাত্র সহজ বাক্যে সেই বিষয়টি লিখুন।

ভালোলাগা চিন্তা খুঁজে পাওয়া

এখন আপনার কাজ খুব সহজ।
ওই বিষয়টি নিয়ে অন্তত পাঁচটি ভালোলাগা চিন্তা লিখুন।
চিন্তাগুলো সম্পূর্ণ বাক্যে লিখবেন।

- আপনি চাইলে এক মিনিট সময় নিতে পারেন
- অথবা সর্বোচ্চ পনেরো মিনিট
- যতক্ষণ লিখতে ভাল লাগে, ততক্ষণ থামার প্রয়োজন নেই

লক্ষ্য দ্রুততা নয়।
লক্ষ্য হলো স্বস্তি।

অনুভূতিকে পথ দেখাতে দিন

শুরুর দিকে আকর্ষণের মহাজাগতিক নিয়ম এটিকে কিছুটা কঠিন করে তুলতে পারে। কিন্তু লেখার সময় এবং লেখার পর আপনি যে অনুভূতি পাবেন–সেটাই আপনার প্রমাণ। পাঁচটি বাক্যের পরও যদি ভাল লাগে এবং চালিয়ে যেতে ইচ্ছে করে, লিখতে থাকুন। শুধু ততক্ষণই চালিয়ে যান, যতক্ষণ অনুভূতিটা সুখকর থাকে।

একটি উদাহরণ

বিষয়: আমার গাড়ির অবস্থা

১. আমার গাড়িটি নতুন না হলেও, এটি এখনও নির্ভরযোগ্যভাবে কাজ করে।

২. এই গাড়িটি বহু বছর ধরে আমার যাতায়াতে সহায়তা করেছে, এবং আমি তার কদর করি।

৩. আমি যখন এটি পরিষ্কার করি ও যত্ন নিই, তখন এটি আমার কাছে ভাল দেখায়।

৪. এই গাড়িটির সঙ্গে আমার অনেক সুন্দর স্মৃতি জড়িয়ে আছে।

৫. এই গাড়িটির মাধ্যমে আমি যাতায়াত ও গতির বিষয়ে মূল্যবান অভিজ্ঞতা অর্জন করেছি।

এই উদাহরণটি এমন একটি বিষয় নিয়ে, যা না একেবারে নিখুঁত, না আবার সমস্যাজনক। এই ভারসাম্যই প্রক্রিয়াটিকে কার্যকর করে তোলে।

সময়ের সাথে কী বদলায়

নিয়মিত অনুশীলনে ধীরে ধীরে কিছু পরিবর্তন আসে:

- দৈনন্দিন সমস্যাগুলো হালকা মনে হয়
- আবেগগত প্রতিরোধ কোমল হয়
- আত্মবিশ্বাস বাড়ে

যখন সমস্যা সহজ মনে হয়, সমাধানকে অনুমতি দেওয়া আরও সহজ হয়।

বৃহত্তর প্রভাব

ছোট সমস্যার সঙ্গে সহজ সম্পর্ক বিশ্বাস তৈরি করে।
আর সেই বিশ্বাস সামনে এগিয়ে যায়।
সময় গড়ানোর সাথে সাথে আপনি লক্ষ্য করতে পারেন, ছোট বিষয় নিয়ে আপনার প্রশান্তি বড় সমস্যার সমাধানকেও আমন্ত্রণ জানাতে শুরু করে।
জীবন আরও সহযোগী মনে হয়।
আরও প্রবাহমান।
আরও সুন্দর।
সমস্যা হারিয়ে গেছে বলে নয়–
বরং সমস্যার সঙ্গে আপনার সম্পর্ক বদলে গেছে বলে।

∞

✦ প্রক্রিয়া: ৪ - "নিষ্ক্রিয় বৈপরীত্যের কদর" – প্রক্রিয়া

আপনি ইতিমধ্যেই বুঝে গেছেন যে, সব কিছুরই ভালো ও মন্দ–দুই দিকই থাকে।
কোনো বিষয়ই গুণ ও ত্রুটি ছাড়া অস্তিত্বে থাকে না।
কিন্তু আকর্ষণের মহাজাগতিক নিয়মের অধীনে, আপনি একই সঙ্গে দুটো অভিজ্ঞতা করেন না।
আপনি শুধু সেটাই অনুভব করেন, যা আপনার কম্পনের সাথে সমন্বয় করে।

উপলব্ধি কেন গুরুত্বপূর্ণ

যে কোনো বিষয়ে আপনি কী লক্ষ্য করবেন, তা সম্পূর্ণভাবে নির্ভর করে আপনার বর্তমান কম্পনের ওপর।
আপনি আপনার কম্পন-পরিসরের বাইরে কিছু অনুবাদ করতে পারেন না।
এই কারণেই জীবনের ভিন্ন ভিন্ন সময়ে একই পরিস্থিতি সম্পূর্ণ আলাদা অনুভূত হয়।
বিষয়টি বদলায় না।
আপনার উপলব্ধি বদলায়।

এই প্রক্রিয়ার উদ্দেশ্য

এই প্রক্রিয়াটি আপনাকে আবিষ্কার করতে সাহায্য করে:

- ত্রুটির ভেতরের গুণ
- বৈপরীত্যের ভেতরের উপকার
- কঠিনতার ভেতরের শক্তি

এই প্রক্রিয়ার মাধ্যমে আপনি একটি ব্যবহারিক উপলব্ধি লাভ করেন–কিছুই পুরোপুরি খারাপ নয়, আবার পুরোপুরি ভালোও নয়।
সবসময়ই ভালোলাগা অভিজ্ঞতা উপস্থিত থাকে–
এমনকি সেই বিষয়গুলোর মধ্যেও, যেগুলো একসময় বেদনাদায়ক মনে হয়েছিল।

এই প্রক্রিয়াটি আপনাকে কী শেখায়

আপনাকে অবাঞ্ছিত অভিজ্ঞতা সহ্য করে যেতে হবে–এমন নয়।
একই বিষয়ের আরেকটি দিক আপনার জন্য সবসময়ই উন্মুক্ত থাকে।
কিন্তু সেই প্রবেশাধিকার আসে তখনই, যখন আপনি সম্পূর্ণভাবে স্বীকার করেন যে প্রতিটি অভিজ্ঞতার একটি ভালোলাগা সমতুল্য অংশ আছে।
এই স্বীকৃতিটাকেই এই প্রক্রিয়াটি সক্রিয় করে।

সক্রিয় ও নিষ্ক্রিয় বিষয়

শুরু করার আগে এই পার্থক্যটি বোঝা জরুরি:

- যে কোনো বিষয় যা আবেগ জাগায়, তা আপনার কম্পনে সক্রিয়
- যে কোনো বিষয় যা আর আবেগ জাগায় না, তা নিষ্ক্রিয়

এই প্রক্রিয়াটি কেবল নিষ্ক্রিয় বিষয়েই কাজ করে।

সঠিক অভিজ্ঞতা নির্বাচন

এই প্রক্রিয়ার জন্য এমন একটি জীবনের অভিজ্ঞতা বেছে নিন, যা–

- একসময় বেদনাদায়ক বা অবাঞ্ছিত মনে হয়েছিল
- এখন আর আবেগগতভাবে ভারী নয়
- ভাবলে নিরপেক্ষ মনে হয়

এই ধরনের অভিজ্ঞতা একটি নিষ্ক্রিয় বৈপরীত্যমূলক অভিজ্ঞতা।
সাম্প্রতিক কোনো ঘটনা বেছে নেবেন না।
যে বিষয়টি এখনও কষ্ট দেয়, সেটি অবশ্যই বাদ দেবেন।

প্রক্রিয়াটি করার পদ্ধতি

আপনার নোটবুক নিন।
পাতার একদম ওপরে সেই অভিজ্ঞতার শিরোনাম লিখুন।
এখন পাঁচ থেকে দশটি বাক্যে লিখুন–এই অভিজ্ঞতাটি আপনাকে কী বুঝতে সাহায্য করেছে।
এই বাক্যগুলো অবশ্যই হবে:

- ইতিবাচক
- শক্তিদায়ক

- স্পষ্টতাদানকারী
- ভালোলাগা সৃষ্টি করে এমন

কখনোই নেতিবাচক বা খারাপ লাগা তৈরি করে–সমালোচনা করে–এমন বাক্য লিখবেন না।
নেতিবাচক মনোযোগ গতিবেগ ধীর করে।
ইতিবাচক মনোযোগ স্পষ্টতাকে সক্রিয় করে।

মনোযোগ কোথায় রাখবেন

ঘটনাটির বর্ণনা করবেন না।
বরং, সেটির পর কী এসেছে–সেদিকে মনোযোগ দিন।
লিখুন:

- দুর্বলতার পর যে শক্তি এসেছে
- বিভ্রান্তির পর যে স্পষ্টতা এসেছে
- অনিশ্চয়তার পর যে আত্মবিশ্বাস এসেছে
- অশ্রুর পর যে হাসি এসেছে

এইভাবেই গুণ সক্রিয় হয়।

অনুভূতিই পথপ্রদর্শক

অন্যান্য সব প্রক্রিয়ার মতোই, এটিতেও আপনার ভালোলাগা অনুভূতিই প্রধান।
যদি কোনো বাক্য ভাল না লাগে, সেটি লিখবেন না।
একটি সেশনে অন্তত পাঁচটি বাক্য লেখা প্রয়োজনীয়–যত সময়ই লাগুক না কেন।
গতি নয়, অনুভূতির গুণমানই এখানে বেশি গুরুত্বপূর্ণ।

প্রক্রিয়ার উদাহরণ

বিষয়: আমার প্রথম বিচ্ছেদ

১. আমি শিখেছি যে, ভালোবাসা অনুভব করতে আমাকে একজন মানুষের ওপর নির্ভর করতে হয় না।
২. আমি উপলব্ধি করেছি যে, আমার মতোই প্রত্যেকের নিজস্ব স্বাধীন ইচ্ছা আছে।
৩. আমি বুঝেছি যে, বৈপরীত্য আবেগগত শক্তি গড়ে তোলে।

৪. আমি শিখেছি যে, স্পষ্টভাবে দেখলে প্রতিটি অভিজ্ঞতাই উপকারী হতে পারে।
৫. এই অভিজ্ঞতাটি সম্পর্কের ক্ষেত্রে আমাকে আরও আত্মবিশ্বাসী করেছে।
৬. আমি আবিষ্কার করেছি যে, হারানো প্রায়ই আরও ভালো কিছুর জন্য জায়গা তৈরি করে।
৭. আমি বুঝেছি যে, নিজের অনুভূতির বিনিময়ে অন্যকে খুশি করা স্বাস্থ্যকর নয়।
৮. আমি শিখেছি যে, ত্রুটির দিকে মনোযোগ সম্পর্ককে ক্ষতিগ্রস্ত করে।
৯. আমি উপলব্ধি করেছি যে, দুঃখ সাময়িক এবং সময়ের সঙ্গে সঙ্গে তা সবসময়ই কোনো না কোনো মূল্য উন্মোচন করে।
১০. আমি বুঝেছি যে, আমার জীবনে দুঃখ কতটা জায়গা নেবে–তা একমাত্র আমিই নির্ধারণ করি।

এই প্রক্রিয়াটি কী তৈরি করে

নিয়মিত অনুশীলনে আপনি ধীরে ধীরে লক্ষ্য করতে শুরু করেন:

- আবেগগত পরিপক্বতা
- বর্ধিত স্পষ্টতা
- অভ্যন্তরীণ স্থিতিশীলতা
- নিজের প্রতি গভীর বিশ্বাস

আপনার অতীত আর আপনাকে ভারী করে রাখে না।
বরং, তা আপনার বিকাশকে সহায়তা করে।

গভীর উপলব্ধি

আপনার জীবনের কোনো কিছুই অপচয় হয়নি।
প্রতিটি বৈপরীত্যের মধ্যেই মূল্য ছিল।
আর যখন আপনি সেই মূল্যতে মনোযোগ দেন–সক্রিয় করেন,
আপনার কম্পন স্বাভাবিকভাবেই উঁচুতে ওঠে।
এইভাবেই মন্দের ভেতর থেকে ভালো প্রকাশপায়–
আর প্রতিরোধের জায়গা নেয় প্রজ্ঞা।

∞

✦ প্রক্রিয়া: ৫ - "চুক্তি" – প্রক্রিয়া।

আপনার ইতিবাচক-সত্তা সম্পর্কে আপনি যে উপলব্ধি গড়ে তুলেছেন, তা ইতিমধ্যেই আপনাকে আপনার বৃহদাংশের অস্তিত্ব চিনতে সাহায্য করেছে।

এই প্রক্রিয়াটি সেই উপলব্ধিকে আরও দৃঢ় করার জন্য তৈরি, এবং আপনার দৈনন্দিন জীবনে আপনার বিশুদ্ধ ইতিবাচক-সত্তার সক্রিয় সম্পৃক্ততাকে গ্রহণ করার দিকে একটি কোমল প্রথম পদক্ষেপ নিতে আপনাকে সহায়তা করে।

আপনার বিশুদ্ধ ইতিবাচক-সত্তা আসলে কে

আপনার বিশুদ্ধ ইতিবাচক-সত্তা আপনার থেকে আলাদা নয়।
এটি আপনিই–আপনার অবিরোধী, অবাধ, এবং অপ্রতিরোধিত ইতিবাচক শক্তির অবস্থায়।
যেহেতু এটি আপনার বৃহদাংশ, তাই এটি সবসময়ই আপনার সঙ্গে থাকে।
এটি প্রতীকী ধারণা নয়।
এটি সম্পূর্ণ যৌক্তিক।

এই প্রক্রিয়াটি আপনাকে কী দেয়

এই প্রক্রিয়ার প্রধান উপকারিতা হলো স্পষ্টতা।
এটি আপনাকে মানসিক ও শারীরিকভাবে পরিষ্কারভাবে অনুভব করায়–
আপনার বিশুদ্ধ ইতিবাচক-সত্তার সাথে যুক্ত থাকা কেমন লাগে।
আর এই অনুভূতিগুলো গুরুত্বপূর্ণ।
কারণ আপনার বিশুদ্ধ ইতিবাচক-সত্তার সাথে ধারাবাহিক সংযোগই হলো সবচেয়ে মূল্যবান অবস্থা, যেটি আপনি ধরে রাখতে পারেন।

কেন সংযোগ সবকিছু বদলে দেয়

আপনি যখন আপনার বিশুদ্ধ ইতিবাচক-সত্তার সাথে সংযুক্ত থাকেন, তখন আপনি আপনার সম্পূর্ণ সত্তা অনুভব করেন।
এই সংযোগ যত স্থিতিশীল হয়:

- আপনার উপলব্ধি বিস্তৃত হয়
- আপনার প্রতিরোধ কোমল হয়
- আপনার আত্মবিশ্বাস বাড়ে

কারণ আপনার বিশুদ্ধ ইতিবাচক-সত্তা ইতিমধ্যেই ধারণ করে আছে:

- আপনার আকাঙ্ক্ষাগুলো
- সেগুলোর দিকে যাওয়ার পথগুলো
- বাস্তবায়নের জন্য প্রয়োজনীয় চিন্তা, ধারণা, প্রেরণা ও কর্ম

সংযোগ এই সবকিছুকে সহজলভ্য করে তোলে।

গ্রহণযোগ্যতার শক্তি

সহজ গ্রহণযোগ্যতার মাধ্যমে আপনার জীবন কতটা বিস্তৃত হতে পারে, তা মাপা কঠিন।
আপনার বিশুদ্ধ ইতিবাচক-সত্তার অস্তিত্বকে গ্রহণ করা
এবং সচেতনভাবে তার সঙ্গে সহ-সৃষ্টি করা
এমন সম্ভাবনার দরজা খুলে দেয়, যা কেবল চেষ্টা দিয়ে কখনোই সম্ভব হতো না।

প্রক্রিয়াটি করার পদ্ধতি

এই প্রক্রিয়ায়, আপনি আপনার বিশুদ্ধ ইতিবাচক-সত্তার সাথে একটি সচেতন চুক্তি করেন।
এটি একটি অঙ্গীকারনামার মতো—কিন্তু দুটি গুরুত্বপূর্ণ পার্থক্য আছে:

- আপনি এই চুক্তিটি করছেন আপনার নিজের বৃহদাংশের সঙ্গে
- আপনি এখানে আইনি নথি নয়, কম্পনভিত্তিক ভাষা ব্যবহার করছেন

এই চুক্তিটি যান্ত্রিকতার ওপর নয়—

এর ভিত্তি হলো অন্তর্নিহিত তাৎপর্য।

চুক্তি তৈরি করা

একটি সহজ জিনিস বেছে নিন।
তারপর সেটির জন্য একটি স্পষ্ট, সহজ অভিপ্রায় নির্ধারণ করুন।
আপনার বিশুদ্ধ ইতিবাচক-সত্তাকে বলুন—যখনই এই জিনিসটি উপস্থিত হবে বা সামনে আসবে, প্রতিক্ষেত্রে সেটি সেই অভিপ্রায় বহন করবে।
উদাহরণস্বরূপ:

- একটি সংখ্যা
- একটি রং
- একটি সাধারণ বস্তু

যত সহজ সরল হবে, তত ভালো কাজ করবে।

ধীরে ধীরে বিশ্বাস গড়ে তোলা

এই চুক্তি কার্যকর হওয়ার জন্য বিশ্বাস প্রয়োজন।
কিন্তু বিশ্বাস সবচেয়ে ভালোভাবে বেড়ে ওঠে ছোট, তুচ্ছ নিশ্চিতকরণের মাধ্যমে।
উদাহরণস্বরূপ:
আপনি একটি সংখ্যা বেছে নিতে পারেন—যেমন ৩২১—এবং বলতে পারেন:
"তুমি যখন আমাকে দেখাতে চাও যে আমি তোমার সঙ্গে সংযুক্ত, অথবা যখন উত্তর 'হ্যাঁ', তখন আমাকে এই সংখ্যাটি দেখাও।"
আপনি চাইলে একটি বস্তু বেছে নিতে পারেন।
হয়তো একটি নির্দিষ্ট পাতা বা ফুল।
আপনি লক্ষ্য করবেন—যখনই আপনি দিকনির্দেশনা বা আশ্বাস চান, সেই প্রতীকটি স্বাভাবিকভাবেই এবং ঠিক সময়ে সামনে আসে।

দৈনন্দিন চুক্তি

আপনি চাইলে প্রতিদিন একটি নতুন চুক্তি তৈরি করতে পারেন।
উদাহরণস্বরূপ:

- "আজ আমাকে খুশি মানুষ দেখাও।"
- "আজ এমন তিনটি লাল জিনিস দেখাও, যেগুলো দেখতে আমার ভালো লাগবে।"
- "আজ আমি যখন রাস্তায় বেরব ট্রাফিক খুব কম রাখবে।"

এগুলো পরীক্ষা নয়।
এগুলো সম্পর্ক গড়ে তোলার উপায়।

গুরুত্বপূর্ণ নির্দেশনা

এই প্রক্রিয়াটি কার্যকর রাখতে:

- সহজ, সাধারণ প্রতীক বেছে নিন
- হালকা, জটিলতাহীন অভিপ্রায় নির্ধারণ করুন
- গুরুতর বা আবেগে ভারী বিষয় এড়িয়ে চলুন

বিশ্বাস স্বাভাবিক ও চাপহীন না হওয়া পর্যন্ত, এই প্রক্রিয়াটি দুশ্চিন্তা বা বড় সিদ্ধান্তের জন্য ব্যবহার করবেন না।
বিশ্বাসকে কোমলভাবেই অনুশীলন করতে হয়।

এই প্রক্রিয়াটি আসলে কী গড়ে তোলে

এই প্রক্রিয়াটি কিছু প্রমাণ করে না।
এটি আপনাকে সংযোগের সঙ্গে পরিচিত করে তোলে।
আর পরিচয়ই ধীরে ধীরে বিশ্বাসে রূপ নেয়।
বিশ্বাস স্থিতিশীল হলে, দিকনির্দেশনা স্বাভাবিক মনে হয়।
আর দিকনির্দেশনা স্বাভাবিক হলে, জীবন সহজ প্রবাহে চলে।
এইভাবেই আপনার বিশুদ্ধ ইতিবাচক-সত্তার সাথে আপনার সম্পর্ক বাস্তব, ব্যবহারযোগ্য এবং গভীরভাবে সহায়ক হয়ে ওঠে—প্রতিদিন।

∞

✦ প্রক্রিয়া: ৬ - "অতিরিক্ত ব্যয়ের" প্রক্রিয়া

আকর্ষণের মহাজাগতিক নিয়মের অধীনে আমরা অধিকাংশ সময়ই অভ্যাসনির্ভর জীবন যাপন করি।
আমাদের বেশিরভাগ চিন্তা ও কাজ বারবার ফিরে আসা প্যাটার্ন অনুসরণ করে।
এই প্যাটার্নগুলোই অভ্যাসে পরিণত হয়।
আর এই অভ্যাসগুলো নীরবে কিছু সীমা তৈরি করে–
এর মধ্যে রয়েছে আপনি কতটা অর্থ উপার্জন বা ব্যয় করতে পারেন বলে বিশ্বাস করেন, তার সীমাও।
এই প্রক্রিয়াটি সেই সীমাগুলোকে কোমলভাবে প্রসারিত করার জন্য তৈরি।

কেন অর্থ সীমাবদ্ধ মনে হয়

অর্থকে দেখতে পার্থিব মনে হতে পারে।
কিন্তু আপনি ইতিমধ্যেই বুঝে গেছেন–কিছুই শুধু পার্থিব নয়।
সবকিছুই আগে কম্পনভিত্তিক–
তারপর পার্থিব।
অর্থ নিয়ে আপনার বর্তমান অভিজ্ঞতা তৈরি হয়েছে এ বিষয়ে গড়ে ওঠা আপনার বিশ্বাসের কারণে।
এই প্রক্রিয়াটি সেই বিশ্বাসগুলোর সঙ্গে লড়াই না করে, সেগুলোকে বিস্তৃত করতে সাহায্য করে।

এই প্রক্রিয়াটি কী পরিবর্তন আনে

নিয়মিত অনুশীলনে, এই প্রক্রিয়াটি আপনাকে সাহায্য করে–

- অভ্যাসগত প্যাটার্নের বাইরে অর্থ প্রত্যাশা করতে
- ব্যয়ের সময় আরও শান্ত ও আত্মবিশ্বাসী অনুভব করতে
- অর্থের আদান-প্রদান নিয়ে অচেতন ভয়ের প্রশমণ ঘটাতে

এটি আপনাকে চাপ দেয় না।
এটি আপনাকে কোমলভাবে প্রশিক্ষিত করে।

ধীরে এগোনোর গুরুত্ব

এই প্রক্রিয়াটি বিস্তারের আমন্ত্রণ জানায়–কিন্তু কখনোই জোর করে নয়।
খুব দ্রুত, খুব দূরে লাফ দেবেন না।
ধীরে ও ধারাবাহিক অগ্রগতি ছাড়া আত্মবিশ্বাস দুর্বল হয়, আর বিশ্বাস ভেঙে পড়ে।
বিস্তারের আগে সহজতা আসতেই হবে।

প্রক্রিয়াটি করার পদ্ধতি

লক্ষ্যটি খুব সহজ:
সাধারণত আপনি যতটা ব্যয় করেন, তার চেয়ে সামান্য বেশি অর্থ ব্যয় করুন– এক সপ্তাহ বা এক মাসের মধ্যে।
ব্যয় করার পর, আপনার একমাত্র কাজ হবে আবেগগত।
এই অতিরিক্ত ব্যয় নিয়ে নিজেকে স্বস্তি ও আরামে নিয়ে আসুন–ভালোলাগা চিন্তার মাধ্যমে, এবং এই প্রশমণ এক সপ্তাহ, এমনকি এক মাস পর্যন্ত ধরে রাখুন।
এই চিন্তাগুলো জোর করে ভাবার প্রয়োজন নেই।
অর্থ বা আর্থিক অবস্থান নিয়ে যখনই ভাল না লাগে, তখনই নিজেকে কোমলভাবে শান্ত করার চেষ্টা করুন।
এই সহজতাই প্রত্যাশা তৈরি করে।
আর প্রত্যাশাই ফলাফলকে আমন্ত্রণ জানায়।

এই প্রক্রিয়াটি আসলে কী

এটি জীবনের সবচেয়ে ভারী বিষয়গুলোর একটির ওপর একটি হালকা কম্পনভিত্তিক প্রশিক্ষণ।
এই প্রক্রিয়ার কার্যকারিতা একটি বিষয়ের ওপর নির্ভর করে:
আপনি কতটা পরিমাণ বেছে নিচ্ছেন।
এমন একটি পরিমাণ বেছে নিন, যা–

- আপনার অভ্যাসের চেয়ে সামান্য বেশি
- তবু বাস্তবসম্মত
- চাপ সৃষ্টি করে না

এই প্রক্রিয়াটি কখনোই বোঝা মনে হওয়া উচিত নয়।

লেখার মাধ্যমে প্রক্রিয়াটিকে সহায়তা করা

এই প্রক্রিয়ার বেশিরভাগ অংশই মানসিকভাবে ঘটে।
তবে লেখা মনোযোগকে আরও দৃঢ় করতে পারে।
প্রতিদিন বা একদিন পরপর, পাঁচ থেকে দশ মিনিট সময় নিয়ে, এই ব্যয় নিয়ে ভালোলাগা বা কিছুটা ভালোলাগা চিন্তা লিখতে পারেন।
এটি প্রশান্তিকে স্থির করে এবং কম্পনকে স্থিতিশীল করে।

সময় নির্বাচন গুরুত্বপূর্ণ

অতিরিক্ত অর্থ ব্যয় করার আগে:

- নিজেকে ভালোলাগা অবস্থায় নিয়ে আসুন
- অথবা অন্তত আরামদায়ক অবস্থায়

এই প্রস্তুতি পরবর্তী ভারসাম্য ধরে রাখতে সাহায্য করে।
ব্যয়ের আগের প্রশান্তি, ব্যয়ের পরের প্রশান্তিকেও অভিজ্ঞতা করতে সহায়তা করে।

একটি গুরুত্বপূর্ণ নিয়ম

আপনি যে অতিরিক্ত অর্থ ইতিমধ্যেই ব্যয় করেছেন, তা নিয়ে নিজেতে স্বস্তিতে না আনা পর্যন্ত–
অথবা আপনার প্রশমিত চিন্তার ফলস্বরূপ কোনো বাড়তি অর্থ না পাওয়া পর্যন্ত–
এই অতিরিক্ত ব্যয় আবার করবেন না।
এই প্রক্রিয়াটি ধীরে বিস্তারকে সম্মান করে।
শুরুর দিকে প্রশান্তি কিছুটা অস্থির লাগতে পারে।
কিন্তু সময়ের সাথে সাথে:

- সহজতা শক্তিশালী হয়
- আত্মবিশ্বাস বাড়ে
- প্রত্যাশা স্বাভাবিক হয়ে ওঠে

আর বড় অঙ্কও সামলানো যায় বলে মনে হয়।

আকর্ষণের মহাজাগতিক নিয়মের ভূমিকা

আপনাকে আরও কঠোর পরিশ্রম করতে হবে না।
এটি আকর্ষণভিত্তিক একটি মহাবিশ্ব।
ভারী কাজগুলো আকর্ষণের মহাজাগতিক নিয়মই সামলায়।
আপনার একমাত্র দায়িত্ব হলো–

- শান্তভাবে সামান্য অতিরিক্ত ব্যয় করা
- যতটা সম্ভব সহজতা বজায় রাখা
- প্রত্যাবর্তনকে অনুমতি দেওয়া

শুরু করার জন্য কিছু ভালোলাগা চিন্তা

আপনি এই চিন্তাগুলো দিয়ে শুরু করতে পারেন:

- সবকিছু ঠিক আছে।
- এই ভারসাম্যপূর্ণ মহাবিশ্বে সবই ভালোভাবে চলছে।
- আকর্ষণের মহাজাগতিক নিয়ম আমার হয়ে কাজ করছে।
- আমাকে কিছুই জোর করে করতে হচ্ছে না।
- অর্থ আসে সহজতা থেকে, দুশ্চিন্তা থেকে নয়।

দুশ্চিন্তা কখনোই অর্থ আকর্ষণ করে না।
ভালোলাগা করে।

গভীর প্রশিক্ষণ

এই প্রক্রিয়াটি ব্যয় নিয়ে নয়।
এটি প্রবাহের ওপর বিশ্বাস গড়ে তোলার ব্যাপার।
সহজতা পরিচিত হয়ে উঠলে, প্রত্যাশা শক্তিশালী হয়।
আর প্রত্যাশা শক্তিশালী হলে, অর্থ সাড়া দেয়।
এইভাবেই ইতিবাচক মনোযোগ প্রশিক্ষিত হয়–
সুন্দরভাবে, কোমলভাবে, এবং টেকসইভাবে।

∞

✦ প্রক্রিয়া: ৭ - "প্রত্যাশা" প্রশিক্ষণ প্রক্রিয়া।

যে কোনো বিষয়ের কাছ থেকে আপনি সবসময় সেটাই পাবেন, যা আপনি প্রত্যাশা করেন।
যদিও কখনো কখনো ভিন্ন মনে হতে পারে–প্রত্যাশা একই নীতিতে কাজ করে যায়।
এটি এমন মনে না হওয়ার কারণটি খুব সহজ:
বেশিরভাগ মানুষই বুঝতে পারে না যে, তারা নিজেরাই আকর্ষণকারী।
তারা লক্ষ্য করে না কীভাবে প্রত্যাশা তৈরি হয়।
তারা বুঝতে পারে না কীভাবে বারবার ফিরে আসা চিন্তা নীরবে নিশ্চিত অভিজ্ঞতার রূপ নেয়।
কিন্তু সেটা ছিল আগে।
এখন আপনি মহাজাগতিক জ্ঞান বুঝতে পারেন।
আর এখন, আপনি সচেতনভাবে আপনার প্রত্যাশাকে প্রশিক্ষিত করার জন্য প্রস্তুত।

প্রত্যাশা কীভাবে গড়ে ওঠে

এই ধারাবাহিকতাটি আপনি আগেই জানেন:

- বারবার ফিরে আসা একটি চিন্তা বিশ্বাসে পরিণত হয়
- স্থায়ী বিশ্বাস একটি সম্পর্কিত অভিজ্ঞতায় রূপ নেয়
- একটি অভিজ্ঞতা প্রত্যাশা হয়ে ওঠে

আপনি সচেতন থাকুন বা না থাকুন–এই প্রক্রিয়াটি সবসময়ই সক্রিয়।
প্রত্যাশাই হলো পার্থিব প্রকাশের (manifestation) পেছনের নিশ্চিত শক্তি।
আপনি যা প্রকৃতভাবে প্রত্যাশা করেন, তা আসতেই হবে।

এই প্রক্রিয়ার উদ্দেশ্য

এই প্রক্রিয়াটি আপনাকে সাহায্য করে:

- আপনার বিদ্যমান প্রত্যাশাগুলো চিনে নিতে
- সেগুলো কীভাবে অভিজ্ঞতা গড়ে তোলে তা বুঝতে
- সহায়ক প্রত্যাশাগুলোকে শক্তিশালী করতে

• যেসব প্রত্যাশা সহায়ক নয় এবং নিশ্চিতভাবেই ভালোলাগা তৈরি করে না, সেগুলোকে ঘুরিয়ে দিতে

এটি প্রত্যাশাকে দৃশ্যমান করে–
আর দৃশ্যমানতাই পছন্দের সুযোগ তৈরি করে।

শব্দের চেয়ে কম্পন কেন বেশি গুরুত্বপূর্ণ

আপনার শব্দ মহাবিশ্বকে পথ দেখায় না।
আপনার কম্পন পথ দেখায়।
আকর্ষণের মহাজাগতিক নিয়ম কেবল কম্পনভিত্তিক ভাষার প্রতিই সাড়া দেয়।
আপনি চাইলে অন্যদের কাছ থেকে আপনার চিন্তা লুকাতে পারেন,
কিন্তু আবেগ লুকোনো যায় না।
আবেগ সবসময়ই প্রত্যাশাকে প্রকাশকরে।
এই কারণেই কোনো বিষয়ের প্রতি আপনার আবেগগত প্রতিক্রিয়া বোঝা অত্যন্ত গুরুত্বপূর্ণ।

প্রক্রিয়াটি করার পদ্ধতি

একটি নোটবুক নিন।
পাতার একদম ওপরে একটি বিষয়ের নাম লিখুন।
এখন একটি মাত্র শব্দ লিখুন–যেটি বোঝায়, এই বিষয়টি আপনাকে কেমন অনুভব করায়।
এই শব্দটিই আপনার প্রকৃত প্রত্যাশা প্রকাশকরে।
আপনি যা প্রত্যাশা করেন বলে বলেন–তা নয়,
বরং আপনি আসলে যা প্রত্যাশা করেন।
তারপর:

• যদি প্রত্যাশাটি ভাল লাগে, তবে আগে দেওয়া "ইতিবাচক লিখন প্রক্রিয়া" দিয়ে সেটিকে শক্তিশালী করুন।
• যদি প্রত্যাশাটি খারাপ লাগে, তবে আগে দেওয়া "ভালোলাগা চিন্তা খুঁজে পাওয়ার প্রক্রিয়া" দিয়ে সেটিকে ভালোলাগার দিকে ঘুরিয়ে দিন,

অথবা আগে দেওয়া "হাতে-কলমে বিশ্বাস তৈরি করার প্রক্রিয়া" দিয়ে একটি নতুন ভালোলাগা প্রত্যাশা তৈরি করুন।

কেন একটি শব্দই যথেষ্ট

এই একটি শব্দ প্রতিফলিত করে:

- বিষয়টির সঙ্গে আপনার আবেগগত সম্পর্ক
- এ বিষয়ে আপনার চলমান অভিজ্ঞতা
- এর প্রতি আপনার কম্পনভিত্তিক অবস্থান

এই শব্দটি কতটা নির্ভুল হতে পারে, তা দেখে আপনি অবাকও হয়ে যেতে পারেন।

প্রক্রিয়ার উদাহরণ:

খারাপ লাগা প্রত্যাশা

বিষয়সমূহ	⟷	**অভিজ্ঞতা বা অনুভূতি**
অর্থ	=	যথেষ্ট নয়
স্বাস্থ্য	=	দুর্বল
সম্পর্ক	=	কঠিন বা জটিল
বন্ধুরা	=	রূঢ়
স্ত্রী বা প্রেমিকা	=	বিরক্ত বা রাগী

ভালোলাগা প্রত্যাশা

বিষয়সমূহ	⟷	**অভিজ্ঞতা বা অনুভূতি**
অর্থ	=	সবসময় উপস্থিত
স্বাস্থ্য	=	শক্তিশালী
সম্পর্ক	=	সহজ বা স্বচ্ছন্দ
বন্ধুরা	=	আনন্দদায়ক
স্ত্রী বা প্রেমিকা	=	সুন্দর বা সন্তুষ্টিদায়ক

এই শব্দগুলো পরিস্থিতি নয়—প্রত্যাশা বর্ণনা করে।
আর প্রত্যাশাই সবসময় নেতৃত্ব দেয়।

এই প্রক্রিয়াটি কীভাবে ব্যবহার করবেন

এই প্রক্রিয়াটিকে একটি কম্পন-মাপার উপকরণ হিসেবে ব্যবহার করুন।
প্রতিদিন নয়।
অতিরিক্ত নয়।
শুধু মাঝে মাঝে—
আপনি যেখানে আছেন, আর যেখানে যেতে চান—তার সম্পর্কটি বোঝার জন্য।
এটি আপনাকে দেখাবে:

- কোন প্রত্যাশাগুলো শক্তিশালী করা প্রয়োজন
- কোনগুলো ঘুরিয়ে দেওয়া দরকার
- কোনগুলো ইতিমধ্যেই আপনাকে সহায়তা করছে

এরপর কী করবেন

একবার স্পষ্টতা এলে:

- ভালোলাগা প্রত্যাশাগুলোকে শক্তিশালী করুন
- খারাপ লাগা প্রত্যাশাগুলোকে ঘুরিয়ে দিন

"হাতে-কলমে বিশ্বাস তৈরি করার প্রক্রিয়া" ব্যবহার করুন,
অথবা "ভালোলাগা চিন্তা খুঁজে পাওয়ার প্রক্রিয়া",
অথবা "ইতিবাচক লিখন প্রক্রিয়া"–
যেটি এই পরিবর্তনকে সবচেয়ে স্বাভাবিকভাবে সহায়তা করে।

গভীর সত্য

প্রত্যাশা আশা নয়।
প্রত্যাশা হলো বৃহদাংশের সাথে সংমিশ্রণ।
আর যখন সংমিশ্রণ উপস্থিত থাকে, অভিজ্ঞতার আর কোনো বিকল্প থাকে না–তাকে অনুসরণ করতেই হয়।
এই প্রক্রিয়াটি আপনাকে শুধু সচেতনভাবে প্রত্যাশা করতে শেখায়।

———— ∞ ————

✦ প্রক্রিয়া: ৮ - "নিঃশর্তভাবে আবেগ ধরে রাখার" প্রক্রিয়া।

আপনার আবেগ সবসময়ই আপনার কম্পনের ইঙ্গিত দেয়।
আর আকর্ষণের ক্ষেত্রে একমাত্র নির্ধারক হলো আপনার কম্পন।
আপনি ইতিমধ্যেই বুঝে গেছেন যে, আপনার জীবন-অভিজ্ঞতার স্রষ্টা আপনি নিজেই, কারণ আপনার কম্পনের ওপর আপনার নিয়ন্ত্রণ আছে।
আপনি ইচ্ছাকৃতভাবে এটিকে গড়ে তুলতে পারেন।
এখন পর্যন্ত, বেশিরভাগ প্রক্রিয়াই কাজের ওপর জোর দিয়েছে–
যে কাজগুলো শেষ পর্যন্ত কম্পনকে প্রভাবিত করে, তারপর অভিজ্ঞতাকে।
এই প্রক্রিয়াটি আলাদা।
এই প্রক্রিয়াটি সরাসরি কম্পনস্তরে কাজ করে।

কেন এই প্রক্রিয়াটি শক্তিশালী

কম্পন কীভাবে বদলাচ্ছে, তা গুরুত্বপূর্ণ নয়।
গুরুত্বপূর্ণ হলো–কম্পন বদলালে অভিজ্ঞতাকে অনুসরণ করতেই হয়।
বহু বছর ধরে আপনাকে শেখানো হয়েছে–পরিস্থিতির ভিত্তিতে আপনার মেজাজ বেছে নিতে।
আপনি শিখেছেন চারপাশে যা ঘটে, তার প্রতি আবেগগত প্রতিক্রিয়া দিতে।
কিন্তু এখন আপনি একটি গুরুত্বপূর্ণ বিষয় জানেন:
মেজাজ বেছে নিতে আপনার কোনো শর্তের প্রয়োজন নেই।
আপনি নিঃশর্তভাবে কেমন অনুভব করবেন, তা বেছে নিতে পারেন।

এই প্রক্রিয়াটি আপনাকে কী উপলব্ধি করায়

এই প্রক্রিয়াটি আপনাকে নিঃশর্ত আবেগগত পছন্দের শক্তি অনুভব করতে সাহায্য করে।
প্রক্রিয়াটি শুরু করার আগে, তিনটি উপলব্ধি আপনার ভেতরে স্থিতিশীল থাকতেই হবে:

- আপনি আকর্ষণের মহাজাগতিক নিয়মে বিশ্বাস করেন
- আবেগ ও অভিজ্ঞতার সরাসরি সম্পর্ক আপনি বোঝেন
- আপনার বিশুদ্ধ ইতিবাচক-সত্তা এবং তার ক্রমাগত সমাধান প্রদানের ক্ষমতা স্বীকার করেন

এই বইয়ের মাধ্যমেই আপনি এই উপলব্ধিতে পৌঁছেছেন।
এই কারণেই আপনি প্রস্তুত।

প্রক্রিয়ার মূল

এই প্রক্রিয়াটি গঠনে সহজ, কিন্তু প্রভাবে গভীর।
আপনি ইচ্ছাকৃতভাবে একটি ভালোলাগা মেজাজ বা আবেগ বেছে নেন
এবং অল্প সময়ের জন্য সেটি ধরে রাখেন।
এই নির্বাচনটি হতে হবে সচেতন।
পরিস্থিতিজনিত নয়।
পরিবেশনির্ভর নয়।

এই প্রক্রিয়ার দুটি লক্ষ্য

এই প্রক্রিয়াটি দুটি উদ্দেশ্যে কাজ করে:

১. নিজেকে প্রমাণ করা যে, জীবনের পরিস্থিতি যেমনই হোক, আপনি আপনার মেজাজ বেছে নিতে পারেন
২. এটা দেখানো যে, ভালোলাগা আবেগ সবসময়ই আরও ভালো অভিজ্ঞতার দিকে নিয়ে যায়

এই উপলব্ধিগুলো সবকিছু বদলে দেয়।

প্রথম ধাপ (প্রথম৭ দিন)

প্রথম সাত দিনের জন্য:

- যেকোনো একটি ভালোলাগা আবেগ বেছে নিন (স্বস্তি, প্রশান্তি, আরাম, সুখ, আনন্দ, উৎসাহ)
- এই আবেগটি ১-২ মিনিট ধরে রাখুন
- দিনে ৫-১০ বার পুনরাবৃত্তি করুন

প্রক্রিয়া করার এই ১-২ মিনিট সময়, আপনার একমাত্র কাজ হলো ভাল অনুভব করা।
এই সময়ে অনুভূতিটি ধরে রাখতে যা সাহায্য করে, তাই করুন।
এই সময়ের মধ্যে খারাপ লাগা চিন্তাকে প্রবেশ করতে দেবেন না।

আবেগ কীভাবে ধরে রাখবেন

দুটি কার্যকর পদ্ধতি আছে:

- ভালোলাগা চিন্তা খুঁজে পাওয়া
- ভালোলাগা সৃষ্টি করে এমন কোনো বিষয়ের দিকে মনোযোগ সরিয়ে নেওয়া

আপনি একটি বা দুটোই একসাথে ব্যবহার করতে পারেন।
যেটি আপনার বেছে নেওয়া আবেগকে সক্রিয় রাখে—সেটিই সঠিক।

দ্বিতীয় ধাপ (পরবর্তী ১০ দিন)

প্রথম সাত দিনের পর:

- সময় বাড়িয়ে ৪-৫ মিনিট করুন
- দিনে ৫-১০ বারের পুনরাবৃত্তি চালিয়ে যান

এই অনুভূতি ধরে রাখতে আগের দুইটি পদ্ধতিই ব্যবহার করুন।
এই ধাপে, ভালোলাগা আবেগ ধরে রাখা তুলনামূলক সহজ হয়ে যায়।

তৃতীয় ধাপ (এর পর)

এই দশ দিনের পর:

- ভালোলাগা আবেগ ১০-১৫ মিনিট ধরে রাখুন
- দিনে ১০-২০ বার পুনরাবৃত্তি করুন

সময় বা পুনরাবৃত্তি নিয়ে চিন্তা করবেন না।
ফল আসতে শুরু করলে, অনুপ্রেরণা স্বাভাবিকভাবেই আসে।

সাফল্য কীভাবে মাপবেন

এই অংশটি অত্যন্ত গুরুত্বপূর্ণ।
আকাঙ্খার পার্থিব রূপ নেওয়ার মাধ্যমে সাফল্য মাপতে যাবেন না।
এতে প্রক্রিয়াটি দুর্বল হয়।
বরং, সাফল্য মাপুন কেবল এই বিষয়গুলো দিয়ে:

- কত সহজে আপনি ভালোলাগা আবেগ খুঁজে পান
- কতক্ষণ আপনি সেটি ধরে রাখতে পারেন
- কত স্বাভাবিকভাবে সেটি ফিরে আসে

পার্শ্বিক ফলাফল আপনাআপনিই অনুসরণ করবে।

কেন এটি কাজ করে

চিন্তার পার্থিব রূপে প্রকাশ সবসময়ই কম্পনের পরে আসে।
এর আগে কখনো আসে না।
ভিন্ন অভিজ্ঞতা পেতে হলে, আগে ভিন্ন কম্পন ধরে রাখতে হয়।
এই কারণেই আবেগগত ধারাবাহিকতা গুরুত্বপূর্ণ।

সহজ ভাষায় প্রক্রিয়াটি

- যেকোনো একটি ভালোলাগা আবেগ বেছে নিন
- অন্তত এক মিনিট সেটি ধরে রাখুন
- চিন্তা বা মনোযোগ স্থানান্তরের মাধ্যমে সেটিকে টিকিয়ে রাখুন
- যতবার ভাল লাগে, ততবার পুনরাবৃত্তি করুন
- সাফল্য মাপুন শুধু ভাল অনুভব করার সক্ষমতা দিয়ে

এইটুকুই।

গভীর প্রভাব

নিঃশর্ত ভালোলাগা অনুভূতি যখন পরিচিত হয়ে ওঠে, জীবন ভিন্নভাবে সাড়া দিতে শুরু করে।
আপনি বেশি চেষ্টা করেছেন বলে নয়–
বরং কারণ আপনি আগে সংমিশ্রণে এসেছেন।
আর সংমিশ্রণ সবসময়ই যথেষ্ট।

∞

✦ প্রক্রিয়া: ৯ - "ভালোলাগা মানসিক ব্যয় ও মানসিক অভিজ্ঞতার" প্রক্রিয়া।

এই বইয়ের মাধ্যমে এখন পর্যন্ত আপনি যে বিস্তৃত ও স্পষ্ট ব্যাখ্যাগুলো পেয়েছেন, তা ইতিমধ্যেই আপনার অ-পার্থিব কম্পনভিত্তিক বাস্তবতার অস্তিত্ব পরিষ্কার করেছে।

এখন আপনি বুঝতে পারেন যে, এই অ-পার্থিব ক্ষেত্রটি হলো:

- যে স্থানে আপনার চিন্তা ও বুদ্ধির জন্ম হয়
- যে স্থানে আপনার বিশুদ্ধ ইতিবাচক-সত্তা অবস্থান করে এবং মনোযোগ ধরে রাখে
- যে স্থানে আপনার প্রতিটি আকাঙ্ক্ষা ইতিমধ্যেই সম্পূর্ণ কম্পনভিত্তিক রূপে বিদ্যমান

এই উপলব্ধিটিই ভিত্তি।

অ-পার্থিবকে পার্থিবে আনা

এই প্রক্রিয়ার মাধ্যমে, আপনি অ-পার্থিব কম্পনভিত্তিক বাস্তবতা সম্পর্কে আপনার উপলব্ধিকে ব্যবহার করতে শুরু করবেন,
এবং সচেতন মনোযোগের মাধ্যমে সেটিকে আপনার পার্থিব অভিজ্ঞতায় প্রবাহিত হতে অনুমতি দেবেন।
যে কোনো কিছু আপনি অনুবাদ করতে পারেন–
চোখ বন্ধ করে আপনার মনে,
অথবা চোখ খোলা রেখে পার্থিব জগতে–
তা সবই বাস্তব।
কারণ উভয় ক্ষেত্রেই, আপনি কম্পন অনুবাদ করছেন।
আর কম্পনই এই মহাবিশ্বের চূড়ান্ত ভিত্তি।

কেন মনোযোগ বাস্তবতা তৈরি করে

আকর্ষণের মহাজাগতিক নিয়মের প্রভাবে:

- আপনি যে কম্পনের দিকে মনোযোগ দেন, সেটি আরও শক্তিশালী হয়
- যা গতিবেগ পায়, সেটি আরও উপস্থিত হয়
- যা উপস্থিত হয়, সেটি পার্থিবভাবে প্রকাশ হওয়ার দিকে এগোয়

এই প্রক্রিয়াটি আপনাকে দেখায়–কীভাবে বিশুদ্ধ ইতিবাচক মনোযোগ অ-পার্থিব ও পার্থিব বাস্তবতার মধ্যকার সীমা গলিয়ে দেয়।

প্রক্রিয়ার জন্য প্রস্তুতি

এই প্রক্রিয়ার প্রকৃত কাজ হলো মানসিক মনোযোগ,
আর মন তখনই সবচেয়ে ভালো কাজ করে, যখন তা প্রশান্ত বা ভালোলাগা অবস্থায় থাকে।
তাই আপনাকে আগে সেই অবস্থায় আসতে হবে।
যদি আপনি এখন সেই অবস্থায় না থাকেন, তবে এই মুহূর্তের জন্য এই প্রক্রিয়াটি নয়।
বরং এমন একটি প্রক্রিয়া বেছে নিন, যেটির দিকে এই মুহূর্তে আপনার ভালোলাগা এবং আগ্রহ বেশি তৈরি হচ্ছে।
আর এটাও মনে রাখবেন–আপনার কোনো পার্থিব বস্তুর প্রয়োজন নেই।
আপনার প্রয়োজন শুধু কল্পনা করার ইচ্ছা।

প্রক্রিয়াটি করার পদ্ধতি

এমন একটি জায়গা বেছে নিন, যেখানে আপনি ১৫ থেকে ২০ মিনিট বিরক্ত হবেন না।

- স্বাচ্ছন্দ্যে বসুন বা শুয়ে পড়ুন
- চোখ বন্ধ করুন
- ৩ থেকে ৫ বার গভীর শ্বাস নিন

আপনার শরীর ও মনকে আরাম করতে দিন।

অভিজ্ঞতায় প্রবেশ

এখন একটি ভালোলাগা আকাঙ্ক্ষা বা অভিজ্ঞতা বেছে নিন, যেটি আপনি পেতে চান।
এটি হতে পারে:

- একটি স্থান
- একটি বস্তু

- একটি কার্যকলাপ
- একটি অভিজ্ঞতা

সেটার জন্য কত অর্থ দিতে হতে পারে কল্পনা করুন।
সেই অর্থকে দৃশ্যায়ন করুন।
নিজেকে সেটির জন্য অর্থ প্রদান করতে দেখুন।
এখন এটি আপনার।

আকাঙ্ক্ষার ভেতরে থাকা

মনে মনে সেই পূর্ণ হওয়া আকাঙ্ক্ষাটিকে অনুভব করুন।
তার ভেতরেই বাস করুন।
যেভাবে আপনার ভাল লাগে সেভাবে সেটিতে থাকুন—সেটিকে অভিজ্ঞতা করুন।
যদি এটি একটি পার্থিব অভিজ্ঞতা হয়,
তাহলে সেটিকে আপনার কল্পনায় স্পষ্টভাবে পুনরাবৃত্তি করুন—
যতবার ইচ্ছা।
এর কোনো সীমা নেই।

প্রক্রিয়ার সময়কাল

আপনি এই প্রক্রিয়াটি করতে পারেন:

- ন্যূনতম ১০ মিনিট
- অথবা আরও বেশি সময়—যতক্ষণ এটি ভালোলাগা অনুভূতি তৈরি করে

যখন অনুভূতিটি ম্লান হতে শুরু করবে:

- ৩ বার গভীর শ্বাস নিন
- ধীরে ধীরে চোখ খুলুন

প্রক্রিয়ার সমাপ্তি

নিজেকে অভিনন্দন জানান।আপনি এইমাত্র:

- আপনার কম্পনভিত্তিক বাস্তবতা পরিদর্শন করেছেন
- একটি যথেষ্ঠ সময়ের জন্য বিশুদ্ধ ইতিবাচক মনোযোগ ধরে রেখেছেন
- আপনার অ-পার্থিব সত্তার সাথে সংযোগ শক্তিশালী করেছেন

এটি গুরুত্বপূর্ণ।

প্রক্রিয়ার উপকারিতা

- এই প্রক্রিয়াটি ধীরে ধীরে আপনার মনোযোগের সক্ষমতা ধারালো করে
- এটি আপনাকে সচেতনভাবে কল্পনা ব্যবহারের আনন্দ দেখায়
- এটি আপনার কম্পনভিত্তিক বাস্তবতার প্রতি বিশ্বাস গড়ে তোলে
- এটি আপনাকে শেখায় যে, অভিজ্ঞতার জন্য পার্থিব উপস্থিতি অপরিহার্য নয়
- আপনি উপলব্ধি করবেন যে, কল্পিত অভিজ্ঞতা প্রায়ই তাদের পার্থিব রূপের চেয়ে বেশি সমৃদ্ধ, গভীর এবং সন্তুষ্টিদায়ক

কারণ আপনার মনে, কম্পন কোনো সীমায় বাঁধা নয়।

গভীর উপলব্ধি

অর্থের মাধ্যমে আপনি যে অভিজ্ঞতাগুলো খুঁজছেন,
সেগুলো আপনার কল্পনায় ইতিমধ্যেই আরও বিস্তৃতভাবে বিদ্যমান।
আর আপনি যখন সেগুলো সেখানে উপভোগ করেন–
সহজতা ও আনন্দের সাথে–
তখন আপনি নিজেকে সেগুলো পার্থিবভাবে গ্রহণ করার জন্য প্রস্তুত করেন।
এইভাবেই অ-পার্থিব বাস্তবতা জীবিত বাস্তবতায় রূপ নেয়।

∞

✦ প্রক্রিয়া: ১০ - "লটারি কীভাবে জিতবেন?" – একটি সহজ প্রক্রিয়া।

যদি এমন কোনো পার্থিব কাজ থাকে, যেখানে মানুষ তাদের জানা জিনিসের ওপর কম ভরসা করতে চায় এবং অজানা ভবিষ্যতের ওপর বেশি ভরসা করতে চায়–তা হলো লটারি খেলা।

তবুও, কোনো পরিশ্রম ছাড়াই বিপুল পরিমাণ অর্থ পাওয়া–এই সরল ধারণাটিই অধিকাংশ মানুষের কাছে গ্রহণ করা সবচেয়ে কঠিন।

কেন লটারি গ্রহণ করা কঠিন মনে হয়

অনেক মানুষ বিশ্বাস করে, অর্থ অবশ্যই সংগ্রাম বা কঠোর পরিশ্রমের মাধ্যমেই আসতে হবে।
অনেকে বিশ্বাস করে, জেতা যদি সহজ হতো, তাহলে সবাই অন্তত একবার হলেও জিতত।
অনেকেই মনে করে, সুযোগ পেতে হলে ঘনঘন বা বড় অঙ্কে খেলতে হবে।
আরো নানান এইরূপ বিশ্বাস এই বিষয়ের চারপাশে ঘুরে বেড়ায়–
যার বেশিরভাগই জেতাকে পুরোপুরি বাধা দেয়।
কিন্তু আপনি এমন একটি মহাবিশ্বে বাস করেন, যা আকর্ষণের মহাজাগতিক নিয়ম দ্বারা পরিচালিত।
আপনি এমন কিছু গ্রহণ করতে পারেন না, যেটিতে আপনি বিশ্বাস করেন না।
আর আপনি এমন কিছুর প্রতি বিশ্বাস রাখতে পারেন না, যার সঙ্গে আপনার কম্পন সংগতিপূর্ণ নয়।

এই অধ্যায়টি কী (এবং কী নয়)

এই অধ্যায়ে আপনাকে বলা হচ্ছে:

- কী করতে হবে
- কেমন অনুভব করতে হবে

কেন এগুলো কাজ করে–তা এখানে বলা হচ্ছে না,
কারণ পুরো বইটিই ইতিমধ্যেই সেটি ব্যাখ্যা করেছে।

ধাপ ১ : আপনার কম্পনগত প্রস্তুতি মাপুন

নিজের অবস্থান বোঝার প্রথম এবং সবচেয়ে কার্যকর উপায় হলো নিজেকে দুটি প্রশ্ন করা (অধ্যায় ১০ থেকে):

- লটারি জেতা আমার জন্য কতটা যুক্তিসংগত?
- লটারি জেতা আমার জন্য কতটা স্বাভাবিক মনে হয়?

সৎভাবে উত্তর দিন।
আপনার উত্তরই প্রকাশকরে–কম্পনের দিক থেকে আপনি জয়ের কতটা কাছে বা কতটা দূরে।

ধাপ ২ : লটারির সাথে আপনার আবেগগত সম্পর্ক পরীক্ষা করুন

লটারি নিয়ে মানুষের আবেগগত প্যাটার্ন সাধারণত তিন ধরনের হয়।

১. বিরোধপূর্ণ বা নেতিবাচক আশা

এটি আসে হতাশা বা আর্থিক প্রয়োজন থেকে। এই অবস্থানে–

- মনোযোগ অভাবের দিকেই থাকে
- আবেগগত টোন হয় উদ্বিগ্ন
- কম্পনগত অবস্থা হয় প্রতিরোধী

এটি লটারি জেতার জন্য সবচেয়ে খারাপ কম্পনগত অবস্থান।
জয়ের সম্ভাবনা: ০%

---

২. বিশুদ্ধ বা ইতিবাচক আশা

এটি আসে অনাসক্তি থেকে। এই অবস্থানে–

- আপনি জয়ের ওপর নির্ভরশীল নন
- মাঝে মাঝে চেষ্টা করেন
- আবেগ থাকে নিরপেক্ষ থেকে সামান্য ইতিবাচক

জয়ের সম্ভাবনা: ৫০-৫০%, যার ঝোক আপনার সামগ্রিক মেজাজের ওপর নির্ভর করে।
আপনি যদি বেশিরভাগ সময় ভাল অনুভব করেন, সম্ভাবনা বাড়ে।
আপনি যদি বেশিরভাগ সময় খারাপ অনুভব করেন, সম্ভাবনা কমে।

৩. প্রবল উৎসাহ বা উচ্ছ্বাস

এটাই জয়ের কম্পন। এই অবস্থানে–

- লটারির ধারণাটি আপনি উপভোগ করেন
- প্রক্রিয়াটির কদর করেন
- জীবন ও অর্থ নিয়ে আনন্দ অনুভব করেন

এই আবেগ আসে অবিরোধী সংমিশ্রণ থেকে।
জয়ের সম্ভাবনা: ১০০%

ধাপ ৩ : ভালোলাগা কম্পন স্থিতিশীল করা

আপনি যখন আপনার বর্তমান কম্পনগত অবস্থান চিনে ফেলেন, তখন আপনার কাজ খুব সহজ:

- একটি ভালোলাগা মেজাজ খুঁজে নিন
- সেটি ধারাবাহিকভাবে ধরে রাখুন

আপনি অর্থের দিকেই মনোযোগ দিতে পারেন।
অথবা এমন যেকোনো বিষয়ের দিকে, যেটি ভাল লাগে।
বিষয়টি গুরুত্বপূর্ণ নয়।
অনুভূতিটাই গুরুত্বপূর্ণ।

কেন অনুভূতিই সবকিছু

এই মহাবিশ্বে:

- চিন্তা-শক্তি বস্তুতে রূপ নেয়
- ভালোলাগা অনুভূতি সংমিশ্রণের ইঙ্গিত দেয়
- সংমিশ্রণই পার্থিব রূপ নেওয়া সৃষ্টি করে

আপনার ভালোলাগা অবস্থা হলো প্রতিটি আকাঙ্ক্ষার মূল কম্পন—লটারি জেতাও এর অন্তর্ভুক্ত।

কাজ কারণ নয়

লটারি জেতা টিকিট কেনার বিষয় নয়।
জীবনের সব কিছুর মতোই, এটিও কোনো কর্মের ফল নয়।
এটি সম্পূর্ণভাবে কম্পনগত আকর্ষণের বিষয়।
যে সংখ্যাগুলোতে লটারি লাগবে, সেগুলো ইতিমধ্যেই কম্পনভিত্তিক বাস্তবতায় বিদ্যমান।
সেগুলো আপনার বিশুদ্ধ ইতিবাচক-সত্তার কাছে আগেই পরিচিত।
বিশুদ্ধ ইতিবাচক সংযোগই সেগুলোর গ্রহণকে সম্ভব করে।

অর্থ সম্পর্কে বৃহত্তর দৃষ্টিভঙ্গি

এই আলোচনা লটারির ওপর নির্ভরশীলতা তৈরি করার জন্য নয়।
মহাবিশ্বের কাছে অর্থ এনে দেওয়ার অসীম পথ আছে।
লটারি তার মধ্যে মাত্র একটি–
আর কম্পনের দিক থেকে এটি প্রায়ই সবচেয়ে কঠিন পথ।
কেন?
কারণ অধিকাংশ মানুষ এই বিষয়ে শক্তিশালী বিরোধপূর্ণ বিশ্বাস ধারণ করে।

সমৃদ্ধির সহজতর পথ

এমন নয় যে, আপনি লটারি জিততে পারবেন না।
আপনি যা চান–হতে, করতে বা পেতে–সবই সম্ভব।
কিন্তু শুরুতে বুদ্ধিমানের কাজ হলো:

- সহজ বিষয় নিয়ে ভাল অনুভব করার অনুশীলন করা
- আবেগগত স্থিতিশীলতা গড়ে তোলা
- দৈনন্দিন প্রক্রিয়ার মাধ্যমে সংমিশ্রণ শক্তিশালী করা
- নিয়মিত ধ্যান ব্যবহার করা

আপনার কম্পন স্থিতিশীল হলে, অর্থ প্রবাহিত হবেই–

- লটারির মাধ্যমে
- অথবা অন্য কোনো পথে
- অথবা একসাথে বহু পথে

চূড়ান্ত উপলব্ধি

পার্থিব রূপ নেওয়া কখনোই পরিশ্রম থেকে আসে না।
এটি আসে সংমিশ্রণ থেকে।
সংমিশ্রণ যখন স্বাভাবিক হয়ে ওঠে,
প্রতিটি আকাঙ্ক্ষাই নিজের পথ খুঁজে নেয়–
অনায়াসে।

∞

লেখকের উক্তি-

“বেশি অর্থ থাকাই আপনাকে সমৃদ্ধ করে না; আপনার কাছে যা আছে, তার কদর করতে শেখাই আপনাকে সমৃদ্ধ করে।”

চূড়ান্ত বোধের পথ:

“আবেগকে আয়ত্তে আনা মানেই হলো জীবনকে আয়ত্তে আনা”

নিজের আবেগ আয়ত্তে আনার অর্থই হলো—নিজের জীবন প্রকৃতরূপে আয়ত্তে আনা।
পার্থিব জগৎ দেখতে কঠিন, ঘন, ও দৃঢ় মনে হলেও, তার প্রকৃত অস্তিত্ব কম্পনভিত্তিক।
আপনার ছয়টি কম্পন-অনুবাদক ইন্দ্রিয়ের মাধ্যমে আপনি মহাবিশ্বের বিভিন্ন কম্পনগত সংমিশ্রণকে অনুবাদ করেন
এবং সেগুলোকেই বস্তু, পরিস্থিতি ও বাস্তবতা হিসেবে অনুভব করেন।

কেন পার্থিব জগৎকে নিয়ন্ত্রণ কাজ করে না

এই কারণেই পার্থিব পরিস্থিতি নিয়ন্ত্রণ করে জীবনকে নিয়ন্ত্রণ করার চেষ্টা খুব কম সময়ই আপনাকে আপনার প্রকৃত চাওয়া এনে দেয়।
আপনি আসলে যা চান, তা নিয়ন্ত্রণ নয়—বরং:

- হৃদয়ে একটি সুন্দর অনুভূতি
- মনে প্রশান্তি
- দেহে সহজতা—স্বাচ্ছন্দ্য

আর এই অভিজ্ঞতাগুলো পার্থিব আধিপত্য থেকে আসে না।
মহাজাগতিক দৃষ্টিকোণ থেকে, পার্থিবতা আসলে সত্যিকার অর্থে অস্তিত্বশীল নয়।
শুধু কম্পনই বিদ্যমান।

পার্থিব নিয়ন্ত্রণের ভ্রম

আপনি যখন বাহ্যিক পরিস্থিতি বদলে জীবনকে চালনা করতে চান—এই আশায় যে সেই পরিবর্তন আপনাকে ভাল অনুভব করাবে—
তখন অজান্তেই আপনি নিয়ন্ত্রণ হারান।

কারণ আপনি পার্থিবভাবে কাজ করতে পারেন, পরিস্থিতি নিয়ন্ত্রণ করতে পারেন, বা মানুষকে প্রভাবিত করতে পারেন,
কিন্তু মহাবিশ্ব সাড়া দেয় কেবল সেই কাজগুলোর পেছনের কম্পনগত প্রবাহে।
আকর্ষণের মহাজাগতিক নিয়ম চেষ্টা নয়–ফ্রিকোয়েন্সি অনুসরণ করে।
আর আপনার বিশুদ্ধ ইতিবাচক-সত্তা খারাপ লাগা আবেগের মাধ্যমে সংমিশ্রণহীনতার সংকেত দেয়,
যা জানিয়ে দেয়–জোর করা পথ নয়।

পার্থিব মনোযোগ কেন কর্তৃত্বকে বাধাগ্রস্ত করে

যখন অভ্যাসগত মনোযোগ পার্থিব নিয়ন্ত্রণেই আটকে থাকে এবং মহাজাগতিক সহযোগকে উপেক্ষা করে, তখন কর্তৃত্ব অসম্ভব হয়ে পড়ে।
আপনাকে এই মৌলিক উপলব্ধিটিকে শক্তভাবে প্রতিষ্ঠিত করতে হবে:
আপনি একজন কম্পনগত সত্তা, কম্পনগত মহাবিশ্বে বাস করছেন, এবং অভিজ্ঞতার জন্য কম্পন অনুবাদ করছেন।
এই ভিত্তিগত গ্রহণযোগ্যতা ছাড়া, প্রকৃত সৃজনশীল শক্তিতে প্রবেশ সম্ভব নয়।

সৃষ্টি আসলে কী

সৃষ্টি কখনোই পার্থিব কিছু তৈরি করার ব্যাপার নয়।
সৃষ্টি হলো–ইন্দ্রিয়ের মাধ্যমে কম্পন অনুবাদ করে উপলব্ধি গড়ে তোলা।

আকর্ষণের মহাজাগতিক নিয়ম বিদ্যমান থাকায়:

- আপনি আপনার কম্পনগত প্যাটার্নের বাইরে কিছু অনুবাদ করতে পারেন না
- আপনি কেবল সেই কম্পনই অনুভব করতে পারেন, যা আপনার ফ্রিকোয়েন্সির সাথে সমন্বয়ে থাকে

এটি অর্থ, স্বাস্থ্য, সম্পর্ক এবং জীবনের প্রতিটি বিষয়ের ক্ষেত্রেই প্রযোজ্য।

অভিজ্ঞতা বদলাতে হলে ফ্রিকোয়েন্সি বদলাতে হয়

আপনি যদি অর্থের সঙ্গে–অথবা অন্য যেকোনো কিছুর সঙ্গে–ভিন্ন অভিজ্ঞতা চান, তবে আপনাকে ভিন্নভাবে কম্পিত হতে হবে।

নতুন কম্পন আপনাকে নতুন সামঞ্জস্যপূর্ণ সম্ভাবনার সাথে যুক্ত করে।
এইভাবেই:

- আর্থিক অভিজ্ঞতা উন্নত হয়
- দেহ আরও সুস্থ হয়
- সম্পর্ক আনন্দময় হয়ে ওঠে

এটাই জীবনকে প্রকৃত আয়ত্তে আনা।
এটাই জীবনের ওপর প্রকৃতরূপে কর্তৃত্ব।

একজন দক্ষ স্রষ্টা কী করেন

একজন দক্ষ স্রষ্টা সচেতন অভিপ্রায়ে জীবনকে অনুভব করেন।
ইচ্ছামতো সৃষ্টি করা ও অভিজ্ঞতা নেওয়া কোনো বিশেষাধিকার নয়–এটি স্বাধীনতা।
এই স্বাধীনতাকেই আপনাকে লালন করতে হবে, যাতে আপনার নিজস্ব সমৃদ্ধিকে অনুমতি দেওয়া যায়।

একমাত্র কার্যকর পথ

পার্থিব ফলাফল নিয়ন্ত্রণ করার চেষ্টা কখনোই আপনাকে সহায়তা করবে না।
কারণ সৃষ্টি, গতি, এবং পার্থিব রূপ নেওয়া–সবই আগে কম্পনভিত্তিক।
শুধুমাত্র যখন আপনি–

- কম্পনকে বোঝেন
- আবেগকে আপনার সূচক হিসেবে গ্রহণ করেন
- আকর্ষণকে স্বাভাবিকভাবে সাড়া দিতে অনুমতি দেন

তখনই আপনি মহাজাগতিক কর্তৃত্বের পথের সঙ্গে সংগতিপূর্ণ হন।

আপনার ভেতরে থাকা শক্তি

কম্পনই হলো মহাবিশ্বের একমাত্র উপাদান।
আর আপনার কম্পনের ওপর আপনার পূর্ণ নিয়ন্ত্রণ আছে।
এই কারণেই আপনি আপনার অভিজ্ঞতার স্রষ্টা।
কিন্তু যতক্ষণ না আপনি সম্পূর্ণভাবে মেনে নিচ্ছেন যে কম্পনই একমাত্র নিয়ন্ত্রণ যা সত্যিই

গুরুত্বপূর্ণ,
ততক্ষণ আপনি আপনার ভেতরে থাকা সেই শক্তিতে প্রবেশ করতে পারবেন না।

আয়ত্তে আনার অনুশীলন

শুধু আপনার কম্পনগত প্রবাহের দিকেই মনোযোগ রাখুন।

- ভালোলাগা চিন্তায় মনোযোগ দিন
- ইতিবাচক কাজের অনুপ্রেরণা অনুসরণ করুন
- শুধু তখনই কাজ করুন, যখন কাজগুলো সংগতিপূর্ণ মনে হয়

এবং খারাপ-লাগা বিষয়গুলো থেকে ধীরে ধীরে মনোযোগ সরিয়ে নিন।
এই বইয়ের যেসব প্রক্রিয়ার সাথে আপনি একাত্ম অনুভব করেন, সেগুলোর অনুশীলন করুন।
নিজেকে ইতিবাচকতার দিকে প্রশিক্ষিত করুন।
মহাজাগতিক জ্ঞানকে সচেতনভাবে ব্যবহার করুন।
এভাবে চলতে থাকলে, আপনি স্বাভাবিকভাবেই নিজের জীবনের এক দক্ষ স্রষ্টার ভূমিকায় প্রবেশ করবেন।
আর কর্তৃত্ব–একবার উপলব্ধি হলে–স্বাভাবিকতার প্রবাহে পরিণত হয়।

∞

চূড়ান্ত পথনির্দেশ:

"এই মহাজাগতিক জ্ঞানকে সর্বোত্তমভাবে কীভাবে ব্যবহার করবেন"

এই বইয়ে আপনি যে চিন্তার প্যাটার্নগুলোর মুখোমুখি হয়েছেন, সেগুলো আপনার কাছে নতুন মনে হতে পারে।
কিন্তু পড়ার সময় আপনি যে কম্পনগত অনুরণন—হৃদয় থেকে উঠে আসা গভীর গ্রহণযোগ্যতা—অনুভব করেছেন,
তা স্পষ্টভাবে জানিয়ে দেয় যে এই জ্ঞান আসলে মোটেও নতুন নয়।
এই প্রজ্ঞা সবসময়ই আপনার ভেতরে মৌলিক জ্ঞান হিসেবে বিদ্যমান ছিল।
এই শব্দগুলো পড়া কেবল সেই অন্তর্গত জ্ঞানটিকেই উপরে ভেসে উঠতে দিয়েছে।

কেন অনুশীলন অপরিহার্য

এই সদা-চলমান, সদা-বিস্তৃতমান মহাবিশ্বে, সচেতন মনোযোগ ছাড়া কিছুই স্থায়ী থাকে না।
আপনি যদি সচেতনতা ও অনুশীলনের মাধ্যমে এই জ্ঞানকে অন্তস্থ না করেন,
তবে এর স্পষ্টতা ধীরে ধীরে ম্লান হয়ে যাবে।
আপনি ইতিমধ্যেই জানেন—শব্দ শেখায় না, জীবন-অভিজ্ঞতাই শেখায়।
এই কারণেই অপরিহার্য হলো:

- এই মহাজাগতিক উপলব্ধিকে আপনার অতীত জীবন-অভিজ্ঞতার সাথে সংমিশ্রিত করা
- সচেতনভাবে আপনার কম্পন পরিচালনা করে নতুন অভিজ্ঞতা সৃষ্টি করা
- এই বইয়ের প্রক্রিয়াগুলো নিয়মিত ব্যবহার করা

এই কাজগুলোই এই জ্ঞানকে আপনার ভেতরে জীবিত রাখে।

এই জ্ঞান থেকে সর্বোত্তম ফল পাওয়ার উপায়

এই বই পড়ে এখন পর্যন্ত আপনি যা শিখেছেন, তার থেকে সবচেয়ে গভীর মূল্য ও সবচেয়ে শক্তিশালী ফলাফল আহরণ করার কিছু ব্যবহারিক উপায় নিচে দেওয়া হলো–

১. ধ্যানের অনুশীলন শুরু করুন

যদি এমন একটি অনুশীলন থাকে, যা আপনার জীবনকে সাধারণ থেকে অসাধারণে রূপান্তর করতে পারে–তা হলো ধ্যান।

- প্রতিদিন ১৫-২০ মিনিট ধ্যান অনুশীলন করুন
- আপনার বর্তমান জীবন যতই ভাল বা কঠিন হোক না কেন, ধ্যান সেটিকে উন্নত করবে
- ধ্যান আপনার কম্পনকে স্থিতিশীল করে এবং আপনাকে আপনার মৌলিক সত্তার সাথে পুনঃসংযোগ করায়

এটি একটি অভ্যাস, কিন্তু এটা এত শক্তিশালী–যে এটি আপনার জীবনের প্রতিটি ক্ষেত্রকে উন্নত করার ক্ষমতা রাখে।

---

২. প্রমাণের প্রক্রিয়া অনুশীলন করুন

অধ্যায় ১-এর শেষে বর্ণিত প্রক্রিয়াটি ব্যবহার করুন।
স্পষ্টভাবে লক্ষ্য করুন:

- ভালোলাগা আবেগ সুন্দর অভিজ্ঞতার দিকে নিয়ে যায়
- খারাপ লাগা আবেগ অবাঞ্ছিত অভিজ্ঞতার দিকে নিয়ে যায়

এটি আপনার আবেগগত দিকনির্দেশনার প্রতি অটল বিশ্বাস গড়ে তোলে।

---

৩. সঠিকভাবে আত্মকেন্দ্রিক হন

আকর্ষণের মহাজাগতিক নিয়ম দ্বারা পরিচালিত এই মহাবিশ্বে:

- কেউ আপনাকে কিছু দিতে পারে না
- কেউ আপনার কাছ থেকে কিছু নিতে পারে না
- কেউ আপনাকে সাহায্য করতে পারে না–আর আপনিও কাউকে সাহায্য করতে পারেন না

প্রতিটি সত্তাই কেবল নিজের কম্পনের মাধ্যমেই আকর্ষণ করে।তাই:

- অন্যের অভিজ্ঞতার কৃতিত্ব নেওয়া বন্ধ করুন
- নিজের অভিজ্ঞতার জন্য অন্যকে দোষ দেওয়া বন্ধ করুন
- ভাল অনুভব করাকেই আপনার সর্বোচ্চ অগ্রাধিকার করুন

এটাই প্রকৃত আত্মদায়িত্ব–এবং প্রকৃত স্বাধীনতা।

---

৪. আপনার ষষ্ঠ ইন্দ্রিয়কে বাস্তব হিসেবে গ্রহণ করুন

এই কম্পনগত মহাবিশ্বে:

- সবকিছুই আগে কম্পন
- চিন্তা হলো কম্পনগত সংমিশ্রণ
- আবেগ কম্পন অনুবাদ করে

যা কিছুর প্রতিই আপনি আবেগ অনুভব করেন–আকাঙ্ক্ষা, বুদ্ধি, কল্পনা, এমনকি ভয়–তা ইতিমধ্যেই বাস্তব।
আপনি যত বেশি আবেগ অন্তর্ভুক্ত করেন, ততই তা আরও স্পষ্ট, প্রাণবন্ত এবং পার্থিব রূপে প্রকাশযোগ্য হয়ে ওঠে।

---

৫. বিশ্বাস করুন–ভাল অনুভব করাই যথেষ্ট

আপনার আকাঙ্ক্ষাগুলো ইতিবাচক ফ্রিকোয়েন্সিতে বিদ্যমান।
ভালোলাগা আবেগই একমাত্র প্রমাণ যে আপনি সেগুলোর সাথে সংমিশ্রণে আছেন।
পার্থিব রূপ নেওয়াকে জোর করতে হবে না।
আপনার একমাত্র কাজ হলো:

- যেভাবেই পারেন ভাল অনুভব করা
- ধ্যান ও অন্যান্য প্রক্রিয়ার মাধ্যমে সেই অবস্থাকে ধরে রাখা

---

৬. আপনার বিশুদ্ধ ইতিবাচক-সত্তাকে স্বীকৃতি দিন

আপনার বৃহদাংশ, চিরন্তন সত্তাকে চিনে না নিলে, আপনার সীমাহীন প্রকৃতিকে বোঝা সম্ভব নয়।
একবার আপনি আপনার বিশুদ্ধ ইতিবাচক-সত্তার ওপর সম্পূর্ণ আস্থা রাখলে:

- সমাধান বুদ্ধি হিসেবে আসে
- পথগুলো দৃশ্যমান হয়
- সুযোগ স্বাভাবিকভাবে প্রবাহিত হয়

সব উত্তর ইতিমধ্যেই সেখানেই বিদ্যমান।

---

৭. বিশ্বাস কীভাবে জীবন সৃষ্টি করে তা বুঝুন

শুধু আপনার চিন্তাই আপনার বিশ্বাসে পরিণত হয়।
শুধু আপনার বিশ্বাসই আপনার অভিজ্ঞতা তৈরি করে।
অন্যদের বিশ্বাস আপনার জীবনে প্রভাব ফেলতে পারে না–যতক্ষণ না আপনি সেগুলো গ্রহণ করেন।
তাই:

- যা ভালোলাগে তাই ভাবুন
- যা সমন্বয় অনুভব করায়, তাতেই বিশ্বাস রাখুন
- আপনার বিশ্বাস কীভাবে অভিজ্ঞতা হয়ে ফিরে আসে, তা লক্ষ্য করুন

---

৮. কোনো কিছুর বিরোধিতা করা বন্ধ করুন

আপনার অভিজ্ঞতায় যা কিছু আছে, সবই আপনার কম্পনগত মনোযোগের ফল।
প্রতিরোধ সমস্যাকে সক্রিয় রাখে।
মনোযোগ সেগুলোকে টিকিয়ে রাখে।
মনোযোগ প্রত্যাহার করুন–আর সেগুলো আপনার জীবনে অস্তিত বজায় রাখতে পারবে না।

---

৯. শান্ত সঙ্গীতের সাথে লেখা ব্যবহার করুন

লেখা মনোযোগকে নাটকীয়ভাবে শক্তিশালী করে–বিশেষ করে শুরুর অনুশীলনে।
হেডফোন ব্যবহার করে শান্ত বা ধ্যানমূলক সঙ্গীত শোনা মনকে বাইরের কোলাহল থেকে আলাদা করে এবং কার্যকারিতা গভীর করে।

---

১০. সবসময় সহজ বিষয় দিয়ে শুরু করুন

কম্পনগত পরিবর্তন ধীরে ধীরে হয়।
যে বিষয়গুলো নিয়ে সহজে ভাল লাগে, সেগুলো দিয়েই শুরু করুন।
কোমলভাবে গতিবেগ গড়ে তুলুন।
এতেই স্থিতিশীল ও দীর্ঘস্থায়ী রূপান্তর নিশ্চিত হয়।

---

১১. কাজের অনুপ্রেরণা অনুসরণ করুন এবং সহজতা বেছে নিন

প্রতিরোধ কঠিনতা তৈরি করে।
সহজতা সংমিশ্রণের সংকেত দেয়।
যে অনুপ্রেরণাগুলো হালকা ও স্বাভাবিক লাগে, সেগুলোর ওপর আস্থা রাখুন–অনুসরণ করুন,
ওগুলোই চলমান দিকনির্দেশনা।

---

১২. সমস্যার দিকে কখনোই মনোযোগ দেবেন না

সমস্যা ও সমাধান ভিন্ন ফ্রিকোয়েন্সিতে বিদ্যমান।
সমস্যার দিকে মনোযোগ দিলে সেগুলো শক্তিশালী হয়।
আপনার বিশুদ্ধ ইতিবাচক-সত্তা ইতিমধ্যেই প্রতিটি সমাধান ধারণ করে আছে।
আপনার একমাত্র কাজ হলো–আবেগগতভাবে সংমিশ্রণে আসা, যাতে সেগুলো গ্রহণ করা যায়।

---

১৩. এই বইটি অন্তত দুইবার পড়ুন

প্রথম পাঠের পর আপনার কম্পন বদলে যায়।
দ্বিতীয় পাঠ আরও গভীর, আরও স্পষ্ট, এবং আরও আপন মনে হবে।
প্রতিটি পাঠ নতুন নতুন উপলব্ধির স্তর খুলে দেয়।

---

১৪. প্রস্তাবিত প্রক্রিয়া-সমন্বয়

এগুলো আপনার অনুশীলন গঠন করতে সহায়ক কিছু নমুনা সমন্বয়।

সমন্বয় ১

- সচেতন শারীরিক গতিবিধি – ১৫ মিনিট
- ধ্যান – ১৫ মিনিট
- ইতিবাচক লিখন – ১৫ মিনিট
- হাতে-কলমে বিশ্বাস তৈরি – ৫ মিনিট

মোট: ৫০ মিনিট

সমন্বয় ২

- স্বস্তির জন্য শ্বাস – ২ মিনিট
- ধ্যান – ১৫ মিনিট
- হাতে-কলমে যুক্তিনির্ভর লেখা – ১০ মিনিট
- অর্থের জন্য কৃতজ্ঞতা – ১০ মিনিট

মোট: ৩৭ মিনিট

সমন্বয় ৩

- ধ্যান – ১৫ মিনিট
- নতুন সমৃদ্ধ জীবনের গল্প – ১০ মিনিট
- বিশ্বাস ও ছেড়ে দেওয়া – ১৫ মিনিট
- হাতে-কলমে বিশ্বাস তৈরি – ৫ মিনিট

মোট: ৪৫ মিনিট

এগুলো নির্দেশনা–নিয়ম নয়।
যেটা ভাল লাগে সেটি বেছে নিন, বা নিজের সমন্বয় তৈরি করুন; শুধু মনে রাখবেন–ধ্যান সবসময় অন্তর্ভুক্ত রাখবেন।
আপনার ইতিবাচক প্রবাহকে খুজে পেতে পারেন–এমনভাবে প্রক্রিয়াগুলো সাজান।

চূড়ান্ত দিকনির্দেশনা

দিনের শুরুতেই অনুশীলন করা সবসময়ই সুপারিশযোগ্য।
আপনি যখন সংমিশ্রণে দিন শুরু করেন,
আপনার পুরো দিনটাই সুন্দরভাবে খুলে যায়।
এই জ্ঞান অনুশীলনের মাধ্যমেই জীবিত থাকে।
আর অনুশীলনের মধ্য দিয়েই, আপনি নিজেই তার প্রমাণ হয়ে ওঠেন।

———— ∞ ————

উপসংহার:

“দারিদ্র্যহীন এক পৃথিবী”

সমগ্র মহাবিশ্ব এবং এই পৃথিবী চিরকালই আকর্ষণের মহাজাগতিক নিয়ম দ্বারা নিখুঁতভাবে ভারসাম্যপূর্ণ।

এই ভারসাম্য বিদ্যমান রয়েছে দৃশ্যমান পার্থিব জগৎ এবং তার অদৃশ্য অ-পার্থিব প্রতিসত্তার মধ্যকার সামঞ্জস্যের মাধ্যমে।

এই বইয়ের বিস্তৃত আলোচনার মাধ্যমে, আপনি এখন আপনার অ-পার্থিব প্রতিসত্তাকে সম্পূর্ণভাবে বুঝতে পেরেছেন—যা হল আপনার বিশুদ্ধ ইতিবাচক-সত্তা।

আপনি এখন আপনার আবেগ ও তাদের পার্থিব রূপে প্রকাশের মধ্যে থাকা পরম সম্পর্কটিও স্পষ্টভাবে উপলব্ধি করেন।

এই জ্ঞান আপনার গভীরতম স্তরে আপনাকে শক্তিশালী করেছে।

আপনি নতুন কিছু শেখেননি।

আপনি চিরন্তন কিছু স্মরণ করেছেন।

আর এই স্মরণের মধ্য দিয়েই, আপনি এখন আপনার সম্পূর্ণ সত্তার সাথে সংযুক্ত—যা আপনাকে এই সত্য সম্পর্কে অজ্ঞ লক্ষ লক্ষ মানুষের চেয়েও বেশি শক্তিশালী করে তুলেছে।

দারিদ্র্যহীন একটি পৃথিবী কি তৈরি করা সম্ভব?

এই উপলব্ধির সাথে সাথে, একটি স্বাভাবিক প্রশ্ন উঠে আসে:

আপনি কি এমন একটি পৃথিবী তৈরি করতে পারেন, যেখানে দারিদ্র্য নেই?

উত্তরটি একসাথে হ্যাঁ এবং না।

কেন উত্তরটি “হ্যাঁ”

হ্যাঁ—কারণ আপনি আপনার জীবনের স্রষ্টা।

এমন কিছুই নেই—যা আপনি করতে, হতে বা পেতে পারেন না।

আপনার সৃজনক্ষমতা আপনার নিজের জীবনের ভেতর সম্পূর্ণ ও পরম।

কেন উত্তরটি "না"

না—কারণ আপনার শক্তি অন্যদের অভিজ্ঞতা নিয়ন্ত্রণ করার পর্যন্ত বিস্তৃত নয়। আপনার কোনো কর্তৃত্ব নেই:

- অন্যরা কী অভিজ্ঞতা পাবে
- অন্যরা কীভাবে জীবন যাপন করবে
- অন্যরা কী আকর্ষণ করবে

প্রতিটি সত্তাই কেবল নিজের কম্পনের মাধ্যমেই আকর্ষণ তথা সৃষ্টি করে। এই পার্থক্যটি বোঝা আপনার শক্তি ধরে রাখার জন্য অপরিহার্য।

আপনার শক্তি আসলে কোথায়

আপনার শক্তি একমাত্র একটি জায়গাতেই বিদ্যমান:

- আপনার বিশুদ্ধ ইতিবাচক-সত্তার সাথে সংযোগে
- আপনার ইতিবাচক কম্পনে
- আপনার ভালোলাগা আবেগে

আপনি অন্যদের ওপর শক্তি প্রয়োগ করতে পারেন না—সহায়তা করতে হোক বা ক্ষতি করতে।
যেই মুহূর্তে আপনি চাপিয়ে দিতে চান, সেই মুহূর্তেই আপনি বৃহদাংশের সংমিশ্রণ থেকে বিচ্ছিন্ন হয়ে পড়েন।
আর সেই বিচ্ছিন্নতায় দেওয়ার মতো আর কিছুই অবশিষ্ট থাকে না।

আপনার শক্তি সবসময়ই আপনার ভেতরে ছিল

এই কারণেই অন্যদের জন্য সৃষ্টি করা, অন্যদের সহায়তা দেওয়া, বা অন্যদের কাছ থেকে সুন্দর প্রতিক্রিয়া পাওয়া—এই সবকিছু আপনার নিয়ন্ত্রণে নেই।
সেই শক্তি কখনোই বাইরে সেখানে ছিল না।
আপনার শক্তি সবসময়ই ভেতরে এখানে ছিল।
আপনার শক্তি আপনার নিজের সুন্দর পৃথিবী সৃষ্টি করার মধ্যে।
আপনার শক্তি মহান বুদ্ধি ও মহান সৃষ্টিকে আপনার ভেতর দিয়ে প্রবাহিত হতে অনুমতি দেওয়ার মধ্যে।
আপনার শক্তি এই প্রাচুর্যময় মহাবিশ্বে সীমাহীনভাবে জীবন যাপন করার মধ্যে—চিরন্তন সম্পদে প্রবেশ করে এবং সেগুলো ব্যবহার করার মাধ্যমে, যা সবসময়ই আপনার জন্য

উন্মুক্ত ছিল।
আপনি কখনোই এগুলোর বাইরে ছিলেন না।

আপনি যে পৃথিবীতে বাস করেন, সেটাই আপনি দেখেন

এই সব উপলব্ধির সাথে, নিজের জন্য এমন একটি পৃথিবী সৃষ্টি করা শুরু করুন–যেখানে দারিদ্র্য নেই।
এমন একটি পৃথিবী তৈরি করুন, যেখানে ভয়ের কোনো স্থান নেই।
এমন একটি পৃথিবী তৈরি করুন, যেখানে সংঘাত ও যুদ্ধ আপনাকে স্পর্শ করার আগেই প্রশমিত হয়ে যায়।
এমন একটি পৃথিবীতে বাস করুন, যেখানে কেবল শান্তি।
কেবল কদর।
কেবল প্রশংসা।
কেবল আনন্দ ও সুখ।
এমন একটি পৃথিবীতে বাস করুন, যেখানে আপনি আপনার সমস্যার দিকে কোমল হাসি নিয়ে তাকাতে পারেন–কারণ আপনি গভীরভাবে ও শান্তভাবে জানেন, সমাধান ইতিমধ্যেই বিদ্যমান।
এমন একটি পৃথিবীতে বাস করুন, যেখানে আপনার চ্যালেঞ্জগুলো আপনাকে দুর্বল করে না, বরং আপনার ভেতর দিয়ে কেন্দ্রীভূত, বিশুদ্ধ ইতিবাচক শক্তি প্রবাহিত করতে অনুপ্রাণিত করে।
এই পৃথিবীটি আপনার বাইরে নয়।
এই পৃথিবীটি সবসময়ই আপনার ভেতরে ছিল।
এই পৃথিবীটি সবসময়ই আপনার ভেতরে আছে।
এটি আপনার উপলব্ধির ভেতরেই অস্তিত্বশীল।

আপনি যা অভিজ্ঞতা করেন, তা সবসময়ই কম্পন

প্রতিটি মানুষ ও প্রতিটি বস্তু–উভয়ের মধ্যেই সৌন্দর্য ও কঠিনতা থাকে।
আপনি তাদের কাছ থেকে যা গ্রহণ করেন, তা কখনোই আকস্মিক নয়।
এটি সবসময়ই আপনার কম্পনের ওপর নির্ভর করে।
আর আপনার কম্পনের ওপর আপনার সম্পূর্ণ নিয়ন্ত্রণ আছে–সবসময়।
আপনার অসাধারণ, সমৃদ্ধ জীবন কখনোই সৃষ্টি হওয়ার অপেক্ষায় ছিল না।
এটি সবসময়ই আপনার জন্য প্রস্তুত ছিল।

আর এখন, আকর্ষণের মহাজাগতিক নিয়মের উপলব্ধি এবং এই সার্বজনিক সত্যের গ্রহণযোগ্যতার সাথে, আপনিও এর জন্য প্রস্তুত–

এই মুহূর্তেই।

আপনি এই বই বন্ধ করার পর

এই বইটি বন্ধ করার পর, পর্যবেক্ষণ শুরু করুন।
কোমলভাবে।
সততার সাথে।
লক্ষ্য করুন–মহাবিশ্ব কীভাবে আপনার আবেগের প্রতি সাড়া দেয়।
লক্ষ্য করুন:

- কীভাবে কিছু বিশ্বাস অনায়াসে আপনাকে সহায়তা করে
- কীভাবে কিছু বিশ্বাস নীরবে আপনাকে আটকে রাখে
- কীভাবে অভিযোগ বা সমালোচনা–যুক্তিসংগত হলেও–আপনার ভেতরে ভার তৈরি করে
- কীভাবে কদর বা প্রশংসা–সবচেয়ে ছোট বিষয়ের জন্য হলেও–আপনার হৃদয় খুলে দেয় এবং আপনাকে আনন্দে ভরিয়ে তোলে

এই মুহূর্তগুলোই আপনার শিক্ষক।
এরাই আপনাকে দেখাচ্ছে–জীবন আসলে কীভাবে কাজ করে।

প্রকৃত সমৃদ্ধি আসলে কী

এখন আপনি একটি গভীর সত্য উপলব্ধি করেন–
আপনার সম্পদ কখনোই কেবল অর্থের বিষয় ছিল না।
আপনার সমৃদ্ধি কখনোই সংখ্যার বিষয় ছিল না।
এটি সবসময়ই ছিল–আপনি কেমন অনুভব করেন, তার বিষয়।
এটি সবসময়ই ছিল–বিশুদ্ধ ইতিবাচক মহাজাগতিক শক্তিকে নিজের মধ্য দিয়ে প্রবাহিত হতে অনুমতি দেওয়ার বিষয়।
এটি সবসময়ই ছিল–যে পার্থিব মন একসময় সীমাবদ্ধ মনে হতো, তার ভেতরেই সীমাহীন হয়ে ওঠার বিষয়।

আর আপনি এতে সক্ষম–সম্পূর্ণভাবে, নিঃসন্দেহে।
আপনি কোথায় বাস করেন, তা নির্বিশেষে।

আপনি কী ধরনের জীবন যাপন করেন, তা নির্বিশেষে।
এই মুহূর্তে আপনার কাছে কতটা অর্থ আছে–তা নির্বিশেষে।

আপনি যে পৃথিবী খুঁজছেন, সেটাই আপনি

আপনি এই মহাবিশ্বের একটি ছোট অংশ নন।
আপনি নিজের ভেতরেই একটি সম্পূর্ণ মহাবিশ্ব।
আপনিই আপনার পৃথিবী।
আর আপনিই সেই পৃথিবীর স্রষ্টা।
ইতিমধ্যেই প্রস্তুত থাকা অ-পার্থিব সমৃদ্ধিকে আপনার পার্থিব জীবনে গ্রহণ করার জন্য, আপনার কাজ আশ্চর্যরকম সহজ:
এই শব্দগুলো পড়ার সময় আপনি যে অনুভূতি অনুভব করছেন, সেটিকে ধরে রাখুন।
এই কোমল, বিস্তৃত, ভালোলাগা অনুভূতিটিকে।
এই অনুভূতিটিই হলো–বিশুদ্ধ ইতিবাচক শক্তি আপনার ভেতর দিয়ে প্রবাহিত হওয়ার সংকেত।
আর এই শক্তি ঠিক জানে–কীভাবে বুদ্ধিতে রূপ নিতে হয়।
ঠিক জানে–কীভাবে কাজের অনুপ্রেরণায় রূপ নিতে হয়।
ঠিক জানে–কীভাবে অর্থ, সমৃদ্ধি ও পরিপূর্ণতায় রূপ নিতে হয়।

জীবনের জন্য একটি বাক্য

এই বাক্যটিকে কোমলরূপে কিন্তু দৃঢ়ভাবে আপনার ভেতরে বাস করতে দিন:
"আমার ভাল অনুভব করার চেয়ে গুরুত্বপূর্ণ আর কিছুই নেই।"
নিজেকে প্রশিক্ষিত করুন–শুধু আপনার ভালোলাগা

- চিন্তা
- বুদ্ধি
- অনুপ্রেরণা
- কর্ম

–কেই অনুসরণ করতে
বাইরের বিশৃঙ্খল জগত থেকে মনোযোগ সরিয়ে নিন।
ভেতরের দিকে ফিরে আসুন।

আর আপনার সেই সীমাহীন অন্তর্জগত থেকেই–
শুরু করুন সেই সুন্দর, প্রাচুর্যময়, সমৃদ্ধ স্বপ্নের জীবন গড়ে তোলা,
যে জীবনটি আপনি সবসময়ই অনুভব করেছেন–আপনার জন্যই অস্তিত্বশীল।

কারণ তা আপনারই ছিল–

সবসময়।

--------------- **সমাপ্ত** --------------

-- ∞ প্রতিফলন ও সংযুক্তি ∞ --

এই মুহূর্তে একটু থামুন।
আপনি যা পড়েছেন তা বিশ্লেষণ করার জন্য নয়।
কোনো ধারণা বা কনসেপ্ট মনে রাখার জন্যও নয়।
শুধু লক্ষ্য করুন—আপনি কেমন অনুভব করছেন।

এই বইটি আপনাকে কিছু *করতে* দেওয়ার জন্য লেখা হয়নি।
এটি আপনাকে আরও স্পষ্টভাবে *দেখতে* সাহায্য করার জন্য লেখা।
এই প্রতিফলনের সময়ে, এই প্রশ্নগুলোকে নরমভাবে উঠে আসতে দিন—উত্তর না খুজে:

- অর্থ সম্পর্কে আমার ভাবনার ধরনে কী আলাদা লাগছে?
- নিজের সঙ্গে আমার সম্পর্কের ভেতরে কী পরিবর্তন অনুভব করছি?
- কোথায় আমি কম চেষ্টা আর বেশি সহজতা লক্ষ্য করছি?
- কোন আবেগগুলো এখন বেশি পরিচিত বা বিশ্বাসযোগ্য মনে হচ্ছে?

এখানে কোনো সঠিক উত্তর নেই। উপলব্ধি সবসময় শব্দ হয়ে আসে না।
অনেক সময় তা আসে—শান্তি হিসেবে, স্বস্তি হিসেবে, কিংবা নীরব আত্মবিশ্বাস হিসেবে।

সংযুক্তির জন্য কোনো চেষ্টা বা বলপ্রয়োগের প্রয়োজন নেই।
যখন স্পষ্টতা উপস্থিত থাকে, তখন সংযুক্তি স্বাভাবিকভাবেই ঘটে।
সময়ের সাথে সাথে আপনি লক্ষ্য করতে পারেন—মৃদু প্রতিক্রিয়া, আরও পরিষ্কার আবেগগত দিকনির্দেশ, এবং অর্থের সাথে আরও হালকা সম্পর্ক।

এই পরিবর্তনগুলোকে পুরনো প্রত্যাশা ছাড়াই উন্মোচিত হতে দিন।
আপনাকে সবকিছু মনে রাখতে হবে না।
যা গুরুত্বপূর্ণ, প্রয়োজনের সময় তা আবার ফিরে আসবেই।

যদি আপনি এই পৃষ্ঠাগুলোতে আবার ফিরে আসেন, তবে কেবল উত্তর খুঁজতে নয়—
বরং অনুভূতির সাথে আবার সংগতিপূর্ণ হতে।

জীবন বৈপরীত্য উপস্থাপন করতেই থাকবে।
অর্থ চলতেই থাকবে।
আর আপনি সৃষ্টি করতেই থাকবেন—মুহূর্ত থেকে মুহূর্তে।

আপনি যা উপলব্ধি করেছেন,
তাকে আপনার ভেতর দিয়ে **বাঁচতে দিন**।

∞

-- ∞ লেখকের কথা ∞ --

এই বইটি আপনাকে নতুন কিছু শেখানোর জন্য লেখা হয়নি।
এটি লেখা হয়েছে সেটি মনে করিয়ে দেওয়ার জন্য–যা আপনি সবসময়ই জানতেন,
যা হয়তো বহুবার অনুভব করেছেন, কিন্তু পুরোপুরি বিশ্বাস করতে পারেননি।

দীর্ঘদিন ধরে অর্থ ভয়, পরিশ্রম ও সংগ্রামের আবরণে ঢাকা পড়ে আছে।
আমাদের বেশিরভাগের পরিচয় হয়েছে অর্থের সাথে সীমাবদ্ধতার মধ্য দিয়ে,
এবং সময়ের সাথে সাথে সেই ধারণাগুলো নীরবে বিশ্বাসে রূপ নিয়েছে–

যা আমাদের অভিজ্ঞতাকে গড়ে তুলেছে।

এই বইটি আরেকটি কৌশল বা প্রতিশ্রুতি দেয় না।এটি দেয় দেখার এক ভিন্ন দৃষ্টিভঙ্গি।
একটি এমন দৃষ্টিভঙ্গি, যেখানে অর্থকে দেখা হয়
একটি জীবন্ত, সাড়া দেওয়া মহাবিশ্বের স্বাভাবিক অংশ হিসেবে।
যেখানে সমৃদ্ধিকে তাড়া করার বিষয় হিসেবে নয়,
বরং এমন কিছু হিসেবে দেখা হয়–যা আপনাকে সাড়া দেয়।

একটি পথ, যেখানে আপনি আবার সংযুক্ত হন আপনার অন্তর্গত দিকনির্দেশের সাথে–
যা আপনার সবচেয়ে নির্ভরযোগ্য পথপ্রদর্শক, আপনার 'আবেগ'।

এখানে যা কিছু ভাগ করে নেওয়া হয়েছে,
তা এসেছে পর্যবেক্ষণ, অভিজ্ঞতা এবং কম্পনগত মহাবিশ্বের সহজ যুক্তি থেকে।
আপনার এতে অন্ধ বিশ্বাস করার প্রয়োজন নেই।
শুধু প্রয়োজন–নিজের জীবনকে সৎভাবে পর্যবেক্ষণ করার প্রস্তুতি।

এই বইটি যদি আপনাকে জীবন সম্পর্কে সামান্য হলেও আরও স্পষ্ট,
অথবা আরও আস্থাশীল অনুভব করাতে পারে–
তাহলেই এর উদ্দেশ্য পূর্ণ হয়েছে।

আপনাকে পরিবর্তন জোর করে আনতে হবে না। আপনাকে অন্য কেউ হয়ে উঠতে হবে না।
আপনাকে পেতে সংগ্রাম করতে হবে না।

জীবন আপনার বিরুদ্ধে কাজ করছে না। অর্থ নিজেকে আড়াল করে রাখছে না।
মহাবিশ্ব সবসময়ই সাড়া দিচ্ছে–আপনি যেমন হয়ে আছেন, তার প্রতি।

এই বইটিকে আপনার যাত্রার একটি অংশ হতে দেওয়ার জন্য ধন্যবাদ।

– **আশীষ বিশ্বাস**

∞

-- ∞ লেখক পরিচিতি ∞ --

আশীষ বিশ্বাস কম্পন, সচেতনতা ও আবেগগত দিকনির্দেশের উপলব্ধির মাধ্যমে অর্থ, জীবন ও মানব অভিজ্ঞতার প্রকৃতি অনুসন্ধান করেন।তার কাজের মূল লক্ষ্য হলো মহাজাগতিক নীতিগুলোকে সরল করে এমনভাবে উপস্থাপন করা–যাতে সেগুলো সরাসরি পর্যবেক্ষণ করা যায়, অনুভব করা যায় এবং বাস্তবে জীবনে প্রয়োগ করা যায়।

পনেরোরও বেশি বছরের অভিজ্ঞতাসম্পন্ন একজন সরকারি শিক্ষক হিসেবে, আশীষ তার জীবনের বড় একটি অংশ ব্যয় করেছেন জটিল ধারণাগুলোকে স্পষ্টতা ও সহজতার সাথে অন্যদের কাছে তুলে ধরতে।তার পেশাগত শিক্ষাদানের পাশাপাশি তিনি একজন Law of Attraction কোচ হিসেবেও কাজ করেন–যেখানে তিনি মানুষকে আবেগগত ভারসাম্য, আত্মসচেতনতা এবং অর্থ ও জীবনের সঙ্গে আরও সংগতিপূর্ণ সম্পর্ক গড়ে তুলতে সহায়তা করেন।এই কাজের মাধ্যমে তিনি ভারতসহ বিভিন্ন স্থানে বহু মানুষের জীবনে ইতিবাচক প্রভাব রেখেছেন।

কোনো নির্দিষ্ট সূত্র বা কঠোর পদ্ধতি দেওয়ার বদলে, আশীষ গুরুত্ব দেন পর্যবেক্ষণ, অন্তর্গত সংমিশ্রণ এবং ব্যক্তিগত অভিজ্ঞতার প্রতি আস্থার ওপর।তার দৃষ্টিভঙ্গি মানুষকে উৎসাহিত করে নিজেদের একটি সাড়া দেওয়া মহাবিশ্বের সক্রিয় অংশ হিসেবে চিনে নিতে–যে মহাবিশ্ব স্পষ্টতা, মনোযোগ ও আবেগগত দিকনির্দেশ প্রতিফলিত করে।

ভাবনা ও দিকনির্দেশনার কাজের বাইরে, আশীষ একজন গায়ক-গীতিকার হিসেবেও তার সৃজনশীলতা প্রকাশ করেন।সংগীতকে তিনি আবেগ, সংযোগ এবং মানবিক গভীরতা অন্বেষণের আরেকটি মাধ্যম হিসেবে দেখেন।তার বিশ্বাস, সৃজনশীলতা যেমন, তেমনি সমৃদ্ধিও–জোর করে নয়, বরং অনুমতি পেলে সবচেয়ে স্বাভাবিকভাবে প্রবাহিত হয়।

একজন নিবেদিত পারিবারিক মানুষ হিসেবে, আশীষ প্রতিটি সম্পর্ককে মূল্য দেন এবং সব ধরনের জীবনের প্রতি সম্মান রাখেন।তিনি সরলতা, স্বতঃস্ফূর্ততা ও তার স্বাক্ষর দীর্ঘ চুলকে ব্যক্তিগত স্বাধীনতা ও আত্মগ্রহণযোগ্যতার প্রকাশ হিসেবে ধারণ করেন।সর্বোপরি, তার বিশ্বাস–যারা তার জীবনে আসে, প্রত্যেকেই তার যাত্রার এক অর্থপূর্ণ তথা সুন্দর অংশ;

আর জীবন, তার সব রূপে, উন্মুক্ততা, কৌতূহল ও যত্ন নিয়ে গ্রহণ করার বিষয়।

∞

-- ∞ কৃতজ্ঞতা ∞ --

এই বইটি আমার জীবনে নানা রূপে আমার সাথে যুক্ত থাকা অসংখ্য আত্মার নীরব উপস্থিতি, দিকনির্দেশনা ও সহায়তা ছাড়া কখনোই অস্তিত্বে আসতে পারত না।

আকর্ষণের সূত্রের আমার শিক্ষকদের প্রতি– **Abraham Hicks, Jerry Hicks এবং Esther Hicks**–আমি গভীর কৃতজ্ঞতা প্রকাশ করছি।তাদের দিকনির্দেশনা ও প্রজ্ঞাই আকর্ষণের সূত্র সম্পর্কিত মহাজাগতিক জ্ঞানের বিষয়ে আমার উপলব্ধি, বিকাশ ও স্বতন্ত্রতা গড়ে তুলতে সহায়তা করেছে–একজন শিক্ষার্থী হিসেবে যেমন, তেমনি একজন মানুষ হিসেবেও।

আমি গভীর শ্রদ্ধা ও ভালোবাসায় নত হই আমার প্রয়াত দাদা ও পিতার প্রতি–যারা এখন আর পার্থিব রূপে নেই, তবুও আমি যতটা অনুমতি দিয়েছি, ততটাই তারা সর্বভাবে আমাকে সহায়তা করেছেন, যাতে এই বইটি আমার মধ্য দিয়ে প্রবাহিত হতে পারে।

আমার বর্তমান পরিবারের সদস্যদের প্রতিও আমি আন্তরিকভাবে কৃতজ্ঞ–যাদের পার্থিব উপস্থিতি আমার জীবনে আকার, স্থিতি ও ভারসাম্য এনে দিয়েছে।

ডিজিটাল যন্ত্র ও প্রযুক্তির প্রতিও আমি হৃদয় থেকে ভালোবাসা ও কৃতজ্ঞতা প্রকাশ করি। তাদের সহজলভ্যতা আমার জন্য সবসময় শেখা, আবিষ্কার ও সংযোগের এক শক্তিশালী মাধ্যম হয়ে উঠেছে।তারা তথ্যকে সহজ করেছে, উপলব্ধিকে সরল করেছে এবং ধারণাগুলোকে অবাধে রূপ নিতে সহায়তা করেছে।

আমার বন্ধুদের প্রতিও কৃতজ্ঞতা–যাদের সঙ্গ, কথোপকথন ও ভাগ করা অভিজ্ঞতাগুলো এই যাত্রাপথে আনন্দ, দৃষ্টিভঙ্গি ও শক্তি যোগ করেছে।

এবং যারা জেনে বা না জেনে এই যাত্রায় কোনো না কোনোভাবে অবদান রেখেছেন– আপনাদের সবাইকে ধন্যবাদ।আপনাদের কম্পনগত উপস্থিতি নীরবে এই গ্রন্থের প্রতিটি অংশে প্রবাহিত।

যোগাযোগ:

এই শব্দগুলো যদি আপনার ভেতরে কোনো নীরব স্পর্শ রেখে যায়, আপনি চাইলে আপনার অনুভূতি আমাকে লিখে জানাতে পারেন।

asishbiswas.connect@gmail.com

যদি এই বইটি আপনার জীবনে কোনো মূল্য যোগ করে থাকে এবং মনে সামান্য ভালোলাগা এনে দেয়, তাহলে Amazon-এ একটি আন্তরিক পর্যালোচনা দিলে আমি সত্যিই কৃতজ্ঞ থাকব।

আপনার এই সমর্থন এই ভাবনাগুলোকে আরও অনেক মানুষের কাছে পৌঁছাতে সাহায্য করবে।

এই বইটি ই-বুক, অডিওবুক এবং একাধিক ভাষায় উপলব্ধ।

ধন্যবাদ...

∞

www.ingramcontent.com/pod-product-compliance
Lightning Source LLC
LaVergne TN
LVHW100247210926
848480LV00003B/850
9798903627837